国家中等职业教育改革发展示范学校建设项目成果
国家中等职业教育改革发展示范学校建设系列教材

人才培养模式
与教学改革

RENCAI PEIYANG MOSHI
YU JIAOXUE GAIGE

李　青◎主编

西南交通大学出版社
·成都·

图书在版编目（ＣＩＰ）数据

人才培养模式与教学改革 / 李青主编.—成都：
西南交通大学出版社，2014.5
国家中等职业教育改革发展示范学校建设系列教材
ISBN 978-7-5643-3032-3

Ⅰ．①人… Ⅱ．①李… Ⅲ．①中等专业教育 – 人才培
养 – 培养模式 – 研究 – 中国②中等专业教育 – 教育改革 –
研究 – 中国 Ⅳ．①G719.21

中国版本图书馆 CIP 数据核字（2014）第 082780 号

国家中等职业教育改革发展示范学校建设系列教材

人才培养模式与教学改革

李　青　主编

责 任 编 辑	孟苏成
助 理 编 辑	姜锡伟
特 邀 编 辑	曾荣兵
封 面 设 计	墨创文化
出 版 发 行	西南交通大学出版社 （四川省成都市金牛区交大路 146 号）
发行部电话	028-87600564　028-87600533
邮 政 编 码	610031
网　　　址	http://press.swjtu.edu.cn
印　　　刷	成都蜀通印务有限责任公司
成 品 尺 寸	185 mm × 260 mm
印　　　张	23.25
字　　　数	557 千字
版　　　次	2014 年 5 月第 1 版
印　　　次	2014 年 5 月第 1 次
书　　　号	ISBN 978-7-5643-3032-3
定　　　价	48.00 元

四川交通运输职业学校
国家中等职业教育改革发展示范学校建设
系列教材编写委员会

主　任　李　青

副主任　周　萍　刘有星　黄　霞

委　员　（排名不分先后）

朱博明　张秀娟　王新宇　刘新江

柏令勇　张定国　夏宇阳　周永春

陈　辉　钟　声　杨　萍　熊　瑛

陈勃西　黄仕利　袁　田　杨二杰

晏大蓉（四川兴蜀公路建设发展有限责任公司）

钟建国（四川省国盛汽车销售服务有限责任公司）

杜　华（四川省杜臣物流有限公司）

冯克敏（成都市新筑路桥机械股份有限公司）

总　序

　　中等职业教育是我国教育体系的重要组织部分，是全面提高国民素质、增强民族产业发展实力、提升国家核心竞争力、构建和谐社会以及建设人力资源强国的基础性工程。为大力推进中等职业教育改革创新，全面提高办学质量，2010—2013年，国家组织实施中等职业教育改革发展示范学校建设计划，中央财政重点支持1 000所中等职业学校改革创新，我校是第二批示范校建设单位之一。在近两年的示范建设过程中，我们与西南交通大学出版社合作开发了28本示范建设教材，且有17本即将公开出版，这是我校示范校建设取得的重要成果，也是弘扬学校特色和品牌的很好载体。

　　呈现在大家面前的这套系列教材，反映了我校近年教学科研工作的阶段性成果。从课程来源看，不仅有学校4个重点建设专业（道路与桥梁工程施工专业、汽车运用与维修专业、物流服务与管理专业、工程机械运用与维修专业）的课程，也有公共基础课程；从教材形态看，又可以分为两类：一是以知识性内容为主、兼顾实践性活动、培养学生综合素质的理实一体化教材；二是以学生实践为主的实训操作手册。教材的编写过程倾注了编者大量的心血，融入了作者独到的见解和心得，更是各专业科室集体智慧的结晶。

　　这套教材的开发，在学生学习状态分析的基础上，根据技能型人才培养的实际需要，积极实现职业岗位与专业教学的有机结合。这17本教材比较准确地把握了专业课程的特征，具备了一定的理论水平，突出了实践性、活动性，符合新课程理念，对我校课程建设将会产生深远的影响，对学生全面健康成长也会产生积极的作用，对创新中职学校人才培养模式与课程体系改革将起到引领和示范作用。

　　在内容上，这套教材有如下特点：一是对于基础知识教学以"必需、够用"为度，以讲清概念、强化应用为教学重点。二是根据职业岗位需求，基于工作过程为线索来组织写作思路。三是方法具体，基本技能可操作性强。四是表达简洁，图文并茂，形式生动活泼，学生易于理解、掌握和实践。

　　由于时间紧迫，编者理论和实践能力水平有限，书中难免存在一些不足和缺点，需要进一步修改、完善和充实。我们希望老师和同学们提出宝贵意见，希望读者和专家给予帮助指导，使之日臻完善！

四川交通运输职业学校

国家中等职业教育改革发展示范学校建设

系列教材编写委员会

2014年2月

序 言

职业教育是一个国家经济社会发展的重要基础，是实现工业化与现代化的重要支柱。自20世纪80年代以来，中等职业教育随着国家改革开放的不断深入而发展壮大，并为国家的经济建设和社会发展作出了积极的贡献。中等职业技术教育不仅是系统工程，也是严谨的科学，对它的探索和研究也成了中国教育界一道亮丽的风景。近年来，我校的社会声誉和教学质量获得快速提升，这不仅离不开国家政策扶持，更离不开广大教师对教育教学工作的思考与研究。

我校有一批教师，他们在紧张纷繁的日常工作之余，善于对自己的教学进行总结和反思，并在总结与反思中不断升华着自己的教学智慧，他们的实践性知识同时也积淀成学校的宝贵财富。特别是学校开展中职示范建设近两年来，我们根据国家对职业教育改革与发展的要求，大胆开展人才培养模式与教学改革，制订适应社会需求的课程体系，编写了各专业教学计划和实验实训大纲，开发了各重点专业精品课程和教材，推行了校企深度合作，切实开展教师专业知识、教学理论培训，学校的教研教改工作呈现了崭新的面貌。我们更多的教师加入了研究型实践者的行列，他们边实践边探索，在研究反思与自我提升中不断获得前行的力量。呈现在我们面前的这本论文集正是广大教师研究和实践成果的结晶。

这本文集，既有对职业教育教学模式的思考，也有学校课程建设的改革与实践；既有对专业发展前沿技术的展望，也有关于一堂课的精心设计。这些思考与实践，展示着我校教师的睿智、执着和自信，展现着我校教师勇于实践，敢于质疑，善于反思的创新精神。当然，她亦非完美无缺，有些思索可能还不够成熟，有些观点可能还需在以后的实践中进一步修正和完善……然而，我们的愿望不仅止于汇编成集，更是希望借此提供一个展示与交流的平台，并从此看到更多教师在职业教育领域的更深层面展开研究和实践，共同创造中国职业教育更美好的未来！

李 青

2014 年 1 月 15 日

目　录

卷一　人才培养模式与实践

中职学校人才培养模式与教学模式改革初探

  ——以四川交通运输职业学校为例　　　刘有星//3

关于"校企渗透、工学交替"的工学结合人才培养模式探索　　　夏宇阳//8

"基于职业岗位需求"的模块式一体化教学实践　　　朱博明　张秀娟　王新宇//12

职业教育新模式浅谈　　　周显琪//16

校企合作"订单班"的几点思考　　　杨二杰//20

品牌战略——国家级中等职业示范学校制胜之道　　　汤　力//24

论新形势下英语教育与人才培养模式的关系　　　周显琪//27

中职汽车运用与维修专业人才培养模式改革研讨　　　黄仁利//30

中职汽车运用与维修专业基于工作过程的学习站教学模式探索　　　刘新江//35

构建中职学校校企合作运行机制探析　　　周　萍//41

校企合作"订单班"的几点思考　　　杨二杰//45

卷二　教学改革理论与实践

机械控制基础课程教学中的虚拟实验技术分析　　　夏宇阳//51

浅谈如何在中职语文教学中激发学生的学习兴趣　　　袁　丽//54

浅谈如何在中职模块教学中提高素质教育水平　　　刘　斌　雷红梅//58

浅谈如何引导中职学生分析《林黛玉进贾府》中林黛玉形象的塑造　　　李　佳//62

浅谈"工程识图"教学及改革　　　罗洋斐斐　陈　瑶//66

浅谈"运输实务"教学中的模拟实践　　　杜艳红//71

浅谈如何提高中职生写作能力　　　胡琴扬//75

论中职英语教学的有效课堂教学管理　　　李　锐//78

浅析"物流信息技术"实训教学　　　　　黄　海//81

论"项目式教学"在"仓储实务"教学中的实践运用　　　　杜艳红//85

中等职业学校专业基础课教学探讨　　　刘夏伦　周永春　谢河斌//89

浅谈中职学校汽修专业教材改革　　　刘婷婷//93

中职学校实践教学的重要性　　　廖晓玲//97

快乐体育新见解　　　吴　波//102

建立中职学生"机械制图"课程学习兴趣的方法探讨　　　谢千里//107

基于"情景模拟，过程考核"的"仓储实务"课程改革教学　　　杜艳红//109

浅析在文学鉴赏中怎样引导学生对文学作品进行二度创作　　　王　晨//112

机械制造工艺基础课程中的项目教学模式分析　　　夏宇阳//116

中职"物流机械设备"课程实践教学探讨　　　夏梦丹//119

关于中职"配运作业实务"教学方法浅析　　　伏玲暇//123

中等职业学校土建检测实训课程教学改革探索　　　宋　艳//126

对我校"试验检测模块"教学的思考　　　李必强//130

浅谈中职汽修专业实训教学的改革　　　柏令勇//134

《拿来主义》解读与教学　　　何夕林　熊　瑛//137

中职学校计算机课如何引导学生自主学习　　　李　丹//145

中职学校"计算机应用基础"精品课程建设　　　张定国//149

中职计算机人才培养　　　杨　超//153

中职基础课程课堂管理方法探究　　　黄　惠//156

职业学校语文课堂教学的创新研究　　　蒋　萍//160

汽车运用与维修专业教学改革的一点探索　　　张世弟//163

"基于工作过程"理实一体化教学探讨　　　袁永东//166

汽车钣喷服务行业人才层次分析　　　雍朝康　王　艳//170

中职学校汽车整车与配件营销专业课程建设与改革初探　　　杨秀娟　李莹秋//176

浅谈健美操对中职学生多元智力的发展　　　杨　婵//180

土木工程检测发展前景　　　曾　智//189

浅谈桥梁检测与加固技术的研究意义　　　唐郑杰//192

浅谈公路施工课程教学与计算机教学技术的有机结合　　　唐郑杰//195

公路桥梁检测基础理论研究　　　唐郑杰//203

试论教师传道是教学改革的关键　　　雷红梅　朱波潜　刘　斌//209

浅谈如何提高中职学生的学习兴趣　　　陈　瑶　罗洋斐斐//212

浅析如何提高中职学生的语言表达能力　　　　　伏玲暇//216

情感因素对中职学生的教育影响　　　　　梁杨令霄//219

浅议中职"市场营销学"课程教学中存在的问题及改革策略　　　　王利蓉//222

浅谈中职汽修专业学生职业能力培养策略　　　　　黄　敏//226

"V"字形法则的量化及教学实践　　　　　胡　婷//230

"电力电子技术"教学改革探讨　　　　　陈勃西//234

三位一体进行组合体视图教学探讨　　　　　方　琳//237

浅析中职学校汽车整车配件与营销专业实践教学　　　　肖　婷//240

新能源技术在电力电子教学中的探索　　　　　陈勃西//244

卷三　教育管理理论与实践

爱·教育　　　刘光利//249

中职学校企业文化素养教育的思考　　　　　张定国//252

中职学校顶岗实习管理探索　　　　　刘新江//256

中国企业在跨国并购中的文化整合　　　　　王　陶//262

我国职业教育信息化建设存在的误区　　　　　陈　辉//268

论"双师型"教师在职业教育中的地位　　　　　王新宇//271

浅淡中职学校在线考试系统的数据库设计　　　　　尹　星//275

教学管理中计算机信息技术的影响探析　　　　薛凌麒　李　莉//280

内地职业学校发展困境与改革的讨论　　　　　黄靖淋//283

从"三心"、"二意"谈一名中职教师应具备的素质　　　曾莉萍　陈　飚//286

卷四　班主任、职业指导教师管理理论与实践

中职学校德育教育方法浅论　　　　　许铮铮//291

中职学生爱国主义教育浅析　　　　　梁　艳//294

中职学生自我管理能力　　　　　张　路//298

人际关系在学生班级管理中的作用　　　　　王　蕾//303

中职生职业生涯规划教育浅析　　　　　熊　忖//307

浅谈中职学校共青团的德育工作　　　　　夏　洋//311

浅谈中职学生心理健康教育　　　　杨二杰　李　莉//315

浅谈班干部在班级管理中的作用　　　　　李　莉//318

藏区"9+3"学生日常管理方法探索　　　　蒲　聪//321

培养学生积极的自我概念　　　尹福兰//324

中职学校班级建设与管理　　　杨利君//328

论中职学校班主任的管理艺术　　　陈　姣//335

关于中职学校学生党员发展的几点思考　　　曾莉萍//338

关于中职汽车运用与维修专业学生人际沟通能力培养的探讨　　　陈　睿//341

关于四川阿坝藏族羌族自治州"9+3"学生行为习惯的特点及培养　郝伟林　兰永霞//347

当代中职生消费观教育探析　　　何俐沙//350

班主任管理理论与实践

　　——师生沟通及立规矩　　　田　敏//354

论职业指导在推动实现中职学校学生更高质量就业中的作用和重要性　　　李　丹//357

卷一

人才培养模式与实践

RENCAI PEIYANG MOSHI
YU JIAOXUE GAIGE

中职学校人才培养模式与教学模式改革初探

——以四川交通运输职业学校为例

四川交通运输职业学校 刘有星

摘 要：本文以四川交通运输职业学校道路与桥梁工程施工和汽车运用与维修专业为例，根据国家中等职业教育改革发展示范学校建设计划对改革人才培养模式和教学模式的要求，结合当前中职教育改革方向，探讨了中职学校如何实施人才培养模式和教学模式改革，旨在探索一套独特的适合交通行业特色的人才培养模式和教学模式。

关键词：人才培养模式；教学模式；改革

中等职业教育是我国职业教育的重要组成部分。"大力发展中等职业教育是提高全民族文化知识、实践技能和创新能力等综合素养，输送国家产业建设大军新生力量的基础工程；是促进就业、改善民生、解决"三农"问题的重要途径；是缓解劳动力结构矛盾的关键环节。但是，目前我国中职教育面临着教育与产业、学校与企业、专业设置与职业岗位对接不够紧密。"尤其是人才培养的市场针对性不强，传统的人才培养模式和教学模式已不适应行业和市场对人才的需求。近年来，国家通过出台不同政策和措施大力推动中职学校加强人才培养模式和教学模式的改革。其中，从2010年起实施的1000所国家中等职业教育改革发展示范学校建设计划为近年来最大举措。国家通过中央财政重点支持这些学校改革创新，使其成为全国中等职业教育改革创新的示范、提高质量的示范和办出特色的示范。为此，各中职示范校加大人才培养模式与教学模式的改革力度，并形成了一批具有实用性和示范性的改革成果。现以四川交通运输职业学校道路与桥梁工程施工专业、汽车运用与维修专业在国家中职示范校建设过程中所实施的人才培养模式与教学模式上改革为例，探讨怎样加强中职学校人才培养模式与教学模式改革。

一、人才培养模式与教学模式的概念

对于人才培养模式的概念，有学者认为，"人才培养模式是指在一定的教育思想和理念指导下，以人才培养活动为本体，为实现培养目标所设计的某种标准构造样式和运行方式。"也有学者认为，"人才培养模式就是人才的培养目标、培养规格和基本培养方式。"尽管其表述不一样，但其主要内涵大致相同。综合目前学者对人才培养模式的概念，笔者认为，人才培养模式就是按照特定的培养目标和人才规格，以人才培养活动为本体，实施人才教育过程的总和。作为一种过程范畴，它具体体现在对人才培养过程的谋划、设计、建构和管理等环节上，并且具有某种程度的系统性、规范性和可操作性。人才培养模式的构成一般应包括培养目标、培养过程、培养制度、培养评价四个方面。它主要解决的是"培养什么人，如何培养"的问题。

关于教学模式的概念，"有结构模式观、程序模式观、方法模式观等不同观点。结构模式观认为教学模式就是教学结构；程序模式观认为教学模式就是教学过程的模式，或者是一种有关教学程序的教学式样；方法模式观认为教学模式就是教学方法。"但这些观点都只反映了教学模式的某一个方面或其中某一项属性，还不能完全揭示教学模式的本质。要真实反映教学模式的内涵和本质，只有包含教学结构、教学程序和教学方法这三要素。因此，笔者认为，教学模式是指为实现特定的教学目标，具有科学的教学结构和教学运行程序，可以具体操作的教学方法。教学模式是大量教学实践活动的理论概括，在一定程度上揭示了教学活动带有的普遍性规律，长期而多样化的教学实践形成了相对稳定的具有特色的教学模式。

二、中职学校人才培养模式改革方向及实践

"工学结合、校企合作、顶岗实习"的人才培养模式是现阶段我国中职学校培养高素质劳动者和技能型人才最适宜的模式。根据教育部、人力资源社会保障部和财政部《关于实施国家中等职业教育改革发展示范学校建设计划的意见》（教职成〔2010〕9号）的文件精神，文件中明确规定了中职学校改革人才培养模式的方向及要求，即各中职学校要以培养学生综合素质为目标，重点加强职业道德教育、职业技能训练和学习能力培养。改革以学校和课堂为中心的传统人才培养模式，密切与企业等用人单位的联系，实行工学结合、校企合作、顶岗实习。立足校企资源共享、互利共赢，促进校园文化和企业文化紧密结合，促进知识学习、技能实训、工作实践和职业鉴定等功能的整合，推动"教、学、做"的统一，实现学生全面发展。为此，相关中职学校在建设国家中职示范校的过程中，深入推行工学结合、校企一体、顶岗实习的人才培养模式。

四川交通运输职业学校在国家中职示范校建设过程中，道路与桥梁工程施工专业和汽车运用与维修专业探索了适合本专业的人才培养模式。道路与桥梁工程施工专业实施工学结合、校企合作、顶岗实习的"1＋1＋1"人才培养模式。"1＋1＋1"人才培养模式，就是第一年为学生搭建岗位基本技能平台，实行理实一体的模块化教学，完成工程测量、试验检测等专业基本技能培养，使学生通过相应职业资格鉴定。第二年为学生搭建岗位能力平台，按公路现场施工、旁站监理等岗位能力的要求分类培养、重点强化。第三年为学生搭建岗位实践平台，通过参加顶岗实习，完成岗位职业技能的提升。其人才培养模式实施过程见图1。

汽车运用与维修专业通过深入企业调研、院校学习交流、毕业生访谈、实践专家访谈、召开专业建设委员会和教师研讨会等活动，结合本专业建设的优势与特点，通过校企合作，形成了"订单驱动、工学结合"的"2＋1"人才培养模式。该人才培养模式分四个阶段进行：第一阶段（1、2学期）：主要在学校学习公共基础课及专业基础课，进行汽车整车拆装，专业认知学习，培养学生基本素质能力。第二阶段（3学期）：通过汽车保养和汽车发动机、底盘、电气的拆装、检测与维修，培养汽车维修技术的专业能力，并由学校、企业、学生三方签订"订单培养"协议，组建订单班。第三阶段（4学期），在"汽车维修4S全真模拟实训基地"、订单企业，以汽车维修真实生产过程为案例，针对汽车运用与维修中的典型故障，进行汽车维修技术领域综合训练，培养职业综合能力，使学生达到企业"准员工"标准。第四阶段（5、6学期）。在"订单企业"进行顶岗实习，结合岗位工作开展岗位能力培养。其人才培养模式实施过程见图2。

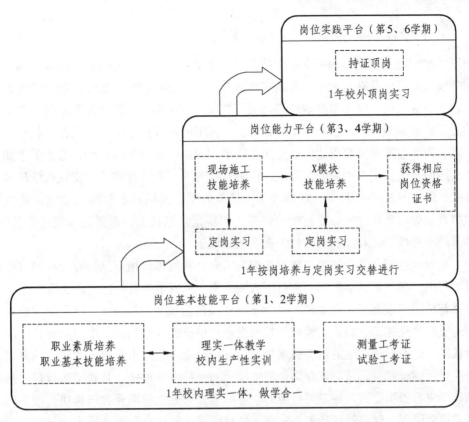

图1 道路与桥梁工程施工专业人才培养模式实施示范图

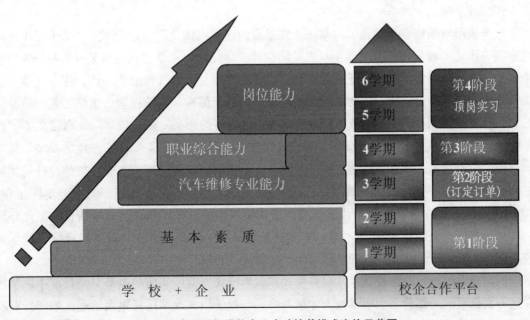

图2 汽车运用与维修专业人才培养模式实施示范图

三、中职学校教学模式改革方向及实践

中职学校要培养出优秀的高素质劳动者和技能型人才，不仅要实施科学合理和针对性的人才培养模式，还应具有与人才培养模式相结合，具有特定的和可操作性的教学模式。根据教育部、人力资源社会保障部和财政部《关于实施国家中等职业教育改革发展示范学校建设计划的意见》教职成〔2010〕9号文件精神，文件中明确规定了中职学校改革教学模式的方向及要求，即各中职学校要以适应职业岗位需求为导向，加强实践教学，着力促进知识传授与生产实践的紧密衔接。创新教学环境，构建具有鲜明职业教育特色的实践教学环境。创新教学方式，深入开展项目教学、案例教学、场景教学、模拟教学和岗位教学，通过数字仿真、虚拟现实等信息化方式，在教学中普遍应用现代信息技术，多渠道系统优化教学过程，增强教学的实践性、针对性和实效性，提高教学质量。

四川交通运输职业学校道路与桥梁工程施工专业和汽车运用与维修专业在国家中职示范校建设过程中，在改革教学模式上进行了大胆探索，形成了各具特色的教学模式。

道路与桥梁工程施工专业实施了"基于职业岗位需求"的模块式一体化教学模式。该教学模式通过对公路施工、建设、管理等相关企业和单位的专题调研，准确把握公路建设行业的发展状况、企业对毕业生的市场需求情况，分析行业企业对本专业人才能力的要求，确定体现公路交通建设特点，适应职业岗位需求能力的一种教学模式。其教学运行程序是将道桥专业的教学内容根据交通、建设等行业的职业标准分为独立的职业方向模块，按不同的职业方向要求设置课程，制订教学计划和实施。这种模式是以社会和市场需求为导向，企业职业岗位对应典型工作任务为起点，以专业技术应用能力和专业素质培养为主线，构建课程体系，优化课程设置，通过教材建设、教师队伍建设和实习实训基地建设，形成特色鲜明的理实一体的教学模式。

汽车运用与维修专业实施了"基于工作过程的理实一体化"教学模式。"基于工作过程的理实一体化"教学模式是由师生双方共同在"一体化"专业学习站完成某一学习任务的教学模式。以汽车维修实际工作任务为核心，将学习过程与工作过程融为一体，将专业能力与关键能力的培养融为一体，以此展开相关联部分的系统结构、系统原理、维修工艺、检验工艺、工具量具使用、技术资料查询以及安全生产等内容的理实一体化教学。分别建立了"汽车保养及故障排除学习站"、"汽车发动机机械维修学习站"等12个理实一体学习站。每个学习作站中设置8~10套完整的工作过程教学设备供学生实操使用，实验台架的设计与实际工作过程相接近，这样既能反映工作原理又能完成其性能检测、诊断、测试等实际工作。"基于工作过程的学习站"教学模式体现教学内容与工作任务一体化、教学情景与工作环境一体化、教师与企业内训师一体化、学生与企业员工一体化，最终实现培养目标、教学内容、教学方法、教学情景、教师队伍与生产实践无缝对接。

四川交通运输职业学校在人才培养模式和教学模式方面所实施的改革只是目前中职学校在这方面探索的一部分。中职学校人才培养模式与教学模式改革还任重而道远，如何针对不同地区、不同行业和不同学校实施有效的改革，培养出优秀的高素质劳动者和技能型人才是每一位中职教育工作者都要思考和探索的问题。通过国家中等职业教育改革发展示范校建设

计划的实施和建设，中职学校在人才培养模式与教学改革上所探索的改革成果必将硕果累累。

参考文献

[1] 教育部关于印发《中等职业教育改革创新行动计划（2010—2012 年）》的通知（教职成〔2010〕13号）.

[2] 郑群. 关于人才培模式的概念与构成. 河南师范大学学报（哲学社会科学版），2004（1）.

[3] 范作为. 浅谈人才培养模式. 中国科技博览，2012（1）.

[4] 袁顶国，等. 教学模式概念的系统分析. 西南师范大学生学报（人文社会科学版），2005，31（6）.

关于"校企渗透、工学交替"的工学结合人才培养模式探索

四川交通运输职业学校　夏宇阳

摘　要：通过论述"校企渗透、工学交替"的工学结合人才培养模式的内涵、实施和必备的保障条件，来说明"校企渗透、工学交替"的工学结合人才培养模式的可操作性和其对培养适应社会需求的高素质技能型人才所发挥的作用。

关键词：校企渗透；工学交替；人才培养模式；工学结合

随着职业教育的蓬勃发展和社会需求的不断变化，传统的人才培养模式已不能完全适应《国务院关于大力发展职业教育的决定》中提出职业教育改革以"校企合作、工学结合、结构合理、形式多样"为发展的目标要求和中职学生学习能力差异性大、企业对岗位能力与职业素养要求高的特点。四川交通运输职业学校"物流与管理专业"借鉴国内外职业教育人才培养模式，积极探索和实践人才培养模式，初步构建了"校企渗透、工学交替"的工学结合人才培养模式。

一、"校企渗透、工学交替"的工学结合人才培养模式的内涵

工学结合是一种将校内学习与实际工作相结合的教学模式，是当前我国职业教育教学的切入点，是中外职业教育人才培养的共同经验和必由之路。"校企渗透、工学交替"的工学结合人才培养模式的内涵是有机地将教学标准和岗位职业能力要求、教学环境和企业工作环境、学校教师和企业技术骨干、教学过程和生产过程、在校学生和企业员工等进行相互渗透；通过合理制定人才培养方案、实施性教学计划、完善相关教学管理制度使学校教学与企业实践相互融合，顶岗锻炼与学校教学交替进行、相互促进。通过这些方面的校企深度渗透，使学习与工作相互交替、相互融合，将课堂的文化理论学习与未来职业紧密结合，达到在整个人才培养过程中始终以"能力为本位，实践为主线"将培养学生核心职业能力作为主线贯穿全程，以培养具有区域特征和竞争优势的既满足社会人才需求，又符合人才个性发展需要的"精操作、能管理、懂经营"的技能型操作及基层管理人才为中心任务的目的。

二、"校企渗透、工学交替"的工学结合人才培养模式的实施

1. 校企共研培养方案

加强校企合作与企业共同制定学生前两学年在学校和企业进行"校企渗透、工学交替"工学结合人才培养方案。其中，第一学期在企业进行专业认识实习，认识设施设备及作业内容，建立现场感性认识，加深对专业的认识和了解，提高学习兴趣；第二学期在企业培养职业基础能力，进行敬业精神、服务理念等方面的培养；第三、四学期在企业进行顶岗锻炼，

针对专业技能课程，强化职业核心技能；第三学年在企业进行顶岗实习，进行岗位综合实训，深化专业技能，锻炼岗位实践能力及突发实践应急处理能力，培养职业综合素质，使学生掌握就业岗位所需要的生产技能与技术，提前适应就业岗位的要求，有效促进毕业生的"零距离"上岗，实现顶岗实习与学生就业相结合。人才培养模式流程如图1所示。

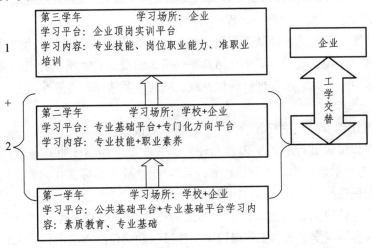

图1 "校企渗透、工学交替"的工学结合人才培养流程

2．校企共建课程体系

为保证课程体系开发工作科学规范、有理有序，需要聘请行业企业专家全程参与和指导本专业课程体系开发，使其与行业的用人需求紧密联系。企业一线技术骨干应参与人才市场调研、工作流程及岗位职业能力分析、课程体系构建、企业试点教学等工作。具体流程见图2。

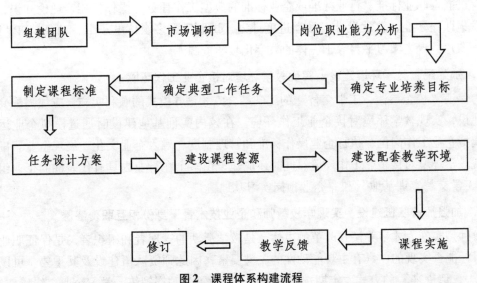

图2 课程体系构建流程

同时还应分别以问卷调查、访谈等方式，密切联系行业内有代表性的企业，围绕企业用人需求广泛开展市场调研，包括企业基本情况、企业对员工能力素养的要求、毕业生生反馈信息等。通过调研，认真分析人才需求状况，确定专业目标和规格的定位。围绕以提高人才培养质量为根本目标，实施"校企渗透、工学交替"的工学结合人才培养模式，形成《人才培养模式与课程体系改革调研报告》。最终通过基于工作任务与职业能力分析，建设团队与企业技术骨干、课程专家共同梳理、重构本专业课程体系的方式，按需搭建课程结构。

3. 加强核心课程建设，实现核心课程对接职业岗位能力

（1）更新理念，深刻理解新的课程模式。

聘请课改专家对课程建设团队进行系统培训，根据专业特点选定的情境引导任务驱动、项目式、模块式等课程模式进行详细介绍其课程模式的概念、性质、特点以及课程开发的范式等，帮助大家更新理念，深刻理解课程模式；同时应聘请课改专家全程指导课程建设，以推动课改的有效进行。

（2）根据选定课程模式进行教学内容和评价模式改革。

根据选定课程模式进行的教学内容和评价模式改革，如物流服务与管理专业可以进行"任务驱动过程考核的教学内容和评价模式改革"。分析企业实际工作内容，以具体的工作任务为驱动，以过程性操作为主、理论知识讲解为辅，培养学生仓储、运输、配送标准化操作过程和操作技巧经验的能力为主、以适度够用的概念和原理的理解为辅的教学内容构建模式，一切教学内容围绕学生未来工作岗位、工作过程和岗位所需核心能力来设计；同时，采取在"提出任务、相关理论学习、任务实施"三个阶段中进行理论成绩、操作技能水平、工作表现及团队精神等方面的"自评、互评和教师评价"的过程考核的评价模式，实现教学过程和生产过程的相互渗透。

（3）课程内容对接岗位能力的教学资源建设。

应以围绕建设优质核心课程的教学改革和资源建设为中心，选择专业核心课程进行建设。如物流服务与管理专业在教材建设中可以情境引导任务驱动为载体组织教学任务，使其涵盖有机嵌入职业标准、行业标准或企业标准的典型工作任务、操作技能、理论知识；同时应开发集课程标准、教学设计、教学进度计划、试题库、多媒体电子书、动画、PPT 课件、视频、图片、自主学习平台等于一体的数字化教学资源库。

4. 加强配套教学环境建设，实现教学环境对接企业工作环境

为保证"校企渗透、工学交替"的工学结合人才培养模式的顺利实施，应加强配套教学环境建设，实现教学环境对接企业工作环境。在校内实训基地建设时通过模拟企业运营环境、模拟企业工作岗位、执行企业操作标准和管理制度、融入企业文化、展现企业氛围等方式实现教学环境对接企业工作环境。同时还应建设由多个在行业内具有代表性的企业组成的"校企工学交替实训基地"和"企业顶岗实习基地"。

5. 加强师资队伍建设，实现学校教师和企业技术骨干身份相互职责渗透

教师是实施人才培养模式改革的主体，是教学活动的管理者和组织者，是保证职业教育培养目标能否实现的、具有主观能动性的关键要素，因此师资队伍建设及其重要。可以采取"走出去、请进来"的方式，定期选派教师到企业学习、顶岗锻炼，学习企业一线操作标准、管理模式、提高实践教学能力，体验企业文化；选派教师到发达地区学习先进教学理念、了解行业发展趋势，参加相关技能培训，考取职业资格证书；同时聘请行业、企业专家到校为人才培养方案、课程体系建设、实训室建设、文化建设出谋划策，参与校本教材开发，承担

校内外教学任务，逐步实现"教师－技师身份职责互通"。

三、"校企渗透、工学交替"的工学结合人才培养模式的实施条件

1. 学校支持

学校全力支持专业进行人才培养模式改革，给予政策、经费、制度的全面支持，在改革中学校需要制定《校企合作管理办法》、《专业指导委员会章程》、《顶岗实习管理办法》等一系列管理制度和文件。

2. 校内外专兼结合的师资队伍

建立一支能够胜任人才培养模式，以专业带头人为引领、骨干教师为核心、专兼结合的"双师型"教师团队。

3. 校内外实训基地

建有配套的校内综合实训基地，以满足教学活动的顺利开展。与相关企业开展深度校企合作，共建教师、学生顶岗实习基地，满足顶岗锻炼和校企工学交替。

结束语：总之，"校企渗透、工学交替"的工学结合人才培养模式，能够很好地解决以前传统培养模式中出现的教、学、做、评各自为政的现象，能够提高学生学习兴趣，能够实现核心课程与岗位的对接、教学标准与岗位职业能力要求的对接、教师与技师身份职责互通，能够更好地适应社会对中职教育的需求。

参考文献

[1] 刘春英."工学六合"人才培养模式. 职业教育研究，2010，06：75—76.
[2] 方跃春. 关于高职顶岗实习与人才培养模式创新. 职业教育研究，2010，06：125—126.

"基于职业岗位需求"的模块式一体化教学实践

四川交通运输职业学校　朱博明　张秀娟　王新宇

摘　要：面向企业需求培养人才，这是中等职业教育区别于其他教育最大的特点。对此，我校道路与桥梁工程施工专业在国家中等职业教育改革发展示范学校重点建设专业中，依据建设方案和任务书，围绕"基于职业岗位需求"的模块式一体化教学改革完善探索实践，并以此为核心推进人才培养模式与课程体系改革、师资队伍建设、校企合作与工学结合运行机制建设等专业建设工作，以实现全面提高中职学校学生职业能力，提升毕业学生在职场竞争中的适应能力，满足我校道路与桥梁工程施工专业持续健康发展。笔者就实施"基于职业岗位需求"的模块式一体化教学实践探索，进行了分析总结。

关键词：职业岗位；模块式；一体化

一、前言

面向企业需求培养人才，这是中等职业教育区别于其他教育最大的特点，然而长期以来，职业学校毕业的学生普遍存在着上岗后不能快速适应行业企业工作岗位要求，对实际工作任务不能快速上手的现状。通过调研分析，其原因可以归结为以下四个方面：课程设置与行业企业生产岗位需求脱节；传授的知识、技能与行业企业生产需求脱节；实训教学过程与行业企业生产过程脱节；教学评价方式与学生能力培养脱节。这四个"脱节"就是传统的职业教育以学科分类体系的知识层次为依据，过分追求知识的数量和理论掌握的精确性，归根到底就是学生学习内容与岗位工作脱节。

提升学生职业能力的紧迫心情，以及激发学生学习积极性的现实需要，促使作为中等职业教育工作者的我们积极探索职业教育模式改革的新思路。职业教育要从用人单位的立场出发，不能惟考试论，而应适应社会和专业发展的需求，在教育中突出职业性、专业性、实用性，才能实现高技能人才的现代职业教育的培养目标。

对此，我校道路与桥梁工程施工专业在国家中等职业教育改革发展示范学校重点建设专业中，依据建设方案和任务书，围绕"基于职业岗位需求"的模块式一体化教学改革完善探索实践，并以此为核心推进人才培养模式与课程体系改革、师资队伍建设、校企合作与工学结合运行机制建设等专业建设工作，以实现全面提高中职学校学生职业能力，提升毕业学生在职场竞争中的适应能力，满足我校道路与桥梁工程施工专业持续健康发展的需要。

二、模块式一体化教学模式概述

1. 指导思想

"基于职业岗位需求"的模块式一体化教学是为了适应职业教育需求，"以服务社会为宗旨，以就业为导向，以提高学生综合素质、强化学生职业技能为核心"，也就是以学生为主体的，以学生的职业能力培养为核心的职业教育模式。

这种教育模式是围绕学生就业岗位要求的典型生产任务，设置专业课程体系，教学过程强化操作技能培养，进而提高学生在就业市场的竞争能力，即专业设置与市场需求协调、技能训练与职业要求协调、培养目标与用人标准协调，使学生在完成学校教育后就能适应用人单位对人才的需要，实现"上手快、能干事、会思考"的中职教育目标，为行业企业输送更多专业强、技能精、职业道德过硬的现代实用型高技能人才，更好地服务于交通公路建设。

2. 工作思路

"基于职业岗位需求"的模块式一体化教学，是通过对公路施工、建设、管理等相关企业和单位的专题调研的基础上，准确把握公路建设行业的发展状况、企业对道路与桥梁工程施工专业中职毕业生的市场需求情况，分析行业企业对本专业人才能力的要求，撰写分析报告，确定的体现公路交通建设特点的，以人为本、分类教学、因材施教，充分调动学生的积极性、主动性和创造性，提高自我发展和适应职业岗位需求的能力的一种教学模式。

传统教育教学把"应知"和"应会"简单分开，而实际上职业教育学生要形成动手工作能力，"应知"就需"应会"，"应会"也需"应知"，否则就不能适应用职业岗位需求和学生发展需要的培养目标。"基于职业岗位需求"的模块式一体化教学，就是将道桥专业的教学内容根据交通、建设等行业的职业标准分为独立的职业方向模块，按不同的职业方向要求设置课程，制订教学计划。这种模式是以社会和市场需求为导向，企业职业岗位对应典型工作任务为起点，以专业技术应用能力和专业素质培养为主线，构建课程体系，优化课程设置，把理论内容和实践内容有机结合，通过教材建设、教师队伍建设和实验实训教学基地建设，形成特色鲜明的理实一体的职业教育办学模式。

三、模块式一体化教学的基础工作

1. 制订教学计划

职业教育人才培养的关键在于用"职业"的标准培养人才，也即引入企业、市场的用人标准，将职业资格证书标准引入教学。"基于职业岗位需求"的模块式一体化教学，就是将交通、建设等行业的职业标准结合公路建设实用技术，对道桥专业中职教育的教学计划进行大胆调整和重组，制订公路桥梁测量、试验检测、现场施工等职业方向的模块式教学计划。

教学计划中的数学、语文、德育、英语等文化知识课和工程力学、结构力学、桥涵水力水文、土力学与基础工程等理论性过强的专业基础课，在符合教育部有关规定的基础上，重新组合设置，如语文课的内容以应用写作为主。

公路建设实用技术根据职业岗位需求设置课程，采用理实一体教学，强化实践性教学环节，努力实现教学改革提出的培养目标，加大学生动手操作能力的培养。

2．推进教材建设

现行教材大多是以理论灌输为主，重视学生对知识的理解能力，忽视学生的运用技能，不能适应职业技能培养和技能证书标准的要求；并且教材内容的岗位针对性不强，与职业资格考核内容不吻合，使教学内容与国家职业标准不能很好衔接。

为此，在推进"基于职业岗位需求"的模块式一体化教学探索过程中，教材建设是一项重要工作，通过教师参与、校企合作，引进项目教学等职业教育新理念，改编完成《公路工程试验检测实训手册》、《公路工程测量实训手册》、《公路工程基础》等校本特色教材，为教学改革奠定了坚实基础。

3．加强实训设施建设

"基于职业岗位需求"的模块式一体化教学要紧密结合公路建设实用技术，培养学生的动手操作能力，就必须要把实验实训教学设施建设。在示范建设过程中，按照"校企互动、合作共建"的建设思路，以本专业现有各类实训室为基础，与企业合作，按照公司生产要求建成校内实训室4个，包括力学实验室、混凝土与集料实验室、土工与水泥实验室、沥青实验室，建成公路工程试验检测实训基地，改扩建校内实训室4个，新建1个校内实训基地，增加了试验、测量等实训教学设备，满足实训教学按照真实工作任务完成过程进行的需求，是理实一体的教学理念落到实处的具体载体。

四、模块式一体化教学实施

1．教学过程

在教学过程中，注重培养学生的动手操作能力，加强专业基础课、专业课的学习，增加现场实践实习的机会，与工程一线接轨，通过课堂教授、认识实践、实训实习等教学环节，实现培养目标。

依托校企合作建设的实训室和实训基地，建立以职业岗位需求（知识、技能和态度）为体系的教育模式，以专业技术应用能力和专业素质培养为主线，由生产实际操作需要设置专业教学课程，按生产实际操作过程组织单元教学，加大学生动手能力的培养。土质、建材、检测、测量等专业技能课程由有丰富工程经验的"双师型"教师担任，按真实工作任务（项目）的实施作为教学内容，在实验实训基地进行教学实训，工学交替。

2．教学管理

"基于职业岗位需求"的模块式一体化教学过程采取"项目负责、四位一体"的管理模式。即由专业科具体组织实施，并负责日常教学管理工作，指定项目责任教师按照教学计划全面负责该项目的教学安排、实习安排；学生科、班主任介入教学管理；教务科执行教学督导功能；技能鉴定中心负责课程考核。学校四个部门共同对教学实施过程管理和学生生活管理，各施其责，共同维护教学、生活秩序。

五、模块式一体化教学考核评价

"基于职业岗位需求"的模块式一体化教学考核评价，采用"鉴定代替考试、教学与考核相分离"的考核办法，体现了公平的原则，使岗位证书更具权威性。

学生在完成公路测量、公路试验检测等模块的学习后，由国家职业技能鉴定机构按国家职业标准组织对学生进行职业资格鉴定，由教学管理系统按照教学大纲考核改变为由职业鉴定机构按用工标准考核。学生通过考核合格后，职业技能鉴定机构为学生办理工程测量工、建筑材料试验工中级技能职业资格证书，教务科按鉴定成绩认定学生相关科目学习成绩。

通过这种考核评价方式，真正能够实现订单式教学的要求，这同时也符合职业教育的目标。教学部门必须随时关注社会对技术工人的职业素质要求，按照用工单位的用人标准，组织教学活动。职业技能鉴定机构及时办理考核工种的任职资格证明，以方便学生就业。

六、模块式一体化教学的实效

在推进"基于职业岗位需求"的模块式一体化教学改革探索过程中，我们始终坚持"以服务社会为宗旨，以就业为导向，以提高学生综合素质、强化学生职业技能为核心"的专业建设指导思想，立足四川，面向公路行业，依托校企深度融合，"基于职业岗位需求"的模块式一体化职业教育模式和传统教育模式比较，具有鲜明特色：教学内容与职业岗位对接、教学过程与生产过程对接、考核评价与职业资格鉴定对接。

（1）技能实践与文化、专业理论相结合的学习顺序，可以提高文化课、专业理论课学习的针对性。文化基础差的学生也能选择适合自己的模块学习。

（2）因材施教，充分尊重学生的学习自主权，学生学习过程轻松愉快，学习主动性和积极性提高。

（3）学生学习目的性、计划性、自学能力和自我管理能力增强，学习目的明确，内容清晰，学习效果好。

（4）理实一体，工学结合，强调技能培养的教学过程，强化学生的动手能力，满足学生不断上升的学习要求，体现职业技术教育的特色性。

（5）"项目负责、四位一体"的管理模式有利于学生的全方位管理。

（6）教学与考核相分离的考核办法，体现了公平的原则，使岗位证书更具权威性。

结束语： 中等职业学校国家级示范校建设是为了推进我国职业教育发展的举措，是中等职业学校再发展的契机。通过"基于职业岗位需求"的模块式一体化教学改革探索完善，锻炼了师资队伍，提高了学生的学习积极性，按真实工作任务实施教学，工学交替，顶岗实习，学生在毕业时就能直接承担工作任务，也能够与其他员工协作配合，实现了中等职业教育与就业市场的"无缝"对接，为推动新时期中等职业教育的科学发展，提升中等职业教育的市场针对性和社会吸引力作出较大贡献。

参考文献

[1] 李向东，卢双盈. 职业教育学新编. 北京：高等教育出版社，2005.

[2] 姜大源. 职业教育学研究新论. 北京：教育科学出版社，2005.

职业教育新模式浅谈

四川交通运输职业学校　周显琪

摘　要：随着我国社会的进步和经济的发展，越来越多的企业对员工的职业素养与职业技能重视起来，职业教育也越来越受到重视。对于现代教学来说，推进职业教育的改革，将新的人才培养理念融入到教学设计、教学实施中去，能够很好地帮助教学活动的开展，使得原本僵硬的职业教育知识变得鲜活和熟悉，有利于学生积极地参与学习，激发学生的自主学习能力，帮助学生建立职业化的概念，提高职业素养，拓宽视野，增长职业技能。本文论述了职业教育模式改革的重要趋势，对职业教育人才培养模式的重点进行了分析，并针对人才培养中提出了优化措施。

关键词：职业教育；人才培养；教育模式

随着我国经济的增长，人民生活水平的提高，社会各行各业发展迅速。社会的各方面发展都离不开教育的支持，各行各业的发展都需要高素质的职业化人才。我国职业教育作为支持职业人才重要保障，应当注重与时俱进，采用新技术和新模式来实现人才的塑造和培养是非常有必要的。促使学生积极、主动地去学习，发挥学习的兴趣，学会收集信息、独立分析信息，与他人合作讨论的能力，现代教育技术是改变传统教育模式的趋势，推动着职业教育的改革进程。

一、传统职业教育模式的弊端

长期以来，由于受应试教育的影响和限制，职业教育模式也偏重于向学生灌输具体理论知识，学生学习时也停留在浅层理解和机械记忆的层面上，忽略了实践职业能力和创新精神的培养。在职业教育改革不断深化的今天，传统的职业教学模式无疑面临着严峻的挑战。如何让学生主动参与教学，亲身体验思考，与他人进行合作学习，提高职业素养和实践创新精神，已经成为一个亟需解决的问题。

1. 知识灌输方式压抑学生

在传统的教学中很多学生都缺乏足够的兴趣，在大部分的职业教学课程中，教师都是在系统的讲解理论，很少让学生进行独立的思考。普遍的现象就是只是注重课堂知识讲解，而不太重视让学生掌握基本能力。在传授理论知识课堂中还有一个特点，就是教师们几乎从不或者说很少开展互动式的，以提高学生运用掌握能力的交际活动。这样很难激发学生的学习兴趣，把课堂教学变成了一种被动式的教学，一种老师在说，学生在听的模式，很难使学生自主的获得学习的能力。

2. 学生上课积极性差，课堂效率低

学生在接触专业课的过程中，对完全的、严谨的理论和看似很复杂的技能，在遇到困难时很容易放弃，导致了许多学生在学习时偏向死记硬背，上课的积极性较差，老师讲的内容都不能很好地吸收和体会。课堂上教师的授课方式提不起学生的兴趣，一部分学生对课堂内容就记下笔记，对老师的答案视为标准，却真真学不到什么实质的东西，效率十分的低下。

3. 课堂以讲授为主，学生不是主体地位

大部分教师每节课的讲解部分占用了大部分甚至绝大部分时间。在课堂教学的研究中，我们课堂提问活动分为四种类型：老师问，学生答；学生问，学生答；学生问，老师答；老师问，老师答。其中交际性最强的是学生间的问答，"学生问，老师答"次之，"老师问，学生答"最弱，而老师自问自答则不具有交际性。在调查中，学生们普遍认为在课堂上是"老师问，学生答"的形式，最具交际性的学生间问答是使用情况最少的；还有值得重视的一点是有57.54%的学生认为老师是自问自答的。这说明课堂上仍是以教师为主体，以讲授为主。

4. 师生均缺乏自主创新精神

在教学中有很多的教师都教过好几届的学生了，而大部分的教师存在着同样的一种状况，就是上课的模式都是基本上不变的，照搬书本和参考书的案例在重复，没有实际的创新变革，时间久了都会让人厌倦，更何况社会飞速发展的今天，要求职业教育的老师的教学必须是跟上社会要求的脚步；同时，也很少有学生自动提出创新或者改变一下课堂教学方式的。

二、职业教育模式改革的意义

随着现代教育的发展，职业教育越来越受到人们的关注，社会对于人才的需求、企业对技术类员工的渴望，职业教育背负着巩固社会人才储备、提高社会人口素质与满足社会、经济发展对人才要求的责任，职业教育要实现社会各方面的需求就要改革自身的弱势，增强学生的职业素质教育。从国外的职业教育的发展来看，新教育模式逐渐取代传统的教学方式虽然在短期内难以实现，但它代表了教育技术的发展方向，更体现了职业教育的精神所在。

职业教育不仅仅是简单的传授知识，更包含了技术融于教学中，真正有益于学生技术效率的提高，而不是作为教学成功对外展示。因此，现代职业教育应该从职业技术的发展规律入手，利用教学课件，提高学生自主学习的兴趣，实现职业教育的真正目的。

从社会各方面对职业化人才的需求来看，职业教育由于所承载的教学信息不同，呈现不同的表现方式，因此，在教学过程中利用关注学生的个性特征，发展学生的特长，激发学生的兴趣和创造性才能职业教育的根本，职业具有不可取代的应用价值。

随着教育技术的发展，教学方法、模式和理论也发生相应的变革，以学生为主体的建构主义理论关注学习情境的创设，并提出在自主学习的基础上，实现共同探索的协作学习。据此推断，利用新的教育技术来实现职业教育信息的传播，必定能够实现教学的最佳效果。

三、职业教育模式发展趋势

职业教育的方向始终是围绕着社会的需求而定，而目标当中也一直强调职业教育中的改革是为了让从陷于知识的传授，技能的学历的歧路上悬崖勒马，尽快走到素质教育的正轨上，也要求广大职业教育工作者充分认识并尊重学生的主体地位与能动作用，让学生在参与到教学中，在一系列发展要求中自然而然地提高学生的职业能力。

1. 强调教师主导、学生主体

职业教育改革的新模式主要是强调学生在学习中的主体地位，教育的每一个步骤都需要教师来进行知识点的带领，指导学生从书本联系到职业技能的实际操作，再从技术操作联系到具体的工作实例，不偏离学习的主体，不偏离教学的目标。

所以，职业教育过程是教师和学生双方都要参与的活动，他们将以导师和学习主人的双重身份进入这个课堂。正确处理好"教师主导"与"学生主体"的关系，发挥教师和学生双方的主观能动性，才能有效发挥职业教育的重要作用，培养学生的职业精神，激发他们的创新意识。

2. 关注个体，发展个性

在教学组织的形式上，突破以往的授课制度，学生与学生之间的学习能力和学习水平相差比较大，小组教学和个别教学的模式有利于兼顾有特长的学生和学习能力比较差的学生，帮助比较差的学生树立学习的信心，充分发挥有潜力学生的学习能力及个性，做到因材施教，因人施教。同时学习形式的多样化，学习途径的多样化，为学生的个性发展创造了有利空间。同学之间的互相讨论与交流，带动了"中间地带"的学生的提高，这样有利于发展学生的个性，激发学生的创造性。在职业教育教学目标的指导下，培养学生分析问题、解决问题的能力应为最为主要的任务；职业教育的学习，学生应将重点放在培养学生职业精神，激发创新意识，学会自主学习，提高实践能力。

3. 建立工作氛围，感受实际工作环境

不论是学习还是工作都离不开团队的合作，在学习知识中自由的结合成小组进行个人想法的汇总与分析，使学生在相互交流分析的基础上，掌握和了解知识的内涵，或者找到解决问题的方法和途径。创造模拟实际工作的氛围，对工作中的角色实行扮演，提前感知工作，了解职业内涵，对企业与员工的关系，对员工与技能的关系有一定的掌握，帮助学生适应社会，适应工作也是职业教育的初衷所在。学生在交流和协作的过程中，不仅将问题解决，也学到了团队合作的方式，对别人的观点学会了理解和尊重，学会了合作的意义，有利于学生走向社会后更好地融入工作氛围。

结束语： 职业教育模式改革在今天面向素质教育、基于职业技术的教育改革的浪潮下，更显出其深远的意义。职业教育作为学校与社会的纽带，作为学生与工作者之间的桥梁，在社会发展的进程中承担着重要作用。职业教育在社会的发展中占有举足轻重的地位，学生不但要学习必要的基础知识和理论，而且还必须为今后进一步的学习和工作做好准备。为此，面向社会的职业教育改革，是教育现代化发展的必然要求，也是提高学生职业素养的有效途

径。研究信职业教育发展的意义深远，是我国面向 21 世纪教育改革的新视点，是与传统的教学有着密切联系和继承性，又具有一定相对独立性特点的新型教学类型，对它的研究与实施将对发展学生主体性、创造性和培养学生创新精神和实践能力具有重要意义。

参考文献

［1］　梁红梅. 浅论高等职业教育创新型人才培养. 科技管理研究. 2008（7）：344—346.

［2］　张士军. 夏夕美. 试论高等职业教育培养创新型实用人才外部保障的条件. 滁州职业技术学院学报. 2009（3）：5—7.

［3］　周建松，郭福春，高素质高技能应用型金融人才培养的市场调研报告. 浙江金融，2008（3）.

校企合作"订单班"的几点思考

四川交通运输职业学校　杨二杰

摘　要：校企合作是职业学校发展的必由之路，校企合作的成功与否直接决定着学校的发展。本文讨论了校企合作形式中"订单班"的人才培养方案的重要性，重点提出订单班的教学内容应充分打破学科思维限制贴近企业实际同时给出了关于"订单班"教师团队建设的几点建议，最后指出"订单班"校企合作面临的问题。

关键词：校企合作；订单班；教师团队；课程设置

校企合作是职业学校办学发展的重要出路。职业教育与普高教育不同，其教学目标是培养合格的工人。中职学校培养的是企业工人，这决定了学校不能闭门造车，关起门来办学，而应该积极的开展校企合作。将企业的用人标准引入课堂，用以培养学生，从而使毕业生能够最大限度地符合企业对工人的素质要求。

在提倡中职学校校企合作的大环境下，各中职学校都在进行着各种各样的尝试。其中应用最多的合作形式就是"订单班"。订单班的质量决定了，校企合作是简简单单的挂牌命名合作，还是引企进校、送校入企深度共赢的合作。"订单班"人才培养方案制定的好坏直接决定这"订单班"的质量"，也影响着校企合作的深度。

一、"订单班"的人才培养方案

1. 必须制定人才培养方案

"订单班"人才培养方案是订单班教学的纲领性文件，可以说人才培养方案是整个订单班如何实现校企合作的灵魂。有的校企合作匆匆上马，基本的人才培养方案都没有，在订单班实施过程中，完全是在一片迷茫中教学，最终使得校企合作的随意性太大。整个校企合作不紧密，经常出现"应急"的更改和变换，导致校企合作质量不高。所以在校企合作协议签订之初，双方就应当就"订单班"人才培养方案达成共识——必须先制订人才培养方案。解决的方案的有无问题，也解决的合作的方向问题。

2. "订单班"人才培养方案一定要贴合企业实际

校企合作，共同进行课程开发，将企业的真实工作任务作为教学内容。在专业指导委员会的指导下，与企业专家共同进行岗位分析和课程设计。参照职业标准，与企业人员合作开发课程标准和教材，企业专家参与整个开发过程。结合职业能力要求，以典型工作任务为载体，设计学习情境和实训项目；将企业的真实工作任务作为教学内容，做到职业素养和专业技能培养并重。人才培养必须适应企业的用人标准，具有针对性、前瞻性和实用性。

二、课程内容设置可以打破常规

1. 避免通用型"订单班"课程内容

订单班的课程应当基于企业的生产实际。很多校企合作合作项目会直接拿某一工种的资格正考试要求或等级考试的国家标准作为课程设置的依据。这样制定出来的课程设置可以说是"放之四海而皆准"的通用型课程，不能体现"订单"。"订单班"的课程应充分体现校企合作，课程内容的来源应充分依据企业的生产实际。任何课程的内容应言之有据，不能参照国家标准想当然的设置。就以汽车专业为例，汽车维修中级工国家标准中明确规定了工人的钳工技能水平的要求，然而汽车维修企业生产实际中，钳工技能的车铣刨磨削几乎很少用到。

2. 让企业生产内容成为课程内容

在制定订单教学课程的时候不妨以企业的生产内容为主要依据，企业需要员工会什么就应当设置相应的内容。仍以汽车运用与维修专业为例，在进行"订单"教学课程设计的时候不妨以合作企业过去几年企业维修台账记录为主要依据，组织教师对订单企业过去几年的生产维修记录进行文案调查，统计一下企业生产中常见的作业内容。收集到这些作业内容后，组织企业技术人员和学校的专业教师对每个内容进行分析、整理，并最终将隐藏在生产操作中的理论知识和技能要求分离出来，形成教学内容。这样的教学内容一定比"放之四海而皆准"教学内容更贴合企业生产实际，培养出来的学生也更容易适应企业的生产生活。

三、教师团队应能满足"订单班"需求

学校教师和企业培训师是校企合作教学结构中两个不可或缺的主体。但只有将两者在教学中的角色与功能准确定位，扬长补短、互相补充、互相学习，才能使教师团队的教学水平和技能水平不断提高。

学校教师和企业培训师之间存在着很大差异，学校教师理论教学水平相对较高，企业培训师生产实际经验丰富。只有师资之间相互沟通，紧密配合，双方互相学习，学校教师引导企业培训师如何授课，企业培训师教授学校教师生产操作技能，双方共同学习才能真正形成合力，才能真正在深度与广度上充分作用于学生培养过程和各个环节，发挥出"双师型团队"工作效能。

实际操作中为了保证教师团队的整体水平不断进步，可实行团队负责制、课程承包制、交流常态制、身份互兼制。

1. 团队负责制

校企合作一定要建立在专业团队的基础上，离开了团队是不可能真正实现校企合作的，校企合作最终还是要落实到学校的老师和企业的技师之间的合作。按照专业与企业性质对等性原则，校企合作项目建设项目组。项目组对学校和企业双重负责，同时对内对外全权负责校企合作的日常事务。项目团队承担校企合作风险责任，同时享受校企合作成就奖励。

2. 课程承包制

根据教学模块的内容和团队成员的个人特长以及教师个人知识技能的相近性和相融性，

把相近课程内容打包承包。不再将教学内容分为理论和实作，而是直接把专业课程承包给由以为企业教师和以为学校教师组成的教师组。这样既避免了因专业教学任务过于分化，导致教师责任不明确、教学内容重复或缺失的不足，又有利于课程模块式教学的开展。同时可以增强学校教师和企业培训师之间的交流和沟通。

3. 交流常态制

规定常态性交流时间，构建定期交流机制。学校教师每周用一定时间进行交流探讨，学校教师每月与企业培训师进行沟通交流不少于3次。定期举行各类交流活动，如沙龙活动、各类技术研讨等。企业培训师每月至少拿出一个生产中较困难的维修项目与学校教师进行分析交流。设置QQ群、电话短号、微信群等努力构筑交流体系，并通过有组织有计划展示，将广大教师的教育教学经验和创新理念进行全面交流，相互借鉴，共同提高。

4. 身份互兼制

学校教师和企业技术人员实现互相兼职、互相聘任，双向兼职、双重身份。学校教师在学校的统筹安排下到企业中去承担企业一线工人、技术人员、管理人员甚至学习企业的生产经营管理。企业的技术人员到学校承担教师工作、教学管理工作、学生管理工作甚至承担专业带头人，以此实现"资源共享、紧密稳定、校企共赢"。学校和企业签订相关身份互兼协议，使兼职人员有名分、有锻炼、有提高。兼职人员妥善处理好本职工作和兼职工作的关系，保证兼职人员的工作精力和学校正常的教学秩序。企业技术人员经教育教学培训，以兼职教师身份先承担实践教学任务，逐步学习教学知识和授课技能，并最终实现既能承担专业技能课又能承担基础理论课的目标。

四、教学组织应充分融合

教学过程"校企交融、工学一体"，实现教室与车间的零距离对接。本课程结合学校的软硬件条件开展教学。在学习情境中，营造真实的工作环境，以工作过程为导向；按照"资讯、计划、决策、实施、检查、评估"的过程来组织教学；强调工作过程的系统性和完整性。

在教学实施过程中，专业培养目标从专业能力、社会能力和方法能力三方面能力培养综合考虑。营造企业生产氛围，多种教学方法并用，注重对学生社会能力、方法能力和专业能力的共同培养。做到学校与企业融合、教室与车间融合、学习与工作融合、教师与师傅融合、学生与员工融合教学管理与企业管理融合的全方位的"校企融合"。

五、"订单班"亟待解决的问题

目前大多数企业都是被动的招聘毕业生，从大量的招聘和辞退中选择人才，而不愿意花精力和金钱参与人才的培养。另外，部分企业并不愿意与中职类学校合作培养一线工人，企业更愿意与高等学校合作培养管理人才。

政府没有提供足够的政策支持，企业参与人才培养后不能得到现实的即时的经济效益，这使得企业不愿意承担培养技能人才的共同责任。

由于企业的生产经营工作繁忙，因而技术管理人员的教学活动难于做到前后一致连贯，校企之间的联系还不够顺畅。"订单班"学员到企业的学习受到一定限制，达不到理想的教学效果。另外，日常教学任务和学校的薪资水平，使得学校不愿意老师到企业去身份互兼，兼职学习。

结束语：办好校企合作"订单班"，必须满足科学的人才培养方案作指导，切合企业需求的课程内容，学习交流行的教师团队和学校与企业的制度保证等条件。

参考文献

［1］ 李 敏. 校企合作初探. 教育科学，2008，07：157.
［2］ 吴国胜. 开展工学结合、校企合作的意义和措施. 经济与社会发展，2009，12：202—205.
［3］ 王亚斌. 校企深层次合作领域的研究. 现代企业教育，2013，20：146.
［4］ 李淑芳. 基于校企合作的企业兼职教师认证体系. 教育与职业，2009，29：67—68.

品牌战略——国家级中等职业示范学校制胜之道

四川交通运输职业学校　汤　力

摘　要：品牌已渗入到生活的各个领域，品牌战略是国家级中等职业示范学校制胜之道。品牌是学校竞争力的核心，我们树立自己的品牌，就要准确定位品牌，树立牢固的品牌意识，从办学理念、教育质量和学校特色等方面出发。其中，办学理念是学校的办学宗旨，也就是学校办学的指导思想，是学校品牌的灵魂。同时树立品牌当从丰富自己内涵做起，提高教师队伍素质，要在学校培养有领导才能的教师，提高教育教学质量，营造校园文化，维护学校形象。最后，要有正确的品牌营销，运用多种形式推广学校品牌形象，从而提高学校的知名度和美誉度。

关键词：品牌；中等职业学校；示范建设

针对目前品牌概念已向社会生活各个领域渗透的现状，国家级中等职业示范学校建设的制胜之道也不得不转向对品牌战略的思想。品牌是学校竞争力的核心，"有口皆碑"即是品牌战略的最终目标。我们如何树立自己的品牌，我觉得有以下几点：

一、品牌定位

品牌定位是指学校对本品牌的特性与品质给予明确界定，并使公众对其形成心理定势的过程与结果。它以品牌为出发点，而归宿却是公众的心灵。换言之，品牌定位就是期待社会公众对学校的个性化战略形成什么样的印象。学校可以根据其独特影响力、品牌作用效果、品牌"第一"、品牌领导者地位、同类型学校中的空白点等来进行品牌的定位。

二、树立品牌意识

品牌是学校的无形资产，它承载着以学校办学理念、管理方式和共同价值观为核心的学校文化，是社会、家长、学生的一种长久的记忆，能给学校带来实质性的附加值。随着我国教育体制改革的深化和中等职业教育市场的日益开放，中等职业教育进入了竞争时代。如何面对现实；如何在中等职业学校的发展战略中、树立品牌，培育和造就品牌；如何提高学校的影响力，增强学校在未来竞争中的实力，保持学校的可持续发展，等等，都已成为学校管理的重要课题。

很多学校将示范建设的重点放在校园的建筑上，的确，校园建筑往往是为突显现代教育并满足学生发展的需求而精心设计，它为学生创设了一个愉悦、舒适的教育环境。然而，这只是创建一所高标准的优质教育学校所不可缺少的"硬件"。从本质看问题，真正的教育效应应首先表现为先进的独到的办学思想，具体即为学校的教育理念、办学宗旨、办学举措，以及由此而形成的教育质量和学校特色，并最终锻铸的学校品牌。

尽管人们对"教育品牌"、"学校品牌"的概念的界定和构成要素仍然还在争论不休，众说纷纭，莫衷一是，但从实践的角度看，一所学校品牌的打造，它的三大支柱是：办学理念、教育质量和学校特色。其中，办学理念是学校的办学宗旨，也就是学校办学的指导思想，它是学校管理行为、教师教育行为和学生学习行为的启动键和调节器，直接引领和制约着学校教育质量的产出、学校办学特色的生成，最终决定学校教育品牌的形成和发展。归纳为一句话：学校的办学理念是学校品牌的灵魂。基于这样的认识，我们着力寻求在现代文化和传统文化、东方教育和西方教育剧烈碰撞的条件下，能够彰显时代精神和民族特性的办学理念，务使学校沿着中国特色的社会主义教育大道前进，把学校建设成为一所"高质量"、"有特色"、"名品牌"的中职教育学校。办学理念是关系学校整体发展的理性认识和价值追求：

（1）办学理念是教育思想的集中反映，是基于对教育本质和规律问题深层理解的基础上形成的。办学理念作为对办学实践的一种主观要求，必然要从教育本质这一逻辑起点出发，根据对教育规律的认识来确定自身的取向，是对这些认识和看法进行理性审视和深层梳理的结果，集中反映了办学主体的教育思想。

（2）办学理念是办学理想的特殊表达，办学理念重点回答"应如何"和"怎么做"的问题，实际上是一种办学主张。它是在理性认识的基础上对办学实践的一种积极构想，反映出办学的取向与追求，而这种目的性和理想意图引导和支配着学校运行的全过程。而且会成为实现办学理想的强大动力，对学校的发展和效绩产生积极的影响。

（3）办学理念是学校精神的"内核"。作为现代教育制度下的每一所学校，都应形成属于自己的学校精神，为践行教育思想，实现办学理想和发展目标提供精神动力和信念支持。学校精神是一所学校稳定的、被学校成员所认同的价值观、信念和追求，是学校赖以生存与发展的精神支柱。学校精神具有对内动员师生员工力量，对外展示学校形象的重要功能。

另外，树立品牌很难，时间很久，但是要毁掉它却很快，我们在有自己的品牌以后一定要注意时刻维护这个成果，否则也会功亏一篑。

三、进行创品牌行动

以品牌战略进行中职学校示范建设，除了要树立品牌意识、端正办学理念外，还需要实际行动的支撑。具体可以从以下几方面入手：

（1）提高教师队伍素质，要在学校培养有领导才能的教师。我认为，教师工作和领导工作有很多相似之处，因为教师的工作成果是由学生的发展和学生的成绩来体现的。因此教师除了要有深厚的专业知识和扎实的教学基本功外，还要具有领导才能，要像领导者一样善于做组织协调工作，善于调动学生的积极性。教师要在学生的成长道路上充当指导者、促进者、引路人、拉拉队长等角色。高素质的教师队伍是学校教育教学高质量的基础，名师工程对于学校品牌建设至关重要。打造一支高素质、高水平的学校人才队伍，不仅要靠"输血"，"造血"同样重要，引育并举，高层次人才队伍建设才会取得成绩。

（2）要提高教育教学质量，质量是品牌的生命，没有教育教学的高质量，学校品牌就毫无说服力，也就失去了竞争的基础。坚持以教学为中心，牢牢把握质量这个生命线是重中之重。

（3）培育校园文化，校园文化是学校品牌的灵魂，它包含"校园环境、校园建设及校园文化活动"等一系列内容，是学校文化现象的外化及体现。加强校园文化建设，可以促进师生在轻松、愉悦的文化氛围中工作、学习及生活，由此发挥其教书育人、管理育人、服务育人、环境育人的全部功能。

（4）维护学校形象，良好的学校形象可以为学校提高美誉度和忠诚度。校容校貌美观、校风正、教育教学质量高、社会声誉好的学校本身就有强大的吸引力。

四、要有正确的品牌营销

中等职业学校要更加突出营销工作，运用多种形式推广学校品牌形象，让职业教育的需求者了解我们学校的办学特色，让用人单位清楚我们学校有什么样的毕业生，能胜任什么样的岗位，从而提高学校的知名度和美誉度。在营销中还要注意品牌的"危机公关"，危机的出现具有意外性、聚焦性、破坏性和紧迫性。危机公关包括危机的规避、控制、解决以及危机解决后的复兴等不断学习和适应的动态过程。危机事件发生后的第一时间应该把所有质疑的声音与责任都承接下来，不可以含糊其辞，不可以态度暧昧，不可以速度迟缓，然后拿出最负责任的态度与事实行动迅速对事件做出处理。其实很多危机事件发生后，媒体与公众甚至受害者并不十分关心事件本身，更在意的是责任人的态度。冷漠、傲慢、推诿等态度会加剧公众的愤怒，把事件本身的严重性放大。

结束语：中职学校要树立自己的品牌，就应该首先从"品牌定位"、"品牌意识"、"品牌行动"、"品牌营销"四个角度出发，抓住示范校建设的契机，在改进学校硬件的同时，也加强学校软件的改进。既要注重内涵的丰富，也要关注品牌的向外辐射。在今后的工作中，我们可以借鉴学习不同国家、地区的中等职业教育体系，既注意微观的工作细节，也关注宏观的发展趋势，争取为学校的示范建设以及品牌建设作出自己的贡献。

参考文献

[1]　陈建军. 论学分制背景下的中等职业学校专业建设. 中等职业教育，2008 (11).

[2]　高　鸿. 中等职业教育专业建设的问题与对策. 辽宁教育研究，2005 (3).

[3]　郭耀邦. 中等职业教育培养目标的时代调整. 教育与职业，2001 (2).

[4]　姜大源. 论职业教育的重点专业建设与品牌战略. 职教通讯，2002 (01).

[5]　姜大源. 职业教育学研究新论. 北京：教育科学出版社，2007.

[6]　姜大源. 当代德国职业教育主流教学思想研究——理论、实践与创新. 北京：清华大学出版社，2007.

[7]　雷正光. 当代职教专业建设若干新理念. 职教论坛，2005 (8).

论新形势下英语教育与人才培养模式的关系

四川交通运输职业学校　周显琪

摘　要： 新形势下的英语教育目标是为社会培养更多英语专业人才，培养学生更多的英语专业技能，为社会提供更好的外语服务。在英语专业的教学活动中课堂式的知识理论灌输仍然是目前主流的教学模式，只有将课程教学进行优化，对专业教学结构进行创新才能对英语专业教学的课堂效应与实践效应进行改革。教学的优化根本就是建立更加科学的教学结构，所以对教学结构的分析、对人才培养的重视成为了当前英语教育的重点。

关键词： 英语教育；人才培养；教学优化

一、传统英语专业教育模式的教学弊端

1. 知识灌输方式压抑学生

在新形势下英语专业教学中很多学生都缺乏足够的兴趣，大多数的学生都是由于毕业考试成绩不理想等原因才勉强学习英语课程的，而在大部分的英语专业课程教学中，教师都是在系统的讲解理论，很少让学生进行独立的思考。普遍的现象就是教师只是注重课堂知识讲解，而不太重视让学生掌握基本能力。在传授理论知识课堂中还有一个特点，就是教师几乎从不或者说很少开展互动式的，以提高学生运用掌握能力的交际活动。这样很难激发学生的学习兴趣，把课堂教学变成了一种被动式的教学，一种老师在说，学生在听的模式，很难使学生自主地获得学习的能力。

2. 学生上课积极性差，课堂效率低

英语专业学生在接触英语专业课的过程中，对完全的严谨的语法和看似很遥远的英语对话，在实际生活中非常的陌生，在遇到困难时很容易的放弃，导致了许多英语专业学生在学习英语时偏向死记硬背，上课的积极性较差，老师讲的内容都不能很好地吸收和体会，培养了许多只会考试的英语"人才"。课堂上教师的授课方式提不起学生的兴趣，一部分的学生对课堂内容就记下笔记，对老师的答案视为标准，学不到什么实质的东西，教学效率十分的低下。

二、英语教育中创建人才培养模式的意义

1. 有助于激发学生英语专业学习的兴趣

英语专业学生面临课业压力较多的阶段，长时间的参与到教学中来，必然引起学生的疲劳、厌学等现象。英语专业课本是一门以传授语言知识为主的课程，如果单纯地从课本出发，进行背诵词句，学习语言技巧等教学，容易导致学生对英语专业课失去兴趣。在教学过

程中，逐渐深入学生中，了解学生对英语学习的态度，将更多的时间放在实践训练中，从实践发现理论，从实践发现知识，从实践件中看到更大、更深的理论知识，不但能够吸引学生的注意力，更能够寓教于乐，这种人才培养模式的介入，既可以辅助教学，又能调节课堂气氛。俗话说，兴趣是最好的老师，要想学生能学好一门课，兴趣是首要决定条件。

2. 突出实际作用，提升教学效果

英语专业教学中最大的问题在于，处于学校中的学生在课堂中无法理解英语专业带给人们的具体意义，也无法理解英语专业到底是如何在实际工作中发挥其作用的；由于阅历和精力的有限，缺乏必要的语言思维，无法完全对于理论进行合理的自我解读。进行人才模式化培养的过程中，优化在英语专业课堂的应用，让学生不仅掌握英语的语言知识，更对英语的实际应用有了解，对工作中所需要的英语专业知识进行掌握，接受更多新而难的知识。

3. 保证学生在获取更大量的知识

学生学习英语不仅仅是为了应付考试，更重要的是培养实际运用能力。因此，教师要加强学生学习专业知识之外的知识的拓展与延伸，注重培养学生的创新精神。鼓励学生寻找适合自身的学习模式，以引导他们开阔思维并培养语言感知的能力。鼓励学生探索并尝试多元化的学习方法，并积极参与课堂学习，让他们的知识储备不断向多层次、深度化发展。引导学生通过语言的运用效果反映其学习方法与成效，提高学生综合运用英语的能力。通过测评的方式，激发学生的学习兴趣与激情，增强其自信心与自我效能感。在学生完成基本的教学任务并达到教学目标后，培养学生延伸英语学习的拓展能力。要求学生运用所学知识练习并进行点评，引导学生发挥形象思维能力，让学生将自己假设为实际工作中的角色并与假设的"对象"进行交流，以此培养学生自主拓展延伸知识与探究的学习能力。培养学生学习的兴趣，培养其主动学习、积极学习的精神，优化教学过程与教学方法，提高学生的综合素质与创新能力，才能培养出新时代需求的复合型人才。

三、英语专业人才培养教学优化模式

1. 英语专业教学优化模式概述

英语专业人才培养模式是以实施素质教育中的培养学生的创新精神和实践能力、提高语言素养为教学理念，注重结合学生的学习环境和实践能力，并且通过设计活动，完成一个个具体应用来培养学生的综合能力。

英语专业人才培养模式就是指教师或者学生根据教学要求提出相关"任务"，来完成一个又一个具体的"任务"为教学线索，把教学的内容巧妙地隐藏在每个"任务"之中，学生在教师的指导下提出解决问题的具体思路和解决方法，然后进行具体的操作，教师引导学生边学边做完成相应的"任务"。

2. 英语专业人才培养模式的优势

英语专业人才培养模式主要是强调学生在学习中的主体地位，每一个步骤都需要教师来进行知识点的带领，指导学生从实践联系到书本知识，再从书本知识联系到工作实例，不偏离学习的主体，不偏离教学的目标。

所以，英语专业人才培养模式是教师和学生双方都要参与的活动，他们将以导师和学习主人的双重身份进入这个课堂。正确处理好"教师主导"与"学生主体"的关系，发挥教师和学生双方的主观能动性，才能有效发挥英语专业学习的重要作用，培养学生的探究精神，激发他们的创新意识。

英语专业人才培养模式教学模式是在教学组织的形式上，突破以往的班级授课制度，以分组教学和个别教学为主。学生与学生之间的学习能力和学习水平相差比较大，小组教学和个别教学的模式有利于兼顾有特长的学生和学习能力比较差的学生，帮助比较差的学生树立学习的信心，充分发挥有潜力学生的学习能力及个性，做到因材施教，因人施教。同时学习形式的多样化，学习途径的多样化，为学生的个性发展创造了有利空间。小组同学之间的互相讨论与交流，带动了"中间地带"的学生的提高。

3. 英语专业人才培养模式的目的

英语专业的人才培养模式与其他教育培养出的理论型和设计型的人才不同，也与其他职业技术类人才培养不同，英语专业的人才培养首先要满足高层次、高水平的条件，英语专业的人才必须具备与其教育水平相适应的专业知识、理论与实践语言能力，掌握相应的语言技巧和最新的语言知识。对于有着较强时代性和时间性的语言学科，英语专业的学习更要与时俱进，实时掌握语言的更新，对于语言的分析与理解要有较强的社会性，以此解决在实际工作和生活中遇到的语言类问题。不仅仅需要较宽的语言知识面，更需要较为深厚的语言理论基础与实践语言能力。并且在职业性方面，英语专业人才要以其岗位的需求进行语言的深入学习，掌握一门专业性的语言更重要的是实际的操作，了解本职位对于语言的偏好，掌握专业的职业词汇，在进行教学过程中，对于职业能力分析的基础上，建立学生的语言知识素质培养。语言是不断更新的，在教育中要注重对学生创新能力与自学能力的培养，加强学生对生活、工作细节的语言洞察，提高其语言能力。要不断地调整教育结构，不断更新教学内容，注重知识的横向发展，体现出知识的先进性和应用性，培养学生掌握新知识的能力。所以语言专业的人才具有适应性强、工作效率高的特点。

结束语： 人才培养模式有着无以比拟的优势，它打破了学生们在空间和时间上的隔膜，为学生们展现了一片更为广阔的世界，实践教学能以一种更为深刻的方式将大量的知识传输到脑中。他们可以在极短的时间内投入到资料所要表达的理论当中，并从中吸取丰富的课堂内外的知识信息。新型的教学方式应用于教育中，更为英语专业教学注入了新的活力。通过丰富多彩的操作，可以激发学生们学习的兴趣，拓展知识面，活跃思维，并通过直观的训练，确立正确的意识。英语专业教学的优化方式赢得了广大师生的喜爱，达到了良好的教学效果。

参考文献

[1] 孙慧平. 行动导向的告知课程开发实践. 科技创新导报，2007（4）.

[2] 胡文仲. 中国英语专业教育改革三十年. 光明日报，2008－11－12.

[3] 束定芳. 中国外语教学理论研究六十年：回顾与展望. 外语教学，2009（6）：37—44.

[4] 张晶晶. 英语语言教育专业前景看好. 21世纪英语，2007－03－12（70）.

中职汽车运用与维修专业人才培养模式改革研讨

四川交通运输职业学校　黄仕利

摘　要： 因受到国内大环境的影响，目前大多中职学校都在谈人才模式改革，但受传统思想的影响，人们对新的教育思想、理念认识不深或认识有误，影响了探索新的人才培养模式的进程，或者只是处于喊口号、有其形而无其神的状态。本文分析汽车运用于维修专业人才培养问题，提出整改措施，从加强校企深度结合，引进企业文化和行业标准，重新制定适合校企合作的人才培养方案，构建"理实一体"的课程体系，整合和改革课程内容、改进教学方法，改变评价模式，打造"双师型"团队和实训基地等进行分析，真正实现校企共建、共管、共育，形成资源互补，实现双赢。

关键词： 校企深度合作；三阶段人才培养方案；理实一体；双师型；企业评价

进入 21 世纪以来，我国汽车市场和产业规模高速增长，目前我国已是世界第一产销大国，新开的汽车"4S"店和维修企业如雨后春笋，各岗位人才需求量都很大，反映出汽车服务人才的紧缺程度，汽车维修人员的培养培训已被纳入国家"技能型紧缺人才培养培训工程"。由于人才紧缺也导致了很多的学校都开班了"汽车运用与维修专业"，导致就业竞争大，毕业生素质参差不齐，就业率低，跳槽情况严重等诸多问题。同时汽车进入家庭也使汽车用户对汽车维修人员的服务质量和职业素质提出了更高的要求。因此，怎样培养出适应汽修行业发展"适销对路"的高素质技能型人才，将是中职学校汽修专业教育工作者应认真思考的问题。

一、目前面临的问题

1. "双师型"教师不足

在大部分中职汽修专业学校里，办学较久的学校年龄大的老师比例较大，普通缺乏对新知识的理解，只能用传统的经验教育学生，不能理论与实践相结合；办学较短的学校年轻教师占有较大比例，这些教师大多是"从学校到学校"，没有企业一线的工作经验。由此导致实践教师师资队伍数量不足、学历层次不高、人员不稳定，理论教师不懂实践，单纯懂理论知识，与实践脱节，不知道实践需要哪些理论知识作为指导，不能掌控"实用、够用"的原则。由于"双师型"教师的标准还未统一，使有些教师甚至学校认为"学历证书＋职业资格证书（或技能等级证书）"就是"双师型"教师，在这种观念影响下，"双师型"教师的整体素质就大打折扣。

2. 理论教学与实践脱节，实践教学环节薄弱

中职汽车运用与维修专业是一种以培养学生的实践能力为主旨的教育，培养的学生应具

有实用、够用的专业基础理论知识的基础上，重点掌握实际工作岗位的基本技能和职业能力。然而，由于长期以来所形成的传统教育观念的影响，许多学校在教学内容上以理论为主，没有突出实践教学，导致实践技能不强，动手能力较低。而且现今中职学生本来就是传统教育的失败者，讨厌理论教学，从而导致学生厌学，中职三年时间什么都没学到，毕业无法就业。

学校实践场地和设施不足，不能满足学生能力培养需要；实践课教学形式单一，缺少灵活性，学生学习兴趣不高；实践课时不足和教育观念改革不到位等原因都是导致实践环节薄弱的原因。

3. 校企合作不深入

中职教育是与市场人才需要结合得最为紧密的教育类型之一。随着社会对人才需求的不断提高，单一的办学模式，不是学生专业知识不足，就是实践能力差，已经不能适应社会对人才的需求。纵观世界职业教育发展历史，无论是德国的"双元制"教育，还是英国的"三明治教育"，还是美国的"合作教育"，凡是成功的人才培养模式，大多是校企合作的成功教育范例。通过调研和论证，我们得出这样的结论：只有通过校企合作，走工学结合之路，才能实现学校培养社会真正所需之人才的目标，校企合作是当代职业教育人才培养的最基本途径。

如今，由于缺乏相关的政策支持以及办学体制的限制，学校与企业的合作没有积极的平台和双赢的路径，使学校与用人单位的合作较为肤浅，甚至流于形式。有些学校还不能认识到校企合作的重要性，有些虽有合作但都比较松散；还有就是大部分企业不愿意进行更深层次的合作，担心影响生产经营。从校企合作的程度看，参差不齐，自发的多、整体规划的少，个体联系的多、统筹推进的少，远没能达到校企双方共同规划、发展职业教育的深度。

二、改进措施

1. 校企合作育人，互利双赢

加强校企结合，引进企业文化和行业标准，根据企业对员工的要求制定校内实践的过程管理标准，鼓励学校教师到企业实践，引进企业员工到学校教学，真正做到校企员工之间达到身份互兼。强化对顶岗实习、课程实践等教学环节的质量监控和过程跟踪，确保学生职业技能及职业道德养成的培养质量。学校教师与企业技术骨干共同调研，共同合作开发适合校企合作的教材。企业提供学校学生到企业参观学习、顶岗实训，促进校园文化与企业文化的结合，校园实践与企业生产之间的结合，缩小从学校实践到企业生产之间的差距。学校提供企业开展技术培训和技术咨询，帮助从业人员解决实际工作中的问题，提高企业员工的理论水平和职业素养，减少企业对员工培训的投入，达到校企互利双赢的可持续发展。

2. 制定适合校企合作的人才培养方案

根据企业不同岗位对人才的能力和素质要求，校企共同制定专业人才培养方案，确定专业课程体系和教学内容，共同开发适合的教材，讨论理论教学实践教学中不同的教学形式。

目前很多汽车运用于维修专业主要采用"2＋1"的教学模式，即第一、二学期进行职业基础学习，第三、四学期实施工学结合，第五、六学期进行顶岗实习。该模式加大了"工学结合"和"顶岗实习"的力度，强化了职业能力和职业素质的培养。但是由于不同地区不同学校对其理解程度的不同，导致了有些学校只有其形，没有其神，特别是职业基础学习放在了第一、二学期，导致很多理论教学内容，而中职生本来就讨厌理论教学，导致很多学生入校后有厌学情绪，最后干脆就放弃了本专业知识的学习，最终毕业就面临着失业。

美国德莱弗斯模型把技能学习的过程分为五个阶段，即：新手→高级学徒→合格者→熟练者→专家。这对中职学校汽修专业学生的培养提供了理论依据和借鉴。而如今很多"4S店"也把员工分为学徒工、一级维修工、二级维修、三级维修工、技师等分类，我认为学校要解决的是"新手→高级学徒"（一级）、"高级学徒→合格者（二级）"和"合格者→熟练者（三级）"三个阶段的学习。"三个阶段"技能学习标准详见下表：

阶段	对应德莱弗模型阶段	技能标准
一级维修工（第1、2学期）	"新手"→"高级学徒"	主要进行规范性的学习。主要以零部件拆装训练为主，通过一些零部件的拆装，能认识汽车零部件，会正确拆装零部件，掌握常用工量具的规范使用，为下阶段的技能学习打下基础。另外，这一阶段有汽车维护保养，让学生会对汽车正确规范的汽车保养。这一阶段的评价是能对学过的项目进行熟练展示，即由教师任意指定一个已学项目，学生能独立熟练地完成即可进入第二阶段学习；如不能通过，则回过头来对不熟练的项目进行重新学习（也可以通过校企共同考试以取得一级维修工证书为准）
二级维修工（第3学期）		继续拆装训练的基础上，加大故障的检测与排除方面的学习，加强学生学习方法的指导，逐步引导学生通过结构推断其实现的功能，加深对原理的理解。这一阶段以能熟练进行零部件的故障检测与排除为评价标准
二级维修工（第4学期）	"高级学徒"→"合格者"	主要以故障的检测与排除方面的学习为主，引导学生从理论上分析判断故障产生的原因，选择故障排除的最佳方案。在实训安排上，可以安排学生在校内汽车修理厂的技术岗位，由企业技术人员和专业教师带领下进行综合实战性训练，强化学生的综合职业能力。这一阶段以整车的故障检测与排除为校内学习结束的评价性项目，成绩合格的学生才可进入校外顶岗实习（也可以通过校企共同考试以取得二级维修工证书为准）
三级维修工（第5、6学期）	"合格者"→"熟练者"	学生离开学校进入汽修企业参加顶岗实习，在实际工作中进一步锤炼、发展。在校外顶岗实习过程中，实施"校企共同介入"的合作教育方式，企业安排管理人员对实习学生进行技术指导，学校安排专业教师对学生的顶岗实习进行指导和管理，并实行双方考核机制，由企业根据学生的工作表现、实习报告和个人鉴定对学生的实习做出综合评价，作为学生"工学结合"的成绩。实习结束后安排学生考取三级维修工职业证书

3. 构建"理实一体"的课程体系，整合和改革课程内容

通过校企一起共同调研，按照企业维修人员工作实践所必须掌握的专业知识开设课程，一级维修工主要有"汽车维护保养"、"汽车发动机构造与拆装"、"汽车底盘构造与拆装"和"汽车电气设备构造与拆装"和"汽车车身结构与拆装"五大模块课程，二级维修工主

要有"汽车发动机机械维修"、"汽车电控发动机故障检修""汽车底盘检修"、"底盘电控检修"、"汽车电气设备检修""汽车常见故障诊断与排除"六大模块课程。通过校企合作，构建起"岗位导向，理实一体"的课程体系。

参考行业和企业标准，制定课程标准，根据工作任务确定技能目标、职业能力目标、知识目标，从而制定出课程标准。根据新的课程体系需要，按照基于工作过程一体化和岗位导向的要求，将岗位工作项目，作为课程内容，对项目内容进行分解，形成具体任务。对原有课程内容进行调整，打破原来的先普通基础课、专业基础课、专业课的模式，按照在工作任务中需要哪些基础知识、专业基础知识，让学生先动手操作，让学生发现没有基础知识不行的情况下插入理论知识，符合学生的认知规律，避免学生产生厌学情绪。

4. 改革教学模式和教学方法

教学无定法，教学的方法必须依据学生的心理及生理特点加以选择。中职学生的智商并不低，他们思想活跃、好奇心强，有旺盛的求知欲，但由于种种原因，他们的文化课比较薄弱，良好的学习习惯有待养成，不良的习惯有待克服。只有不断地改革教学方法、完善教学形式，使之适应中职学生的身心特点，才能完成好教书育人工作。职业教育的特点，使得教学并不是单一的"知识的传递"，其职业的定向性十分明确。汽修专业教师要积极地探索新的教学模式和方法，在教学过程中，力求为学生提供体验完整工作过程的学习机会，努力营造教学情境与工作情境的一致，增强学生适应企业的实际工作环境和解决综合问题的能力。如现在常见的"小组合作教学"、"尝试教学"、"卡片教学"、"问题引导式教学"、"案例教学""情景教学"等教学方法，要根据教学和实践内容，选择合适的教学模式和方法。以提高学生学习积极性和主观能动性为前提，争取让学生在课堂中掌握必需的知识和技能。

5. 改革评价机制

加大"过程评价"，教师根据任务特点，灵活设定考核方案，无论理论考试还是技能考核均加大平时考核力度，采取一个任务一次考核，以学生"学会"为主要目的，可以通过自评、互评、小组评价、教师评价等形式来评价学生对知识和技能的掌握，让学生参与评价，提高学生学习兴趣。

另外，引入"企业评价"。为了更好地实现理论与实践的紧密结合，教学实践与生产实践缩小差距，考试不拘于课堂，考场不拘于校内。在校评价可以让企业员工参与评价，也可以在企业设置考场，实践考试在企业进行等。在校外顶岗实习过程中，校企共同介入，实行双方考核机制，由企业根据学生的工作表现、实习报告和个人鉴定对学生的实习做出综合评价，作为学生"工学结合"的成绩。

6. 完善工学结合校内外实训基地的建设

建立校内实训基地和校外实训基地，校内汽修实训基地应设有对外服务区，由学校提供场所并参与管理，企业提供设备、技术人员及运行资金，以企业为主组织生产，形成前校后厂的办学模式。通过制定校内实训基地灵活的管理机制，形成校内实训基地校企共建、共管，提高实训基地的利用率。同时，在工学结合实训基地条件下调整实训教学内容和教学方式，提高学生实践能力的培养。加强与企业合作，企业提供给学生实习和实践场所，形成固定的校外实训基地。

7. 打造"双师型"教师队伍，实现教师与企业员工身份互兼

制定专兼结合专业教师团队建设规划，加强对"双师型"教师的培养，通过多种多样的形式积极安排教师到企业实践、锻炼，使之与各企业、行业精英广泛接触、合作，使教师在专业技能、职业素养等方面符合专业要求。鼓励教师参加各类汽车技能大赛，亲身体验比赛过程，不断增加实践经验，鼓励教师到企业兼职，提高教师实践水平。另外，为配合专业发展提高效果，鼓励教师进修学位，并积极为教师提供外出培训机会，组织教师分别参加不同层次的培训，组织教师参加课程开发等项目，提高教师的知识水平。

聘请汽车行业中既有一定理论水平又有丰富实践经验的专家或技术骨干担任本专业的兼职教师，建立固定的兼职教师资源，使之与专业教师队伍相呼应。与企业合作，让企业技术骨干当学校当教师，而教师也到企业兼职，真正做到教师与企业员工身份互兼，学校与企业资源互补，实现双赢。

结束语： 在中职汽车运用于维修的人才培养活动中，人们对新的教育思想、理念认识不深或认识有误，影响了探索新的人才培养模式的进程。比如，以就业为导向的理念、人本理念等尚未引起足够重视。受传统思想的影响，学校办学理念、教师教育观念、学生择业观念等都不够端正和不容易改变，导致不满足社会发展的需要。因此，学校、教师应该转变教育观念，积极探索新的人才培养模式，以适应社会发展需要，提高中职汽车运用与维修专业学生的技能和职业能力，以满足行业和企业的需求。

参考文献

[1] 魏雪峰. 当前我国中职学校人才培养模式改革研究. 鲁东大学，2012.
[2] 周明星. 中外职业教育工学结合模式的比较与借鉴. 职业技术教育. 2008 (04).
[3] 顾忠宝. 校企合作人才模式培养探讨. 总裁，2009 (06).
[4] 刘立峰. 关于提高汽修专业学生职业能力的行动研究. 宁波市鄞州区中等职业学校，2008.

中职汽车运用与维修专业
基于工作过程的学习站教学模式探索

四川交通运输职业学校　刘新江

摘　要：本文依据现有的基于工作过程导向教学模式研究成果和学校汽车运用与维修专业多年的实践教学体会，剖析了实施基于工作过程学习站教学模式的实施背景、主要目标、实施过程、保障措施等，并指出中职汽车运用与维修专业基于工作过程学习站教学模式有利于职业定向、有利于培养综合素质、有利于形成开放式教学，教学模式实用、高效，使教学方式发生深刻变革。

关键词：基于工作过程；学习站；职业教育；开放式教学

一、实施背景

职业教育（vocational education）是指让受教育者获得某种职业或生产劳动所需要的职业知识、技能和职业道德的教育。中等职业教育要培养的人才，不仅要掌握专业的知识和技能，还要成为多面手；不仅要熟练完成本职工作，还要了解相关领域的工作；不仅要有独立解决问题的能力，而且还要有想象力和创造力。因此，目前中职教育所要培育的人才，不再是掌握固定知识和单一技能的操作者和实施者，而是具有创新能力和合作精神，具有对计划的设计、实施、评估和反馈等系统职业能力和职业特长的、全面发展的高素质劳动者。

工作过程是指人完成职业工作任务的完整进程。基于工作过程教学模式通常情况下包含着"明确任务"、"制订计划"、"做出决策"、"实施"、"控制"和"评价反馈"等六个阶段，是完全符合职业教育人才培养规律的教学模式。"基于工作过程的学习站"教学模式的内涵有：

（1）"基于工作过程的学习站"教学模式是由师生双方共同在"一体化"专业学习站完成某一学习任务的教学模式。

（2）"基于工作过程的学习站"教学模式体现教学内容与工作任务一体化、教学情景与工作环境一体化、教师与企业内训师一体化、学生与企业员工一体化，最终实现培养目标、教学内容、教学方法、教学情景、教师队伍与生产实践无缝对接。

二、主要目标

从 2008 年开始，我校汽车运用与维修专业在基于工作过程的学习站教学模式方面进行探索，其总体的培养目标是：培养学生成为具有系统职业能力、关键能力和职业特长的，具有创新精神和创新能力并全面发展的高素质劳动者。具体目标有以下几点：

1．专业能力方面

主要培养学生在特定方法引导下具有合理的知识能力结构，能够有目的地、合理地利用专业知识和职业技能（包括工作过程的综合知识和综合技能）独立解决问题并评价成果的能力（其中包括工作过程的方式方法以及对劳动工具、生产材料等的认识等能力）。

2．方法能力方面

主要培养学生具有：① 独立学习、开发自己的智力、设计发展道路的能力；② 获取新知识、新技能的能力；③ 运用已获得的知识、技能和经验解决新问题的能力；④ 制订工作计划、工作过程和产品质量自我控制、管理以及工作评价的能力。

3．社会能力方面

主要培养学生经历和构建社会关系、感受和理解他人的奉献和冲突，并负责任地与他人相处的能力和愿望，重点培养学生的交往能力、交流能力、相处能力、协作能力、组织能力、批评与自我批评的能力以及群体意识、安全意识、社会责任心和奉献精神。

三、实施过程

为了尽快培养学生的职业能力和关键能力，以适应技术快速发展和劳动组织方式不断变革的需要，我校在实施"基于工作过程的学习站"的教学模式中主要经历以下过程：

1．确定各学习站教学目标

首先确定汽车运用与维修专业的培养目标，其次分解各学习站的目标。以发动机机械维修学习站为例，"汽车发动机机械维修"是汽车运用与维修专业的核心课程，该课程的主要任务是使充分让学生学习汽车发动机机械维修的各个工作流程，掌握发动机机械构造及原理并能对主要零件的耗损进行分析、检验与调整，掌握对零件进行修理的方法。在学习过程中，采用任务引领和小组学习等多种手段，培养学生自主学习能力和团结合作精神；规范学生对工具设备的使用要求，培养学生的 7S 行为习惯和职业素养。

2．分解学习任务

（1）初步设想学习任务，同时组织专家审核。

（2）维修厂调研。

（3）根据调研结果，再次组织实践专家进行审核，确定本专业主要学习任务，结合汽车运用与维修专业（中职）人才需求与专业改革调研报告书、关于汽车运用与维修专业中职层次的定位等确定新的学习任务。

（4）确定汽车维修职业教学中中职层面技能技术实训实际对应的水准要求。

（5）根据汽车运用与维修专业的学习任务，分析汽车维修工作过程，根据岗位需求将所有任务划分成十二大模块，构建十二个学习站，分解子任务到各个学习站中。分解的学习任务请专家组再次审核，通过后就可以进行校本教材开发等。

3. 改革教学组织形式与方法

（1）教学组织。

① 教学组织的多样化。采用分组教学和集中教学相结合、教师主导教学和学生自主学习相结合、规定任务训练和自选任务训练相结合。

教学中，坚持理论够用为度，理论和实训时间无严格先后顺序，老师根据学生需要讲解必要理论知识。

② 分组模式车间化。学生实行组长负责制，模拟维修车间组长的部分职能。学生也可以在此基础上独立和小组合作思考，设计出自己不同的维修计划。每个小组选拔一个小组长，负责本小组的学习任务中的各项基本管理工作，相当于生产车间的组长。

③ 注重动手解决问题。学习时间安排上更多考虑中职学生动手解决问题的原则，目前理论和实践操作时间比例达到3∶7。

（2）教学方法。

① 任务教学法。

任务教学法以任务组织教学，在任务的履行过程中，以参与、体验、互动、交流、合作的学习方式，充分发挥学习者自身的认知能力，在实践中感知、认识、应用，在"干"中学，"用"中学，体现了较为先进的教学理念。其教学程序是：师生共同确定项目的目标和任务—师生共同制定项目工作计划、工作步骤和工作程序—学生分工合作，实施计划—采用自评和师评相结合的方式，师生共同检查、评估项目工作—归档或应用结果。

任务教学法可达到培养综合职业能力和创新能力的目的，其主要作用有：完成多种多样的任务活动，有助于激发学生的学习兴趣；在完成任务的过程中，将语言知识和语言技能结合起来，有助于培养学生综合的语言运用能力；在任务型教学中有大量的小组或双人活动，每个人都有自己的任务要完成，可以更好地面向全体学生进行教学；在活动中学习知识，培养人际交往、思考、决策和应变能力，有利于学生的全面发展；在任务型教学活动中，在教师的启发下，每个学生都有独立思考、积极参与的机会，易于保持学习的积极性，养成良好的学习习惯。

② 工作页引导学习。

学生学习某个学习任务，以工作页为引导，要求学生完成明确任务、制订计划、实施检查、控制反馈的整个过程。通过学生实际操作并借助维修手册、参考资料等，完成每个学习任务，最终完成工作页的填写。

工作页构成包括：任务描述、引导问题、学习目的描述、学习质量监控单、工作计划（内容和时间）、工具与材料需求表、专业信息（只提供信息渠道）、辅导性说明（估计学生查找不到的专业信息和内部经验）。

4. 基于工作过程理实一体化教学考核——过程性考核

过程性考核由教师在教学过程中完成。在教学过程中，每个学习站包含若干学习任务，每完成一个学习任务都将进行一次分组考核，作为阶段考核成绩；同时，在学习过程中，教师就每个学习任务的某个知识点或技能要点分组考核，计入平时成绩。一个学习站的全部学习任务完成后，进行一次全面性的理论知识考核及实际操作技能考核，这种过程式的考核贯穿于教学的始终。

学生课程总评成绩由三个部分组成：平时成绩、理论成绩、实作成绩，分别占总成绩的10%、30%和60%。其中实作成绩分为两部分：阶段考核成绩和期末考核成绩，分别占实作成绩的1/3和2/3。

实作考核成绩比例的提高，达到了学生"以动手解决问题"的目的。在分组考核中，学生以小组为单位进行考核，小组成员的成绩以该小组所有成员的最差成绩为准，有力地支持了学生参与实训的积极性。

四、条件保障

为了实施基于工作过程学习站的教学模式，我校汽车运用与维修专业从以下几个方面入手开展工作：

1. 转变教师教学观念

从以教师为中心的教学方式转为以学生为中心的教学方式。

以教师为中心的教学方式缺乏信息反馈和学生参与，缺乏有意识的学习环境和学习气氛的设计，不可能实现对学生方法能力和社会能力的培养目标。

以学生为中心的教学方式，学生独立制订计划、实施计划、评价结果。教师的任务是为学生独立学习起咨询和辅导作用，对学习过程进行控制和质量保证。教学方式有独立学习、双人学习和小组学习等不同的组织形式。

以学生为中心的教学方式，可以全面促进学生职业能力的发展，是现代职业教育的主要方式。

2. 组织校本教材开发

首先要构建基于工作过程的课程体系，对于专业课，确定了12门专业领域课程，每门课程组织人员编写教学大纲、授课实施计划、学生学习工作页等有关学习资料，每门课程安排80个学时。为了保证校本教材开发顺利进行，学校成立了校本教材开发委员会。校本教材开发过程如下：

（1）编制教学大纲（课题组讨论）和教学计划。

（2）编写适合我校学生的讲义。

（3）讲义在学生中免费试用一学期，收集意见和反馈。

（4）对教学讲义进行修改，并送教育厅审核，形成校本教材。

（5）对校本教材再试用，收集意见和反馈。

（6）在校编教材的基础上，邀请出版社及汽车维修专家对教材开发指导，再进行修正。

（7）教材出版。

3. 教学环境——布置基于工作过程的学习站

按照基于工作过程的教学要求，学校构建了必要的教学条件：为每门课程建设一个"一体化"学习站，建设中突出课程实施一体化，即实施主体、教学过程、教学场所三方面一体化，见图1。

图1 汽车发动机拆装基于工作过程的学习站

（1）实施主体：融学校、企业为一体；融教师、"工程师"为一体。

（2）教学过程：是教学过程与工作过程的结合，学习过程与学习成果相统一，融"教、学、做"为一体。

（3）教学场所：学生理论教室和实训教室合二为一，使理论和实训能很好地结合起来，故必须做到专业教室、实践教学基地的结合。

五、实际成果、成效及推广情况

"基于工作过程的学习站"的教学模式充分体现了职业教育的特点。

1. 利于职业定向

教学内容与企业生产实践相对应，可以与工作岗位相吻合，其课程的职业定向性十分明确。

2. 实用

"基于工作过程的学习站"教学把理论教学和技能训练融为一体，让学生在真实的现场感知、现场操作过程中学习专业知识，理解专业理论，培养专业操作技能。课程内容的深度和广度以实际工作需要要为度，课程重点在于职业技能的学习和养成，从而形成连贯的、全面的、完整的教学体系。

3. 高效

"基于工作过程的学习站"教学使多门理论、实践课程的相关内容有机地结合，形成连续的专业知识学习和基本操作技能训练的学习过程，使学生的专业知识学习和专业技能的掌握相辅相成、互相配合，从而提高了学习效率。

4. 有利于培养综合素质

以"基于工作过程的学习站"模式教学，能利用模拟环境和问题情境培养学生观察、思维能力；能借助多媒体、模拟系统等教学资源培养学生自主思维、探索学习能力；能以真实现场情境及真实系统实施教学，提高学生操作技能，并通过组织学生小组活动，培养学生团队精神和合作精神，提高学生的"与人合作"、"与人沟通"的素质。

5. 教学方式发生深刻变革

教学方式实现五个转变：教学从"知识的传递"向"知识的处理和转换"转变；教师从"单一型"向"双师型"转变；学生由"被动接受的模仿型"向"主动实践、手脑并用的创新型"转变；教学组织形式由"固定教室、集体授课"向"室内外专业学习站、实习车间"转变；教学手段由"口授、黑板"向"实物、多媒体、网络化、现代化教育技术"转变。

6. 利于形成开放式教学

将基于工作过程学习站教学模式形成精品课程或数字化资源库，网络共享，让学生能够利用业余时间充分发挥他们的积极性、主动性、创造性，进行自主学习和协作学习。

实行"基于工作过程的学习站"的教学模式以来，我校汽车运用与维修专业教师共主编国家规划教材7本，校本教材9本（待出版），形成精品课程5门，数字化资源库课程6门，目前已在全国广泛使用，赢得了社会、兄弟学校及学生的普遍好评。

六、体会与思考

实施"基于工作过程的学习站"的教学模式改革以来，虽然取得了一定成绩，但还需在以下方面继续努力：

（1）加强校企合作，使教学的学习任务更能满足汽车维修实际工作需要。

（2）深入职业教育理论的研究，不断修正"基于工作过程的学习站"的教学模式的实践。

参考文献

[1] 翁昊年. 上海市首批中等职业教育"开放式实训中心"运行效能的调查与研究. 华东师范大学，2010.

[2] 王彦梅. 基于核心竞争力的高等职业院校专业课程体系研究. 河北大学，2010.

[3] 陈华庚. 提高民办高职业教育质量对策研究. 南昌大学，2010.

[4] 程华安. 工作过程导向在"会计学原理"课程实施中的研究. 湖南师范大学，2010.

[5] 薄跃萍. 德国行动导向教学理论研究. 天津大学，2010.

[6] 刘 婷. 中等职校"广告设计"课程教学质量提升研究. 湖南科技大学，2011.

[7] 张秀国. 基于工作过程的职业教育项目课程研究. 河北师范大学，2010.

构建中职学校校企合作运行机制探析

四川交通运输职业学校 周 萍

摘 要：校企合作是由学校和用人单位合作培养学生的教育模式，在中职学校开展校企合作目前有浅度合作、中度合作、深度合作三个层面，目前大多数中职学校的校企合作仍处于浅度或中度合作层面。本文分析了阻碍校企深度合作的原因，提出了可建立的有效的校企合作运行机制，可供政府、行业、中职学校、企业在构建职业教育校企合作运行机制时借鉴。

关键词：中职学校；校企合作；运行机制；探析

中职是我国职业教育的重要组成部分，目前全国有 13 000 多所中职校。近年来，国家先后出台了《关于大力发展职业教育的决定》、《关于进一步深化中等职业教育教学改革的若干意见》等相关政策，鼓励职业教育办出特色，中职教育借机也得到了快速发展。国家在这些政策中强调：要依靠行业企业发展职业教育，推动职业院校与企业的密切结合；中职学校要坚持"做中学、做中教"，突出职业教育特色，要坚持工学结合、校企合作、顶岗实习的人才培养模式，要在改革人才培养的探索中逐步形成以学校为主体的企业与学校共同教育、管理和训练学生的校企合作办学模式。

职业教育的关键在于特色，特色取决于教育模式的选择，这些政策为中职学校教育模式的选择提供了新视角。在现有教育模式中，校企合作模式是中职学校确保特色的最佳选择。

一、中职学校校企合作运行模式解析

校企合作是由学校和用人单位合作培养学生的教育模式。中职学校开展校企合作目前有三个层面：

1. 浅度合作层面

中职学校专业设置方向按企业所需确定，在企业建立实习基地，建立专业指导委员会和实习指导委员会，聘请行业企业的专家、高级技师等为指导委员会成员，与企业签订专业实习协议，逐步形成产学合作体。比如，建立由学校与行业企业有关领导、专家和教授组成的专业指导委员会，共同审定教学计划、课程体系及实践环节内容和学时的安排。处于浅度合作层面的校企双方，学校占主动，企业处于被动合作地位。

2. 中度合作层面

中职学校为企业提供咨询、培训等服务，建立横向联合体，形成多元投资主体。比如，争取企业家、专家、学者及社会各界知名人士参加董事会，争取社会各相关行业、企事业以董事单位的身份支持学校发展；建立由知名专家参加的专业指导委员会，制订切实可行的专业教学计划，按岗位群的分类，确定专业能力结构和非专业能力素质的群体要求，根据企业的需要进行人才培养；依托行业（企业）的职业技能鉴定与培训中心，为学生参加职业技术资格或岗位培训与考核创造条件；以学校与企业合作、公立与民办结合等办学形式和机制开展职业教育，为行业企业定向和委托培养、培训，并到本行业企业对口实习、顶岗实践。处于中度合作层面的校企双方，学校仍占主动，但学校可为企业做订单培养，能依托行业职业鉴定中心或培训中心培养人才，学生技能特色得到体现；企业参与了对学校培养人才的方案制定和效果评价。

3. 深度合作层面

中职学校与企业相互渗透，以企业的发展需要设定科研攻关和经济研究方向，并将研究成果转化为工艺技能、物化产品和经营决策，提高整体效益；企业也主动向学校投资，建立利益共享关系，真正实现"教学－科研－开发"三位一体；学校在为地区经济发展提供各种咨询服务的过程中可获得有关地方经济发展状况和需求的第一手资料，为教学提供实例，使理论与实际有机结合。比如，采取校企一体，以产学协作的方式共建校内实训基地，模拟仿真企业生产现场环境等开展实训与技术培训，选聘实践经验丰富的工程师、经济师等为兼职教师，把他们在生产第一线掌握的新技术、新工艺充实到实践教学中去。

目前，我国大多数中职学校的校企合作处于浅度或中度合作层面。

二、阻碍校企深度合作的原因分析

1. 政府政策缺位

校企合作不仅是学校与企业的合作、教学与生产实践的合作，也是一种科技与经济相结合的合作行为，应有相应的政策法规来调节、规范和推动，并提供必要的资金保障。目前，尽管国家出台了一些促进职业学校与企业开展校企合作的文件，但缺乏宏观的具体调控政策和法规，导致整个校企合作的运行机制尚未构建。政府不够重视，政策法规不健全，资金投入没保障，使得校企合作无法向深度合作运行。

2. 校企双方责、权、利不明晰

在校企合作的实际操作过程中，校企双方对责、权、利的划分比较模糊，企业对学校人才培养缺乏有效的参与和指导，学校对企业的生产发展缺乏应有的协助和支持。校企之间的价值链、利益链未能有效连接。企业追求的是生产和经营的利润，学校追求的是培养人才的质量。

3. 现行中职教育管理体制不利于校企合作

目前中职学校的办学形式主要有由地方县市办的职教中心或职业学校以及由行业办的中职学校。各地方县市办的职教中心或职业学校由各地方政府教育行政部门管理，一般是教育局管理；由行业办的中职学校是由行业主管厅、局管理，一般是行业厅、局的下属部门科教处分管。这样的管理体制使得中职教育的发展更多的成为了政府行为，还没有成为企业的迫切愿望，校企合作对企业没有职能要求，也没有激励作用。

4. 中职学校自身发展特色不足

中职教育的特色体现在职业技能上，而技能型人才的培养往往是建立在充足、先进和完善的实验或实训设施和实习基地之上的。强化技能教学，提高学生的执业水平，是中职教育的发展方向。中职学校借校企合作提升学生技能以彰显特色文化，学生借技能以立足于现代社会。

然而，为了求生存，近年来不少中职学校脱离了当地社会与经济发展的实际，也不顾自身条件（如教师结构、教学设施、实验或实训等）是否具备，盲目跟风，抢开热门专业，结果是低水平重复建设现象极为严重，正常的教学质量无法保证。不少中职学校一味跟风，随意甚至盲目开设新专业，不切实际地追求做大，在激烈的市场竞争中，部分新设专业还未弄清是怎么回事就中途夭折。同时，一些中职校的课程设置与教学内容严重滞后于职业岗位对技能发展的要求，教学内容单一、陈旧，无法实现与企业的有效对接；教学过程被淡化，考试与考核成为摆设。也有一些中职校的学制过于规范化，虽然严格实行国家统一规定的三年制，却淡化了职业教育的职业性，很难适应市场发展的需要；与此相反，一些学校存在着严重的短期行为，学生入学后打着工学交替的幌子，经过一年左右的"强化培训"，不管是否"学有所获"，就把这些"在制品"、"半成品"或"未检品"一次性地批发给企业，造成学生有专业无技能，学校办学无特色。

中职校在经济压力和企业用工的诱惑下，不按照办学规律落实教学计划，让学生提前就业现象普遍存在，不利于职业学校教育发展，也不利于学生终身发展。目前，有为数不多的中职校已有部分专业能有效开展"工学交替"、"校企合作"或进行"订单培养"，与产业有效对接；但仍有为数较多的专业还没有开展真正意义上的工学交替、校企合作，还没有与企业建立紧密型的合作关系。如何避免市场经济的诱惑给学校造成的消极影响，防止急功近利的人才培养观，保证学校的教育质量，也是校企合作中急需解决的问题和矛盾。

5. 中职学校内部能动机制不完善

校企合作必须是建立在互惠互利的基础上。目前仍有许多中职学校还没有落实教师密切联系企业的责任，没有制订引导和激励教师主动为企业服务的相关制度。加之实训条件不够完善，教师的科研能力和水平有限，致使中职校与企业合作的途径不畅。

如何加速培养"双师型"教师、骨干教师、专业带头人，并留住其人其心，是中职学校必须认真思考和迫切需要解决的问题。

三、构建中职学校校企深度合作运行机制

构建有效的校企合作模式，需要加强校企深度合作机制建设，建立校企合作的动力、激励和约束机制，将有利于保障校企深度合作保持长期、稳定、健康发展。

1. 形成政、行、企、校四方联动的互惠共赢运行机制

政府应尽快转变职能，应做好宏观管理和调控、出台相关政策、制定规则与标准、提供经费和服务等方面的工作，为校企合作创造良好的政策环境。推进中职校主管部门、企业与地方政府共建学校，建立学校理事会，逐步形成政府宏观调控、行业企业参与的互惠共赢、优势互补的运行机制。

2. 建立由政府引导、校企为主体的资源共享办学机制

中职学校与企业的资源各有特色，由政府引导，按照"供应链"管理原理，使企业共享

学校的教育资源，使学校共享企业的设备、项目和技术资源，实现校企双方资源共享和互补。企业与劳动力市场衔接最紧密，更容易了解和预测市场，最清楚从业人员的素质要求，可以直接针对职业岗位的要求培养人才。由政府出资，鼓励企业办职业学校，校企合一。

3. 建立校企利益分享激励机制

由于目前我国校企合作的瓶颈在于企业的积极性不高，因此，通过制定和完善相关的法律法规，从政策和制度层面激励企业参与职业教育显得尤为重要。中职学校应发挥人才智力资源优势，校企合作共建技术研发中心，共同进行新技术开发和科技成果推广；以教学、培训、技术开发为纽带，确保企业在分享学校优质服务的同时，参与学校的人才培养。学校应出台相关制度，引导和激励教职员工主动为企业服务，对承担技术培训、技术研发、技术服务等校企合作工作的教职员工，在职称评定、评优评先、物质奖励等方面应给予一定的政策倾斜。

4. 建立校企深度合作的约束机制

将企业参与职业教育的鼓励性政策与不履行职业教育义务的惩罚性政策法规化，由国家或行业共同制定企业参与校企合作的实施细则，明确企业应承担的具体义务、责任及相应的惩罚措施，并加强政策的执行力，这样从法规上形成企业参与职业教育的约束力。加强行业组织的管理和监督作用，通过立法立规赋予行业组织相应的职能和地位。建立连接企业、学校和政府的中介组织或机构，为政府提供政策建议和咨询。

参考文献

[1] 刘建湘. 高职院校校企合作机制建设的思考与实践. 中国大学教学, 2011.

[2] 段宏辐. 企业办高职高专院校办学体制亟待突破. 职业教育研究, 2010.

[3] 孙卫平，等. 基于校企合作型的高等职业教育集团办学模式初探. 重庆工业职业技术学院学报, 2008.

[4] 霍晓光. 校企合作 产学互动 订单培养. 中国培训, 2006.

[5] 施灶炎，中职教育现状调查与分析. 人民网, 2012.

校企合作"订单班"的几点思考

四川交通运输职业学校 杨二杰

摘 要：校企合作是职业学校发展的必由之路，校企合作的成功与否直接决定着学校的发展。本文讨论了校企合作形式中"订单班"的人才培养方案的重要性，重点提出订单班的教学内容应充分打破学科思维限制贴近企业实际以及"订单班"教师团队建设的几点建议。最后指出"订单班"校企合作面临的问题。

关键词：校企合作；订单班；教师团队；课程设置

校企合作是职业学校办学发展的重要出路。职业教育与普高教育不同，其教学目标是培养合格的工人。中职学校培养的是企业工人，这决定了学校不能闭门造车，关起门来办学，而应该积极的发展校企合作。将企业的用人标准引入课堂，用以培养学生，从而使毕业生能够最大限度地符合企业对工人的素质要求。

在提倡中职学校校企合作的大环境下，各中职学校都在进行着各种各样的尝试。其中应用做多的合作形式就是"订单班"。订单班的质量决定了校企合作是简简单单的挂牌命名合作，还是引企进校、送校入企深度共赢的合作。"订单班"人才培养方案制定的好坏直接决定这"订单班"的质量，也影响着校企合作的深度。

一、"订单班"的人才培养方案

1. 必须制定人才培养方案

"订单班"人才培养方案是订单班教学的纲领性文件，可以说人才培养方案是整个订单班如何实现校企合作的灵魂。有的校企合作匆匆上马，基本的人才培养方案都没有。在订单班实施过程中，完全是在一片迷茫中在教学，最终使得校企合作的随意性太大。整个校企合作不紧密，经常出现"应急"的更改和变换，最终导致校企合作质量不高。所以在校企合作协议签订之初，双方就应当就"订单班"人才培养方案达成共识——必须先制定人才培养方案。这就解决了方案有无的问题，也解决了合作的方向问题。

2. "订单班"人才培养方案一定要贴合企业实际

校企合作，共同进行课程开发，将企业的真实工作任务作为教学内容。在专业指导委员会的指导下，与企业专家共同进行岗位分析和课程设计，参照职业标准，与企业人员合作开发课程标准和教材，企业专家参与整个开发过程。结合职业能力要求，以典型工作任务为载体设计学习情境和实训项目；将企业的真实工作任务作为教学内容。做到职业素养和专业技能培养并重。人才培养必须适应企业的用人标准，具有针对性、前瞻性和实用性。

二、课程内容设置可以打破常规

1. 避免通用型"订单班"课程内容

订单班的课程应当基于企业的生产实际。很多校企合作合作项目会直接拿，某一工种的资格证考试要求或等级考试的国家标准作为课程设置的依据。这样制定出来的课程设置可以说是"放之四海而皆准"的通用型课程，不能体现"订单"。"订单班"的课程应充分体现校企合作，课程内容的来源应充分依据企业的生产实际。任何课程的内容应言之有据，不能参照国家标准想当然的设置。就以汽车专业为例，汽车维修中级工国家标准中明确规定了工人的钳工技能水平的要求。然而汽车维修企业生产实际中，钳工技能的车铣刨磨削几乎很少用到。

2. 让企业生产内容成为课程内容

在制定订单教学课程的时候不妨以企业的生产内容为主要依据，企业需要员工会什么就应当设置相应的内容。仍以汽车运用与维修专业为例，在进行"订单"教学课程设计的时候不妨以合作企业过去几年企业维修台账记录为主要依据。组织教师对订单企业过去几年的生产维修记录进行文案调查，统计一下企业生产中常见的作业内容。收集到这些作业内容后，组织企业技术人员和学校的专业教师对每个内容进行分析、整理，并最终将隐藏在生产操作中的理论知识和技能要求分离出来，形成教学内容。这样的教学内容一定比"放之四海而皆准"教学内容更贴合企业生产实际，培养出来的学生也更容易适应企业生产生活。

三、教师团队应能满足"订单班"需求

学校教师和企业培训师是校企合作教学结构中两个不可或缺的主体。但只有将两者在教学中的角色与功能准确定位，扬长补短、互相补充、互相学习，才能使教师团队的教学水平和技能水平不断提高。

学校教师和企业培训师之间存在着很大差异，学校教师理论教学水平相对较高，企业培训师生产实际经验丰富。只有师资之间相互沟通，紧密配合，双方互相学习，学校教师引导企业培训师如何授课，企业培训师教授学校教师生产操作技能，双方共同学习才能真正形成合力，才能真正在深度与广度上充分作用于学生培养过程和各个环节，发挥出"双师型团队"工作效能。

实际操作中为了保证教师团队的整体水平不断进步，可实行团队负责制、课程承包制、交流常态制、身份互兼制。

1. 团队负责制

校企合作一定要建立在专业团队的基础上，离开了团队是不可能真正实现校企合作的，校企合作最终还是要落实到学校的老师和企业的技师之间的合作。按照专业与企业性质对等性原则，校企合作项目建设项目组。项目组对学校和企业双重负责，同时对内对外全权负责校企合作的日常事务。项目团队承担校企合作风险责任同时享受校企合作成就奖励。

2. 课程承包制

根据教学模块的内容和团队成员的个人特长以及教师个人知识技能的相近性和相融性，

把相近课程内容打包承包。不再将教学内容分为理论和实作，而是直接把专业课程承包给由以为企业教师和以为学校教师组成的教师组。这样既避免了因专业教学任务过于分化，导致教师责任不明确、教学内容重复或缺失的不足，又有利于课程模块式教学的开展。同时可以增加学校教师和企业培训师之间的交流和沟通。

3．交流常态制

规定常态性交流时间，构建定期交流机制。学校教师每周用一定时间进行交流探讨，学校教师每月不少于3次与企业培训师进行沟通交流。定期举行各类交流活动，如沙龙活动、各类技术研讨等。企业培训师每月至少拿出一个生产中较困难的维修项目与学校教师进行分析交流。设置QQ群、电话短号、微信群等，努力构筑交流体系，并通过有组织有计划展示，将广大教师的教育教学经验和创新理念进行全面交流，相互借鉴，共同提高。

4．身份互兼制

学校教师和企业技术人员实现互相兼职、互相聘任，双向兼职、双重身份。学校教师在学校的统筹安排下到企业中去担任企业一线工人、技术人员、管理人员，甚至学习企业的生产经营管理，企业的技术人员到学校承担教师工作、教学管理工作、学生管理工作甚至担任专业带头人，以此实现"资源共享、紧密稳定、校企共赢"。学校和企业签订相关身份互兼协议，使兼职人员有名分、有锻炼、有提高。兼职人员妥善处理好本职工作和兼职工作的关系，保证兼职人员的工作精力和学校正常的教学秩序。企业技术人员经教育教学培训，以兼职教师身份首先承担实践教学任务，逐步学习教学知识和授课技能，并最终实现既能承担专业技能课又能承担基础理论课的目标。

四、教学组织应充分融合

教学过程"校企交融、工学一体"，实现教室与车间的零距离对接。本课程结合学校的软硬件条件开展教学。在学习情境中，营造真实的工作环境，以工作过程为导向，按照"资讯、计划、决策、实施、检查、评估"的过程来组织教学，强调工作过程的系统性和完整性。

在教学实施过程中，专业培养目标从专业能力、社会能力和方法能力三方面培养综合考虑。营造企业生产氛围，多种教学方法并用，注重对学生社会能力、方法能力和专业能力的共同培养。做到学校与企业融合、教室与车间融合、学习与工作融合、教师与师傅融合、学生与员工融合教学管理与企业管理融合的全方位的"校企融合"。

五、"订单班"亟待解决的问题

目前大多数企业都是被动的招聘毕业生，从大量的招聘和辞退中选择人才，而不愿意花精力和金钱参与人才的培养。另外，部分企业并不愿意与中职类学校合作培养一线工人，企业更愿意与高等学校合作培养管理人才。

政府没有提供足够的政策支持，企业参与人才培养后不能得到现实的即时的经济效益，这使得企业不愿意承担培养技能人才的共同责任。

由于企业的生产经营工作繁忙，因而技术管理人员的教学活动难于做到前后一致连贯，校企之间的联系还不够顺畅。"订单班"学员到企业的学习受到一定限制，达不到理想的教学效果。另外，日常教学任务和学校的薪资水平，使得学校不愿意老师到企业去身份互兼，兼职学习。

　　结束语：办好校企合作"订单班"，必须满足科学的人才培养方案作指导，切合企业需求的课程内容，学习交流行的教师团队和学校与企业的制度保证等条件。

参考文献

［1］　李　敏. 校企合作初探. 教育科学，2008，07：157.

［2］　吴国胜. 开展工学结合、校企合作的意义和措施. 经济与社会发展，2009，12：202.

［3］　王亚斌. 校企深层次合作领域的研究. 现代企业教育，2013，20：146.

［4］　李淑芳. 基于校企合作的企业兼职教师认证体系. 教育与职业，2009，29：67.

卷二

教学改革理论与实践

RENCAI PEIYANG MOSHI
YU JIAOXUE GAIGE

机械控制基础课程教学中的虚拟实验技术分析

四川交通运输职业学校 夏宇阳

摘 要：机械控制基础课程理论与实践具有一定的复杂性，且内容较为枯燥，需要很强的思维能力与实践能力，这种种要求给机械控制基础课程教学带来了很大挑战。为了解决这一难题，诸多院校在机械控制基础课程教学中加入了虚拟实验技术的应用，该技术的引用对机械控制基础课程教学的有效开展具有重要意义。本文主要围绕虚拟实验技术中 MATLAB 及 Simulink 软件在机械控制基础课程教学中的应用等相关内容进行了剖析。

关键词：机械控制；教学；虚拟实验技术；MATLAB；Simulink

随着科学信息技术的迅猛发展，我国机械类院校在教学中也随之做出了相应的改变与调整，就目前机械控制基础课程教学的实施现状来看，诸多院校已经将模拟实验技术应用到机械控制课程教学中。本文主要阐述了模拟实验技术所应用的 MATLAB 及 Simulink 系统软件。这两种软件都具有较强的功能性，其在机械控制课程教学中的应用将越来越宽泛。

一、虚拟实验的基本概念以及作用

1. 虚拟实验的基本概念

所谓的虚拟实验是指在计算上利用一些硬软件技术进行全方位的模拟实验，去研究分析一个已经存在或者正处于研究阶段的系统，这个过程就叫做模拟实验。这其中会用到的硬软件技术有很多，比如多媒体、仿真等。虚拟实验在操作过程中是在一个已有的虚拟实验环境或者仿真平台的基础上实现的，如 MATLAB 软件或者 Multisim 软件的仿真平台。在虚拟实验操作中可以将传统实验操作中的部分环节或者整个环节转换掉，然后让学生根据自身所具备的的机械控制基础理论知识在这个已有的虚拟环境中或仿真平台上将实验项目完成，从而达到进行模拟实验的目的，充分展现模拟实验的效果。

2. 虚拟实验在机械控制基础教学中的作用

随着我国科学信息技术的飞速发展，我国仿真技术、多媒体技术及虚拟现实技术等多种技术都有了更进一步的发展。现今，虚拟实验技术之所以在机械控制基础教学中得到了广泛应用，是因为其满足了现今时代下机械控制基础教学的要求。其在机械控制基础教学中的作用主要体现在两方面：一方面，在教学中利用虚拟实验相关软件技术，能够有效改善原有陈规的基础教学模式，运用虚拟实验技术，学生在虚拟实验操作中不仅仅是简单的记录数据，而是有自己选择的权利，可以根据自身兴趣爱好选择自己感兴趣或者所需要学习的虚拟实验内容，这样能够充分调动学生的学习兴趣及创新实践能力，是促进机械基础课程良好开展，学生全面发展的重要举措。另一方面，虚拟实验最突出的优势就是其不受时间、地点、实验经费及实验设备等多种外在因素的影响，学生可以进行完全自主的虚拟实验操作。不仅如此，学生将虚拟实验应用到机械控制基础课程学习中，利用该技术软件对实验数据进行全面分析与总结，能够大大提升学生分析问题及实际处理问题的能力，从而为以后从事相关工作奠定基础。由此可见，虚拟实验技术在机械控制基础教学中起着不可估量的作用，对机械控制基础教学改革与完善具有一定的促进作用。

二、MATLAB 与 Simulink 系统软件功能分析

1. MATLAB 系统软件及功能分析

虚拟实验技术的功能发挥在很大程度上是由 MATLAB 系统软件实现的。MATLAB 的中文意思是矩阵实验室，该软件是由美国一家叫做 Math Works 公司开发的，属于一种商业数学软件，具有数据分析、处理与计算的能力。此外，它具有非常好的开放性和可拓展性，因此其在机械控制基础教学模拟实验中得到了广泛应用。MATLAB 控制系统内部的控制箱主要是用来处理以传递函数为主导的经典控制理论以及以状态空间为主导的现代控制理论中存在的问题。

MATLAB 控制系统工具箱中涵盖了多方面内容，其中包括控制系统中设计与分析过程中必须要用到的函数，数据模型建立、模型转换、模型实现、频域相应、时域相应、调节器及根轨迹等多种设计模块，为 MATLAB 控制系统建模、分析与设计等实验环节提供了完整方案，是 MATLAB 软件系统中不可或缺的重要组成部分。

2. Simulink 系统软件及功能分析

Simulink 系统软件可以说是 MATLAB 系统软件的拓展，它能够实现动态系统的仿真、分析及建模。该系统类型较多，比如连续系统、离散系统、线性系统及非线性系统等，与此同时它还支持离散系统与连续系统混合的仿真操，其采样速率多种多样。Simulink 还是一种性能良好的模型化图形输入仿真平台，具有比较强大的交互性，用户在系统仿真模型分析与构建过程中，不需要把微分方程编写成各种程序或者语言，只需要准确调用 Simulink 系统软件所提供的功能模块，并将这些功能模块有效连接起来形成用户所需的系统模型，而后用户就可以按照自身所需对模块参数进行随意改变调整。与此同时，采用 Simulink 系统软件中的信号接收模块内部的示波器模块，能够将在系统仿真结果以图形化的方式展现出来，从而达到可视化的动态仿真效果，将这种系统软件应用到机械基础课程教学中，能够使教学实验效果更加清晰、直观地展现在学生面前，对学生正确理解机械控制教学理论知识，掌握机械控制实践技术具有重要意义。

三、MATLAB 及 Simulink 系统软件在机械控制基础教学中的应用

机械控制基础课程中囊括了多种知识，其中有理论知识，也有实验操作，对学生而言具有一定的难度；再加上目前诸多院校在机械控制基础课程教学中依然沿用传统的教学方法，严重影响了各院校机械控制基础教学水平。院校为了改变这一现状，与时代教育事业发展保持一致，诸多院校在实际教学中纳入了模拟实验教学技术。该技术强大的功能性主要是 MATLAB 与 Simulink 系统软件实现的，这两种软件各有其自身独有的功能性及特性。上述已

经全面阐述了这两种系统软件技术的功能性及作用，以下是对 MATLAB 及 Simulink 系统软件在机械控制基础教学中的应用进行分析：

1. 打破了传统教学中存在的问题

机械控制基础教学内容具有一定的抽象性，所用到的作图方法较多，且计算性较强，需要学生具备一定的学习能力及素养。基于机械控制基础教学的复杂性，很多院校在机械控制基础教学中引入了 MATLAB 及 Simulink 系统软件，辅助机械基础教学课程的高效开展。这样能够良好衔接机械理论知识与机械模拟实验环节相分离的状态，从而使机械控制理论知识更易理解，机械模拟实验更加顺利。

2. 实现了对控制系统的设计与校正

运用 MATLAB 及 Simulink 系统分软件进行机械控制系统建模操作，可以实现对多种输入模型的响应与操作，然后再对系统内部的响应曲线、频率特性、根轨迹及相关参数变化进行分析，在分析过程中全面掌握其对控制系统动态性及稳定性的影响，这样一来学生在虚拟实验操作中就可以有针对性地对控制系统进行合理设计与校正。在此过程中不仅大大完善了控制系统，同时还锻炼了学生的实践探究能力及创新能力，对学生综合水平的提高具有重要作用。

3. 实现了可视化动态仿真效果

MATLAB 软件系统可以对控制系用中的数据进行正确的分析处理与计算，而 Simulink 系统软件则可以将模拟实验中的仿真效果以图形化的形式展现出来，这样可以让学生更加直观、真实地了解模拟实验真相，从而分析或总结出有价值的机械知识。这在一定程度上能够拓展学生的学习思维，帮助学生克服以往学习中存在的困难，是机械基础课程教学有效开展的良好举措。

结束语：虚拟实验技术满足了现今时代背景下学生的学习要求，它不仅仅改变了传统的程式化实验教学观念及方式，而且还打破了传统实验中实验时间、器材、空间及内容的局限，学生能够根据自身想法及兴趣随意选择实验内容。给予学生充分的自主权，全面发挥学生的主观能动性，符合我国素质教育的思想理念，对我国本类院校进行教学改革与创新，提高机械控制基础教学质量具有非常重要的现实意义。

参考文献

[1]　高　俊. 虚拟实验在机械控制工程基础教学中的应用. 教育与教学研究，2013，3（03）：776—78.

[2]　刘　艳，尤　源. "自动控制原理"课虚拟实验教学的改革与实践. 装备制造技术，2010，4（12）：256—258.

[3]　王文娟. MATLAB/Simulink 在机械工程测试技术基础教学中的应用. 农业科技与装备，2009，5（32）：95—96.

[4]　刘筱兰，张　薇，程惠华. 虚拟实验室的类型及发展趋势. 计算机应用研究，2010，11（29）：37—38.

[5]　王　利. 虚拟实验技术在机械控制工程基础教学中的应用. 科学前沿，2011，7（18）：34—36.

浅谈如何在中职语文教学中激发学生的学习兴趣

四川交通运输职业学校　袁　丽

摘　要：培养学生的学习兴趣，是提高教学质量的重要方面。语文是中职学生必修的主要文化课程之一，可近年来，中职语文教育形势却不容乐观。教师在语文教学中应通过启发式教学、导语和悬念的设计，丰富教学形式和内容等方面去激发学生的学习兴趣，把学生培养成语文学习的"乐之者"。

关键词：中职语文教学；学习兴趣；激发方式

一、学生现状分析

苏霍姆林斯基说："所有的智力方面的工作，都需依赖于兴趣。"兴趣是个人对某事的喜好的情绪，学习的兴趣则是学生对于学习的特别喜好。作为语文老师，在课堂教学中应启发和激发学生的学习兴趣。培养学生的学习兴趣，也是提高教学质量的重要方面。可近年来，中职语文教育形势却不容乐观。中职学生大部分是中考的失败者，曾经的失败让他们对语文、英语这些基础课程产生畏难和逃避思想，一上课就睡觉、玩手机，面对老师提出的问题基本上都一言不发。

同时，中职学生普遍语文基础知识薄弱，主要表现在：

（1）字词句掌握情况差。不少学生把一些使用频率很高的日常用字写成错字或是别字。不少学生掌握的词汇量十分有限，多数作文几乎都用口语，语法错误的现象也随处可见，个别学生甚至通篇都是病句。

（2）口语表达能力普遍低下。对于需要启发学生思考并让学生参与讨论问题，除非教师公布答案，否则大多数学生就会无所适从。即使个别学生有一些粗浅的看法，但回答问题时又往往词不达意甚至不着边际，只能让教师去猜测他的意思，如果真正在中职学生中采用启发、诱导式教学或自主学习，恐怕教学计划将完全乱套。

（3）阅读能力低下。从语文教学实践来看，中职学生自读一篇 1000～2000 字的较浅显的文章，如果要求理解内容的 80%，多数人需要半个小时以上，甚至少数人在教师讲解后仍然不能完全理解。凡是涉及类比、象征、托物言志、借物传情一类的文章，多数学生不能通过自读理解领会，教师必须启发甚至不得不把结论和盘托出。

（4）写作能力普遍低下：要求中职学生写作 600 字左右的作文，能够写出 300 字以上的很少，相当多的学生作文时没有话说，即使写了一定的内容，也往往是语无伦次、思路混乱、言不由衷。

（5）文言文基础严重不足。文言文考试只考学过的课文也有近半数学生不过关，几乎没有学生能够比较准确地翻译文言文。

上述情况表明，中职学生语文知识欠缺的现状实实在在地存在于我们的教学中，这是中职学校语文教学普遍存在而又急需解决的问题。同时，学生担负着文化基础课和专业课学习的双重任务，有相当一部分学生存在着轻基础课、重专业课的倾向，对文化基础课的学习兴趣不高，普遍认为学好技术就行，将来找工作用得上，语文课上不上无所谓。因此，培养学生们对语文学习的兴趣就显得更为重要。孔子说过："知之者不如好之者，好之者不如乐之者。"他把学习中的乐提到如此地位，是有其根据的。应该怎样让学生成为学习语文的"乐之者"呢？

二、对策

1. 努力创造教学情景，活跃课堂气氛

课堂上要改变教师一言堂、独角戏的局面。教学活动中要变以教师为主导成以学生为主体，采取新的教学方法。"活跃"的表现形式最突出的特征即学生在老师启发下"思维"和"发言"的活跃，尤其是"言"的活跃。为此，备课时就应该根据学生实际水平的差异，设计一些难易程度不一、详略要求有别的问题，针对不同的学生分别要求；在课堂上，则根据学生不同性格、语文能力，把握机会及时进行激发和启示，创造条件为学生的"思维"和"发言"提供机会，使他们产生"言"的欲望，从而达到激发学生兴趣，活跃课堂气氛的效果。

其实这也就是启发式教学，启发式是教学方法使用的基本原则。教师在教学中要注意调动学生学习的积极性、自觉性，激发其思维活动，主动探求知识，增强独立分析问题和解决问题的能力。坚持启发式原则的关键在于既要重视发挥教师的主导作用，又要防止片面强调教师的权威性；既要尊重学生的自觉性、主动性，又不放任自流。教师要特别注意在启发学生"内在动力"上发挥主导作用，通过教师的启发引导，培养学生学习的兴趣、求知的欲望、探索的精神。

教学中，必须随着众多教学因素的发展变化，灵活运用最优化的教学方法。唯有新颖、多样、灵活的教学方法，才能有效地激发学生新的探求活动，使其永远保持高度的注意力和旺盛的求知欲。下面介绍几种中职语文教学最常用的方法：

（1）讨论教学法。讨论法是一种传统的教学方法，应用范围十分广泛。其应用的关键在于教师对教学过程的把握和课堂宽松气氛的营造，否则就流于形式，达不到预期的效果。例如，在学《项链》一文时，我让学生讨论主人公玛蒂尔德的性格特点，学生们各抒己见，课堂气氛非常热烈，最后我对学生的讨论成果进行了总结，达到了预期的教学目的。

（2）愉快教学法。一些有情节的文章，教师可以创设情境，让学生参与表演，在轻松活泼的气氛中让学生体味学习的快乐。这种方法在小说、戏剧的教学中十分有效。例如，我在教《项链》时，让学生课下排练、课堂演出，通过这种方法学生对人物的性格、课文理解有了更加深刻的了解。在学习《林黛玉进贾府》一文时，让学生观看《红楼梦》同步的电视剧，并讨论其中的情节，学生的学习积极性明显提高。

（3）自主学习法。学生是学习的主体。自主学习法是充分发挥学生在收集信息、发现问题等方面的兴趣、特长，让学生在自我学习中体验价值，从而达到拓展知识的目的。

2. 注重导语和悬念的设计

导入新课是课堂教学的重要一环，导语的基本任务是激发学生学习的欲望，引导他们进入预定的教学轨道。成功的导语能吸引学生的注意力，为整堂课的顺利进行打下基础，因此要精心设计导入语，让学生一上课就充满兴趣。对学生来说，每一课都是一个新开始，其内容也各不相同，而学生在课前却可能从事各种各样的活动，其兴奋点也可能还沉浸在刚才的活动中。如何转移学生的兴奋点，关键在于导入，只要导入得法，就能使学生的身心转移到课堂上来。精彩的导入会使学生如沐春风，进入一种美妙的境界。因此，教师一上课，不仅要有风趣的语言而且要有饱满的激情，要善于调控自己的感情，时刻保持愉快的心境，一走进教室就要进入角色，情绪饱满地投入到教学中去，总之一开始就让学生进入最佳的学习状态。

导入新课是一种教学艺术，融知识性、趣味性、思想性、艺术性于一体。巧妙地使用好开课几分钟，无论是激发学生的学习兴趣和求知欲望，活跃课堂气氛，还是帮助学生理解课文都是大有益处的，往往能明显地提高课堂教学的效果。

教学细节中悬念的设计也是很重要的。设置悬念，可以集中学生注意力，提高学生学习兴趣，激发学生探求知识的欲望，以达到更好的教学效果。

艺术家说书时，每当故事情节发展到紧张激烈的高涨或矛盾冲突到剑拔弩张的关键时刻，突然一句"欲知后事如何，且听下回分解"，来吊你的胃口，逼着你非继续听下去不可。这种方法在中国古典章回小说里常用，称为"悬念"设置。现代文学大师钱钟书先生在《围城》里有句名言："外面的人想进去，里面的人想出来。"意思是说，人是具有好奇心的，越是得不到的东西，越想得到。同样，在课堂教学中设置悬念，故意让学生一时得不到，也能使学生产生强烈的好奇心，集中学生的注意力，激发起学生探求知识的欲望。悬念设置巧妙得当，学生的心理活动指向就会自然而然地集中于你所讲的知识对象上，而学生们通过这种训练，也学会了在学习中多提问题，大大提高了课堂教学质量。

3. 教学形式和内容要灵活丰富

课堂教学的形式要灵活多样。单一的教学模式会使学生产生厌倦心理会对教学内容感到枯燥乏味。因此，应经常变换教学模式，如讨论课、探究课、活动课等多种形式的交叉采用，可以让学生保持较高的学习兴趣。不拘于教材所排定的次序逐段地教学，而是要根据实际情况，或配合形势、时令变更教学内容，或是独具匠心重新安排教材全部或某部分的前后次序，进行单元教学或专题教学。运用新颖多样的教学方法，激发学生的好奇心，唤起学生的学习兴趣。例如，讲小说就利用小说特定的历史背景、作者经历，生动形象的语言描写，精彩的故事情节和强烈的悬念，让学生如见其人，如闻其声；讲诗歌则配以画面、配以音乐，从视觉、听觉等方面刺激学生的感觉器官，让其充分发挥自己的想象能力，深刻领会诗歌内涵，激发其学习的兴趣。总之，灵活多样的教学方法不仅能激发学生学习的兴趣，而且能充分调动学生学习的积极性，提高学生的分析能力、口头表达能力和鉴赏能力。

在教学内容上，将生活之水引入课堂。因为教材的内容是有限的，不能包罗万象、应有尽有。随着社会的发展，新的科技、文化成果不断涌现，同时学生对知识的渴求随年龄的增长越来越强烈。因此，把学生所关心的社会动态、科技发展和社会的热门话题引入课堂，既可以引发学生的兴趣，又可以使学生关心社会的发展；同时，在一定程度上也能激发学生对社会、对科学的热爱。如结合国内外发生的大事件、各种纪念日及节日，对学生进行人生观和世界观的教育；结合科技活动，让学生了解当前科技发展的新信息、新成果，满足他们的兴趣爱好和求知欲，开阔视野。

另外还可以让学生作专题报告，举办辩论会、研讨会，创办刊物和文学社团，举行朗诵赛、征文赛、书画赛，做文学角度的文艺汇演等。以此实现手脑并用、边学边做的目的，借以充分调动学生学习语文的积极性。

结束语：在中职语文教学中激发学生学习兴趣的方法和很多，这些方法不是孤立片面的，教师在使用中应相互结合、融会贯通，不断提高学生语文学习的兴趣，让学生认识到语文不仅有丰富多彩的内容，而且还趣味无穷，把学生培养成语文学习的"乐之者"。

参考文献

[1]　张大均. 教育心理学. 北京：人民教育出版社，2004.

[2]　全国十二所重点师范大学联合编写. 教育学基础. 北京：教育科学出版社，2002.

[3]　黄瑞金. 兴趣是最好的老师——语文教学的"激趣之法". 现代语文（教学研究版），2007（4）.

[4]　皮连生. 教育心理学. 上海：上海教育出版社，2004.

[5]　周慧梅、李会先. 个别化教学的历史透析. 新乡师范高等专科学校学报，2002（04）.

[6]　朱新业. 中等职业学校个别化教学研究. 天津大学，2004.

浅谈如何在中职模块教学中提高素质教育水平

四川交通运输职业学校　刘　斌　雷红梅

摘　要：中职模块教学是一种有效的教学模式，现今已在各类职业类学校盛行。针对其实施过程中专业课比重大大超过文化课的现状，为防止学生陷入高技能、低素质的怪圈，本文提出了如何在中职模块教学中提高素质教育水平的观点，包括提高学生的德育水平、培养学生的思维品质、增强学生的业务能力、树立正确的择业观等。在理论与实践一体化的基础上，培养高素质、高技能的双高型人才。

关键词：职业技术教育；中职模块教学；素质教育水平

中职模块式教学就是在职业技术教育中，理论和实习教学实现一体化，打破传统的课程体系，遵循"实用为主，够用为度"的原则，根据培养目标的职业标准要求，以技能训练为核心，确定该项技能所需要的知识内容，按照技能的特点和分类，建立若干个教学功能模块，将理论教学和技能训练有机地结合在一起，完成教学任务的一种教学模式。在这种模式中，知识和能力的结合已实现一体化，素质教育却显得相对薄弱。教育部领导多次强调：开展素质教育要注意受教育者身心的全面发展，特别强调要加强文化素质教育；注意改革人才培养模式，把知识、能力和素质三者有机地结合起来，贯穿于人才培养的全过程和教学的过程，使受教育者在这三个方面获得协调的同步提高，以期造就厚基础、宽口径、高素质的劳动者和接班人。由此可见，要实现知识、能力和素质的一体化，必须提高模块式教学中的素质教育水平。以下是本人几点粗浅认识，仅供参考。

一、在中职模块教学中提高学生的德育水平

德育是教育的灵魂，提倡素质教育首先得提倡思想品德教育。对学生进行思想品德教育，不只是班主任和政治教师的责任，更是每一个任课教师的义务。在中职模块教学中，文化课的比重较小，德育课的比重更小，甚至有些职业学校没有开设此类课程。因此，依靠课堂或开办讲座的方式来提高学生的德育水平，只能是杯水车薪，不能起到预期的效果。唯有发动每一个教师的力量，才有可能实现学生德育水平的提高。

1. 专业课教师的潜移默化式教育

在中职模块教学中，专业课所占的比重很大，专业课教师在学生心目中的地位很高。让专业课教师对学生进行思想品德教育，并不是要求他们在每节课上课前花几分钟时间对学生进行品德说教，这只是形式主义。如果将思想品德教育潜移默化地渗透在模块式教育中，生更容易接受。上理论课，让学生严格遵守学校规则，关掉手机，整理好凳子和桌子等；上操作课，以组为单位，要求学生在操作仪器前认真检查，操作过程中爱护仪器，操作仪器后完

整归还，如有损坏主动赔偿。这些小事看似无关紧要，实则十分必要，因为这不仅仅涉及个人的习惯问题，它还涉及爱护公物，为其他人服务的思想品质。模块式教学中的操作过程也是学生们相互学习相互帮助的过程，是团队意识日益增强的过程。总之，润物细无声，他们可以让学生在不知不觉当中逐渐提高自己的思想品德素质。

2．班主任对学生的兴趣式教育

改革开放以来，西方各种思潮大量涌入，伴随着外来文化长大的新一代，已不适应教师们的照本宣科式教学。职业类学校的学生们对此更是厌倦，中职模块教学使他们在专业课上已摆脱了这种方式，而比重较小的文化课中的德育教学，也只有摆脱这种方式才能够吸引学生的注意力，故可以考虑采用图文并茂的现代教学方式。班主任与思想品德教育是紧密结合在一起的，有不少职业类技术学校都让班主任担任德育教师，班主任较其他老师而言对学生相对了解，因此可以在德育教学中因材施教地制订适合本班学生容易接受的教学方式，如观摩爱国主义影片、组织"活雷锋"社会调查、讨论当下时髦话题等。让学生从别人身上吸取经验教训，在讨论中分辨是非黑白，渐渐提高学生的德育水平。

3．教材的辅助教育

教材是教育的根本，好的教材可以使教学事半功倍，在德育教学中，好的教材就是指适合学生的教材。针对职业类学校中职模块教学中德育课少的特点，可以选择生动有趣的德育读本，既可供课堂教学使用，也可供学生课外阅读，将教师的教与学生的主动学相结合，提高学生的德育水平。

二、在中职模块教学中培养学生的思维品质

思维品质是素质教育的另一个重要方面，培养学生的思维品质包括：培养学生发现问题，思考问题和解决问题的能力；培养学生适应社会生活的能力；培养学生的应变能力。

1．培养学生的创新能力

学生的创新思维是一项自主性的活动，培养学生的创新能力，即培养学生发现问题、思考问题和解决问题的能力。在中职模块教学中，技能训练占绝对的主导地位。教师对学生进行的技能培训是普遍的，每一个学生所接收到的老师的信息都是一样的，但由于学生自身的原因，在将外在的信息转化为内在知识的过程中，每一个学生却各不相同。即使如此，教师却可以通过一些外在方式促进学生对知识的吸收消化，比如对提问的学生多鼓励，使他们敢于质疑，敢于采用新的操作方法来完成老师布置的作业。只有激发学生的求知欲和好奇心，培养学生敏锐的观察力和丰富的想象力，让他们变被动学习为主动学习，不断发现问题、思考问题和解决问题，才能提高他们的思维品质。

2．重视学生的思维变通

在模块教学中，教师让学生掌握某一项技能，是教会学生这项技能中不同种类仪器或工具的操作和运用，而不是教会学生这项技能中相同种类不同型号大小的仪器或工具的操作和运用，学生要学好某项技能，也需要学生发挥自主能动性，对所学的东西进行思维变通。因此，教师要鼓励学生大胆猜想、判断，并将其猜想作为逻辑推理的一种形式和发展学生创造

力一种重要手段，帮助学生克服思维定式，培养学生举一反三的能力，以此提高学生的思维品质。

三、在中职模块教学中让学生树立正确的择业观

就业是学习的最终归属，职业类学校实施中职模块教学的最终目的是方便就业。那么，在我们的素质教育中，究竟应该如何树立学生正确的择业观呢？以下提供几点参考：

1. 创新就业指导课程

就业指导课是树立正确择业观的基础，它可以教会学生如何就业、如何推荐自己，让学生了解本专业的就业形势，掌握最基本的社交礼仪和就业知识。中职模块教学因课程安排的原因，也可以采取讲座的形式对学生进行就业指导，还可以请往届毕业生回校交流经验。不能够因为重视技能类课程而忽视了此类课程的开展，只顾闭门造车，造成学生在就业时眼高手低、挑肥拣瘦。

2. 教会学生正确认识自我

职业类学校实施模块式教学，其目的是为了培养高技能的复合型人才，学生在毕业后大多已达到初级技能水平，就业较容易。在此情况下，有些学生便会产生自傲心理，不能正确的自我定位，要求高工资、高福利，最终造成不能就业的结果。因此，学校应提前一年鼓励学生参加一些招聘会，了解本专业的就业前景、工作待遇，帮助学生戒骄戒躁，克服自傲、自卑等不良心理，正确的自我定位。

四、在中职模块教学中增强学生的业务素质

业务能力并不是工作人员的专利，在实施模块教学的内容中，学生的操作能力也是其工作后业务能力的一部分，因此，在一体化教学中也应该注意增强学生的业务素质。学校可以采取以下方式提高学生的业务素质：

1. 进行职业技能鉴定

职业技能鉴定一般是在工作之后进行的。中职模块教学，使学生在学完一个模块后，技术达到了一定水平，就鼓励学生积极参加职业技能鉴定。它一方面是对学生操作能力的肯定；另一方面也可以鞭策学生提高自己技术水平，扎实自己的技术功底，为工作后业务能力的提高打下基础。

2. 组织岗前培训

岗前培训是一项针对性较强的短期培训，是联系学习和工作的桥梁。它可以使学生快速地完成从学生到工人的角色转换，让学生尽可能多地了解工作、融入工作，从而将在学校里的技能操作能力转化为工作后的业务能力。

实施素质教育就是要培养学生的健全人格，促进其全面发展，让学生学会做人，学会自律，学会学习，学会思考，学会乐群，学会审美，学会创造，学会健身，学会生活，学会劳动。只有将提高素质教育和中职模块教学想结合，才能够培养出高素质、高技能的有用人才。

结束语：以上是本人对在中职模块教学中如何提高素质教育水平的几点粗浅认识，仅供参考。如有不当，敬请指正。

参考资料

[1]　王尚军. 浅谈如何在汽修专业模块一体化教学中实现规范化. 广东交通职业技术学院学报，2007.

[2]　高　峰. 浅谈"模块式教学法"在实习教学中的应用. 教育创新学刊，2012.

[3]　姜大源. 职业教育学研究新论. 北京：教育科学出版社，2005.

[4]　李向东，卢双盈. 职业教育学新编. 北京：高等教育出版社，2005.

浅谈如何引导中职学生分析《林黛玉进贾府》中林黛玉形象的塑造

四川交通运输职业学校 李 佳

摘 要：《红楼梦》全书中描写的人物众多，而作者对人物的刻画或实或虚，或正面描写，或侧面烘托，或通过语言描述，或借助衣着服饰衬托。中职学生语文基础较为薄弱，教师应从肖像描写、语言描写、行为描写等不同角度着手，引导学生分析《林黛玉进贾府》中作者对林黛玉形象的刻画。

关键词：分析；林黛玉；形象；塑造

小说能够多角度、全方位地刻画人物，它可以凭借各种艺术手段，从各个角度对人物进行描写。一部好的文学作品对人物形象的塑造往往会给人留下深刻的、永不磨灭的印象，能使读者在头脑里活灵活现出人物的音容笑貌、言谈举止，能使读者与作品中的人物同喜怒哀乐。中职学生的语文基础较为薄弱，如何引导学生分析《林黛玉进贾府》中林黛玉的形象，本人认为可以从肖像描写、语言描写、行为描写等不同角度着手，看曹雪芹如何生动形象地为我们展示了一位美貌聪慧、多愁善感、细心多虑的少女形象。

一、林黛玉的外貌及肖像描写

首先，教师应让学生了解林黛玉的家庭背景。林黛玉幼年丧母，孤苦无依，奉父命来投奔外祖家，这是她在《红楼梦》中的第一次出场。一般说来，第一次出场，作者可能会下大力气，浓墨重彩地描写她的外貌如何之美丽、衣着裙饰如何华丽，让读者看的点头称赞。但曹雪芹偏偏不走寻常路，他匠心独运，如画家着色，分三个层次，由淡到浓，层层渲染，最终把林黛玉的形象凸显在读者面前。因此如何指导学生分析这三个层次，对把握林黛玉的形象具有重要意义。

1. 作者借众人之眼来写林黛玉

教师引导学生看课文所写："众人见黛玉年貌虽小，其举止言谈不俗，身体面庞虽怯弱不胜，却有一段自然的风流态度，便知他有不足之症。"学生通过阅读此句会发现作者只是对黛玉做了初步勾画，她给人的整体感觉是"身体怯弱、体弱多病"、"举止言谈不俗"，乃是她的家庭背景所决定，林黛玉出生在官宦之家，自幼饱读诗书，其举止言谈，自然不同一般。"自然的风流态度"这一句学生可能较难理解，"风流"在现在是贬义词，但是古代讲"风流"则写出了一个人不同一般人的风姿韵味，这一句勾勒出林黛玉的举止言行所表现的神态。在此，教师可以向学生介绍林黛玉的前身今世，这其中涉及神话色彩，会让学生更感兴趣。林黛玉的前世是西方灵河岸边、三生石畔的绛珠草。"西方"，是极乐世界的意思；"灵河"，是虚拟的西方极乐世界一条河，"灵"有"灵敏"、"灵秀"、"灵气"之意。因此林黛玉的自然风韵，是从胎里带来的灵慧之气，是天性所赋；"不足之症"则说明了她先天不足、体弱多病，这也为后文她年纪轻轻就过世埋下伏笔。曹雪芹在这里描写林黛玉，只是淡淡一笔，学生读来可能会觉得林黛玉在贾府的第一次露面，作者好像谈了点，但是很少很少，这女孩子的形象很虚无缥缈，仿佛犹如隔着层层薄纱，看不真切。作者究竟为何这样描写，让我们接着往下分析。

2. 作者借王熙凤之口描述

"这熙凤携着黛玉的手，上下细细打量了一回，仍送至贾母身边坐下，笑道：天下真有这样标致的人物，我今儿才算见了！况且这通身的气派……怨不得老祖宗天天口头心头一时不忘。"王熙凤是出身于"四大家族"的王夫人的娘家侄女，地位自非他人可比，同时自小假充男儿教养，是位见多识广的人物。在贾府里，她是一个精明能干，惯于玩弄权术的人，为了博得贾母的欢心，王熙凤发出这样的赞叹，是真，是假？对此教师可引导学生进讨论，并引出脂砚斋的批语："'真有这样标致人物'，出自凤口，黛玉风姿可知，宜作史笔看。"最终我们可以得出结论，王熙凤的称赞，有讨好贾母的成分，但是更多的是对林黛玉出众的容颜的赞美。虽然在此曹雪芹的描写进了一层，说黛玉长相标致、气派不凡，可是到底是如何标致，作者仍然没有细谈，而是把悬念留在最后揭开。

3. 通过宝玉的视角来写黛玉

这一段是教师引导学生分析的重点，作者终于从正面着手，描述了一幅美人出场图。且看作者描述："两弯似蹙非蹙罥烟眉，一双似喜非喜含情目。态生两靥之愁，娇袭一身之病。泪光点点，娇喘微微。闲静时如姣花照水，行动处似弱柳扶风。心较比干多一窍，病如西子胜三分。"在此，林黛玉的形象才真正清晰、具体的呈现在读者面前。在讲授这一段之前，教师可以先设问：为什么宝玉不看黛玉的衣裙服装，钗环佩饰？当然这个问题可能比较难点，有的学生无法答上来，教师此时可引导学生从贾宝玉的身份地位去思考。贾宝玉生为荣国府嫡派子孙，出身不凡，从小过着锦衣玉食的生活，对华丽的服饰与珠宝早已经司空见惯，因此他不屑这些物品，他更注重的是人物的内心品格和外在气质。

分析林黛玉的外貌描写，以教师讲解为主，主要是引导学生品味其中的字句。"似蹙非蹙罥烟眉"、"似喜非喜含情目"。"罥烟眉"不是浓粗的眉毛，而是浅淡如同一抹罥挂着的轻烟。这眉头还不是舒展开的，是"似蹙非蹙"，反映着她的内心是抑郁不舒的。这正好引出宝玉送给她的妙字："颦颦"。而"含情目"则将黛玉饱含情和意的眼睛展现在我们的面前。"态生两靥之愁"，"靥"，是指酒窝儿，嘴两旁的小圆窝。我们常说少女嘴角的笑靥是最美丽的，而曹雪芹却一反常态，用笑靥来反衬黛玉的愁态美。至于"泪光点点，娇喘微微"，则衬托出黛玉伤感病态之姿。教师前面讲到林黛玉的前身是株绛珠草，那她和贾宝玉的前世有什么关系呢？这个问题学生是十分感兴趣的。绛珠草长在灵河岸边、三生石畔，因为受到神瑛侍者（贾宝玉的前身）的甘露浇灌，得以久延岁月。因此当她修炼成人型后，为了报答神瑛侍者的甘露之惠，愿下人间用一生的眼泪来还他。这也是为什么作者所说"泪光点点"，林黛玉的眼里似乎总有泪光，动不动就哭，这是暗合"还泪"一说。"娇喘微微"则很好地展现了林黛玉的娇柔怯弱，赋予人视觉和听觉上的享受。"心较比干多一窍，病如西子胜三分。"此句教师可引导学生看书上的注释，比干是商（殷）朝纣王的叔父，由于强谏纣王，纣王怒曰："吾闻圣人心有七窍。剖比干，观其心。"黛玉的心窍比比干还多一窍，可见其聪明慧颖；"病若西子"，西施是历史上四大美人之一，她的美丽，早已深入人心。黛玉之美，也就不言而喻了。相传西施有心病，在庄周的《西施病心》中记载，西施常常会心痛，她每次心痛时眉尖会蹙起来，叫颦。而黛玉蹙眉，也是她内心抑郁的外部表现，她的"病如西子胜三分"，是生理的也是心理的，这种美不是娇揉造作的，而是一种自然的病态美。通过学习此段，学生能体味到黛玉那种不同一般的的容貌举止，那独有的情、愁、娇、病，她是美貌聪慧的，也是多愁善感的，是个让人心疼的女孩子。

二、林黛玉的语言描写

人物的语言，是思想性格的反映。我们常说写好人物的语言和对话，是文学作品构成艺术形象生命力的要素之一。鲁迅先生在谈到《红楼梦》时，曾赞许说，有些地方是能使读者由说话看出人来的。林黛玉之父林如海官至巡盐御史，其母贾敏是荣国府贾母之女。因为林如海有一子，但不幸夭折，林黛玉被"假充养子之意，聊解膝下荒凉之叹"。她还在贾雨村的教育下，读了两年的书，其良好的教养不同一般。这一点，教师稍微举例就能让学生从中了解。如在拜见了她的大舅舅，大舅母邢夫人留她吃饭，黛玉笑着推辞："舅母爱惜赐饭，原不应辞，只是还要过去拜见二舅舅，恐领了赐去不恭，异日再领，未为不可。望舅母容谅。"言语之间既表明了对邢夫人的尊敬与感激，又表明了自己顾全大局的礼节，举止得当，进退有礼。而她因母亲去世、身体多病无人照顾去投奔外祖母，自知寄人篱下，所以"步步留心，时时在意，不肯轻易多说一句话，多行一步路，唯恐被别人耻笑了去。"如当贾母问黛玉念何书，黛玉回答贾母："只刚念了《四书》。"黛玉又问姊妹们读何书，贾母道："读的是什么书，不过是认得两个字，不是睁眼的瞎子罢了！"后见到宝玉，宝玉问她可曾读书时，黛玉只说："不曾读，只上了一年学，些许认得几个字。"如此前后回答的对比，学生可自己分析出黛玉小心谨慎、自尊多虑的性格特点。

三、林黛玉的行为描写

行动描写是对人物举止、动作、行为的描写。林黛玉的小心谨慎、知书达理，不仅表现在言语上，还表现在行为上。教师可引导学生看当她去拜见贾政这段话，"进到王夫人的东廊三间小正房，正房炕上横设一张炕桌，桌上垒着书籍茶具，靠东壁面西设着半旧的青缎背引枕。王夫人坐西边下首，见黛玉来了，便往东让，黛玉心料定这是贾政之位，因见挨炕一溜三张椅子上，也搭着半旧的弹墨椅袱，黛玉便向椅上坐了。王夫人再四携他上炕，他方挨王夫人坐了。"王夫人坐在炕的西下首，见黛玉来了，便往东让，因为黛玉是客，王夫人要客气一下，将东边的位子让出来。这东边的位子是贾政的位子了，黛玉自然不肯也不敢坐了贾政的位子，依旧在椅子上坐了，如果黛玉坐了，那就是失礼，于她的身份也不合。但是这时黛玉的知书达理、小心谨慎解救了她，她是再三推让，直到王夫人携她上炕，她才坐下。关于让座的描写还有一处，即晚上黛玉在贾母处吃饭，"贾母正面榻上独坐，两边四张空椅，熙凤忙拉了黛玉在左边第一张椅子上坐了，黛玉十分推让。贾母笑道：'你舅母你嫂子们不在这里吃饭。你是客，原应如此坐的。'黛玉方告了座。"在此教师可向学生说明古代吃饭的礼节，在古代，左右相对，左为尊，因为黛玉是远客，而且是贾母最疼爱的外甥女，所以王熙凤拉了黛玉坐左边第一张椅子。可是黛玉却十分推让，那是因为王夫人、李纨等人都还在场，她自己去坐不太合适。直到贾母发话后，她方才坐了。随后才是迎春、探春、惜春三姐妹告坐。让座这一举动的描写，让我们看见这位幼年丧母、寄人篱下的少女步步留心、时时在意的性格特点；同时也从侧面反映出封建大家族的制度等级森严，气派非凡。在这样封建礼教和封建道德的束缚下，黛玉的结局注定是无奈的。

结束语：曹雪芹在《林黛玉进贾府》中写林黛玉的第一次登场是无比成功的。在讲解之前，部分学生可能会因为《红楼梦》是古代白话小说，对其有畏惧心理，觉得很难度。但是只要教师抓住其中的方法，也能把一个弱不禁风、美貌聪慧林黛玉的形象展现在学生面前，让他们从学习中感受到快乐，学到更多的知识。

参考文献

[1] 曹雪芹. 脂砚斋全评石头记. 北京：东方出版社. 2006.

[2] 胡 适, 等. 名家正解红楼梦. 北京：北京出版社. 2007.

[3] 姜耕玉. 红楼意境探奇. 重庆：重庆出版社. 2007.

浅谈"工程识图"教学及改革

四川交通运输职业技术学校　罗洋斐斐　陈　瑶

摘　要：通过工程识图教学实践，分析中职学校道桥专业工程识图教学的基本思路和存在的问题。本书从教学内容、教学方式上探讨了工程识图教学改革的方法。

关键词：制图教学现状；思索；改革

一、制图教学现状分析

1. 前言

随着中等职业教育的发展，中等职业教育已经成为我国职业教育的一个重要组成部分，并在我国现代化建设中显示出越来越强大的生命力。为此，我校道桥专业长期以来坚持以服务为宗旨，以就业为导向，以能力为本位，以学生为主体，立德树人，提高学生的综合职业能力，为公路与桥梁企业培养德智体全面发展，具有综合职业能力，在公路与桥梁工程施工及养护管理部门提供从事公路与桥梁施工、养护等操作工作与质量控制、材料检测第一线工作的高素质劳动者和技能型中初级技术专业人才，要求学生应当具有基本的学习能力和创新精神，掌握必要的文化基础知识、专业知识和比较熟练的职业技能。

因此，根据教育部的要求，结合我校路桥专业中职学生就业岗位主要工作任务，在课程体系中设置了工程识图、公路工程材料及试验检测、工程测量、公路工程基础等专业理论课程。而工程识图这一专业基础课程，意在强化学生的动手操作能力和实践能力，一般将该课程开设在路桥专业中职中专学生初入学时，作为路桥基础专业课进行学习。

2. 工程识图教学目标

我校的道路与桥梁工程施工专业主要是以培养一线生产技能操作型人才为根本任务。为了这样的培养目标，要求我们必须整体优化中职教育的教学计划，处理好课程的设置与课程内容；理论教学与实践教学；知识传授与能力培养等方面的关系，将课程培养目标与就业能力有机地结合起来。但就对每一门具体的课程来说，怎样围绕这一培养目标，体现和适应专业培养目标的要求，是我们值得探讨的一个问题。

众所周知，工程识图是中职校道桥类专业教学中非常重要的一门既有理论又重实践的技术基础课，工程图被誉为工程界的技术语言。通过学习识图的基本知识、几何作图方法，认识公路桥梁专业工程图，并进行绘图的基本训练，使学生具备熟悉本专业所需的识图基本知识，并具有一定绘图能力，为后续专业课程的学习和参加公路建设有着至关重要的作用。

本人认为，中等职业教育对专业基础课的要求必须以够用为度，以讲清概念，强化应用为教学重点。所以在组织教学内容时，首先应该明确以基础理论为工程技术应用服务的指导思想，侧重由深入浅、由易到难的灌输理念，让学生在潜移默化中学好技术基础知识，并能实际掌握和应用到以后的工作和学习之中。

二、工程识图教学思索

1. 快速教学，简单教学

本人认为，在工程识图课程的教学中，应把重点放在拓展学生想象力、空间思维能力这一方面。可以以课堂教学辅以大量的多媒体课件、空间立体感强的图片。以实际生活中常见的事物、课堂用具帮助学生建立基本的空间概念。如课堂上常见的粉笔盒，生活中的水杯、桌椅，上课必不可少的铅笔、橡皮擦等小物件，过渡到平常生活中实际的道路、桥梁等工程常见构造体。以粉笔盒的正面、侧面、俯视面让学生认识到物体从各个角度观察时的不同形态和构成。就小小的粉笔盒来说，我们从前往后看时得到的物体形状和大小，和我们从左往右看时得到的物体形状和大小，从上往下看时得到的物体形状和大小，也是有着显著地区别和不同。让学生意识到，仅仅是角度的不同，也可以得到物体大小不同的投影。

另外，就是概念的问题，因为工程识图一般为中职校开设的专业基础课，所以大多数学生对于很多专业的概念没有基本的了解。就比如我们制图中常用的一个概念：什么是投影？如果换一句话来表达，投影指的就是我们平常所说的物体的影子。可能很多学生立刻就知道，原来说的是这个意思。很多老师在上课的时候，很少注意到这个细微的区别带给学生感官上和理解上的重大差异。说投影，可能很多学生不是很能理解，而只是把投影换成了生活中常见的影子，却可以让学生在第一时间就反映出来讲的是什么意思。这也是我想着重表达的观点，越复杂的理念越要用最简单易懂的语言表达，才能达到想要的教学效果。如果老师在课堂上讲了一整堂课，而学生却从基本概念上都没有弄清楚，搞明白，还谈什么进一步知识的拓展和延伸。

就本人浅薄的教学经验来看，大部分的中职学生接受一个全新的概念至少需要四分钟的时间，即一分钟的讲授、一分钟的理解、一分钟的回味和一分钟的巩固。下面我简称为"四分钟快速教学"。在这四分钟快速教学中，缺乏其中任意一个步骤，都会直接导致学生对教学内容的不理解或者逻辑上的不清晰。所以，作为技术基础课的任课教师，本人认为更多的是应该给学生自主思考的空间和时间。让学生通过四分钟快速教学，快速调动大脑神经，潜移默化的掌握所需要学习的内容。就本人任教期间的观察来说，让学生自己思考并记忆学习内容，比老师在讲台上强行灌输给学生学习内容，所得到的记忆效果和记忆保存时间要持久得多。

2. 教学时间安排

接下来，就谈教学的时间安排问题。为什么一开始，本人就提出四分钟快速教学这一概念，这与中职学生的学习习惯有着很大的联系。不仅仅是中职学生，任何一个人，在学习新知识、新内容的时候，都有着一定的时间限制。如果45分钟的教学时间都一直不断灌输新内容、新知识，那么，可能最后学生掌握的仅仅是上课头15分钟所讲授的内容。为什么？人的大脑都有一定的兴奋期和疲软期，当过了大脑的兴奋期，再接受新的内容和知识的时候，难免会产生厌恶心理，从而导致记忆不深刻，所学知识模糊的不良效果。所以本人认为，针对学生的学习记忆周期，应该调整所授教学内容，越是需要学生着重掌握，或者是必须理解的概念，尽可能地放在一堂课的开始，让大脑正处于兴奋期的阶段尽可能多地掌握老师所要求掌握的重点知识和内容，达到最好的教学效果。

当学生对所学知识有了一定的了解后，接下来的时间，就是理解掌握所学内容的问题。怎么让学生更容易理解并掌握当天的学习内容，很大程度上要取决于学生对于所学内容有多大的兴趣。而学生对于课程的理解，很大程度取决于老师的授课手段和授课方式。毋庸置疑，讲授与理解，这是一个连续且递进的关系，只有掌握好了这一步骤，才能在学生的教学过程中如鱼得水，避免出现填鸭式教学。而现在老师的授课手段和授课方式，随着科技的发展，已经越来越多样化，授课方式的选择更加多元化。就"工程识图"这门课程来说，上课时除了传统的讲授教学外，还可以选择多媒体课件讲授教学，或者是借助现有的工程教学模具。可能有的老师会提出，对于现在应用越来越广泛的多媒体课件讲授教学不是很能适应。就本人分析，主要存在以下几个原因：

（1）软件操作不熟练，涉及内容过多。

大部分教师，对于多媒体软件的了解和掌握还属于起步阶段，电子化教学到目前为止还是一个老大难的问题。如何正确使用多媒体课件进行文字的处理、图片的优化、动画的制作，对于大部分教师而言，还是一个需要攻克的难关。多媒体课件讲授教学的优点在于能够最大限度地利用资源，在较短的时间内提供学生大量的图片信息、学习内容和动手操作过程的演示。但是，多媒体课件讲授教学的缺点也在于此，一次性向学生灌输过多的内容和知识，对于初接触多媒体课件讲授教学的教师而言，常常会在所授知识时灌输过多的内容，不利于对教学全局的掌控和把握；对于大多数学生而言，很难一次性消化并进一步理解。从而导致很多学生在接触多媒体课件讲授教学时，弄不清楚教师要求掌握的重点和难点内容。虽然教学和讲授时间大大提高，但是对于知识的掌握，常常会顾此失彼，得不偿失。这导致学生一堂课学习下来，内容很多，印象不深，对于后续学习的巩固和提高都有较大的影响。

关于这个问题，我觉得更多是要求学校加强对专业教师的培训，多开展针对多媒体课件讲授教学的讲座和培训。只有当大部分教师都能够较为熟练地掌握多媒体课件教学时，才能使所授内容更加生动、易懂，才能合理安排所授知识，避免使用多媒体课件教学时所涉内容过多而使学生难以消化的问题。

（2）展示内容枯燥，课堂光线昏暗，易使学生产生睡觉的氛围。

大多数教师在进行多媒体课件讲授教学时，迫于软件所要求的光线原因，往往需要降低课堂光线亮度，从而达到更好的软件展示效果。但是，这里需要指出的是，为了达到更好的展示效果，使课堂光线昏暗，学生更易产生强烈的睡觉氛围，从而导致很多教师在进行多媒体课件讲授教学时，步入一个两难的境界。固然多媒体课件讲授教学可以使学生在短时间内掌握更多的知识，但也容易导致学生在这样一种昏暗的课堂教学氛围中无法集中精神，更易产生睡觉的欲望，最终导致教学效果不明显，甚至根本无法达到教学要求。在如何平衡较好的软件展示效果和学生学习目标的实现这一矛盾上，根据本人多媒体课件讲授教学的浅薄经验认为，在多媒体课件讲授教学时，同样应该保证充足的可视光线，学习环境应保持通风明亮，在能基本保证多媒体课件讲授教学效果的同时更应该保持明亮健康的教学氛围。使学生在清醒的状态下掌握更多所需学习的内容，这点至关重要。

当大部分教师都能够熟练掌握多媒体课件讲授教学，同时辅以相应的工程教学模具时，教学效果必定会事半功倍，既能让学生在短时间内掌握较多的知识，也能够让学生充分掌握和理解所学内容，从而达到较好的教学效果。

（3）在充分掌握所学知识后，本人认为，还得让学生有一个回味的过程。回味的同时巩固所学知识，做到掌握重点，有的放矢，这一点至关重要。如果只是掌握而没有自我理解，学习就像猴子搬苞谷，学一点扔一点，最后学了多少，就会忘记多少，教学效果也就无从说起。那么，怎么才能让学生在学习了一个新的知识点以后产生较深的印象呢？这个时候，就需要教师应用多样的趣味手段，与学生多互动、多沟通，最大限度地调动学生的学习积极性。比如，提出一两个有针对性的问题，让一个或多个学生自主回答，脱离书本教条性的语言，鼓励学生凭借自身的理解，用自己的话表达出老师所需要学生掌握的问题。这样，不仅锻炼了学生自我表达的能力，也使学生在用自己的语言表达时进一步理解所学内容，从而由教师讲授知识变成自我所学知识的阐述，以此达到所学知识能够活学活用、融会贯通的目的。

三、教学内容和方式的改革

现行中职"工程识图"主要由以下几部分内容组成：制图基础、轴测投影、剖面图与断面图、标高投影、公路工程图、桥梁工程图、涵洞工程图。

我们先从制图基础说起，这部分内容主要讲解点、线、面的基本投影规律，要求学生能正确判断点、线、面在空间中所处的位置、熟悉特殊位置线、面投影特征。该部分内容主要以培养学生的空间想象力为目的，对培养学生的读图、识图作用有限。中职校的培养目标是以培养技术工人为主，更多的是强调知识的实用性。因此现行的教材内容应侧重于讲授点、线、面的基本规律和投影特征，建立空间的基本体系，让学生理解何谓"长对正、高平齐、宽相等"。而对于现在重点强调的直线与平面、平面与平面相交、曲面立体、平面立体、两立体的相交的问题则可以少讲，甚至可以不讲。

轴测投影这部分内容主要讲解轴测投影在实际工程中的应用方法，使学生能把较为复杂的组合体投影图变换为轴测图，或能把有较强空间感的轴测图转化成三视图。该部分内容作为建立空间体系概念的过渡章节，需要学生很好的掌握和理解，才能为断面图与剖面图的绘制与识读提供良好的基础，从而帮助学生开始简单道路桥梁工程图的识读。

断面图与剖面图这部分内容要求学生能正确理解剖面图、断面图的概念，能利用剖面图、断面图理解投影图所要表达的工程构造物。故该部分内容与道路桥梁工程结合较为紧密，需重点讲解。同时注意，在讲解的过程中应分清主次关系，重点讲解在现行道路工程中应用较多的几种剖面图和断面图，如全剖面图、半剖面图、局部剖面图；而对于旋转剖面图、阶梯剖面图等道路桥梁工程应用较少、机械工程专业应用较多的类型，则只需讲解其定义，注意要点。对于展开剖面图，要重点强调其运用的范围；对于专业制图部分要重点加强，要增加这部分的课时数。由于道路桥梁工程涉及面较广，包括道路、桥梁、涵洞、隧道、交叉口、市政道路等，我们不可能也没有必要全部重点讲解，只需要将学生在今后工作中经常遇到的道路、桥梁、涵洞工程图讲解清楚即可；对于其他几种，可以视教学时间自行安排教学，或让学生自学。

标高投影这部分内容要求学生需熟悉标高投影方法，掌握等高线绘制方法，能够正确地解读地形图，正确使用地形图。该部分内容与道路桥梁工程专业其他主要专业课工程测量、公路几何设计有着重要联系，特别是高程、平距、坡度、水平距离等专业概念，应让学生充分了解概念，在概念清楚的前提下学会高程、平距、坡度、水平距离的数据计算和应用。正确掌握等高线平面和空间的关系，让学生明白标高投影与三视图的密切关系，并能准确识读地形图。

在制图基础及专业制图部分，由于这部分内容比较重要，对读图、识图的帮助很大，应重点加强这方面的教学工作。与画法几何部分不同，这部分内容知识点比较散，如果仍然采用传统的教学方式，不仅知识点讲不全，教学效果也不会太好。因此在教学方式上应该有较大的改变，现行的教学方式主要是以教师的讲授为主，学生的学习仅限于书本上，学生的学习比较被动。本人认为，在专业制图教学方式上应该变学生的被动为主动，让学生主动运用现行规范的知识点去发现问题、解决问题，提前让学生接触工程图。

中职中专学生的就业方向主要在施工、监理单位，因此能够读懂工程图显得十分重要。读图与识图能力不是在课堂上就可以培养出来的，是要通过不断地看、不断地练习才能得到。因此，在制图基础及专业制图部分的教学过程中，学校与老师应该尽可能地多采用一些图纸作为教学工具。在教学过程中，让学生结合已有的书本知识，提出问题，解决问题，发现问题。这样，学生在学习的过程中不仅能学习制图的知识，而且还能提前学习到一些专业的知识。

结束语：对于中职学生，工程识图应重在理解，并运用于实践。建立由平面到立体、平面到空间的概念，并能善用立体的观察方法，进行道路桥梁工程图的分析和识读。用创新、有趣的讲授方法，结合科学的授课模式，合理安排教学时间，各个击破，整体把握，使理论与实践相结合，最终达到培养学生具有一定的空间体系识别能力。可以进行一些简单道路桥梁工程图的识读，为后继专业课程的学习和参加公路建设打下坚实基础。

参考文献

[1] 刘松雪. 工程识图. 北京：人民交通出版社，2005.

[2] 管巧娟. "捏泥构形法"提升中职学生工程识图能力的研究与实践. 工程图学学报，2008.

浅谈"运输实务"教学中的模拟实践

四川交通运输职业学校 杜艳红

摘 要：基于我校"运输实务"课程的纯理论教学模式，对进行运输教学改革，运输模拟实训进行了初步的探索，充分利用校内外实训基地，构建一体化的模拟实践，使学生能真正掌握运输实作的流程，初步具备运输的基本技能，为今后进入运输行业打下良好的基础。

关键词：分章模拟实训；任务模式；考核评价

"运输实务"是我校物流服务与管理专业的核心课程之一，也是整个物流行业的"重头戏"。一直以来，由于缺乏学生模拟实训设备，教师也没有经验，我校的"运输实务"课程教学一直停留在"填鸭式"理论教学的初级阶段。借助示范建设的契机，我校把"运输实务"课程列入了"重点资源库"建设，购入了相应的运输设备，如 GIS、物流沙盘模拟实训等，突出了"运输实务"课程实训的重要性，适应了当今物流职业教育的基础要求。

在此基础上，我们经过反复的设计和实践，提出了"运输模拟实践"的总体设计思路，对实训内容进行了分章模拟设计。通过校内外实训基地的一体化教学，以及顶岗实训等多种教学手段的综合运用，使学生能走出原始的凭空想象"运输"，跨进掌握真正的运输作业模式的阶段。

一、"运输实务"教学模拟实践开展所面临的问题

1. 学校与运输企业联系不够紧密

长期以来，运输实务以书本式教学为主，学生的运输实训难以实现，学生仅仅能通过视频图片来了解现代运输，而由于书本知识比起现代物流技术有一定的滞后性，使得学生毕业后要重新面临基础运输技能的学习。

2. "运输实务"知识架构属于分体系的独立模式

我们为什么要进行分章模拟，而不是像"仓储实务"一样进行一体化设计？这是因为经过研究我们发现，我们的"运输实务"教学一般以"公路、水路、铁路、航空、管道"这五种基础的运输方式为基础，进行教学拓展，而这五种方式具有相对独立的特征，不同运输方式分属于不同的行业，而且不同运输方式在技术特征、管理手段和作业流程等方面有较大的差异性。现代的交通运输无非是这五种基础方式上的转换与衔接，不同的运输公司联系紧密，但分工差异甚大，所以我们只能进行"分章"的衔接式实训设计。

二、如何解决教学实践开展所面临的难题

（1）加强与运输企业的联系，让学生能走进企业，走近现代化的运输系统。

学校应从教学改革中真正走出去，最根本的还是要实现与物流企业的具体联系。特别是"运输实务"这样的课程，如果教师在讲解的过程中，只靠书本和图像视频资料，学生并不能切实掌握"水、陆、空"的各种运输模式的具体运作及差异；如果学生能走进企业，进行参观调研和顶岗实习，学生不仅能知道各种运输方式与工具，还能够掌握现代物流企业的先进运作信息系统，如 GIS、GPS 和运输调度管理系统。因此，必须加大校外实训基地开发和建设工作力度，积极与物流运输企业"联姻"，签订合作协议，紧密合作，并促使其持续稳定、良性运行。

（2）对于各种运输方式的独立性，我们应该在原有理论教学的基础上，设计一些新兴的物流运输模拟实践。经过调研，我们将运输模拟实践主要运用与以下的运输知识点中。

项目	模拟实训	模拟实训流程	实训对应运输岗位
1	模拟第三方物流公司	分组—成立公司—公司运作—公司竞争—最佳物流公司	调度、运输中心作业人员
2	公路运输模拟实训	合同签订—公路零担货物运输—模拟业务流程	公路运输职位
3	水路运输模拟实训	合同签订—水路货物运输流程模拟	调度、水路运输公司各职位
4	航空运输模拟实训	航空货运单模拟填写—航空运输模拟实训	调度、航空运输公司各职位
5	铁路运输模拟实训	铁路运输运单填写—货票填写—铁路运输模拟实训	调度、铁路运输公司各职位

① 模拟现实运输企业。

目的：学生在学习运输课程之前，应进行一次全面的模拟实训，让学生充分了解运输的基本流程和运输中的作业人员。我们选择了物流公司的运输软件，此软件可以模拟第三方物流公司的实际运作。该软件有一定的竞争性，可培养学生的团队合作精神。

实训流程：学生扮演物流公司的各个角色，包括物流经理、仓库、调度、运输四个职位。其中，物流经理进行仓库购买和租赁、物流设备购买和租赁、司机的招聘、开通运输线路与合作企业签订合同。然后开始接单，接单后转交给调度，由调度来安排此单是进入仓库或是立即运输。最后，学生根据自己的操作分数和小组的资金总数来进行评比。

实训评价：实践证明，学生在学习该软件之后，能熟练掌握运输公司的基础运作理论，理解运输调度和运输人员的工作任务，为之后进行不同运输方式的学习打下了良好的基础。

② 公路运输模拟实训。

目的：通过模拟公路货物运输合同的签订，让学生充分了解公路运输中的各个角色和角色任务，学会运单填写，掌握运输合同的含义和内容。学生模拟公路零担货物运输作业，承担不同的角色内容。

实训流程：学生准备笔，在接运单中按照要求填写内容和托运要求，确定是否填写物品清单，复核物品清单，在相应的位置签章。学生受理托运作业，检查货物包装，验货司磅，货物入库，配货作业，装车作业，卸货作业，货物交付作业。

实训评价：通过对合同的填写和零担货物运输业务的受理，学生掌握了运输合同的填写方法，熟悉了零担货物的运输流程，为以后进入公路运输行业打下了良好的基础。

③ 水路运输模拟实训。

目的：通过模拟水路货物运输合同的签订，让学生明确水路运输合同的内容，熟悉水路货物运输的作业流程，能操作各个岗位的作业内容。

实训流程：学生分组，分别为受理托运组、装船组、卸船组、货物到达交付组。循环训练，保证每人在每个岗位进行训练。

实训评价：学生熟悉了水路运单的填写，明确了相应的单据准备，包括运输合同、货运记录单、证明收货人单位或者身份的有关证件等，最终掌握了装船作业操作规范、卸船作业的操作规范、货物交付作业的作业规范。

④ 航空运输模拟实训。

目的：学生通过航空货运单的模拟填写，明确国内航空货运单在航空货物运输中的作用，明确运单的内容，会填写运单，知道运单各联的作用。学生通过受理航空入库作业的训练，明确航空货物运输受理入库作业各岗位作业的要求，会在各岗位进行作业操作。

实训流程：按照要求填写航空托运单的各联。学生进行分组模拟，包括托运人、货运员、营业员、证明文件、制单员、仓储员，准备磅秤、卷尺。首先检查货物包装，指导货主填写运单，货物过磅计重，货物入仓，仓库清仓，交接单剧留存。

实训评价：通过模拟实训，学生掌握了航空货运单的填写方法，清楚了各工作岗位的职责，有了团队合作精神。

⑤ 铁路运输模拟实训。

目的：通过运单的填写，了解铁路运单在铁路货物运输中的作用，明确运单的内容，能计算货物的运到期限，指导货票各联的作用，会填写货票。通过铁路货物运输接收作业技能训练，让学生掌握铁路运输的具体运作流程。

实训流程：能准确无误地以托运人和承运人的身份来进行运单填写，进行货票填写。进行货物接收作业的模拟，首先填制运单，评审运单，然后检查货物，如果与运单相符并且包装完好有标识，进行过磅，最后进行货物入库堆码和运单、货票的填写。

实训评价：通过填写运单和接收作业的模拟实训，学生能掌握铁路货物运输的各业务流程，明确铁路接运作业的具体流程，为学生以后进入铁路运输行业打下良好的基础。

三、开展多种形式的实践教学

1. 合理利用多媒体设备

由于运输中的某些部分不能很好地进行操作实训，我们可以采用视频资料播放、动画制作等多媒体手段，真实地再现实训过程，如进出口多式联运、集装箱运输等，往往过程复杂、环节众多，这种方法可以更直观地展示整个实际操作流程。

2. 运输企业作业现场参观

对于暂时不具备实训条件的模块内容，如鲜活、超长运输，往往牵涉到专业的运输管理技术，且员工大都需具备职业上岗资格。可通过带领学生现场参观，辅之以实训单位人员的讲解，增加学生的感性认识，让他们真实体验到实际操作中的严格和规范。

3. 合理利用运输软件

我校购买了相应的运输管理软件，可实现课程的辅助教学。这些应用管理软件的操作特别适合学生认识和领会运输流程的意义。运输管理软件是整个物流信息管理系统的核心组件，它集车辆调度、智能配载、作业跟踪、路线管理、车辆与司机管理、运费结算等诸多管理要素于一体，可以实现运输过程的可见性和流程自动化管理。现代物流公司基本都采用计算机软件管理，熟练使用一款物流运输管理软件应该作为整个实训教学的重要组成部分，为学生进行运输行业打下基础。

4. 顶岗实训

加强与企业联系，和企业签订顶岗实训合同，将学生安排到合适的运输管理岗位上，在企业老师的指导下，尽可能从事两个或两个以上岗位的工作。这是提高学生专业技能的重要手段，也对学生的理论知识进行了检验。

结束语：一个理想的物流运输实训环节，除了有硬件的支持外，也该有软件配套，教师还必须模拟多种形式的运输场景，让学生能切实学习到真正的运输技能，为以后进入工作岗位打下基础。

参考文献

[1] Third Party Logistics Choice. The International Journal of Logistics Management, Vol. 6 No. 2, 1995.

[2] 阎子刚. 物流运输管理实务. 北京：高等教育出版社. 2006.

[3] 毛宁莉. 运输作业实务. 北京：机械工业出版社，2011.

浅谈如何提高中职生写作能力

四川交通运输职业学校 胡琴扬

摘 要：中式英语的习惯性思维造成很多学生无法应用英语句子结构，单词量的匮乏也影响学生写作能力的提高。另外，自信心的缺乏也是影响学生提高自身写作能力的重要因素。本文从如何有效指引学生进行写作能力培养方面进行探讨，如模仿、改写等的练习，将寓教于乐的思想贯通入写作练习中，在一定程度上可提高学生的写作能力。

关键词：寓教于乐；模仿；改写

听、说、读、写应视为学习一门语言阶段性的顺序。从近几年学生的英文水平来看，听读的能力确实较前几年来说有了较大幅度的提高。尤其是高职班的学生，英文发音的掌握都比较好，能够听懂简单的日常对话并具备一定的语法能力，掌握的词汇量也比较丰富。但是作为语言输出的说和写还存在很大的问题，尤其是写作对于学生而言，是学生学习英语的一道巨大屏障。由于中职学生学习英语的目的更注重实用性，而写作是提高学生英语整体水平和语言逻辑思维能力的重要途径，因此，有了良好的写作基础，在今后的工作中，可以帮助学生将英语的书面表达应用到位。但由于学生进校时的英语基础层次性比较强，在进行写作训练时要注意因材施教，做到学生愿意学，从被动的学习态度转为主动的积极思考和探索。以下就如何培养高职班学生的写作能力，将寓教于乐的思想贯穿整个教学过程，把写作课变成学生发挥自身学习能力的展示课进行探讨。让学生带着自信与兴趣进行有效写作训练，提高整体写作能力。改变以往不重视写作并视写作为浪费时间吃力不讨好的教学理念，灌输寓教于乐的教学风格。

1. 应改变以往对英语写作消极的观点和态度。

从学生在第一次进行写作练习的效果反馈中，我发现学生对于写作有不小的抵触情绪。有些学生甚至告诉我，初中三年从未认真写过一篇英语作文，老师也不在意低层次学生的写作能力培养。因此，不仅是学生，作为教师也应该反省为何不重视低层次学生的写作能力培养。并非学生毫无写作能力，而是教师未给学生提供吸引的资源、积极的教学环节设计以及足够的鼓励。德国著名教育学家第斯多惠说过："教学不在于传授本领，而在于激励、唤醒和鼓舞。"不断地鼓励学生才能有利于学生能力的提高，在写作教学中，大部分教师更注重学生语法和词法甚至单词的错误纠正上，但当学生看着一篇被教师画满红线的作文时，他的积极性将会一下跌到谷底。因此，在反思自己教学效果的同时，教师更应对学生常见的错误进行统一的纠正，取代满篇的红笔，对作文中的良句和佳句进行表扬和示范。在每次的写作练习完成后，多给学生一定的时间修正自己的错误，在经过我不断地提示和引导下，大部分的学生都可以独立完成语法和单词的修正。有效地进行写作练习远胜过于让学生漫无目的地写作。

2．灌输并实践寓教于乐的教学理念

针对中职生对英语普遍存在的抵触心理，尤其是本校男生居多的特点，教师不适于营造过于肃穆和过于认真的课堂氛围，取而代之的应是轻松愉快又不失严肃的学习氛围。对于某些教师来说，一贯严谨的态度比任何学习方法都重要。然而，随着中国教育体制的不断优化和教学理念的不断更新，语言教学的目的性已经由最初停留于功能性交流进化为实用性交流。这就要求教师也要做出适当的调整，尤其是中职学校的教师，更应从学生的角度出发，将寓教于乐的理念灌输于自己的教学过程中。诚然，喜爱玩耍是孩子的天性，虽然中职生已处于青春期，但是其中大多数学生的心理年龄都还未达到实际年龄的标准，因此，需要营造一种轻松的学习氛围，这更需要教师有比较强的课堂组织和掌控能力。在设计出形式各样的写作训练提高学生积极性的同时，也应兼顾对课堂组织的能力培养。

3．有明确的目标

要求教师在实践中进行轻松愉快而又能达到教学目标的课堂设计。对中职生的教学目标更注重实用性，这一点是每位教师都应重视的，将职业教育和英语教育优化配置，才能达到双重教学效果。如果学生意识到这一节课的内容与他的专业密切相关，那么他的学习积极性会自然流露出来，这个时候，教师就要抓住学生的好奇心将教学内容有效整合，学生自然学得开心，教师也教得轻松。

（1）应重视教学资源的有效开发和利用。

本学期我给在"汽车维修与运用"专业高职班任教，学生或多或少对汽车都有些兴趣。在抓住学生的兴趣方面，利用汽车相关的写作资源是非常有效的。在 unit 2 Personal information 的写作练习中，我将个人介绍的主题改为 My favorite car，然后寻找某款常见车型的资料，并进行整理，先形成一份关于该车型的简单英文介绍，包括汽车厂商、型号、上市时间、大小、颜色、主要的特点及价位；同时准备几份关于其他常见车型的同类信息。将所有的资源做成 PPT，让学生能对该车型有一个直观的认识。在写作课上，先演示我制作的汽车介绍 PPT，用简单的固定句型对本款车型进行比较全面的介绍。比如：This is my favorite car and it is manufactured by Toyota, one of the largest car manufacturers in the world. 全文控制在 100 个单词以内，并尽量减少生单词的出现。这样开始的写作课，极大地激发了学生的学习兴趣，所有的学生都开始议论起自己喜欢的车型。

（2）课堂教学方法的应用。

模仿练习的目的只是让学生能记住固定的句型和表达方式。更深层的教学理念应该是开发学生自己的思维，扩展英语的表达方式，更多地让学生独立完成自己的写作。由于中职学生普遍英语写作能力比较弱，因此，我在一年级班的大部分写作训练中都采用了改写、缩写和扩写的教学方法，降低了学生对学习英语的恐惧心理；另外，也提高学生自我学习的能力。众所周知，单词是构成句子的最基础单位，然而中职学生的单词量明显不足，那么在教学中，应鼓励学生带着字典来上课，在写作中遇见无法拼写的单词就需要借助词典。但是也要注意学生普遍无法找出正确合适的单词，因此，在写作中尽量避免让学生用到过于生僻的单词。在改写、缩写和扩写的时候，准备好一些可能会用到比较难的单词，打消学生的畏惧

心理。比如在 Unit 2 Personal information 中，讲解句子 Toyota is one of the largest car manufacturers in the world 时，鼓励学生用不同的方式表达同样的意思，如以上句子可以改写为：Toyota makes more cars than many other car makers in the world，或者用简单的单词代替该句中比较难的单词，比如用 maker 代替 manufacturer。在进行缩写的时候，要求学生尽量使用 S + V 或 S + V + O 的形式进行缩写，意在让学生掌握英语最基本的句子结构。而当学生在进行扩写的时候，务必为学生提供足够的资源进行句子的扩写。我选择几名英语学习比较好的学生——在黑板上进行扩写，然后让大家一起讨论这些的句子的准确性并一起进行修改。鼓励写得好的句子，但不能责备写得稍欠佳的句子。给学生一定的空间接受自己的错误。

（3）教学环节的设置。

上好一堂收效甚好的写作课是非常不易的事情，在准备好充分的资料后，还应对教学环节作出严谨的设计。从学校有多媒体教学开始，我便发现学生更依赖于视觉对他们的冲击而非过多的语法讲解。所以，在教学环节中，多媒体的应用可以达到一定的效果。例如，展示一则 Toyota 旗下 Camry 的广告，让学生利用自己的语言，对 Camry 车型进行简单的描述。即使学生的语言有些贫乏，但是能看出学生有非常强的表现力。在语言教学中，无论是听读还是说写，我们更应重视的是学生愿意表达的心理以及对内容全局性的掌控。首先，展示出范文并进行简单的讲解后，让学生对范文进行修补，补充范文中遗漏的单词和短语，这一步让学生在大脑中形成对描述一件物品的逻辑顺序的印象。其次，引导学生整理出介绍一款车型的基本构成要素，如制造商、车型、定价等。最后，给学生提供有效的写作素材，采集不同车型的相关资料，让学生经过改写、扩写和缩写的练习，最终完成自己的作文。

诚然，英语写作教学是听说读写中最难的，在把握难易程度上是件很困难的事情，但是，只要抓住学生的心理，为他们提供足够的写作素材，并有效引导学生进行写作，最终，中职生也能独立完成写作训练。本文主要从开发学生的学习兴趣与有效的课堂组织方面对自学式教育进行了一些探讨，在实践中也取得了一定的成功。有了第一次写作训练的成功，在以后的写作训练课中学生的学习积极性就大大得到提高。教学理念的更新和教学方法的提高是需要时间的积累和磨练并反复总结，而转变学生被动学习到主动学习的过程是非常难以完成的步骤，需要教师在不断地鼓励和引导中充分发挥学生的自学能力，慢慢提高他们的语言综合表达能力。

参考文献

[1] 司显柱. 英语写作教程. 上海：上海院东华大学出版社，2006.

[2] William strunk. *The Elements of Style*（Page. 15 – 45）.

论中职英语教学的有效课堂教学管理

四川交通运输职业学校 李 锐

摘 要：中职学生英语基础薄弱，对英语学习缺乏兴趣，本文针对中职学生英语学习的现状，从了解学生、创建有意义的教学活动、构成有效性形成评价三方面入手，探讨了如何进行英语教学的有效课堂管理。

关键词：中职；英语教学；课堂管理

随着中职教育招生规模的扩大，因各地区英语教学水平的差异，生源英语水平呈现多层次给中职院校实用英语教学带来了极大困扰，也对职业教育的英语教学提出了更高的要求。绝大多数中职学生英语基础薄弱，对英语学习存在畏难情绪，如何有效利用课堂教学，改革传统的陈旧、单一的英语教学模式，是中职英语教师面临的一大难题。本文从有效课堂管理概念内涵出发，分析中职英语现状，探索如何在中职英语教学课堂开展有效的课堂管理。

一、有效课堂管理内涵

课堂被界定为组织教学的情境和场所。课堂教学是一种有组织的教学形式，是一种特殊的交往活动。课堂教学管理是对这一特殊交往活动的组织、协调、保障和促进的一系列活动。一般意义上讲，课堂教学管理是指教师为了保证课堂教学秩序和效益，协调课堂中人与事、时间和空间等各种因素及其关系的过程，具体指在课堂中针对师生共同面对的一堂教学课，对课堂环境的建构、课堂气氛的营造、课堂具体问题的解决、课堂教学目标的顺利完成与检验等各方面的协调与组织。其主要特点是教师和学生作为课堂教学的管理主体直接参与，主要通过师生互动合作实现，具有情境性的管理。有效课堂教学管理，就是要求教师在课堂管理中应以学生为中心，时时考虑学生的需要，使学生积极、主动地参与学习活动，形成一种互相尊重、有秩序和相互信任的气氛，建立良好的师生关系，促进学生有意义的学习。

二、中职英语现状

1. 学生方面

（1）英语基础薄弱。就读于中职学校的学生主要是来自于偏远地方的初中毕业生。这些学生的英语基础普遍较差，表现为语法知识有限，词汇量很小，不敢开口说英语，不愿意参与课堂教学活动。可以说，中职院校多数学生语言基本功较差，素质参差不齐。

（2）对英语学习缺乏兴趣。通常班级里渴望学习的学生少，对英语学习感兴趣的学生少，对英语学习反感或干脆放弃不学的通常占多半，即使是有英语学习愿望的学生也只限于在课堂听讲，在课余时间基本不会背单词，做进一步的巩固练习。

2. 教师方面

（1）了解学生不够深入。教师的主要任务是教学，教师的主要精力理应投入到课前备课、熟练掌握教学内容、研究教学方法等方面。但绝大多数教师在备学生信息方面严重不足，如很多教师对所教学生的名字和人数都不清楚，对学生英语水平和英语学习需求等方面的了解则更少。

（2）课堂管理意识淡漠。有不少教师工作责任心很强，平时注重课堂教学，但是忽视了对课堂教学的管理。部分教师认为，自己只是任课教师，课堂纪律和秩序应该是班主任、辅导员的工作职责；有的教师则认为，中职学生基本已是成年人，学习应该做到自觉自律，不能像中小学教师那样，天天抓课堂纪律；还有的教师认为，抓课堂纪律和管理会影响教学进度，因此，不管课堂上旷课者有多少，也不管学生在课堂上干什么、教学秩序有多乱，均放任不管。课堂教学缺乏规范：多数教师在课堂上不遵守课堂教学规范和管理制度，如没有考勤管理、分数管理、学习档案管理、课堂讨论及提问管理等，即便有课堂考勤制度，也没有严格执行。教学改革实效欠佳：随着英语教学改革的不断深入，教师改变了传统的一言堂教学模式，采用任务型和以学生为中心的教学模式，但在教学实施过程中，很多教师对实施任务教学存在一些偏差和误区。主要表现在：任务设计由教师一手操办，学生不参与任务的选择和设计；在课堂上基本上是教师与一位或一群学生的互动，学生运用目标语自由互动的时间少；在实施任务时教师忽略了"意义协商原则，抹杀了学生进行创造性任务交际的热情；教师虽然认识到形成性评价的优越性，但在实践中，考试和测验仍是考查学生最重要的标准。

三、有效课堂教学管理模式的构建

1. 了解学生

教师实施有效课堂管理的前提是对学生的了解。教师要切实地了解学生，就要在授课前了解学生原有的认知基础和能力水平，在充分了解学生的基础上进行课堂设计，在教学过程中针对学生的个性差异进行训练，充分掌握、了解学生的基本途径和方法。教师可从以下两方面对学生进行了解：

（1）自我介绍。

第一次上课时，通过自我介绍，让大家相互熟悉，建立融洽的气氛、友好的关系，为语言学习奠定交际化、合作性的基础。自我介绍法是客观了解学生的重要手段之一。学生做自我评价，介绍自己的志向爱好、优缺点、感想，使教师能够了解学生多方面的情况，尤其是要了解学生的英语基础、口语及书面表达能力和深层次的思想境界等内在素质。

（2）座位安排。

国外许多大学在授课中非常重视教室内座椅的摆放形式，如摆成半圆形、U形等。对于大班型授课，不适合采取多种座椅摆放形式。但是，为了保证有效地进行教学，提高教学效率，学生座位可适当固定（根据学生的要求选择同桌、邻桌和前后位置），并根据名单安排活动小组和选择小组长。固定座位的安排不仅有助于教师快速熟悉学生的名字，而且还有助于教师掌握学生的出勤情况，最重要的是有利于课堂活动的开展。

2．创建有意义的课堂教学活动

目前，学生的英语听说能力得到广泛关注和重视。任务型教学模式体现了英语教学的实用性、知识性和趣味性相结合的原则，充分调动了教师和学生两方面的积极性，尤其是确立了学生在教学过程中的主体地位。要组织使学生乐于参与的口语活动，让学生亲身体验到做事的经历和乐趣，提高他们运用英语的能力。

3．构建有效的形成性评价

形成性评价是对学生的学习进展情况进行监控与评价的重要途径，能为课堂教学和管理提供反馈信息，并将评价中收集到的信息用于调整教学和管理，实现提高课堂教学效率的目的。这种评价模式鼓励学生参与，帮助教师在课堂教学管理上做到有的放矢，也帮助学生监控、记录自己的学习进展，同时强化学生的自我管理意识。形成性评价的具体应用如下：

（1）建立教师教学记分册。记分册主要包括出勤、课堂讨论（口语表达方面）、书面作业、随堂测试、单元阶段性测试、平时成绩、期末成绩和总成绩。前5项每项为4分，共计20分（作为平时成绩）。

（2）建立学生学习档案。

学习档案分别从课前表现、课堂表现和课后表现三方面给予记录。新学期开始时，师生共建学生个人表现评估表。课前表现主要包括是否熟练地记忆与运用单词、是否主动有效地预习课文、是否充分认真地准备话题演讲；课堂表现主要包括听课态度是否认真、是否积极参与课堂教学活动和是否主动记笔记；课后表现主要包括是否认真完成教师布置的作业、是否有计划地安排课后英语各方面（听、说、读、写、译）的拓展学习以及是否主动参与课外活动等。

（3）座谈和访谈。

每学期期末对受试学生代表进行座谈和访谈，就听、说、读、写、译等教学方面的问题进行讨论，以获得反馈信息，并对学生个人成就和需求作出正确的积极的评价。

（4）学习效果评价。

包括学生自我评价、学习小组对个人的学习评价、教师对学生的激励性评价以及是否完成对所学知识的意义建构的评价。学生自评、他评的数据主要源自于平时上课的表现和课堂的参与情况。

参考文献

［1］　李雪梅．外语教学中的课堂教学管理研究．辽宁教育行政学院学报，2008（1）：62．

［2］　罗之尚．浅谈职业院校英语教学的现状及对策．河池学院学报，2007（2）：5．

［3］　张宇晨．曾健生课堂管理策略研究．江西师范大学学报：哲学社会科学版，2004（3）：109—110．

浅析"物流信息技术"实训教学

四川交通运输职业学校 黄 海

摘 要： 中职学校的实训教学是学生掌握专业技能的重要途径。本文以我校"物流信息技术"这门课程的实训教学为例，从实训教学的重要性、实训教学的开展过程等方面对中职学校实训教学加以分析，探索高效率、高质量开展实训教学的途径。

关键词： 中职学校；实训教学；物流信息技术应用

中职学校所培养的学生是市场经济需要的生产、建设、管理和服务的第一线的实用型人才，因此突出专业技能是职业技术教育的重中之重。中职学生掌握专业技能最重要的途径是实训教学，实训教学通过练习和实践来教授职业活动所需要的知识和技能，使学生能够在行为、效率等方面达到预期的标准。作为教师，在实训教学中要灵活采用多种教学方法，有效地解决学生做什么、怎么做、为什么做的问题，使学生在实训教学中真正有所收获。

一、教师要充分认识实训教学的重要性

（1）专业技能是职业教育的灵魂，技能水平的高低直接影响着学生对新技术、新市场环境的适应性，影响着学生的职业前途。

（2）实训教学是培养学生综合运用所学基本知识和基本技能的实践性教学活动，是培养学生独立分析问题和解决问题的能力以及创造能力的途径。

（3）实训教学除了培养学生的职业技能之外，还能够培养学生的职业道德、职业理想，养成良好的职业习惯，从而更好地服务于企业、服务于社会。

二、"物流信息技术"实训教学过程实施

物流信息技术是现代信息技术在物流各个作业环节中的综合应用，是物流现代化、信息化、集成化的重要标志。"物流信息技术"课程在中职物流管理专业中占据重要地位，通常设为核心专业课程，该课程的教学质量及教学效果直接影响专业毕业生的培养质量。

"物流信息技术"课程的特点是实践性很强，因此，本课程的教学以实践实训教学为主导，定位于"理论够用，学会应用，动手能用"的新模式，即以实训为手段，以技能为核心，以现代物流主流信息技术如自动识别技术（条码技术、RFID、RF 等）、GPS 技术、GIS 技术、EDI 技术以及相关物流信息系统（库存管理信息系统、运输管理信息系统、计算机辅助拣货系统、无线射频识别系统）为课程重点，加强理论与实践的结合，加大实训操作，让学生在熟悉现代物流信息技术基本原理与基本流程的同时，熟练地掌握物流信息技术操作与运用的基本方法与基本技能，成为能够快速胜任相关岗位上操作、管理、维护的应用型

人才。

基于以上认识，在《物流信息技术》第二章条码技术学习时，以条码制作的实训教学为例进行一些探讨：

（1）实训课前充分准备，做到有的放矢。

教师和学生都要对即将进行的教学课题开展准备工作：

一是要给学生布置预习任务。要取得较好的实训效果，学生必须在进实训室之前预习教材和实训指导书，对即将进行的实训内容的理论知识、方法、步骤、内容做到心中有数，同时对教师提出的针对性问题进行思考，让学生带着问题进行实训。例如，在实训预习中布置有这样的问题：什么是条码？条码的种类有哪些？制作条码需要需要那些设施设备？在制作条码时，应怎么进行编码等等。随着实训的开展，学生在学会如何做的同时也搞清了为什么这样做，同时自信心和求知欲也得到了进一步建立。

二是实训教案的撰写。作为教师，实训前应写出实训教案，内容包括实训目的、要求、时间、地点、流程、工具及设备、人员的分工及配合，以及考虑学生在实训中可能出现的问题和出现这些问题时应采取的对策等。如条码制作这节实训课的实训目的是让学生学会正确制作条码；实训要求是正确使用条码编辑软件和条码打印机；实训设备包括电脑、条码编辑软件 Label Shop、条码打印机、条码打印纸。

三是实训材料的准备。每一次实训课前，需列出实训材料清单，包括教师示范用的和学生使用的设施设备及其他相关物品，按清单准备好各种材料、设备，做到有条不紊。在条码制作实训课时，按照实训教案中所提到的材料、设备进行准备，准备好电脑、条码编辑软件 Label Shop、条码打印机、条码打印纸等。

（2）实施时集中精讲，明确实训要点。

实训开始时，首先根据专业的特点，简要介绍实训操作程序以及注意事项，并突出强调安全事项；其次让学生明确本节实训课程要做什么、怎么做、为什么做。例如，在条码制作实训教学中，教师先要讲解清楚实训所要完成的任务，然后把条码编辑软件的基本操作、条码打印机的基本操作、条码编码原则及方法、条码编辑制作打印的整个流程及关键步骤进行讲解示范，再总结出整个过程中的重难点及注意事项，最后安排学生进行实训操作。

（3）指导实训，在辅导中提高实训效果。

教师在实训开展时对学生进行具体的指导，是学生完成任务的重要环节，可以采用多种方法来进行具体指导。

①集中指导。教师对全班或全组的学生，将实训过程中出现的共性问题进行指导，解决实训中发现的问题，及时指出和纠正学生操作过程中出现的错误。比如：一维条形码的最后一位是校验码，校验码是最容易导致编码错误的地方，是检验条码编码是否正确的字符。这个数据字符需要根据前面字符数据按照一定的规则推算而来，即便在学生实训前已经对全体学生进行过讲解推算示范，但在学生实训操作过程中都还需要在合适的时间对校验符码的作用、校验码的推算方法进行理论讲解和推算演示。

②个别指导。教师在巡视的过程当中要注意发现并及时指出学生操作过程中的问题和偏差，根据实际状况提出具体解决问题的办法。比如：EAN-13 条形码符号左侧空白区为 11 倍的模块宽 3.63mm，右侧空白区为 7 倍模块宽 2.31mm，因此在制作 EAN-13 条码时要特别注

意左右两侧的模块宽度。不得随意截短条码符号的高度；对于一些产品包装小，印刷面积不够的特殊情况，国家允许适当截短条码符号的高度，但要求剩余高度不低于原高度的 2/3。对于条形码制作过程中的这些细节要求，一些学生可能会出现各不相同的问题，而这些问题大部分学生都已经掌握，在这种情况下要求教师在观察学生实训时针对学生出现的问题进行个别的、针对性指导，及时地纠正学生出现的错误。

（4）展示成果，分享成功。

在学生完成实训操作后，可以专门组织学生以小组的形式，进行成果展示，比比各自成果的质量，或让学生自由发言，把自己或小组在实训过程中碰到的难题、解决问题的办法表达出来，彼此分享成功经验、总结失败教训。这既进一步激发了学生兴趣，又让学生体验到解决问题的快乐和团队合作的重要，同时还锻炼了其表达能力，实现一举数得。例如，在条码制作实训中可以让各小组展示各自所制作的条码，找出制作种类做多、制作正确性最高的小组，总结他们成功的经验。

（5）归纳总结，不断提高。

每次实训课结束前，教师可以用 5~10 钟的时间总结本次实训课的情况，总结本次实训课取得的效果，同学们对本次实训内容掌握的情况，以及在实训中出现的问题、存在的不足、必须纠正的错误和以后实训要注意的问题等。在条码制作实训教学结束前，教师点评本次实训的整体情况：同学基本上掌握了条码制作方法和流程，能够正确制作和打印条码；实训中存在的问题：大部分同学没有注意到不同类型的条码的数据源的不同，例如 EAN-13 条码由 13 位数字组成，而 EAN-8 条码由 8 位数字组成，很多同学在制作 EAN-8 条码时数据源还是使用的 13 位数字。

（6）整理场地，培养良好习惯。

每次实训课完后，教师要及时组织学生清理实训场地，让学生养成良好的工作习惯。如实训电脑关机、关闭条码打印机电源、把操作台面整理干净、保存制作正确的条码、处理制作不正确的条码与废纸、打扫实训室场地等。要把实训室的各个方面恢复到实训前的状态，以备下一次实训使用。

（7）完成实训报告，巩固实训效果。

实训课后，老师应要求学生按实训项目、实训目的、实训步骤、实训结果、实训问题讨论等要求，写出实训报告，以巩固实训效果。

三、结语

中职学校加强实训教学刻不容缓，在进行实训教学中应注意以下几个问题：

（1）进行实训教学所采用的教学方法，应从专业实训课的特点出发，结合中职学生的生源特点进行科学、合理、有效的选择，以提高实训教学效率。

（2）校内加大学校实训场地建设，完善实训设备，如"物流信息技术"这门课程中条码制作这节实训课会涉及电脑、条码编辑软件、条码打印机、条码阅读器等设备，学校实训室要有这些设备，才能在实训时让每一位学生有充分的实训机会。校外加强校企合作，让学生在企业里进行实际操作技能的同时，能按照企业的行为规范要求，培养职业道德习惯，实现学校与企业的对接。

（3）加快学校"双师"型教师培养步伐和技能提升，教师毕竟长时间待在学校，没有深入企业一线，可能造成理论和企业实际的脱节。因此教师可通过参加相关技能培训，提高教学技能水平；利用寒暑假进入企业顶岗实习，把行业的新知识、新技术、新工艺、新方法带回学校。比如"物流信息技术"中的计算机辅助拣货系统、无线射频信息系统，可能由于相关技术的进步，物流行业中这两个系统都进行了升级或融入了新的技术，教师还是按照教材内容给学生讲授和实训，就会造成学生所学和当前企业实际的脱节。

（4）积极引进社会上具有实践经验的专业技术人员和能工巧匠进入职业学校，让他们作为实训指导老师直接指导学生实训，提高实训教学质量。

参考文献

［1］ 侯　佳. 浅析中等职业教育实训的重要性. 科教导刊，2012，05（14）：5.

［2］ 冯燕茹. 浅谈中职实训教学方法. 职业，2007（21）：3.

［3］ 刘　娜. 基于工作过程的"物流信息技术"课程的实践教学改革. 长沙大学学报，2011（5）.

论"项目式教学"在"仓储实务"教学中的实践运用

四川交通运输职业学校　杜艳红

摘　要：针对中职"仓储实务"课程实践教学存在的诸多问题，借助物流实训设备，提出了项目式教学法在课程中的应用和实施，并对试用效果进行了评价。优化后的教学模式体现了良好的适用性，为我校的物流实训课程优化迈出了第一步。

关键词：仓储作业；项目教学；实施；应用；评价

为进一步提高教学的实效性，我们专业在原有教学改革的基础上采用了项目教学法，对仓储入库、流通加工等章节进行了比较深入的应用探索。通过项目式教学，充分发掘了学生的创造潜能，提高了学生的动手能力、实践能力和分析解决问题的能力，取得了较满意的教学效果。

一、实施背景

和所有初办物流专业的中职学校一样，自 2005 年开办物流专业以来，我校物流专业的传统教学方式仅是在教室里，老师讲、学生听的"填鸭式教学"。由于物流专业本是实践性较强的专业，特别是"仓储实务"这门课程，如果只听理论，让学生去凭空想象一个仓储动作，就缺乏真实性，学生听久了会觉得枯燥，老师讲起来也会比较吃力。

2009 年，学校启动了物流实训室的修建，引进了一批先进的物流设施设备，其中包括以下几个模块：POS 超市收银系统、自动化立体仓库系统、半自动分拣系统、流通加工系统、电子标签货架系统。我校物流专业教师经过研究学习，结合学校物流实验室的条件，开发了一整套仓储项目式教学系统，此系统模式是通过基础理论——实践——评价的方式进行系统教学。具体做法是：将"仓储实务"分为 7 个单元项目，先对学生进行项目式的基础理论教学，学生在掌握基础理论以后到实验室进行具体的操作（如拣货、自动立体仓库等）；再根据学生在操作中存在的问题，补充相应的理论知识；最后进行该项目的考核评价。通过项目式教学，理论与实践实现了真正的融合，学生更容易理解理论知识，也不会觉得枯燥，更能掌握到一线物流企业的具体业务操作。比如：模拟超市收银流程，使学生熟练掌握收银工作流程，为将来进入该行业打好一定的基础。

二、实施步骤

（1）确定项目：每次实训前，让学生明确所要实训的具体任务，做好提前的理论准备工作。

（2）项目准备：教师准备实训的具体设备和场所，学生准备相应的纸、笔等工具。

（3）项目实施：教师介绍具体实施步骤和实践安排，学生分任务进行操作。

（4）学生分组、任务分配、任务操作、任务小结：学生进行自由分组和任务操作，并在操作的过程中进行评价和小结。

（5）相互评价：学生在进行实训过程中，同步进行教师打分、分组评分和总分评比。

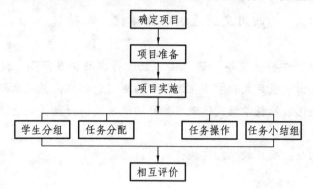

三、具体应用

项目式教学的具体应用是将"仓储实务"课程划分为 7 个单元模块，即物流认知模块、连锁经营超市系统模块、叉车装卸搬运模块、包装流通加工模块、立体仓库模块、电子标签拣选模块、软件操作模块。

以流通加工项目举例：

1. 确定项目

掌握各种常用打包机械的操作使用方法；了解打包机械在物流中的作用。

2. 项目准备

先进行流通加工基础理论知识学习，讲解流通加工的类型，使用流通加工机械的安全注意事项。教师进行教学演示，把操作过程该掌握的内容进行详细说明，然后学生进行实际操作。

3. 课堂项目实施

（1）可将整个班级分为两个组：一组进行现场作业（该组又分为 4 个小组，即 2 组操作、2 组评价）；另一组进行其他项目的同步进行，或者上一个项目的巩固操作。学生分组后，进行分头作业，由组长带领学习总结各种包装设备的功能及其操作要领。

（2）组长为该组学生分配学习任务（假设每个小组为 6 名学生）：其中，2 人准备项目操作器具（纸箱、封箱器、透明胶带、打包钳、捆扎器、打包带、半自动打包机、单排、双排价格标签机），2 人进行封箱操作，2 人进行打包操作，2 人进行贴标操作。具体步骤：准备一个纸箱，用封箱器将纸箱密封（使用透明胶密封），用打包钳、捆扎器将纸箱捆扎（使用打包带），用半自动打包机捆扎纸箱，用单排、双排价格标签机为纸箱内货物标价。

（3）教师计时开始，两个小组计时同步进行评比。评分小组同步记录和评价对应小组的操作过程，包括操作过程中不足之处和亮点。

（4）操作结束，评分小组与教师得出同步评分与评价结果，操作小组学生进行回顾总结。

注意事项：针对每个学校的实验设备和指导教师有限，在具体操作过程中，我们只能在现场进行两个小组的现场操作与轮换。其他小组可采用这样的分配模式：由另一位教师带领进行其他项目的同步操作或者进行上一个项目的巩固操作，这样更能体现同步教学的优越性。

（5）评价反馈：

操作内容	分　值	实际得分
封箱作业	20	
打包钳、捆扎器的捆扎作业	20	
半自动打包机捆扎作业	15	
单排、双排价格标签机的标价作业	15	
设备归位，检查	10	
操作时间在 10 分钟以内	10	
操作熟练	10	
合　计	100	

附扣分规则：

1. 封箱作业

（1）封箱时不熟练（扣 5 分）。

（2）封口凹凸不平（扣 10 分）。

2. 打包钳、捆扎器的捆扎作业

（1）打包带过长（扣 5 分）。

（2）封口未夹紧（扣 5 分）。

（3）未将打包带收紧，造成打包工作失败（扣 10 分）。

3. 半自动打包机捆扎作业

操作过程中操作员不熟练（扣 5 分）。

4. 单排、双排价格标签机的标价作业

价格、日期调整错误（扣 10 分）。

5. 设备归位，检查

封口、捆扎、标价作业完成后，未将设备放回原位（扣 10 分）。

6. 操作时间超过 10 分钟（每超出 1 分钟扣 5 分）

7. 操作熟练

操作不熟练（扣 5 分）。

四、仓储实务项目式教学法的优越性

经过对比与实践，我们发现仓储实务项目式教学与传统教学相比有较大的优越性，具体体现见以下表格：

仓储项目教学法与传统教学的区别

比较项目	传统教学	仓储项目教学法
教学目标	传授知识和技能	运用技能和知识，会操作
教学形式	教为主，学为被动	学生在老师指导下主动学习
交流方式	单向	双向
参与程度	要我学	我要学
激励手段	外在动力，不能持久	内在动力，能持久
特色	老师挖掘学生不足从而补充授课内容	老师利用学生的优点开展活动，实际动手进行仓储类操作

五、总　结

由于物流大环境处于飞速发展阶段，特别是成都市物流园区和物流中心也逐渐成型，我校物流专业也迈开了发展的步伐，紧跟上行业的节奏，投资修建的物流实训设施设备，最大限度地模拟了仓储企业的具体操作，让学生真正学习到堆码技能、入库在库出库技能、物流设备操作技能、流通加工技能，使学生能够实现学有所用。学生到企业后，通过短时间的岗前培训，便能上岗，缩短了企业再培训的时间，增强学生的竞争能力，从而达到校企双赢。仓储项目式教学法的优越性具体体现在：

（1）教师在课堂上补充该项目所需的理论基础，确定项目任务，给学生一定的时间去讨论、分组，确定项目组长，分配项目任务。提高了他们的学习能力和动手能力，学生学习更加积极、主动。

（2）学生在确定各自的项目任务后，岗位工作的现场感强烈，最大限度地激发了学生的学习热情。

（3）学生通过"学中做，做中学"，更能把握仓储课程的要求和知识技能，体验到学习的乐趣和技能的难度，有利于促使其在以后激烈的岗位竞争中脱颖而出。

另外，我们也认识到，要更好地实现"仓储实务"项目教学，不仅应在实训设备上实现与现代物流企业同步，还要让教师教学与物流企业同步。这样就需要教师能精通理论知识的同时，还要掌握一线的物流操作技能，教师应利用业余时间多获取相关信息，进企业学习操作技能。同时，项目式教学如果能在学校实训的基础上，增加企业顶岗实训的内容，将会收到更好的效果。这就需要学校在发展专业的同时，增加与企业的联系，建立多种类型的校外实训基地。

参考文献

[1] 谭建华. 整合为手段 提升为目标——探索传统储运企业向现代物流企业的转变. 商品储运与养护，2006（01）.

[2] 李宪春. 传统储运如何向现代物流转化. 北京物资流通，2006（04）.

[3] 华细玲，吴倩. 传统储运业向现代物流业转型的几点思考. 价格月刊，2006（03）.

[4] 尹红璋，兰兴旺，魏正伟. 论传统储运业向现代物流的转化. 物流技术，2004（04）.

中等职业学校专业基础课教学探讨

四川交通运输职业学校 刘夏伦 周永春 谢河斌

摘 要：本文根据中职学校课程体系中公共文化课、专业基础课、专业课在学生职业能力培养中的不同定位，探讨专业基础课为什么要"做中学"以及"做、学、教"一体化教学的一些实际做法，以便适应中职学生的特点，增强专业基础课教学的针对性和有效性。

关键词：中职学生；专业基础课；间接经验；直接经验；做中学；一体化；整合；精选；学生互助；师生互动；自评；互评；评价考核

中等职业教育的对象和以往相比，已经发生了很大的变化。许多学生在走进中职校门之前，几乎在每一个成长环境中都处于劣势，被别人、直到最后被自己认定为"不行"的一类群体，很多、或多或少都遭受过讽刺、挖苦、打击，基本上失去了再读书和再学习的信心和勇气。在中职学校，已经很难找到适合基础教育方式的学生了，要办好中职教育，要调整心态，适应学生的这种变化，研究如何教好管好他们，如何适应中职学生的特点，办适合中职学生的教育。

中职学校的课程一般由公共文化课、专业基础课、专业课三部分组成。在这三部分课程中，除了专业课外，很多还是采用传统的以掌握书本（媒介）间接经验为主"纯课堂理论教学"或"理论和实践相脱节"的教学方式。这不但给学生的学习造成很大困难，还加深了学生的怕学、厌学情绪，使专业基础课的教学效果受到了严重影响，使学生还没有开始学习专业课时已经失去了学好专业课的信心和勇气。

不可否认，书本上的间接知识经验，是人类在漫长的社会实践活动中认识和改造世界所创造的精神财富，是人类已经形成并积累下来的、以语言符号为物质形式的社会历史经验。我们强调掌握书本上的间接知识经验，但不能否认在学习过程中必要的直接经验的学习和掌握。其实，掌握知识总是要以一定的直接经验为基础的。对于已经不爱学习（厌学）、不会学习的一类群体，我们仍坚持在课堂上进行间接知识经验的传授，势必让学生又一次逐渐走向厌学的境地。我们何不尝试从直接经验的学习入手来做我们的专业基础课教学呢？

美国著名哲学家、教育家，实用主义哲学创始人之一，功能心理学先驱，美国进步主义教育运动代表——约翰·杜威在100多年前就区别于传统教育"课堂中心"、"教材中心"、"教师中心"的"旧三中心论"，提出了"儿童中心（学生中心）"、"活动中心"、"经验中心"的"新三中心论"。他认为教育即"生活"、"生长"、"经验改造"，"学校即社会"。教育能传递人类积累的经验，丰富人类经验的内容，增强经验，指导生活和适应社会的能力，从而把社会生活维系和发展起来。从广义地讲，个人在社会生活中与人接触、相互影响、逐步扩大和改进经验，养成道德品质和习得知识技能，就是教育。因此，从生活中学习、从经验中学习，从做事里面求学问，从学习直接经验入手进行专业基础课教学，就能把知识经验与工作生活联系起来，让中职学生能从那些真正有教育意义和有兴趣的活动中学到知识和技能，有利于学生学习兴趣的培养，有助于中职学生的成长和发展。

"教学"一词，最简单的理解便是"教"与"学"，也可理解为"以教导学"、"以教促学"，归根结底还是为了"学"。教育家陶行知明确指出"教学做合一是生活法，是实现生活教育之方法"，在"做中学"中，"做"是中心，在"做上教，在做上学"，在"做上教"的是先生，在"做上学"的是学生。从先生对学生的关系上说，做便是教。从学生对先生的关系上说，做便是学。先生拿做事教，乃是真教；学生拿做事学，方是实学。"做中学"，能突出对学生创新思维和实践能力的培养，在知识的形成、联系、应用过程中养成科学的态度，获得科学的方法，在"做科学"的探究实践中逐步形成终身学习的意识和能力。陶行知先生曾以诙谐的语言道出了"做"的真谛："人生两个宝，双手与大脑，用脑不用手，快要被打倒，用手不用脑，饭也吃不饱，手脑都会用，方是开天辟地的大好佬。"学生在动脑动手的主动探究中获取了探索精神和创新能力的发展，获得了解决问题的方法。有了实践意识，才能为创新、创造奠定坚实的基础。

"做中学"，就是从学习直接经验入手，采用易于学生理解的方式进行专业基础课教学，通过动手操作、提出问题、分析问题、解决问题、探索新知识的模式，即学生以实践为主、理论为辅，在实践中引导学习间接经验的教学模式，能较好地顺应中职学生的形象思维优于逻辑思维方式，适应中职学生动手能力大于动脑能力的特点。在实践过程中，学生始终处于不断发现问题、解决问题的过程中，一个任务完成下来学生不但学到了自己的知识，还使自己的自主性得到了充分发挥。这种以问题为中心，以自主探索为主轴的教学过程，突出了学生操作技能与实际动手能力的培养。面对在实践中提出的、理论教学显得枯燥的理论知识，学生才有学好它们的乐趣和动力，一些人眼中的"废品"才能变成头脑灵活的人才。

"做中学"，从直接经验入手进行专业基础课的教学，并不是要放弃专业理论知识的学习和掌握，而是要从直接经验入手来掌握专业理论知识，这也是专业基础课与专业课进行理实一体化教学的最大区别。因此，我们要从理实一体化教学之上探索出一条适合专业基础课"做、学、教"一体化教学模式，以适应中职学生的现实需要。

1. "做中学"要整合原有的教学内容，实现教学内容模块化，重点内容任务化，用任务来驱动教学

课程体系包括一系列的教学内容、方法和手段等，学校应结合学生的现状，调整和整合专业基础课教学内容，本着"实用性"原则，降低原有课程的理论深度，减弱课程的学科体系性，以毕业够用、现在可用、将来能用为出发点，构建起涵盖新技术和新工艺的、具有前瞻性的、符合时代要求的、能够学以致用的专业基础课程。

在进行教学内容设计时，应根据学生的实际情况和专业课的需求特点，明确教学的主要内容和重点、难点，并以教学重点为基础进行情景设计、项目设计、学习任务设计、典型案例设计等，让学生在一个项目和一个或多个学习任务中，学到相应的知识，获取经验和技能。如在"电工电子基础"专业基础课的项目模块设计时，以直流电路、交流电路、模拟电路和数字电路为项目模块，在重视电能的产生、传输、控制和使用的同时兼顾现代电子技术的发展和应用，适应了工程机械运用与维修专业"机电液"一体化的发展趋势。

　　在学习任务设计时，坚持将生产生活的典型事例引入教学，做到每一个学习任务都能完全贴近与生产、生活实际。如"电工电子基础"所涉及的"三相异步电动机单向启动控制电路的连接与测试"，就是从电力拖动控制中精选出的一个典型实例。在教学中，不但要求学生会接、会做、会检查、会测试，还要在学生连接与测试后要能在 380V 电压下正常工作。为此，除对电能的使用提出严格要求外，还要求学生认真做好电路连接的每一个环节，启发学生利用各种仪表检查电路、电器性能，在学生判断无误后，再由实训指导老师检查，最后再接上电源通电运行。这样不但强化了学习效果，还增强了学生做好电工相关工作的信心和勇气，为学生零距离上岗创造了条件。

　　在设计学习任务时，还可以从易于解决的问题入手，先提出问题，再由学生动手操作验证自己的认识和思路的正确性，进行教学。如在学习"直流电路"时，先提出"将两只不同功率的白炽灯连接在电路中，看那个灯会更亮？"的问题由学生思考，再让学生在"低压直流照明灯电路的连接与测试"中学习和掌握直流电路的相关知识，让学生在解决问题中学习，在做的过程中提出问题，改变学生的被接受为主动学习。当学生自己连接的电路通过测试并经老师检查通电，验证自己的认识正确或电器能正常工作时，都会有说不出的高兴。看似一个个十分简单的电路连接与测试，却能使学生在电路连接和测试过程中通过控制照明灯的亮与灭和观察照明灯亮度的变化等有趣现象中，逐步了解、掌握电路的连接方法、电路的基本概念、电路的基本特点、电路的基本规律和常用电气仪表的使用方法等若干教学内容，突出了教学重点，起到了以点带面的作用。

　　为了增强学习的竞技性和趣味性，可根据教学目的和要求，由学生在现有材料的基础上自行设计制作电路完成学习任务。如"设计制作可控硅台灯调光电路"时，让学生根据教学目的要求，查找资料，自主选择不同类型的调光台灯电路，自主完成学习任务，既照顾学生的个性，又能激发学生的学习兴趣和主动性。

　　如在"液力液压传动基础"教学当中，以典型的液力液压回路为单位组织教学，以典型设备、典型故障、典型案例等为载体，引出相关专业理论知识，使学生在实训过程中加深对专业知识、技能的理解和应用，培养学生综合职业能力，满足学生职业生涯发展的需要。

　　又如在"机械基础"教学当中，我们不只是单纯简单地传授机械常识，还注意将机械常识与专业课联系起来，在对常用机械的机构和性能了解和熟悉的同时，穿插对钳工技能、焊工技能、工具、量具等的实训和应用，让学生在掌握机械基础的同时，掌握机械的测量、加工等一般常识，使学生在学习专业课之前具备一定的机械加工技能，为专业课的学习创造良好条件。

　　在学生有的一定的知识基础和学习兴趣后，还可以采用案例教学法，将一些生产、生活中的实际案例列举设置出来，让学生分析、判断、排除，使学生在挑战性、竞技性中强化学习效果，增强解决实际问题的能力。

　　整合教学内容，要贴近专业、贴近实际，采取模块及专题化教学，结合实情增、删、添、改，大胆进行取舍和整合，从以传授知识为中心的课堂转变为引领学生参与实践教学上来。

　　2."做中学"，要营造学生能互助、师生能互动教学氛围

　　专业基础课"做、学、教"一体化教学，要有一体化的教师、教学媒介、教学设施设备

等。将课堂搬到了车间，存在人员多、教师少、管理难、设备不足等难于解决的矛盾。除了多途径培养双师型教师、加大教学媒介、教学设备设施的投入外，还要在借鉴专业课理实一体化教学经验，根据教学内容、教学时间、学生人数、教师和设备等情况精心设计教学组织形式。例如，采取以小组为单位，进行互助式教学，或将几个学习任务组合在一起，进行交叉循环实训，让学生在相互学习中能够及时发现和解决自己学习中存在的问题，搭建起学生合作互助又相互竞争的机制，培养学生的合作精神，达到利用团队的力量带动基础薄弱的学生共同进步，实现老师能主导，学生能互助，人人有进步的要求。这种强调以学生为主体、教师为主导，学生主动参与，教师积极推动的互动式的、互助式的、自下而上的教学方法，能更好地满足专业基础课"做、学、教"一体化教学的需要，提高学生的整体合格率。

3. "做中学"，要建立学生自评互评及教师现场评价考核机制，将教学内容的评价考核直接转化为知识技能的进一步提高上

对学生学习的评价考核，不仅是对学习效果和学习能力的一种评价考核，也是查找问题和不足、整合知识、提高技能和能力的一种有效方法。学校和教师应着手改变现有的评价考核学生课程成绩的方式，建立一种能够全面描述学生整个学习过程的课程评价考核体系。该体系应将每个一学习任务和学生在学习过程中的诸种因素包括其中，如技能方面（40%），侧重于操作的过程和结果；知识方面（40%），侧重于知识的理解与应用（可用测验、提问等方式）；态度方面（20%），侧重于学生的参与性、积极性和主动性。并将课程考核评价建立在自评、互评等评价基础上，使他们能够在自我评价、自我考核和教师评价考核的过程中，看到自己的进步，明确存在的不足。采用这样评价考核方式，过程会很长，操作起来也比较复杂，教师会很辛苦，但能调动学生的学习积极性，促使学生坚持不懈地完成每一个学习任务，而不是等到期末一考了事。如果不加强平时的考评，平时没学好，再加上中职学生的惰性心理，常常会造成后续知识学习的困难，形成恶性循环，违背了教育的初衷。

"做中学"以及"做、学、教"一体化专业基础课教学模式将是中职教育的一个永恒话题，在实践的道路上，我们才刚刚起步。专业基础课的教学不但要在教学内容、教学组织、教学评价考核上进行改革，还要在师资队伍建设、教学媒介、教学设施设备等方面适应课程改革发展的需要，要使专业基础课教学与学生实际、市场需求等结合起来，认清所培养的学生将来所从事的职业定位和走向，不能违背客观规律。只有这样，我们培养的学生才会被社会接纳，反之只能被束之高阁或被社会所弃。

参考文献

[1] 四川交通运输职业学校示范建设办公室编. 国家中等职业教学改革发展示范学校建设资料汇编，2013 年 4 月.

[2] 全国十二所重点师范大学联合编写. 教育学基础. 北京：教育科学出版社出版，2011.

[3] 全国十二所重点师范大学联合编写. 心理学基础. 北京：教育科学出版社出版，2008.

[4] 陈旭远，张捷. 实用课堂教学艺术. 吉林：东北师范大学出版社出版，2010.

[5] 程周. 电工电子技术与技能. 北京：高等教育出版社出版，2010.

[6] 陆一心，等. 工程机械液压技术与检修实例. 北京：机械工业出版社出版，2013.

[7] 李万春. 机械常识. 北京：人民交通出版社出版，2004.

浅谈中职学校汽修专业教材改革

四川交通运输职业学校　刘婷婷

摘　要：由于当今汽车行业的快速发展，使得社会对汽修人才的需求变化也日新月异，所以中等职业学校汽修专业培养人才的方式也在不断地变化中。在教学模式的创新中，教材的改革成了中等职业学校教改的重要组成部分。然而现在中职汽修专业部分课本的构架、编写现状在实际使用中不尽如人意。针对上述问题需提出相应的对策。

关键词：中职；汽车运用与维修；教材改革

教材配置是我国现行教育之中重要的组成部分，不论是义务教育、中等职业教育还是高等教育，所有高质量的教材是教育得到高质量人才的基本保证。中等职业教育课本作为表现中职特色的知识载体和教学的基本工具，直接决定了所输送人才是否为一线岗位所需要的高技能应用型人才。教育部也把教材配置作为权衡中等职业教育学校深化教学改革的重要指标，作为检验各学校教书育人的质量与力度。2012年5月，教育部成立"中等职业学校专业教学标准制订工作领导小组和专家组"。2012年12月，教育部下发"关于制订中等职业学校专业教学标准的指导意见"。最新的教改概念提出了"五新"教材，所谓"五新"就是：① 执行新标准，依据"中职专业教学标准"，对接职业标准和岗位需求。② 引导新模式，突出"做中教，做中学"的职业教育特色。③ 考虑新起点，适应中职学生生源的多样性与低起点。④ 构建新体系，搭建中高职衔接与贯通的"立交桥"。⑤ 推动新资源，教学资源的数字化、立体化。

（1）近年来，许多综合性中等职业院校都设立了汽车运用与维修专业，但是起步阶段都效仿了比较成功的同类学校。教材一般就采用"拿来主义"，往往忽略了自身的办学设备与师资是否与相关教材所匹配。而当前教材也存在着许多问题，主要表现在以下几个方面：

① 现有教材具有的中职汽修专业特色还不够。我国中职教材的源头，一是借用高等教育课本，其内容偏多、理论偏深、实践性内容不够，给教学带来一些困难。比如汽修专业的基础教材中机械知识多沿用高等教育的机械专业教材内容，由于两个专业侧重点不同，导致学生没有学以致用。二是自编课本，存在转抄内容居多、编写质量不高、加工不细和印刷质量低下等问题，影响了教材和课程完成质量。

② 现有教材编写耗费了很大的人力物力，所以更新的速度缓慢，版本偏老，内容迂腐。表现为：不能实时反应新理论、新技能、新工艺、新装备、新材料，而且不少课本不切合新范例、新规程、新尺度，与高技能应用型人才的教学目的不相顺应。有的课本虽然冠名"中职中专计划课本"的名义，其内容着实是原高等学校课本的翻版，更缺少相应配套的实训类课本。

③ 实践性课本分量不够。现在市场上的中职课本主要是供理论授课使用的，而实践性教学一般占中等职业教学总学时数的 1/3 ~ 1/2，是中等职业教育中的重要部分。实践性课本的缺少已成为制约中职人才教育的瓶颈。汽修专业实践性课本过于重理论讲解，就怕学生在动手之前知识储备不足，忽视了现在创新的"做中学"的思想。

④ 课本内容与职业资格证书缺乏衔接，现在教材的内容与劳动部门和行业管理部门发表的职业资格证书或职业技能证书缺乏有用衔接。

（2）产生以上问题的原因是多方面的，重点有以下几个部分：

① 中职汽修教材编写的人力资源短缺。随着我国中职教育的大力发展，特别是我国经济配置的快速推进，中职教育得到了国家和社会的高度重视和支持而得到快速的发展，但是中职学校年年的扩招导致种种所需资源的短缺，特别是中职学校师资从数目、质量以及结构比例上，还远远不能满足中职教育发展的需要。许多老师承担着满满的教学任务，无暇顾及课本编写的事情。同时，随着科学技能的发展，我国经济配置的快速增长，汽车行业岗位和岗位群的知识与技能要求在不停地发生变革，知识经济也催生了一些新的职业岗位和岗位群，对中职学校的教学目标提出了新的要求。但从现在的情况来看，学校汽修专业的专职师资队伍扩张的主渠道依旧源于普通的应届毕业生。因此，现在中职院校汽修专业的教学模式很大程度上仍然相沿着"传统教学模式下的课堂教学"的教授模式。由此可见，教材编写的人力资源自然非常短缺，能够反映中职汽修教学改革成果，特别是贴近汽车后市场实践的课本就更少。

② 中职教师编写教材的积极性没有得到充分的调动和勉励。由于要正式出一本质量高的汽修类中职教材，就要做大量的前期准备工作，包括资料收集和前期市场调查。要编好一本教材，通常需要编写人员数月至数年的劳动成果，结合自己在实际教学改革中的效果，经过多次的编辑修改。这样，一些老师费尽心思编写出来的课本，通常只作为学校自编课本使用。要想正式出书，还要经过繁杂的步骤，承担能否被社会所认定等一系列的可能。这样，编写课本的积极性受到克制，质量较高的教材通常就不容易出来。

③ 由于专业的连年扩招，急需大量适当的中职汽修教材。在这一形势下，许多出版社竞相加入到"中等职业教育课程改革规划教材"的构造配置中。不可否认，近几年在各方面的配合下，确实出版了一批能够反映中职汽修教学特色的优秀教材，但这些课本还远远不能满足市场的需求。但由于一些部门出于"抢时间、拼速率、争效益"的动机，很难凭据中职汽修专业的办学理念和教学要求，重新编写全新的教改课本，大部分都是将原来的本科、专科教材整理洗心革面。因此，一部分打着"职业教育"的教材要么理论性过强、内容过于深奥，要么内容繁芜重复，成为剪辑拼接的低水平之作。

（3）基于上述情况，中职汽修专业选用什么样的教材开展教学，下面分别以文化课和专业课为例阐述观点。

① 基础课。

要研究基础课如何为提高学生的职业技能和全面素质服务。在"量"上以"实用"和"够用"为原则，在"质"上应注重文化知识在应用能力、学习能力和实践能力等培养提升素质教育中的作用。汽修专业基础课程担负着提高中职学生基本素养，打好学习专业知识，掌握汽修相关技能和接受继续教育的基础的任务。基础课程教材内容要精选在现代社会生活和各类专业学习中得到广泛应用；同时注意渗透学习方法的指导，为学生提供可持续发展。教材应通过知识的形成过程及其所体现的思想和方法，培养学生分析问题和解决问题的能力。在教师指导下，使学生尝试将教材中的知识联系身边的生活实际、社会实际，解决实际问题，激发学生学习兴趣，不断改进教学形式，慢慢增强应用意识，培养学生的创新精神。让学生主动参与学习，在学习中体验，在体验中学习，在体验中获得知识。目前，有相当一部分学生基础知识极为薄弱，他们没有良好的学习习惯和学习能力，不具备基本的学习方法，因而教材也要兼顾这种水平和素质的学生，从"零"开始讲授。所谓的低起点，就是在现有汽修基础课教学大纲的基础上，降低起点，适量融入初中知识，缩小学生知识上的"落差"，使学生能适应中职课程的学习。下面以"汽车文化"课为例简要介绍汽修专业基础课教材的选用。我校现使用的教材是人民交通出版社出版的《汽车文化》（第二版），本书是全国中等职业学校课程改革规划新教材之一，其主要内容包括：汽车的分类与编号、汽车的发展、著名汽车公司与商标、汽车时尚、汽车的外形与色彩、汽车与社会、汽车的未来以及7个技能训练项目。本书取材新颖、图文并茂，是认识汽车、了解汽车、掌握汽车的入门教材。本书可作为中等职业学校汽车运用与维修专业的教材，也可作为相关行业岗位培训教材以及汽车维修及相关技术人员的参考书。在整个教材的使用过程中，是以问题引入的方式进行任务的学习。教材中的知识是学生使用课堂1/3的时间储备的，余下的时间学生可以跟随教材的引导在团体情境下进行谈论或讨论形式，通过团体中人际交互作用，促使个体在交互中通过观察、学习、体验，认识知识、探讨知识，使得没有接触过汽车修理的学生产生对汽车行业浓厚的兴趣。除此之外，教材中的图片都是以彩图的方式印刷出来的，形式更加新颖，印象更加深刻。在教材第一版使用了一年后，编者又根据瞬息变化的汽车行业跟进了最新的信息，使得这本教材体现了与时俱进的特点。

②专业课。

中职学校汽修专业课程的设置一定要符合本校学生自身的实际特点，全面考虑学生的学习能力、接受能力，摒弃一些高深难懂的系统原理、概念理论。我校在汽修教学方面坚持什么有用教什么，能学会什么讲什么，在教学中加入一些与实际结合比较紧密的典型事例，组织教师编写符合中职汽修专业学生特点的适用的校本教材，以激发学生的学习兴趣为主线，实践内容与企业实际操作相结合，与省市及全国大赛的要求相一致。传统的教材模式往往是先讲理论，再进行实践操作，有些较早的教材并没有涉及实践操作。此模式有它的优点，但也存在不足。特别是对中等职业学校的学生，多数是中考失败者，基础文化素质较差、底子薄，又加上年龄偏小，几乎没有接触过实训，对所学的专业知识缺乏起码的感性认识，若完全按传统教材讲授，教师讲起来虽头头是道，但学生听起来却昏昏欲睡、不知所云，效果较差。

因此，我校汽修专业开设的课程各教材内容相互独立，自成体系，理论教学和技能训练衔接紧密。我校教师在教学实践中进行了大胆探索，将这几门课进行了整合，编制了实用性很强的校本教材，处于试用阶段。但是随着实训设备的更换，按照"实用、有用、够用"的原则对试用教材进行修改，变化较大的模块重新进行教材的编写。同时，对一些学生难以掌握的抽象理论和内容进行了选择性删减。在编写过程中着重视觉知识的灌输，书中的图片多数都是直接使用实训科目现场拍照再后期处理，争取做到能用少许的讲解就能通俗易懂。

结束语：综上所述，高质量的中职汽修专业教材能够激发学生的学习兴趣，有效地克服学生的厌学情绪，以技能训练为主线划分教学模块，实现了理论与实践的"一体化"教学，教学效果明显提高。教材选用的科学性、合理性意义重大，直接关系到教学质量的提高，经过汽修专业教材改革后的教材辅助教学势必会更加有效地促进中职学校的教学发展。

参考文献

［1］ 李　青，刘新江. 汽车文化. 北京：人民交通出版社，2012.

［2］ 陈爱苾. 课程改革与问题解决教学. 北京：首都师范大学出版社，2004.

［3］ 徐玉珍. 校本课程开发的理论与案例. 北京：人民教育出版社，2003.

中职学校实践教学的重要性

四川交通运输职业学校 廖晓玲

摘 要：本文通过对中职学校教育中实践教学的详细论述，阐明了实践教学的现状、实现的途径与意义，并对此进行了深入思考，指明了当前职业学校实行实践教学的必要性和迫切性。

关键词：职业教育；师资力量；一体化；学生为主体；学分制度

在十八大报告的"加快发展现代职业教育"形势下，对职业教育机构来说，既是机遇又是挑战，现代职业教育机构应该在认真贯彻落实党的精神的基础上，通过推行切实可行的措施，增强学校的实力，培养更多优秀的人才。职业教育机构应该转变教育理念，人才培养目标要同市场"零距离"对接，真正把人才培养和社会需要结合起来。

中等职业教育相应地也要适应现代社会对高素质劳动者和技能型人才的迫切要求，坚持以就业为导向，以服务为宗旨，推行全面素质教育，培养具有综合职业能力的高素质劳动者和中初级专门人才。职业教育的宗旨明确了中职毕业生在校学习的目的和任务是为就业上岗做好知识和技能储备，这决定了职业教育必须从实际出发，在加强文化课和专业理论课同时，加强实践技能教学。如何提高教学质量，培养动手能力强、训练有素、技术过硬、有创新能力的毕业生，是当前职业教育的最主要的任务。

为适应市场需求，现代职业教育必须加强实践教学模式。这种教学模式，是将理论学习和技能训练紧密结合在一起，以技能训练为主线，以突出培养学生的操作技能为重点，有助于教学质量的提高和高素质人才的培养，适合于各领域科学技术的发展和社会用人单位的需要。现就实践教学的模式阐述如下：

一、中职学校实践教学的现状

职业技术教育因为先天的不足（办学经费、办学思想等）和后天的不利因素（社会人士、用工政策、政策导向等）影响，导致它在社会上的吸引力和认可度不是很高。据北京教科院一项"对公众对首都教育现状的评价与预测调查"报告显示，公众对各级各类教育的满意度调查，职业技术学校的分值最低，被普通中小学、高校、私立学校以及继续教育等远远抛在后面，这种状况直接说明了职业技术教育的"被冷漠"。除此之外，人们受长期传统观念和旧思想的束缚和影响，许多家长认为职业技术学校属于"二流学校"，都不愿意让子女就读其中，而且随着职校的一些毕业生走出校门以后找不到工作或者是工作不理想，家长对职业技术教育日益失去了信心。

目前，贯彻落实了《关于扩大中等职业学校免学费政策覆盖范围的通知》财教〔2010〕345 号文件，从 2010 年秋季学期起，将中等职业学校城市家庭经济困难学生纳入免学费政策范围后，生源增加，各中职学校普遍扩招。但就如何培养具有应用性、技能型人才，还处于实践与探索中。目前，中职学校中，传统教学模式是理论教学与实习教学分别进行，各自为政，互不干涉。理论教师注重理论知识讲解，实习教师注重实际操作，再加上课程进度不一，理论教学与实习教学严重脱节，不但给学生的学习造成很大困难，也造成了重复教学和资源浪费，更影响了教学质量的提高和应用性、技能型人才的培养。随着教学改革的进一步深入，现有三段式（文化基础课—专业基础课、专业课—实习）技能培训教学模式已经越来越不适应现代社会对职业教育的要求。

二、实践教学的途径

1. 过硬的师资力量

目前由于师资结构不合理、专业教师缺乏，使得在职的专业教师常超负荷工作，只能应付书本教学，无法更新知识和研究讲授新技术，教学效果不佳。有的学校因没有专业教师干脆不开，使职教普教化。从总体看，专任教师数量不足、知识结构不合理、兼职教师少，这已经严重影响我国职业教育的发展。在培养模式上，我国职教师资的培养仍然采取普通教师的培养模式，大多时间花在了基本理论知识的学习上，到企业、学校实习的时间过少，导致理论知识丰富，实践操作能力不佳的尴尬局面。在课程设置上，我国偏重于培养学科专家型教师，在培养职教师资的过程中，专业课程都向学术性靠拢，忽视了应用性实践性知识，导致很多毕业生到社会中陷入了理论知识用不上、实践知识又缺乏的无奈境地。在教学方式上，偏重于课堂讲授、满堂灌式的教学，不利于学生实践应用能力的形成和发展。

基于以上情况，主要应从四方面入手：第一，工资方面，政府可制定相应的政策逐步提高教师的薪金，提高其工作的积极性。现在在中职学校任教的教师，很多都跳槽到企业，因为企业的待遇远高于学校的待遇，尤其是农村及偏远山区等弱势地区。在让这些地区的教师享受与大城市教师同等待遇的同时，可根据部分地区的实际情况，给予他们实际的惠助，让他们不把教育事业单纯地作为挣钱生活的手段，让他们没有生活后顾之忧全心地投入职教事业。第二，学术方面，各级教育部门多鼓励地区教师参加各类学术研讨会、教学技能竞赛等，经常性地组织一些培训活动，提高教师的教学素质，有针对性地解决教师专业素质不足的问题，确保学生可接受高质量的教育。当地政府部门可促进职业技术学校与当地企业之间的联合，实现校企互动，建立教育教师的企业实践制度。第三，培养方面，组织专业教师到职业师资培训机构、学校进行学习和实际训练，强化实践性学习，使他们能更好、更系统地将理论与实践相结合起来。使他们能更好、更系统地将理论与实践相结合起来。通过以上的方式方法去培养教师，能帮助教师较快地成为一名既熟悉专业理论知识，同时实践操作也过硬的"双师型"教师；并通过教学的创新进一步提高教学的质量，使中等职业学校的迅速发展得到了有力的师资力量保证。第四，从企业技术人员中引进相关师资等形式。大力引进"能工巧匠"和各类专家，建立专兼职相结合的"双师型"教师队伍。一是引进具有"双师"素质的专业技术人员；二是聘请企业和社会上的行业专家，积极引进从企业的工程技术人员、特殊技能人才到学校做实习指导教师，同时积极与企业建立联系，请企业专家来学校实训中心指导教师，协助开展相关工种的技能辅导。他们到学校任教，把自己多年的实践经验、操作技能和新技术带入学校，传授给学生，也与本校教师相互促进，形成互补，促进了教学和实践的结合。通过以上的方式方法去培养教师，能帮助教师较快地成为一名既熟悉专业理论知识，同时实践操作也过硬的"双师型"教师；并通过教学的创新进一步提高教学的质量，使中等职业学校的迅速发展得到了有力的师资力量保证。

2．理论与实践一体化教学

理论与实践一体化教学法是顺应目前职业技术教育发展而产生的一种新型的教学方法，它是职业学校专业教学中探索创新的一种教学方法，由一位专业课教师同时担任专业理论与专业技能的教学，将有关专业设备和教学设备同置一室，将专业理论课与生产实习、实践性教学环节重新分解、整合，安排在专业教室中进行教学。师生双方共同在专业教室里边教、边学、边做来完成某一教学任务。

传统的教学模式是理论教学和集中实习分别进行，理论教学的内容与实习课题往往不符，出现了理论是这样讲的，而实习又练的是其他的，不利于充分发挥理论指导实践的作用。一体化教学可有效地解决这个问题，促进理论知识与实践教学融合，让学生在学中干、干中学，在学练中理解理论知识、掌握技能，增强学生学习兴趣，学生边学边练，收到良好的教学效果。众所周知，产品质量的好坏，直接影响其市场占有率，进而影响企业的生存与发展。学生是学校的"产品"，其素质的高低也必将影响到学校的发展与生存。实施一体化教学，可明显改善教学质量，提高学生素质，最终得到的是市场（社会、企业）的认可，提高毕业生就业率，为学校赢得了良好的社会声誉和办学效益。

理实一体化教学是复合型的教学形式，教师引导学生掌握专业知识和操作技能，教学中除了运用讲授法外，还应结合运用其他教学方法，如演示法、参观法、练习法（巡回指导）、提问法及多媒体电化教学法，以加强学生对讲授内容的掌握和理解。"理实一体化教学"的教学方案，一般包括教学计划与大纲、教学组织与机构、教学设施与设备、教学评价等。

一体化教学模式要求事先把专业课程的理论内容、实习教学内容进行相应的、有机的组合和统筹安排，统一制订模块教学计划，合理安排进度，编制相应的教学讲义。以学生够用、适用、会用为原则对两方面的内容进行一定删改、编排，充分体现在教学过程中理论与实践相结合的教学目标。同时，为了更好地实施一体化教学，要求学校的教学实习岗位尽可能做到一人一岗，配备必需的教学及实践硬件设施、实现理论教学、多媒体教学、演示教学、练习法，提问法教学的有机统一，以确保教学质量。

3．实践教学以学生为主体

坚持以学生为主体的理念，学生是学习的主体，掌握技能是学生们学习的最直接目的，所以在专业知识学习的同时，学校务必为他们提供足够的实践空间。此外，职业教育的最终目的是培养学生，中职学校不仅要传授学生企业岗位需要的职业技能，还要提高他们的人文素养，培养他们健全的人格，促使接受职业教育的每一位学生和谐健康地发展，具备进一步发展的潜能，体现以人为本的教育理念。

目前中职学校学生普遍基础差，在中学时，有的学生还是老师眼中的"问题"学生，大多是不上了普通高中的学生，有的学生甚至连小学学的数学知识"平均值"都不知道怎么算。用传统的教学方式讲授抽象的专业理论课，学生感觉较难入门，导致学习兴趣不高，容易产生厌学情绪。一堂课下来，真正系统理解掌握课程的学生不多。而专业技能课，由于受到理论学习程度的限制，无法深入，其教学效果可想而知。

针对基础差的中职学校学生，如果先让他们认识设备、材料等实体，让学生对专业知识感兴趣，有了兴趣，才有动力和信心学习理论知识。在一体化的教学实习场地对学生进行一体化的教学安排，能使每一课题都能讲授、示范、训练同步进行，突出了现场示范，增强了直观性，使学生能够用理论指导实践、在实践中消化理论，让他们对知识产生亲切感，对设备产生熟悉感，从而提高了学生的学习兴趣，调动了学生学习的主动性和积极性，增强了学生学习的灵活性和创造性，使教学收到事半功倍的良好效果。

在实践教学中，多采用学生自主学习为主，教师指导为辅的方式。传统的教学方法是学生严格按教师的方法和步骤操作，这种方式虽然也达到了教学目的，但学生会渐渐失去兴趣，往往是考试后就忘记了，学会并记住的知识很少。如果让学生自主学习，教师不给予示范，允许学生犯一些小错误，在学生需要教师帮助才能完成时，这时教师才起辅导作用。起到吃一堑长一智的效果，这样不但能发挥他们的主观能动性，更能发挥他们的创造性。

4. 对学生实行严格的学分制度

中职学校的学生，一般从小没有养成良好的学习习惯，学习不主动、没兴趣，而且年龄大都在 15~18 岁，这阶段的学生还处于青春期，自控能力差。基于这种情况，如果没有条件限制他们，他们会放任自流，没规矩就不成方圆，这时就需制定切实可行的学分制度规范他们，给予一定的压力，才能达到教学效果。同时，对动手能力差的学生，可以让他们在没有时间限制的条件下，自由安排时间完成各项实践课程。

具体学分制度可以根据各学校不同的专业设定，下面以建筑材料为例，详细说明学分制度的制定。比如一共有 23 个实践课题，总分 100 分，60 分合格，每一课题 4 分，每一课题根据学生完成的质量设定 A、B、C、D 四级，A 得 4 分，B 得 3 分，C 得 2 分，D 得 1 分，没完成就 0 分。对于在课堂上集中学习时没完成的学生，可以利用课后时间完成。同时还有具体的加扣分制度，比如点名时不在一次扣 1 分，在课堂打闹一次扣 1 分，教师制止无效扣 2 分，玩手机一次扣 1 分，不带书、笔等学习用品一次扣 1 分，打扫卫生一次加 1 分。如果达不到 60 分，就不合格，需下一学期重修。这样既起到了灵活的学习作用，同时也起到了规范课堂纪律的作用。

三、对实践教学模式的思考

（1）实践教学对教师提出了更高的要求，因此各职业学校必须加快高技能"双师型"教师的培养，

（2）实践教学对学校提出了更高的要求，因为强化实践教学后，教学资源的投入必然加大，实习费用必然增加，教学成本必然提高，但取得的效果一时不一定有很大的提高，短期内投入、产出不成比例。

（3）实践教学需要全新的教育理念，教学内容必须进行模块化整合，并改变课时及授课方式。

　　结束语：职业技术教育采用实践教学有助于改善目前单调的教学方法，改善课堂的教学环境，改变目前职业学校学生普通厌学的现象。它能激发学生的学习兴趣，提高专业课的教学质量，从而大大提高学生的专业技能，拓宽学生的就业面，促进学校的建设和发展。以此实现了以质量促就业、以就业促招生的目标，把我们的学校建设成为社会培养成高素质劳动者和高技能操作人才的基地。

参考文献

［1］　李　慧. 职业技能培育不均衡近况与策略.
［2］　吴海超. 理论实践一体化教学模式的探索与实践. 机械职业教育，2004.

快乐体育新见解

四川交通运输职业管理学校 吴 波

摘 要：本文采用文献资料法对快乐体育在体育教学中的运用进行了深入的分析，提出了快乐体育从六个方面（教学思想、教与学的关系、教学内容、教学组织、教法、教学评价）贯彻于体育教学中，并系统地解析了教师在体育教学中的主导作用与学生的主体作用，主张启发式的创造教学，发挥学生的主动性与创造性。

关键词：快乐体育；体育教学；教师；学生

进入 21 世纪以来，如何提高全民族的素质，培养全面发展的高素质新一代人才已成为我们体育教育工作者面临的重要课题。其中，倡导快乐体育由于能在教学中充分调动教和学两方面的积极性，使学生在融洽合作的教学环境中体验运动的乐趣，生动活泼的天性得到发展，受到各级各类学校师生的广泛欢迎。尤其在当前实施新课标的体育教学中，全面实施快乐体育教学，有其重要的现实意义。

一、快乐体育及内涵

快乐体育是指教师正确运用适应学生年龄特点的教学方法和教学手段，创设生动、活泼、和谐的教学氛围，激发学生的情感，缩短师生之间的距离，唤起学生自主性、能动性，使他们快乐地参与体育教学，并从中享受体育的乐趣，以得到全面、主动、充分和谐发展的体育教学过程；快乐体育学习不意味着学习是一个轻松、无压力的随便过程。"快乐"也应该是战胜自我、克服困难获得成功的体验。我们追求的快乐是实实在在的学有所得后的快乐，是付出艰辛的努力后战胜困难、获得胜利后的快乐，并不是游玩后的随随便便的成功。快乐往往是在经历痛苦之后才能体验到的。任何体育技能技巧的熟练掌握，无一不是经过反复的学习和磨炼，关键在于我们要让学生心甘情愿地为之付出，感受体育带来的快乐。

快乐体育教育的内涵是指以终身体育与个性谐调发展为根本出发点，从情感教学入手，对学生进行健全的人格教育、身体教育为目标的一种体育教育思想。快乐体育把运动和情感作为实现教学目标的手段，它重视各项运动所独具的乐趣，强调学习兴趣与创造学习；活跃课堂气氛、融洽人际关系、加强爱国主义、集体荣誉感方面的思想教育，有利于培养学生的体育能力和完善人的性格，促进学生个性的和谐发展，培养学生的创造探究能力。在学生获得快乐成长的同时，老师也获得教育教学的快乐，从而促使老师以更加快乐的心情创设快乐的教学环境，把运动和情感有机地结合起来，培养学生的基本活动能力，让学生"想学"、"敢学"、"乐学"，成为课堂真正的主人，使学生在体育课堂中能真正品尝体育的快乐。简单地说，就是在欢乐、愉快的气氛中进行体育活动。

二、在教学指导思想上：从情感教学入手，强调个人全面发展

1. 建立和谐融洽的师生关系

"感人心者，莫过乎情。"寓情于教，以情动人是教学中体育教师经常采用的教学方法之一。体育教学是教师教学生学的双向活动，也是师生之间通过活动进行情感、兴趣、能力的心理交流。爱是建立和谐师生关系的桥梁，只有师生关系处在关爱、平等的和谐氛围之中，学生才能直言面对教师，大胆地投入到学习之中，去体验、去完成教学任务。在教学中形成和谐的师生关系，就必须采用多种方法进行交流，比如在教学中善于运用表扬和批评的手段，经常和学生谈心，体贴和关爱学生。同时，要充分发挥体育教学中直观情感的优势，比如合理运用形体语言，形体语言在建立和谐的师生关系中有着"润物无声"的效果，眼睛是心灵的窗口，眼神的运用可以使师生在无声的交流中达到"心有灵犀一点通"的境界。它是建立和维持和谐的师生关系的桥梁和纽带。而手势既可以传递思想，又可以表达感情，可以增加教师有声语言的说服力和感染力，在教学中我尤为推崇大拇指赞扬法和击掌鼓励法。面部表情表达着教师的情感和意图，小学生最会跟眼色行事，教师只有情绪饱满、和蔼可亲，才会给学生一种自然、明朗的感觉，有助于形成学生积极、愉快的心情，建立一种和谐的师生关系，有利于学生体育知识和技能的形成。只要我们在教学中多些微笑，多些表扬，表现出教师爱的真情，就会克服过去学生怕体育老师是因为体育老师"凶"的现象，以自身的人格力量去感染和教育学生。只要建立起一种新型的、相互尊重、平等的师生关系，就一定会在师生的心灵深处碰撞出和谐而愉快的火花，建立起一种长久而和谐的体育情感，只有在这种和谐的氛围之下，学生才能够自觉而愉快地接受教师的教，才能够激起学生自觉学习、乐于学习的愿望，从而达到使他们热爱体育、追求体育目标，全面健身发展的目的。

2. 充分发展学生的兴趣

从体育教育心理学的角度出发，注重培养学生的体育兴趣。著名教育家夸美纽斯说过："兴趣是创造一个欢乐和光明的教学环境的主要途径之一。"教师积极引导学生的学习兴趣，是保证教学成果的重要因素之一。例如在排球教学中，先向学生宣讲排球运动最大的特点——有团队精神和拼搏精神，有进取心和荣誉感。由于排球各环节的相互联系作用，对处人处事、学习、生活乃至整个人生，都有着不可估量的借鉴作用。教师的积极引导，提高了学生排球学习的兴趣，为取得良好的教学效果奠定了基础。又如：可以运用"追逐跑"、"螺旋形跑"、"S形跑"等游戏进行耐久跑的练习，既激发学生能积极进行锻炼，又能达到耐久跑的要求，使学生不觉得累和讨厌。以上的游戏完毕，进行便步走，走成圆圈，再进行一个"马兰花"的游戏，再一次激发学生的学习兴趣。在结束部分的整理运动，用一个唱歌游戏来代替，既可以达到放松的目的，又能使学生最终都保持轻松、愉快的心情。

3. 发挥学生的主动性和创造性

体育学习包括三个阶段：运动的初步体验（尝试）—向新的学习目标挑战（学习）—进行创造性的学习（创新）。一般来说，学生体育尝试阶段，技术动作放不开，不敢大胆运用，当掌握基本技术动作后，学习的欲望加强，如背跃式跳高是跳高创新阶段的产物。教师必须在课堂教学中充分调动学生学习的主动性，对学生循循善诱，及时解决难点，完成由

怕—想—乐的学习训练过程。此外，在课堂教学中穿插体育信息知识的介绍，用体育强国思想激发学生对体育运动的浓厚兴趣。

三、在教与学的关系上：强调教师是主导，学生是主体

1. 教师在体育教学中的主导作用

教师必须不断提高自身素质，精通所教专业知识并掌握学生的身心发展规律，懂得如何组织与进行课堂教学，将学生作为主要参与者和实施者对待。并且应按照教学目标和教学规律，有针对性地对学生进行启发、诱导、讲解、指点和训练，从而使学生更加有效地掌握体育运动知识，真正把体育课堂变成学生们的快乐课堂。

2. 注重学生的主体地位

传统的"注入式"教学，学生只能被动地接受教育培养，导致学生主体地位丧失，主动性、积极性逐渐泯灭。失去兴趣的学习，不能激发与维持学生学习的动机。不能体验到满足需要的乐趣，学生也不会进行有效的学习。快乐体育十分重视体育教学中学生的主体地位，主张把教学的主体从教师转向学生，强调学生是学习的主人，充分发挥学生的主体作用。在快乐体育教学的实践中，学生真正成为教学活动的主角，从而拓展了其体质、个性、能力发展的自由空间。

四、在教学内容上：教材的选用要新颖、实用

新颖、实用、有挑战性的教材选用和搭配，教材的枯燥是影响学生学习兴趣和动机的主因。每节课周而复始的重复练习，学生就会产生厌倦。体育教学主体是学生，选择的教学内容要充分考虑学生的需求、喜好，精选既受学生喜爱，又对促进学生身心发展有较大价值，有利于为学生终身发展奠定基础的体育知识、基本技能和方法，作为教学内容，保证学生在身心健康发展的基础上有专长，并能加以运用。可根据学校的场地、设施等条件，确定一些教学内容范围，让学生根据自身条件和兴趣、爱好进行选择，学生自己喜欢了就会自觉、积极地进行体育学习，从而全面发展体能和提高运动技能，培养学生积极的自我价值感，发展个性，奠定终身体育基础。

体育教学要面向全体学生，这反映了学生主体的呼唤和需求，在选择教学内容前，要深入到学生中去考察和分析，了解学生体育兴趣、爱好、态度、个性心理特征、实践能力，要充分考虑到学生在身体条件、心理个性、兴趣爱好和运动技能等方面的个性差异，尽量让学生通过自身努力都能达成教学目标，使每个学生都能体验到学习和成功的乐趣，以满足自我发展的需要，不一定苛求教学内容的系统性和严密性，同一个内容针对不同学生提出的不同的要求将教学内容分解、分级，让学生选择练习，真正做到因材施教，确保每一个学生均等受益。

五、在教学组织上，安排要新颖、严密

1. 严密的课堂纪律与生动活泼的教学氛围相结合

没有纪律的体育课堂教学是无效率的，甚至会形成习惯性内耗，体育的价值也就无从体

现；只见纪律而不见学生主动的思维过程的体育教学，同样是没有意义的，因为它不能激发学生蓬勃向上的斗志。纪律，说到底还是为教学质量服务的，因此，评判体育课堂纪律的效能，还是要以体育教学效果来确定，即学生体质健康水平、运动能力、思想品德等几方面的发展情况来综合评定。

大多数体育教师都认为，令人身心舒畅的课堂环境、学生遵守纪律对于高质量的体育教学是必不可少的。为了维护这样的环境，体育教师必须不断指导学生，引导他们对行为负责并且积极地相互交往。这种影响常常被称为"纪律"。过去，维持纪律的技巧总是必不可少的，有时甚至是苛刻的。它们能使学生遵守纪律，但是也在学生身上产生了意想不到的副作用，如恐惧、丧失动机、对体育教师厌恶感等。而今，在全面推行素质教育的思想指导下，这种纪律已不合时宜了。在强调必要的课堂纪律的同时，对学生的喊声、笑声不能一律强行制止，相互间的提示、提醒、鼓励、庆贺等对于调节课堂气氛，提高学生的兴趣和士气都有积极的作用。例如：学生完成一个良好的动作，教师给予一个"竖拇指"表示肯定和鼓励，这样能够提高学生学习兴趣，提高教学效率。

2. 场地器材安排新颖有序

不同器材及画线组成的综合素质练习场地的合理设置能给学生带来内心的喜悦及好奇心和想象力。所以，准备场地、器材是体育课堂教学的前奏，是上好一节体育课的前提。因此，教师要紧紧抓住学生心理特征，充分利用场地、器材，将学生的注意力引导到参与练习的需要和兴趣上来，尽快进入课堂教学氛围。

六、在教法上：强调教法的多样性

1. 教师的语言要生动

教师的语言要生动形象，要"乐"有目的、"趣"有内容，幽默而不俗。人类从事体育运动最本质的动机是追求蕴藏在体育运动中的无穷乐趣，如同乐曲中的"旋律"和"节奏"。而教师的语言能否激发学生求知的欲望，能否让学生有跃跃欲试的冲动，紧紧抓住体育的"神韵"是尤其重要的。例如：跳马练习腾空的"身轻如燕"、落地的"稳如泰山"，足球过人及穿插跑动的"形如狡兔"，游戏规则讲述的"攻克堡垒"、"寻找宝藏"等，这些都给学生带来极大兴趣，以一种蓬勃向上的勇气完成技术动作。这是发自学生内心成功的快乐，而且这种快乐的境界对提高学生的兴奋及动力定型的形成产生不可估量的效果。也可以说在某种程度上，教师的"不凡"言语是学生进行快乐运动的动力。

2. 因材施教，分层递进

在学生当中，确实存在着运动水平和体育学习的兴趣与动机、追求目标、个性心理、学习的方式方法等差异。教师只有最大限度地掌握学生的实际情况，因材施教，积极引导学生参加体育活动，才能取得良好效果。传统的"一刀切"教法，不利于学生的全面发展，容易造成部分身体素质好的学生"吃不饱"和部分身体素质差的学生"吃不了"的现象，因此，在教学中应采用因材施教和分层递进的方法进行教学。具体方法是：将学生按身体素质和运动技能的强弱不同分为男女 A、B、C 三个小组，根据学生技能的差异分别制定不同层次的教学目标和练习要求，实行区别对待、因材施教。让每个学生在各自的基础上"学有所得，学有所成"。如在 200m 跑的练习中，要求学生按 A、B、C 三组的顺序分别在第五、三、一跑道上跑。这样，让素质好、技能强的学生跑外道，增加距离和难度，提高要求；让体质和技能稍差的学生跑内道缩短距离，降低要求，使大家几乎同时完成练习任务。通过这样的分层教学，让不同层次的学生都能完成自身能够完成的练习内容。

3. 增强师生互动

教师、学生是课堂教学中的两个角色，在体育课堂教学中任何一方的心理与行为变化都会给对方的心理和行为产生影响。这种现象在心理学与社会学理论中被称为"互动"现象，其中以教师的变化尤为重要。教师在课堂教学中的角色饰演具有两面性，因此教师除了饰演好自身角色外，还必须饰演学生，与学生一起参与练习、一起游戏；与学生一起开怀大笑、一起做优美的动作。这会极大地促进学生参与的积极性，他们会视你为同学、朋友，与你交流，将他们最喜爱的活动告诉你；同时他们又视你为导师，遇到困难时，他们会衷心请你帮助解决困难。因此，教师在课堂教学中角色的两面性是完成一节快乐体育课的重要条件。

结束语：快乐体育应着眼于未来，面向全体学生，从学生的兴趣爱好和体育需求着手，通过课程设计来逐渐培养学生自发自主进行体育锻炼的能力，理解体育锻炼的必要性，养成科学健身的良好习惯。快乐体育教学只要努力去挖掘、研究、探索、提炼、寻求出适应我国国情的教学理论体系，结合实际选择那些有助于实现学校体育目标的有效方法加以运用，可以实现体育育人的特殊作用。

参考文献

[1] 黄代华. 对快乐体育若干问题的探讨. 内江科技, 2008, (6): 33.

[2] 杨 洁. 对目前我国快乐体育教学的初步研究. 体育世界·学术, 2008, (6): 60—62.

[3] 石广岭. 中学的快乐体育教学. 学科教育, 2007, 2 (1): 97.

[4] 王文建. 中学实施快乐体育教学研究. 内江师范学院学报, 2008, 23 (6): 109—112.

[5] 叶跃进. "快乐体育教学"在教学中的运用. 经济师, 2007, (2): 257.

[6] 王保四. "快乐体育"教学及其实施. 安徽职业技术学院学报, 2007, 6 (2): 70—80.

[7] 詹崇将. 新课标体育教育中实施快乐体育教学研究. 湖北体育科技, 2007, 26 (6): 703—704.

[8] 杨 波. 在体育教学中如何掌握和运用快乐体育. 科技咨询, 2007, (14): 227.

[9] 张月芬. 教师在快乐体育教学中的主导作用. 职业, 2008 (3): 107.

[10] 李文艺. 优化课堂教学 倡导快乐体育. 科学教育研究, 2007, (1): 154—155.

[11] 曹 伟. 快乐体育在学校体育教学中应用研究. 民营科技, 2008, (7): 88.

[12] 洪志刚. 浅析体育教学的必经之路——快乐体育教学. 农业与技术, 2007, 27 (1): 186—189.

[13] 袁晓芳. 浅谈快乐体育教学. 体育世界·学术, 2008, (3): 106—107.

[14] 王雪飞. 浅谈课堂中的快乐体育. 科学大众, 2007, (11): 133.

[15] 刘 凯. 快乐体育教学一二三. 中国校外教育, 2008, (3): 154.

建立中职学生"机械制图"课程学习兴趣的方法探讨

四川交通运输职业学校 谢千里

学习兴趣指一个人对学习的一种积极性的认识倾向和情绪状态，它由获得该方面的认知在情绪体验上得到满足而产生。人类天生都有探索未知事物的强烈欲望和兴趣，可以通过对未知事物的观察、感知、体会、学习、实践、总结等来达到认知事物的目的。兴趣在一定的时间段内表现出高度的聚集性、强大的能动性，并且在认知获得满足后有一定的持续性。

兴趣是学习最有效的老师。任何一门课程，如果能充分调动学生对课程的学习兴趣，就能在教学中达到事半功倍的效果。

"机械制图"是机械类专业课程中的一门核心基础课程，同时也是对学生的空间想象能力要求很高、学习起来比较难的课程。它要求通过大量的识图、绘图训练，对强制性标准的反复应用，培养学生熟悉行业标准，锻炼空间想象能力和识读图形能力，养成规范的制图能力。由于在学习过程中，要求记忆的国家标准非常多，学生会不断地学习新的规范并马上反复地应用在图形训练中，而且这些标准是在制图中必须遵守的强制性规定，不允许任何的改动，学生在学习中经常会认为这门课程学习起来机械、枯燥、难懂，不容易产生学习兴趣，往往是学期初的新鲜感刚过，进入较复杂的图形训练，涉及较多的记忆内容时，大量的学生就会在课堂上开始开小差、"坐火箭"，造成"听不懂"、"没兴趣"、"更听不懂"、"更没兴趣"的恶性循环，最后干脆对本课程采取放弃的态度。

中职学生学习本课程的最大难点就在于：他们大多没有经过立体图形的充分训练，未建立良好的立体几何基础，对空间图形的基本形式、变化规律、解题技巧没有太多的了解，容易在受到挫折时逐渐消磨学习信心和兴趣，遇到大的困难时更容易放弃，从而造成在学习本课程的时候遇到更大的困难。失去学习兴趣、放弃学习的现象表现得更为突出。

怎么样才能在课程的教学中逐步培养学生的兴趣呢？

通过"机械制图"课程教学实践的分析，中职学生学习成就感的缺乏，掌握知识的自信心的缺失，对学习的无兴趣、甚至反感，是本课程教学的最大障碍。据此提出建立"机械制图"课程学习兴趣的一些方法以供探讨：

1. 确立适当的教学目标

教学目标决定了教师会选取哪些具体教学内容和实例，采用何种教学方法、什么样的教学进度、教学节奏，结合什么形式的教学实训来达成教学目的；也决定了学生是否容易产生学习兴趣。适当的教学目标，是建立学习兴趣的前提。

制订教学目标前，充分了解学生，根据最新的信息判断学生的情况，不能过高或过低地预估学生的学习基础、学习兴趣。特别是对中职学生，要充分估计到教学的难度，确定适当的教学目标和教学内容，在理论教学上要尽可能贴近实用，讲解最基础和最必要的内容，在作图练习中的一些实用性技巧应当适当多讲、细讲。

2．充分利用新鲜感

由于是新开的课程，学生以前基本没有接触到这样的内容，所以在学期开始的半个月左右，会存在一个新鲜感期。这段时间，对建立学生的学习兴趣，非常关键。由于入门是从完全不知到一知半解，从完全不会到一点点会，最初模仿的东西都是新鲜的，此时最容易产生兴趣。教师应当注意，在教学内容安排上不能太快、太深，应当有意识地安排易完成的练习，在保持新鲜感的同时，开始逐渐地建立学习成就感。在教学手段上，也可以采用一些新颖的教学方法、新的技术手段来吸引学习注意力。

3．培养成就感，建立自信心

"机械制图"教学中一定要有意识地由浅入深的进行训练，通过不断地独立完成由简入繁的制图练习，来培养和强化学生的学习成就感，从完成的作品中收获学习的自信心。

制图课不能一开始就上大量重复练习，或是难度上升过快的练习，有很多的学生就是在这一阶段被无法完成的作业击垮，从而丧失了学习的兴趣。应当注意循序渐进，让学生觉得通过一定的努力可以达成目标，并且还有一点余力为宜。

虽然说失败是成功之母，但学习的自信心一定是建立在不断积累的成功的基础之上，哪怕每一个成功都是微小的。如何巧妙地让学生在一段时间内持续地收获成功，是建立学习兴趣的关键。

4．调动感官兴趣，多设计动手环节，多炼少看，切忌只看不练

"机械制图"是一门实践性非常强的课程，涉及大量的规范，只有在实际中反复应用才可能掌握，所以本课程必须强调动手作图。在教学中，非常容易出现的典型问题就是：老师讲时，一看就学会；自己做时，一动就不对。所以极端一点的说法就是："机械制图"一定是做会的，不是看会的。

应当注意，看学生是否掌握"机械制图"的关键知识点，一定要通过作图来验证，不能只听口述或看动画。要有意地充分刺激学生的眼、耳、口、手、心多种感官，不要只通过单一感官刺激来学和练。这一点在多媒体教学时代很容易被忽略。很多老师喜欢用多媒体动画形式代替老师的作图过程演示，这种方法，可能效果不一定最好。通过动画形式展示的作图过程会显得清晰、明了，可重复性好，但往往只刺激了眼睛和耳朵，没有对其他感觉器官有效刺激，特别是对头、手的刺激强度远远不够。仅就"机械制图"课来说，通过动画展示，学生可能根本就没有真正地掌握作图方法，必须落实到作图当中进行练习和检验。只有通过代入性极强的实际体会，充分练习，学生才能真正掌握制图的必要技能。

结束语：在确定适当的教学目标后，学生通过不断成功的作图训练，培养对本课程学习的成就感和自信心，是可以建立制图课程学习兴趣的有效方法。

基于"情景模拟，过程考核"的"仓储实务"课程改革教学

四川交通运输职业学校　杜艳红

摘　要：基于我校的"仓储实务"项目式教学的开展，我们对试用效果进行了评价与优化，提出了"情景模拟，过程考核"的教学模式，更进一步地深化了"项目式"教学的精髓，让课程实践不仅与理论知识融合，还与实际企业实现了互利共赢。

关键词：仓储作业；改革；情景；考核

借助示范建设的契机，我校启动了精品课程"仓储实务"的全面建设，在我校原有的教学改革和仓储项目式教学的基础上，我们对该门课程进行了重新疏理，提出了项目式教学实施过程中的难点和不足，优化了整个教学流程。开展了"情景模拟，过程考核"的精品课程建设，我校"仓储实务"课程的教学改革迈出了新的一步。

一、已实施的项目式教学存在的不足

（1）缺乏物流行业实践经验，与现实有部分脱节。在实施项目式教学的过程中，教师都是按照书本理论或者自己的见解来进行实训设计。后来我们发现，虽然我们购买的实训设施设备能大部分实现同步，但现代仓储企业的具体运作与教学模拟还是有很大的差异，要真正实现与行业对接，还必须走进企业，进行深入的学习和调研。

（2）各子项目之间没有直接联系，学生不能熟悉整个仓储物流流程。"仓储实务"课程是实作性非常强的课程，现实仓储企业的操作，应该是一整套流程，而我们教师在教学过程中，只能按照各个子项目单独进行教学，没有实现融汇贯通，这样学生也就不能站在企业的角度来理解每一次实作的关系。为了进一步实现课程与现实企业的融合，我们通过调研和学习，模拟了公司的现实场景。

（3）考核模式仅仅是子项目单独考核，没有建立起一个完整的考核评价系统。过去的考核仅仅停留在子项目的操作考核，并不能反映整门课程实践和理论的总成绩，再加上学生参加参观实践以及调研报告的成绩，最后教师总分非常困难，需要逐个添加，分数权重掌握不均。而精品课程建设课程中，我们提出了"过程考核"的整体评价模式，建立了一整套完整的评分体系。

（4）未能与企业实现岗位对接，学生仅仅停留在教学实践的环节。在此之前，我们的教学场所只有两处，即学生教室和物流实训中心，学生仅能实现在学校的模拟实践。后来我们意识到，当今是物流飞速发展和信息化时代，物流企业的行业技术更新是非常快的，在不断地注入新的物流技术，所以我们的实训中心仅能满足现阶段的基础实训，现实企业的操作和

我们的模拟实训有很大的差异。这就要求我们必须深入企业，与企业建立对应联系，学生在学习"仓储实务"课程的时候，能实现最初的"参观实训"到后来的真正的"企业顶岗"。

二、具体的改革亮点

（1）学习调研，与企业实现真正的对接。自启动示范建设以来，我们通过成都现代物流职教集团和物流协会等平台，选定了几十家不同类型的物流企业，通过电话联系和上门走访的形式和物流企业实现了对接。大部分企业都比较认可校企实现真正合作、互利双赢的模式，和我们签订了校企合作协议书，并承诺可以提供教师实习岗位和学生参观实习的岗位。这些企业包括知名物流公司，蚂蚁物流、四川物流股份有限公司、杜臣物流、申通快递、四川大件运输等。在此基础上，2012年9月25日，学校组织召开了"物流专业建设委员会"，邀请了各大物流公司的负责人进行了会谈与研讨，各大物流公司纷纷提出了中肯的意见，对我们精品课程"仓储实务"进行了岗位确定与课程的定位，并承诺可接收学生和教师的参观实习，这对我们后期的精品课程建设起了很大的推动作用。

（2）模拟教学场景，学生融入到企业环境。通过对企业的深入了解，我们发现现实中很多物流企业的企业文化是非常浓厚的，这样有利于提高员工在企工作的积极性，所以我们在进行课程设计的时候，应该考虑到给学生灌输仓储企业的企业文化。我们在精品课程的建设中，从第一章开始，就模拟了学生进行物流公司的组建。学生从这里就进入了"企业模式"，有自己的公司文化特色，每一组学生都有自己的公司名称、地址、口号、盈利模式、初始资金、各岗位负责人等，并结合了第三方物流软件进行竞争性的操作。经过公司的组建，学生开始进行业务的训练，假设自己便是公司的新进员工，以管理员、信息员、操作员的身份开始了一系列的入库、在库、出库操作任务。

（3）建立了过程考核评价系统。我们在项目式教学的基础上，对每一个任务单元的实训任务设置了具体的考核评价系统，然后期末再进行各个任务单元的总体评分。这样，教师就能一目了然地掌握每一个单元的评分权重，而学生就能明确自己的每一个任务单元包含哪些实训项目，而这些实训项目分别对应的分值是多少，最后自己大概能得多少分。这个系统的建立，让我们真正从过去的期末理论考试模式，过渡到在教学的过程中实现整体考核。经过实践我们发现，学生通过这样的模式，积极性得到了很大的提高，平时不关心自己成绩的学生也变得非常主动地要了解自己每个任务的成绩，这使课程改革取得了良好的效果。

（4）学生在"仓储实务"的课程中，既能进行实训作业，也能到企业进行实习。示范建设的过程中，我们和企业建立了实质性联系，教师在进行课程设计的时候，增加了一些和企业对接的环节，包括到企业进行参观和岗位实习。学生通过这样的模式，能进一步掌握企业现实运行过程中的仓储知识，为学生下一步进入企业工作打下了良好的基础。

三、对"情景模拟，过程考核"的教学模式的思考与建议

通过本次项目课程体系的开发与实践，我们充分意识到示范建设和精品课程建设还需要做出以下的改进：

（1）加强实训基地的功能建设与同步更新。

实训基地随着建设时间的延长，部分设备会随着物流技术的更新而被企业淘汰，所以我

们应该实时掌握行业动态和物流技术的更新，把新的仓储技术和知识带到课堂。

（2）进一步完善与物流企业的合作机制。

我们与企业建立的联系还仅仅停留在初级阶段，要建立真正的工学结合机制，还必须加强企业实训基地的建设，与不同类型的仓储企业实现互利共赢的关系。

（3）教师应定期到企业进行定岗实训。

"仓储实务"的课程实践性非常强，教师应在理论知识的基础上，有扎实的操作技能，这样才能依照企业的要求来同步指导学生实习。

（4）教师必须由传统的控制型主体角色转变成交流型、对话型、服务型角色。

学校不再是教师中心，教师权威的场所，而是学生中心，学生发展的场所。为了提高学生的实际能力，为了学生的职业定位，中职院校的教师就必须"脱胎换骨"，真正转变思想，从中心角色中游离出来，成为学生思考问题的诱发者，讨论问题的交流者，成为学生成长的伙伴或顾问。在中职教育中如何将一个项目与社会需求联系起来，教师的社会实践能力至关重要。目前，中职学校的双师型队伍建设也是为了实现这一目的的。教师不能只是、只会在教室里、学校中讲授专业，而应该到专业知识将会直接得到应用的行业中去调查、研究。教师只有具备职业经验，了解企业的工作过程和经营过程，才能从整体联系的视角选择具有典型意义的职业工作任务来作为具有教育价值的项目。教师只具有专业理论知识，而不熟悉职业实践难以胜任现代教学工作，更谈不上进行项目教学。这就要求教师通过企业见习、实习等途径了解企业，积累工作经验。

参考文献

[1] 程 欣.论传统仓储企业如何向现代物流企业转变.中国储运，2007，（09）.

[2] 王奕俊.传统储运企业的转型之路.市场周刊（新物流），2006，（05）.

[3] 梁 娟.传统储运企业向现代物流企业转型的策略研究——基于资源整合和核心能力.物流科技，2006，（03）.

[4] 林 琳，林海北.传统储运企业的"二次创业".商场现代化，2007，（07）.

浅析在文学鉴赏中怎样引导学生对文学作品进行二度创作

四川交通运输职业学校　王　晨

摘　要： 文学作品鉴赏在中学语文学习中总是占据着举足轻重的地位，然而由于解读视角的不同，往往导致对同一作品有不同的解读，解读不同就导致对文本的理解有所不同。怎样使学生更好地理解文学作品的精髓是我们教学工作的重点之一，然而使学生更好地去理解文学作品的重要方法之一就是引导学生对文学作品进行"二度创作"。

关键词： 二度创作；空白；缺陷；期待视野；召唤结构

"二度创作"是经过读者的欣赏、分析、解读，在尊重原著的基础上，对原著的内涵进行深入的分析体会，并能得到创造性的再发挥，使原作的艺术表现力更极致的得到表现，赋予文学作品新的生命力。

接受美学认为文学作品是由作者和读者共同创造的，文学作品的意义是在阅读中构建的。在阅读过程中，作者通过文本与读者进行对话和交流，从而使文本潜在的意义在读者的心中呈现出来，并对读者的生活产生影响，也使作品的意义得以生成。

往往当读者刚刚拿到一部作品时，作品初次呈现在读者面前的只是一些文字，要使读者在阅读作品时融入自己的感情，自己的思考，这一过程就类似于凭读者自己的感觉与经验去填补作品的空白，包括意蕴上的、结构上的。用科学的理论来解释也就是格式塔心理学中的"完型压强理论"。完型压强就是当人们看到一个不规则、不完满的形状时会产生一种内在的紧张力，这种内在紧张力会促使人的大脑紧张的活动，以填补"缺陷"使之成为完满的形状，从而达到内心的平衡。比如，我们看一个球形物体，尽管看不到它的背面可是仍然能够肯定它是球形的，这是因为我们曾经从不同角度观察过，凡是球形的物体，它的正面和背面是一样的，我们已经有一个球形的概念的模式存在于头脑中，因而知觉和概念在认识中成为一个整体结构。所以我们第一次看到球形物体，又只看到它的轮廓而不能看到它的全部时，对未看到的部分即"缺陷"部分就会有一种好奇心，这种好奇心就会促使你去动脑筋思考探索，绞尽脑汁去填补"缺陷"，去完型。这实际上就调动人去思维、去理解，而这种思维按格式塔心理学的说法是"意识经验完型的不断改组"。这种"缺陷"并不是空洞、空虚的，是确定中的模糊，是确定中的"空白"。

格式塔心理学中所说的"完型压强理论"正好对应着艺术作品中的"召唤结构"。伊瑟尔在创立接受理论刚开始就提出了"召唤结构"这个概念。伊瑟尔认为在文学文本中，在人物性格、对话、心理描述、生活场景、细节等许多地方都存在着空白，等待读者来填补。因此，空白是吸引和激发读者想象来完成文本形成作品的一种动力因素，如果读者已被提供了全部故事，没给他留下什么事可以做，那么他的想象就一直进入不了这个领域，结果将是当一切都被现成的设置在我们面前时不可避免地要产生厌烦。所以，空白不是文学文本的缺点，而恰恰是它的特点和优点。

在教学过程中，为填补"缺陷"而导致积极思维，必然会使学生从较低的思维水平提高到较高的思维水平，从不完美的"形"到完美的"形"。如此，就需要语文教师经常诱导学生去发现文章作品中有缺陷的"形"，通过积极思维去加以填补，填补"缺陷"、填补"空白"。这种填补的过程就构成了"二度创作"的过程。要想让学生更好地去理解作品，就必须得从多方面引导学生进行如此的"二度创作"。

一、引导学生进行"二度创作"的方法——引导学生发现和填补缺陷

从完型压强理论中我们知道，引导学生在阅读文学作品时进行"二度创作"，最主要的突破点就是帮助学生找到作品中的"缺陷"。

1.缺陷往往表现在省略的地方

省略往往又有两种表现方式：一是成分省略；二是省略号。在文学作品里，作家们往往会为了刻画某一人物形象，突出人物个性而可以将某个人物的语言略去不写，用省略号或破折号来代替，带给读者无限的想象空间。例如在《红楼梦》中，黛玉临终时高叫："宝玉，宝玉，你好……便浑身冷汗，不作声了。"好字之后的省略带给读者无限的遐想，得到了此处无声胜有声的艺术效果，让人回味无穷。可能是"你好好保重"，这样的猜想可以说明黛玉临死还不忘惦挂宝玉，放心不下宝玉，关心他；也可能是"你好狠心"这样的猜测则深刻说明了黛玉对宝玉的恨，恨宝玉无情无义地抛弃了她，欺骗了她的感情，悔恨自己所托非人。这样的猜测自然是对宝玉的误会，但用在当时的情景下仍算得上是合情合理。还可能是"宝玉，你好糊涂"这样的感情就又是另外一种了，饱含了对宝玉的哀怨，怨宝玉在自己的终身大事上还这么迷迷糊糊，不清不楚竟中了王熙凤的调包计……如此一来，由省略号带来的空白就促使读者无穷的想象，在想象中完成对作品的"二度创作"。

2.缺陷往往表现在侧面描写的地方

侧面描写是指通过对其他景物的描写突出所要描写的对象，因为侧面描写是变换视角，用迂回曲折的方式巧妙地表现主体对象，这也是一种缺陷，能给读者较大的想象空间，意味无穷。例如在《陌上桑》中写罗敷的美貌，调动了多种艺术手段，有美好景物的渲染，有精美器物的陪衬，有美丽服饰的直接描写，有为她美貌所倾倒的行者、少年、耕者、锄者的侧面描写，但罗敷的相貌到底是什么样子，没有人知道。这时，老师就可以要求学生凭借自己的生活感受，展开丰富的想象，用语言文字去给秦罗敷画像。学生根据自己在生活中所见的美女形象去再造，用自己的美学观去补充、丰富罗敷的形象。这样，每个学生心中创造的罗敷形象一定是千姿百态的，总之，在学生心目中的罗敷是自己认为最美的，比直接去表现的形象将更加完美。

3."缺陷"往往表现为含蓄的结尾

文章的结尾是各式各样的，但归纳起来不外三种类型：自然性结尾、总结性结尾、含蓄性结尾。艺术作品有许多含蓄性结尾，其特征是言已尽而意无穷，这种结尾让读者回味无穷。教师就可以利用这种缺陷去引导学生填补。就像是《项链》的结尾，写路瓦栽夫人在公

园巧遇弗莱思节夫人戛然而止的情景，给读者留下了悬念。在这个时候，教师可以向学生提出问题：当路瓦裁夫人听到项链是假的消息时，她的内心活动、表情、神色将会是怎么样的？发挥想象来补写《项链》的结尾。如此，就给学生留下了无限的想象空间，而且这种想象通常又不会是强制性的，学生都会去乐于思考。这样，不光锻炼了学生的想象力还锻炼了学生的思维创造力，更加深了学生对文本的理解，使学习在快乐中进行，势必事半功倍。

二、学生进行"二度创作"的所需因素

上面我们已经说过，"二度创作"的理论根源于格式塔心理学中的"完型压强理论"以及接受美学中的"召唤结构"，要明确学生进行"二度创作"所需的因素则首先要从这两方面着手。

1. 从"期待视野"着手

在接受美学中所谈到的期待视野是指文学接受活动中，读者原先各种经验、趣味、素养、理想等综合形成的对文学作品的一种欣赏要求和欣赏水平，在具体阅读中，表现为一种潜在的审美期待。一般把期待视野分成四个层次：第一个层次是读者的世界观与人生观，无论是在人生的哪个阶段，人们对世界、人生的看法无论是以清晰的理性的形态表现出来的，还是以某种思想道德原则来判断事物采取行动，世界观和人生观都是渗透到一个人生活的方方面面中去的，也渗透到文学的阅读和接受中去；第二个层次是一般的文化视野，就是指一个人的文化水平、智力水平、知识面、生活经验，以及接受传统文化的熏陶以及外来文化对其的影响，因为阅读活动是一种与其他精神文化活动密切联系的精神文化活动，所以具有较广泛的文化视野和丰富的生活经验对深入理解认识文学作品是很有帮助的；第三个层次是文化素养，包括书法、绘画、音乐、舞蹈等艺术方面的修养；第四个层次是文学能力因素，就是指文学本身的直觉力、鉴赏力、理解力、感悟力等，这将引导读者在作品中寻找某些他所期待的东西。

总结起来，期待视野的这四个层次强调了读者本身的主观因素，强调了读者的个人修养，因此从根本上出发就需要学生加强个人自身修养，当学生自身的知识储备，文化涵养达到了一定程度时，他们在拿到一篇作品时，就会自然而然的与文本形成共鸣，能够自然地领会文本的内涵，并且有自己的见地，这样，不需要教师怎么指点，学生就能很好地领悟，有所得。然而，要达到这一步往往是很困难的，就像语文素养不是一天两天就能积累到的，语文能力的培养是需要长时间积累的，这也是一项艰辛的活动，需要天长日久的积淀。因此，在教学活动中还是需要教师去积极地对学生进行引导，在学生自身积累的同时从外部对其施加影响，内外因相互配合才能使学生得到最好的发展。

另外，就要培养学生的创造性。培养学生的创造性从根本上说就是要训练学生打破常理的思维方式，不能墨守成规。要培养学生的创造性，就需要去充分尊重学生在语文教学中的主体性地位，发挥学生的主动性、独立性。在教学活动中要提高学生参与的积极性，让学生多参与，教师在教学活动中起到一个中介、桥梁的作用，不能全盘包办、代替。就像之前我们所说的，在阅读活动中，读者并不是被动的接受者，而是积极主动的参与者，读者的参与过程其实也是对作品的再造过程，也就构成了对作品的"二度创作"。一堂课，如果全是由

教师"满堂灌"的讲述，没有学生的参与，即使学生的笔记记得再清楚，记得再全面，学生也不会学到什么；相反的，久而久之，还会使学生产生惰性，凡事不愿意再思考，而且这种教学方式往往会使学生产生厌学情绪。所以，作为教师，千万不能抹杀了学生的兴趣，忽视了学生的创造性。教师在课堂讲授时不光要起一个桥梁作用，还要起一个引导者和组织者的作用，引导学生的积极参与主动创造，组织丰富多样的课堂教学方式，激发学生的学习兴趣。

2. 从"召唤结构"着手

召唤结构理论告诉我们，阅读的过程就是读者"视点游移"的过程，也是读者获得连贯意义的过程，一旦遇到文本空白就会造成意义的中断，给读者造成心理上的曲折反应，但是往往是由于这个障碍才会激发读者想要去填补的欲望，因此，作为语文教师就要善于利用文本的召唤结构来激发学生的求知欲，激发阅读兴趣。也可以利用召唤结构来激发学生的想象力和创造力，在作品的空白点上进行设问，深入发掘作品的意义。教师还可以利用召唤结构启发学生发挥想象力和创造力对文本进行多层次、多角度解读，来丰富学生的个性化体验。

另外，可以运用"问答逻辑"。问答逻辑是建立在感觉经验为主的初级阅读基础上的反思性阅读，主张在读者与作品反思的对话中理解和把握作品最深层的内涵，强调感性经验向理性反思的提升。这一理论强调了"思"在文学鉴赏中的重要作用。在阅读教学中就要求教师训练、学生学会反思，深化学生的认知和情感。在阅读教学中，学生的认识、感情体验、价值观这些方面不是简单通过教师的说教就能得到的，需要在阅读反思的过程中，让学生主动建构起来，让学生的认识和情感在反思过程中通过"问—答—问"的循环往复、不断上升的过程得到深化。

在文学鉴赏中引导学生进行"二度创作"是让学生更好地理解作品思想精髓的重要方法之一，这个方法可行性极强，且能够从多方面发展学生的能力，有利于培养学生的语文素养，激发学生的学习兴趣，是一项一举多得、事半功倍的好方法，但要成功运用这一方法还需要广大语文一线工作者提高自己的专业能力，了解文本、了解学生，并能将二者很好地结合起来。

参考文献

[1] 刘永康. 语文教学探赜索隐——中西合璧的语文教育观. 成都：成都科技大学出版社，2000.

[2] 刘永康. 西方方法论与现代中国语文教育改革. 北京：人民出版社，2007.

机械制造工艺基础课程中的项目教学模式分析

四川交通运输职业学校　夏宇阳

摘　要：随着我国教育的不断发展和改革，我国的教育课程教学理念和教学模式均不同程度的发生了变化。在机械制造工艺基础课程的教学中，以往运用的教学理念和教学方法已经不能顺应现代教育的发展潮流，需要对其进行有效的改革。项目教学模式作为一种教学模式改革的重要成果，其对于营造活跃的课堂氛围、提高学生的专业水平具有十分重要的作用。因此，本文针对机械制造工艺基础课程中的项目教学模式进行了详细分析。

关键词：机械制造工艺；基础课程；项目教学模式

在我国的中职学校的机械专业中，机械制造工艺基础科目作为其中最重要的一门具有很强的综合性和实践性的基础学科，对于培养学生的机械操作水平、提高学生的理论知识水平具有十分重要的作用。因此，需要采用积极有效的教学方法来进行该门课程的教学。项目教学模式，主要立足于培养职业人才的角度，对学生的专业知识理论、职业技能水平以及职业意识进行全面性、综合性的培养，最终为社会培养出优秀的机械制造人才。

一、项目教学模式的概念分析

项目教学模式，在改变以往教学模式的前提下，运用示范项目、实训项目以及练习项目的方式，在增强学生学习积极性的同时，让学生对专业知识进行快速、熟练地掌握。在机械制造工艺基础课程的教学过程中，通过运用项目教学模式，不仅能够有效地对学生的动手能力、思维能力、创新能力、探究能力以及社会能力进行培养，而且还能够为学生建设一个活跃性、研究性以及开放性的课堂氛围，给学生提供充足的思考空间，让学生运用最适宜的学习方法进行课程的学习。

二、项目教学模式的目的

在中职学校中运用项目教学模式，主要以提高学生的学习兴趣、提高课堂教学质量为目的，并能够有效地解决学生学习完该门课程后理论实践方面的操作。另外，通过运用项目教学模式，能够使教师与学生共同参与到课程的学习过程中，极大地将学生的主动性和积极性调动起来，达到寓教于乐的效果，进而让学生在轻松、愉快的氛围中掌握并运用所学到的理论、实践知识。

另外，由于项目教学模式具有互动性，因此，在教学的过程中，教师要加强与学生之间的互动，引导学生学习机械制造工艺课程。例如，在寒假或者暑假阶段，教师主动去相关的机械制造企业中参加实践活动，丰富自身的理论知识和实践知识，防止教学知识与实践出现脱节的情况。除此之外，教师要鼓励学生大胆创新思想，允许学生有一些独特、新颖的观点；如果学生观点不正确，教师不要对其进行直接的否定，防止给学生的学习积极性产生影响。

三、机械制造工艺基础课程中项目教学模式的实施

为了将项目教学模式的作用充分地发挥出来，在中职学校的机械制造工艺基础课程中要运用以下几个方面的有效措施：

1. 制订可行性的项目教学模式教学方案

在进行机械制造工艺基础课程的教学过程中，首先要做的工作就是制订教学计划，教学计划是进行教学工作的主要纲领性文件。对于中职学校的教育来说，由于机械制造业的发展情况和市场具有不可预料性，是不断发展变化的。所以考虑到这种原因，该课程所制订的教学模式应该具有灵活多变性、弹性的特点。另外，教师确定好每一节课的教学目标，在保证教学目标不发生变化的条件下，根据学生的项目实践情况，对其进行灵活运用。要注意，所制订的教学计划要具有职业性，并且能够满足机械制造业的发展特点。

2. 保证项目教学任务的有效实施

机械制造工艺基础课程，其每一个章节都讲述了一种机械加工方法，并且每一个不同的知识体系，又具有独自的实践性特点。另外，受到教学条件设施以及教学时间因素的影响，所设定的项目任务要对成本性与操作性进行考虑，避免导致项目理论知识与实践互相脱节的情况，不能对学生的应用能力进行培养。例如，在学习车削章节内容时，首先对学校的设施和课堂时间进行考虑，然后确定适合学生学习加工的零件尺寸，选择一个尺寸小，却能够包含大量车削理论知识的零件。比如从这个零件中能够让学生学习到外圆加工法、沟槽加工法、台阶加工法、螺纹加工法以及锥面加工法等方法。

3. 所选择的项目模型以学生为主

与以往的教学方法相比，项目教学模式对其进行了转变。例如，将以往的课堂以教师为主转变为现在的以学生为主，将以往的以课本为主转变为以"项目"为主，将以往的以教室为主转变为现在的以实际经验为主。因此，在对教学进行设计时，要坚持以学生为主的原则，确定项目教学模式的教学思路和方法。主要从以下几个方面进行设计：

（1）设置情景。

所设置的课堂情景，要将机械制造工艺基础课程学习的内容和实际情况相联系，创造出生动的情景环境。简单来说，也就是引导学生运用理论知识对实践中的问题进行有效地解决。

（2）示范操作。

以正在学习的理论知识内容为主，锻炼学生知识迁移的能力。另外，所选择的项目难度要适宜，对其分解过程进行示范。

（3）项目任务的确定。

确定项目任务时，要运用分小组调查的方式，经过研究分析后，以教师为指导，确定项目任务。

（4）培养独立探索能力。

锻炼学生独立思考的能力，对其详细地讲解知识点，为他们以后主动、自立练习项目打下良好的基础。

（5）加强协作学习。

在小组间开展讨论和交流工作，坚持分工协作的原则，对每个员工布置任务，共同完成项目。

（6）进行学习的评价总结。

工程项目完成的情况，能够直接对学生的学习效果进行衡量。所进行的总结评价，主要有三种形式，即教师评价、学生自主评价以及学习小组评价。

4. 对项目教学模式的整个教学过程进行控制

通过运用项目教学模式进行教学的过程中，要注意对整个教学过程进行控制，其不仅能够让学生积累更多的知识，而且还能够锻炼学生解决问题的能力。因此，在对项目教学模式的整个教学过程进行控制时，主要对教学内容的投放节奏以及教学效果的评价两个方面进行控制。

（1）教学内容投放节奏的控制。

其中，通过对知识的获取节奏进行控制，对于让学生熟练掌握知识技能的能力以及知识技能掌握的准确、科学性进行培养。例如，在讲解金属材料的热处理知识内容时，首先对学生讲解金属零件的加工工艺和使用性能，然后对金属材料知识进行细分，主要分为预备热处理以及最终热处理两个方面。在进行具体的操作过程中，将加热温度作为投放时间，这样有利于实现知识技能的连续性与层次性，能够建立一个完善的知识技能体系。

（2）项目过程的评价。

在项目实施的过程中，对其过程进行评价，能够有效的对学生的自我提高、自我反省以及自我激励等方面进行培养。另外要注意，在运用多样性的教学评价方式的基础上，要注重项目评价过程的节奏，制定有效的评价机制，给学生完成项目任务提供足够的动力，进而有效的提高教学质量。

结束语：在中职学校的机械制造工艺基础课程教学过程中运用项目教学模式，在实现教学理论知识与实践教学知识互相结合的前提下，不仅能够有效地加深学生对课程理论知识的理解、提高学生的实践操作能力，而且还将教师的主导作用与学生的主体作用充分地发挥出来，最终更好地适应社会机械制造业对人才的需求。

参考文献

[1] 冯延. 项目教学在"机械基础"教学中的应用探究. 中国校外教育（理论），2008，01（11）：42—43.

[2] 熊玲鸿. 项目教学法在高职"机械设计基础"课程中的应用. 新课程（教研版），2010，10（31）：77—78.

[3] 吴国全. 浅谈项目教学法在机械基础课程教学中的实施. 太原城市职业技术学院学报，2010，14（03）：64—65.

[4] 洪晓. 项目教学法在"机械制图"课程教学中的应用与探索. 中国科教创新导刊，2010，28（11）：71—72.

[5] 席凤征. 项目教学法在"机械设计"教学中的应用. 才智，2011，17（31）：99—100.

[6] 刘冬梅. 浅谈"机械制图"的项目教学法. 职业，2009，33（03）：56—57.

中职"物流机械设备"课程实践教学探讨

四川省交通运输职业学校　夏梦丹

摘　要：针对中等职业技术学校物流教学的特殊性，本文立足于物流机械设备课程，探讨了情景教学、案例教学、任务驱动教学、角色扮演教学和实训教学这几种教学方法在这门课程中的应用。

关键词：物流教学；物流机械设备；教学方法

当前，我国正处于全面建设小康社会、加快推进现代化的关键阶段，经济和社会发展面临许多重大而艰巨的任务。加快教育发展，使我国经济建设切实转到依靠科技进步和提高劳动者素质的轨道上来，是提高经济增长质量和竞争力的可靠保证，也是把我国巨大的人口压力转化为人力资源优势的重要途径。从中央政府再到地方政府越来越重视中等职业教育的发展，而对于中等职业技术学校物流服务与管理专业，由于其是一门新兴学科，怎样让中等职业技术学校培养出物流行业和社会所需要的人才是当前需要解决的重要问题。

本文结合笔者的教学实践、参加的物流教研活动的经历以及相关资料的阅读，以物流机械设备课程为例探讨中职物流课程实践教学方法。

一、情景教学法

情景教学法来源于心理学家对人类的性格研究。情境教学法是指教师的物流机械设备课程教学中，有目的的根据物流机械设备教材内容进行引入或创设生动形象的学习场景，来引起学生参与这个模拟场景过程和分析过程特点，以达到帮助物流服务与管理专业学生理解该教材的重要知识点，发现变化规律，提升学生自身的知识技能。实施情境教学法的重点是要激发学生内心情感。采用情景教学方法把书本中的理论知识用情景模拟方式呈现在学生眼前，使学生能够更好地掌握知识。

1. 情景教学模式在中职物流机械设备教学中的应用

情景教学与物流专业课本知识的结合。中职物流专业毕业生，将会在社会的各个企业、事业单位从事与物流相关的工作，在物流岗位上发挥重要作用。我们可以根据物流机械设备的教材内容设计相关的情景进行教学。例如：仓储的作业流程和物流客户服务。

首先从仓储作业流程开始，使用工厂的仓库平面布置图和各个部分来模拟整个仓储作业流程。根据物资验收入库的流程，如物资接运、物资验收、物资入库的要求和操作程序进行物资验收入库工作；根据仓储作业原则对物品进行物资保管保养，如根据"先进先出"原则，应将先入库的物品先发货，这是为了防止物品保存时期过长，发生质变等；根据'重物下置'原则，较重的货物应放置在地面上或者货架的底层，较轻的货物应放在货架的上层；根据"面向通道"原则，应将货物面向通道进行存放、方便移动等进行物资保管保养；根据物资出库的流程，如出库准备、审核出库凭证、备料、复核、点交、清理进行物资出库作业。最后要求学生根据所存放商品设计仓库的平面布局，教师进行评分和批改。

在物流客户服务这部分内容教学中，可以根据班级人数将学生分成若干组，事先让学生搜集物流客户服务相关资料，让他们以自己掌握的这方面内容模拟处理物流客户投诉情景。每组里面要分别请同学扮演扮演物流客户及物流企业客服人员，处理物流客户的投诉。教师在这个过程中观察小组处理的效果，其他小组可以对正在模拟进行投诉处理的小组评分，最后教师进行评价总结。通过情景模拟使学生熟悉物流客户和物流企业客服人员的岗位职责及处理客户投诉的办法。

2. 情景教学方法的要求

传统的物流机械设备教学是教师根据教材内容事先做好教学计划，在进行授课时根据教材章节内容，按顺序进行讲解。而采用情景教学方法则需要学生事先掌握该情景的知识要点，这就要求教师在前期准备工作中将大部分时间交给学生查找资料理解要点，在情景问题解决过程中根据准备的资料发现问题，找出问题根源，制订解决方案从而解决问题。在这个过程中，对教师的物流机械设备课程教学提出了更多要求。首先，教师要根据物流机械设备教材的知识要点设置与之相符的情景，这样必然要花费物流教师大量的时间和精力。其次，教师还要根据设置好的情景进行备课，并且衔接好其他知识要点。而且在这些环节中还对教师提出其他方面的要求，如教材重要知识点的相互衔接、教学设施设备的使用等。

3. 情景教学模式作用

以前传统的教学方式主要是通过中职学生的卷面成绩来考察学生的知识掌握情况，这样的考察往往是不全面的；而现在采用新颖的情景教学模式，这个教学方法通过考查学生处理情景问题的方式进行，能够考查学生运用教材知识解决问题的能力，更能够培养学生的实践操作能力。通过情景模拟还能使学生体会情景角色的内涵，培养学生对物流职业的认识，调动学生学习的积极性。

二、案例教学法

案例教学法就是以某一实际业务项目为实例，结合理论知识组织教学，是一种理论联系实际的、启发式的教学过程。

1. 案例教学模式在中职物流机械设备教学中的应用

案例教学方法就是在教师教学过程中，根据物流机械设备这门课程的主要知识点，选取与之联系密切，又具有典型意义的教学案例参与到教学过程中。这里以运输这个知识点为例，如王经理要从天津运输一批 120t 的煤炭到成都，要求学生设计一个合理的运输方案。

将学生按照合适的人数分为若干组，以小组为单位，组员之间分工协作，运用物流机械设备教材中运输知识点，根据运输地点和货物性质分析选择合理的运输方式，以及各种运输方式在这个案例中的优缺点和在途运输中可能遇到的风险、问题及解决措施等。最终各个小组设计的运输方案应实现运输效率最高和企业利润最大化的目的。

2. 案例教学方法的作用

这种教学方法在学生学习物流机械设备主要理论知识点时，引入与之相关联的典型案例，要求学生根据所学知识分析解决案例中的问题，从而使学生能够活学活用，达到理论结合实践、学以致用的目的。

三、任务驱动教学法

所谓任务驱动教学法，就是指在学习物流机械设备这么课程过程中，教师引领着学生，围绕着一个共同的任务，在这个共同任务的问题驱动下，学生积极主动地吸取应用学习资源，并自主进行探索和团队协作学习，最终解决任务问题。

1. 任务驱动教学模式在中职物流机械设备教学中的应用

任务驱动教学法的基本步骤是：设置任务、任务分析、任务完成和效果评价。下面以"物资入库"任务为例来分析这四个步骤。

（1）设置任务。

根据物流客户的入库单进行物资入库作业。

（2）任务分析。

根据任务，回顾物流机械设备这门课程对应的物资入库作业的知识点，通过物资入库作业问题的解决来构建学生这部分的知识框架。

（3）任务完成。

根据全部同学人数合理分组，每组选出一名组长，采取小组合作的方式，组内成员分工明确，根据物资验收入库的流程——物资接运、物资验收、物资入库，根据相应的业务流程办理好物品的入库。

（4）效果评价。

在学生完成任务后，教师要对其进行评价总结。首先包括自我评价、小组互评，最后教师根据各小组的完成情况，对学生综合评价，包括表现良好之处、不足之处等。

任务驱动模式教学能够使学生在结合教材主要知识点完成任务时收获了成就感、荣誉感，这样大大地激发了学生学习的乐趣，使学习形成了一个良性的循环。这样有利于培养学生自主探索、积极进取的自学精神。

四、实训教学

实训教学就是以物流机械设备在物流行业中的需求为出发点，培养学生的实践操作能力，做到理实一体化。笔者认为可从以下三方面入手：

1. 校内实训

学生在系统学习了物流机械设备课程的教材内容后，可在学校物流实训室里模拟运输、仓储作业以及包装机械、装卸搬运机械、集装单元化器具等的应用，锻炼和提升学生综合技能。

2. 参加竞赛

组织学生参加校内外的各种物流竞赛，例如全国运输实务竞赛，锻炼学生的沟通交流能力、思考动手能力等，培养学生的团队协作精神、竞争意识等。

3. 物流企业实习

通过一段时间的物流企业实行，学生才能把物流机械设备教材的内容与实际有效地结合起来，了解物流行业的岗位职责，锻炼学生的实践操作能力，为以后学生进入社会，走上工作岗位打下坚实的基础。

结束语：物流机械设备课程是中职物流服务与管理专业的专业课程。该门课程的理论知识较重，且要求学生掌握的实践技能也相当多，如果按照书本知识进行照本宣科的讲解，不能让学生更为熟练地掌握知识点，那么学生走上岗位后还要拿更多的时间去适应。例如：在这门课程里涉及很多的专业工具：各种型号的运输车辆、各种物流作业的机械设备以及物流解决方案的制订等。因此教师在教学中要根据不同的教学内容采用科学、有效的教学方法，从而提升学生学习效率以及学习质量。

参考文献

[1] 王　蓓，赵柴厚. 关于物流管理专业教改思路. 中国市场. 2008（10）.

[2] 郭　捷. 工商管理课程实验教学若干问题的探讨. 实验技术与管理. 2008（5）

[3] 石伟平. 能力本位职业教育的历史与国际背景研究. 外国教育资料，1998（3）.

关于中职"配运作业实务"教学方法浅析

四川交通运输职业学校　　伏玲暇

摘　要：随着社会的发展，物流业越来越受到关注。配运即运输和配送，是物流系统中其重要的环节。本课程需要学生掌握的理论知识较多，而中职学生的学习基础较薄弱，学习积极性不高，注意力不集中，在实际教学中需要选用互动性较强、机动灵活的教学方法，能提高教学效果。本文主要对案例教学、谈话式教学两种方法结合在"配运作业实务"这门课程中的运用进行设计，以此加强学生和教师之间的沟通和互动，调节课堂氛围，让老师和学生都在轻松的氛围下讲授和学习，提高教学质量。

关键词：中职教学；配运作业；谈话式教学；案例教学

纵观课堂教学，普遍使用的都是"老师在讲台上讲授、学生在座位上听并做笔记"的方式，一堂课 45 分钟，老师讲解花去 30～40 分钟，学生理解练习用掉 5～15 分钟，这种传统的教法加助了课堂的枯燥、教师的厌教情绪、学生厌学情绪，然而大多数学校的硬件设施设备具全，为了改变这种现象，推动教学创新改革势在必行。"配运作业实务"这门课是物流专业的必修课，结合现代社会、企业的实际需求，学生掌握相关理论知识和操作技能对学生走入企业岗位至关重要，所以基于现在的教学现状和本课程的重要性，对教学方法的改变迫在眉睫。

"配运作业实务"这门课程包括配送和运输两部分的内容，理论性较强，抽象且枯燥无味，涉及的知识面广，需要学生掌握的原理较多，如果只是简单的教授知识，难以引起学生的兴趣，难以活跃课堂气氛，难以集中学生的注意力，不利于学生对知识点的理解和掌握，更无法培养学生思维、分析、解决问题的能力，因此激发学生的学习兴趣就成了课堂教学中的一个问题。中职学生一般在以前的学习中成绩不太理想，积极性较差，受老师、同学、家长的打击，自信心不够，思维叛逆，对事物极其敏感，性格冲动易怒，且注重内心的"地位感"，希望受到平等对待和尊重。因此让学生感受主体地位，被人重视，激发学生的表现欲望，主动沟通交流就成了课堂教学中的另一个问题。为了解决这两大问题，我采用案例教学＋谈话式教学两种方法的结合运用来对课堂进行设计。

一、案例教学方法简述

所谓案例教学法，是指在理论教学的基础上，结合课程内容，利用实践中发生的真实的事例，引导学生进行讨论分析，以完成预定教学目标的教学方法。案例教学法以案例为基础，在现有的条件下，把生活中生动的案例引入课堂，将以往发生了的事情重现，激发学生的好奇心、求知欲望、学习兴趣。在学生对案例自由讨论、辩论后提出自己的意见，再展现解决事情的决策、方法及结果，可以将抽象的理论具体化，并和学生的结果做出对比，加强理解和记忆，与此也培养学生综合分析能力、与人交流、协作的能力。

案例教学方式是一种先进的教学方式，但不是所有案例都适合用在课堂上，它应该具有典型性，要求老师选择和教学内容关联大，有代表性、目的明确、情节紧凑的经典案例，在讲解时匹配一些相关图片，多设置一些问题，多和我们日常生活中的所见所闻相关联，进行全面、透彻的分析和讲解，不要做成虎头蛇尾。

二、谈话式教学方法简述

教育的目标是人的全面、和谐发展，所以在教学过程中，遵循现代教学理论，坚持人本主义理念、强化教师的服务意识，教师的一切活动都对学生起引导作用，坚持为学生创造良好的学习氛围和学习环境，帮助学生掌握科学的学习方法，逐步形成独立自学、积极自信的态度。为了达到以学生为主体地位，教师发挥主导地位，建立相互信任、相互尊重的师生关系的目的，谈话式教学可以促进课堂的发展。

谈话式教学可以说从古就有，我国古代教育家孔子就提倡谈话式教学方法。谈话式教学就是师生之间的谈话，但谈话的内容需和教学中要展开的内容相符。谈话式教学过程注重理论知识的生活化、情感化，多谈及和生活相关的话题，多用日常所见实物作为举例的对象，让学生有话可说，从生活中梳理出理论知识，或将理论知识用于日常生活现象的解释中，深入浅出。值得注意的是，我们千万不要吝啬赞美、肯定的语言，不要忽视表扬的激励和强化作用。一句肯定的话是师生间感情亲近、知识贯通的亲和剂。谈话式教学是一种机动、灵活的方法，可以帮助学生掌握知识点，明白事物之间的联系，从而达到预期的教学目的。

三、案例教学＋谈话式教学方式在"配运作业实务"课程中的举例运用

案例教学和谈话式两种教学方式可以激发学生的学习兴趣和求知欲望，帮助其形成相互信任、温馨和谐的学习氛围。在"配运作业实务"这门课程中如何运用呢？以下举例说明：

在学习五种运输方式介绍这节课时，要求学生掌握不同交通运输方式的特点，了解选择交通运输方式需要考虑的因素，学会根据需要合理地选择交通运输方式。由案例导入：

1. 案例引入

（1）案例背景分析。

上汽集团是国内领先的汽车制造企业、最大的乘用车制造商和销量最高的汽车生产商。上海汽车作为上汽集团的下属自主品牌，目前拥有两大生产基地，分别是上海南汇临港基地和南京浦口基地。其中上海基地生产车型为荣威 A，南京生产的车型为荣威 B。上海工厂生产出来的汽车存储在临港库，库容为 12 000 台。南京工厂生产出来的汽车存储在南京库，库容为 6 000 台。作为上汽集团全资子公司，安吉物流承担着上海汽车两大基地商品车的运输业务，负责为客户提供点对点的运输服务。公司根据订单的具体要求，选择合适的运输方式和路线，从上海或南京的仓库发货。安吉物流针对不同运输线路，采取了不同的运输方式。

（2）案例思考，问题分析。

① 安吉物流从两大基地到广州、天津等沿海地区的货物运输倾向于采用哪种运输方式？

到武汉、重庆等沿江地区倾向于哪种运输方式？为什么？

②到重庆、西安可以采用哪些运输方式？为什么？

这两个问题可以引起学生的思考，下面带着这两个问题，一起简单地讨论一下。

2. 谈话式教学方法的引入

在学生讨论了问题后，进入谈话阶段。老师此时引入生活化的话题：假设五一黄金周的时候你到上海去旅游，从重庆出发，那么你会选择哪种运输方式呢？学生会有不同的回答，如火车、飞机、汽车等，接下来就分类进行阐述选择这种运输方式的原因，学生自由叙述、畅所欲言。在这过程中老师要及时对学生的阐述进行补充，引导学生思维的扩散。所有内容结束后，老师要及时进行总结，以问题回答的形式展开。例如：这些运输方式中价格最低的是？速度最快的是？运输量的排序为？哪些方式能实现直达？等等问题，让学生在老师的引导下自我总结。

3. 回归案例

在对生活化的案例谈论结束后，立即回到引入的典型中，这时老师应插入对理论知识讲解，用更完整的理论知识、完善语言表达对五种运输方式的特点进行具体讲解，完成后要求学生结合老师所讲和自己的分析理论对案例重新分析一次，得出答案。

4. 成绩考核

对学生成绩的考核不要注重答案的标准性，应更加注重学生参与的积极性，分析过程的合理性，思考的全面性，方案的创新性，以鼓励为主，否定为辅。对成绩的评定要尽量做到公平公正公开，让学生感受"基本民主"，并掌握自身的优点和不足之处，取长避短。

5. 氛围巩固、作业布置

在课程快要结束之际，交予学生一些生活化、情感化的作业，给学生留下一些发展的空间，将积极参与的这种氛围延续下去，将课堂学习延续到课后学习，意犹未尽。例如：本堂课可让学生课后去观察哪些货物采用了哪种运输方式并作出记录，留到下堂课和同学分享，这样鼓励了学生学会观察，学会分享，学会信息获取和分析。在课后教师要找时间和学生接触，可以谈及与生活联系更多的话题，如赞赏学生的衣服、询问电子产品的使用、家乡环境等，进一步了解学生的生活状况，为下一次课堂的谈话寻找合适的线索。

结束语： "配运作业实务"这门课程是物流功能要素运输和配送的结合，是物流管理专业学生进入企业的必备基础课程，但其理论知识内容枯燥，以教条式的操作流程居多，如何让学生在轻松的氛围中积极地掌握知识，并能成功运用是课程的目标。本文通过举例运用，体现了案例式教学和谈话式教学的结合可以帮助学生实现"轻松学"、帮助老师实现"轻松教"，激发学生学习的积极性、老师授课的积极性，真正实现课堂的"双赢"。

参考文献

[1] 张炎惠. 案例教学法在中职"国际贸易实务"教学中的运用. 科技信息, 2009 (3).

[2] 郑淑芬. 案例教学方法的作用、实施环节及需要注意的问题. 教育探索. 2008 (3).

[3] 陈若蕾. 探讨"谈话式"教学模式在"大学语文"课程中的实践. 广西大学梧州分校报, 2006.

中等职业学校土建检测实训课程教学改革探索

四川交通运输职业学校　宋　艳

摘　要：职业学校的土建检测实训课，是学生把在课堂上学到的理论知识应用于适应现代化生产实践的过程，是每位学生在走向土建检测工作岗位后能够胜任岗位要求的基本保证。本文从介绍土建检测实训课的重要性，以及介绍采取"项目任务书教学法"这种新颖、直观能让学生直接参与项目的一种教学方法，来提高学生兴趣并达到一定的教学效果。

关键词：中职学校；土建检测实训；项目任务书教学法

实训课是提高学生动手能力、操作技能的主要手段。作为中职老师，实训课应该怎样教，如何让学生对本专业感兴趣，怎样让学生学好，考虑这些问题是必需的。特别是采用什么样的教学方法才能很好地完成教学任务，收到良好的教学效果，能够让学生真正学到一门专业技能应运于实践工作中，是值得中职老师思考和探究的。

一、中等职业学校学生的特点

中职学校的学生主要来自没能考上普通高中的应届初中毕业学生或往届初中毕业生。这些学生不仅在学科学习方面落后于普通高中学生的综合水平，而且相当一部分处于一种自卑、不自信、消极的心理状态，觉得自己就是学不好，是成绩差的学生，学与不学都是一样的，没有太多的人关注；某些学生还会利用操行越差、学习越差的这种心理来引起老师和其他同学的注意。这种消极的心理状态，持久地影响学生学习的精神状态和目标动力。这样的学生学习目标不明确，学习精神不饱满；虽然他们有着伟大的雄心和远大的抱负，但由于学习基础差，一旦遇到学习难题就极易放弃，直接表现为学习懒散。中职学生在人生观的选择中最多的是选择"知足常乐、随遇而安"，而不是"积极上进，拼搏进取"。

中职学生虽然普遍厌倦理论学习，但还是希望通过自己努力学得一技之长，在上岗工作后不被社会所淘汰。在动手能力方面中职学生并不一定比其他普通高中学校的学生差，他们在今后的工作中主要是从事生产一线的专业技术人才，并且中职学生有着巨大潜力，因此可以充分地利用这种潜力，加强对中职学生的实训培养，上好每一节实训课是中职教师最主要的教学任务之一。

二、实训"第一堂课"重要性

实训"第一堂课"的教学效果直接影响今后所有实训课的教学。浓厚的学习兴趣能够使学生在发自内心愉快的情绪支配下克服困难，集中注意力学习知识技能，增加学习的积极性，这些都取决于"第一堂课"的教学效果。

第一堂实训课前，实训老师可以提前提供一些实际的工程检测项目作品和一些成功人物的案例，给学生进行讲解，让学生观看，让学生羡慕并让学生分享这份劳动和成功的快乐，提高学生的学习兴趣。鼓励学生只要好好地学下去，"摸着石头过河"地做下去，就一定能赶上这些成功人士，取得属于个人的辉煌成就，增加学生的自信心，培养"我行、我能"的心理，激发学生学习的主动性。

三、项目任务书教学法

中职学校学生的水平参差不齐，考虑这一因素，我们采用"因材施教"的教学原则来划分实训小组，在教学中根据不同学生的认知水平、学习能力以及自身素质，教师选择适合每组学生特点的学习方法进行有针对性的教学，发挥学生的长处，弥补学生的不足，激发学生学习的兴趣，树立学生学习的自信。

为了使中职学生能在今后的检测岗位上发挥各自的长处，按照不同的学习水平分成不同学习深度的小组，让水平弱一点的学生更好地掌握基础知识，让学习基础好一点的学生在掌握基础技能的基础上，开发他们更深层次的学习技能。鉴于此点，我们将采用"项目任务书教学法"进行教学。

1."项目任务书教学法"的定义

根据"因材施教"划分小组进行项目任务书教学法的实施。所谓"项目任务书教学法"，是将土建检测专业课程按教材目录分为若干技术或技能单元，每个技术或技能单元作为一个教学项目，实行理论、实践相结合的单元式教学，每个单元教学都以适用每个课题对应的若干试验检测项目完成一个作业来结束，再进行下一个项目任务的教学。简单说，"项目任务书教学法"就是师生为完成某一具体的工作任务而展开的教学行动。强调"为什么干"、"怎么干"、"怎么才能干得更好"、"干后成就是什么"的知识；淡化"是什么"和"为什么"的知识。"项目任务书教学法"主要体现的模式就是任务式、体验式、团队合作式、技能训练式的结合。

2."项目任务书教学法"意义

实训课是职业教育区别于普通教育的根本特征所在，也是学生形成自己动手操作技能经验，适应生产实践的根本途径。通过由指导教师设置的虚拟工程项目来确定检测项目及任务项目，在教师指导学生实际操作训练中，将理论知识与实践知识有效地结合在一起，更真实地将理论知识应用到实践工作中，使学生在实训中发现问题、解决问题的实训过程中获得经验。同时兼顾实践性经验和学习性经验的获得，根据教师虚拟工程项目的土建检测任务书设计所形成的实训项目课程，有利于学生对工作岗位任务的真实性、需求性的理解；有利于实现理论教学和实践教学的一体化；有利于实现职业技能训练和职业素养养成的一体化；有利于促进学生独立工作和团队合作学习的一体化；有利于促进教学实践互补、师生互动、同学互助，使教师成为学生学习过程的策划者、组织者和咨询者，学生成为学习过程中的主体、执行者，真正突出学生学习的主体地位，提高学生的综合职业能力。

3."项目任务书教学法"实施步骤

（1）项目任务的设置。

教师主导下的"项目任务书教学法"，首先要为学生设置出与教学大纲要求一致的项目，提出任务，并激发学生完成项目的兴趣。目标的制定，应当根据每组学生的实际水平，使每一个学生都能充分发挥出自己的创造性。要求学生根据设计书给出的设计条件进行项目任务的实施。

例如：已知某高速公路沥青混凝土面层设计类型为 AC-13C，原材料分别为：碎石 9.5～16mm，碎石 4.75～9.5mm，石屑 0～4.75mm，矿粉，改性沥青（SBS-I）。

设计内容：① 原材料试验；② 用图解法确定各种矿质材料的配合比；③ 通过马歇尔试验确定最佳沥青用量；④ 配合比设计检验（水稳性检验）。

首先由教师进行必要的课堂教学和实验，使学生掌握必要的基础知识；然后把全班分成 4 个小组布置项目任务，根据学生水平的不同，4 个组的项目任务由易到难，分别由不同的组完成不同的项目任务。学生分别对自己的项目进行讨论，并讨论写出各组的实施计划，经教师审核通过后方可进行项目的实施。

（2）分析项目。

根据各组的项目实施计划对项目进行分析整理。分析项目可在教师指导下进行，采用讨论、问答等方式调动学生的主动性，可视具体情况把总项目分解成一些"阶段任务"，"阶段任务"又可分解成更小的"分任务"，逐步细化。通过细分任务，可使学生明确具体的小任务，培养学生解决问题的能力，从而保证学习的方向和目标。

（3）主动学习。

项目任务细分之后，要求每组学生根据自己的项目任务阅读教材具体内容和相适应的规范规程，确定解决"分任务"的方法。这一过程是培养学生自主学习的重要步骤，要充分调动学生的积极性和主动性，鼓励同学之间交流讨论、团队合作，找到完成项目任务的具体方法，使整个实训过程充满真实感。

（4）完成项目。

完成项目是一个由完成"分任务"到"阶段任务"再到"总任务"的过程。水平低的小组需要完成"分任务"；水平中等小组需要完成"分任务"和"阶段任务"；高水平小组需要完成"分任务"、"阶段任务"、"总任务"。其中，如果水平相对较低的学生有兴趣完成总任务，也可以在教师的指导下完成，以增强他们实训课的成就感。由于此阶段由不同的小组来完成，这就更强调小组的相互交流、密切配合，使学生不仅学到技能，更学会在学习中取长补短，使自身的水平得到进一步提高。实训课是一个由理论联系实践的过程，学生会遇到很多意想不到的困难。教师应在此过程中适当指导，解答学生的疑难。学生课内不能完成的实践操作，在教师的指导下可以延伸到课后进行。

（5）教师评价。

教师对学生完成任务情况及时做出检测和评价，既有利于教师掌握学生学习情况，又能帮助学生解决问题和困难，提出改进意见，使学生的实训课程学习得以提高。教师可根据具体情况灵活决定是否要对某些环节重新做出讲解和示范。

四、"项目任务书教学法"评价

1. 实训成果

对项目任务的具体教学过程要精心组织，结合教材内容和教学大纲合理安排，强调实用性，在看、做、想、学等方面环环紧扣，师生互动、学生互助，这样才能达到最佳的教学效果。主要的学习成果有试验记录、实习报告、图纸等。

2. 实训课程考核

"项目任务书教学"最大的特点就是学生都能主动起来运用自己的操作技能和理论知识完成项目任务。教师除了做指导性工作之外，还必须加强项目任务实施过程和结果考核，准确把握每一位学生的技能和知识的掌握程度，从而进一步达到查漏补缺的目的。总之，就是要重视实训过程，强化结果考核。具体可从以下几个方面考虑：

（1）按划分的小组对分任务、阶段任务、总任务进行分工。

（2）实训技能与理论知识分别考核，其中实训技能考核占较大比重。

（3）项目任务书成果的真实性、准确性、可靠性是重要的考核内容。

（4）出勤率、学习精神状态表现在考核结果中应有体现。

根据上述各项成绩按比例总评得出考核结果。

结束语：土建检测实训课程教学中采取"项目任务书教学法"是通过实施一个完整的项目而进行的教学活动，目的是把课堂教学中把理论知识与实践知识有效地结合起来，充分发掘学生的独立能力、主动能力、创造能力，提高学生解决实际问题的能力。"项目任务书教学法"在以学生为主体的教学中，教师的地位更重要，任务更艰巨。第一，项目任务选取的是否合适，教师要做好实训课前的准备；第二，教师要根据项目实施过程的内容、进度做出合理的安排和调配，做到各小组任务之间的衔接。学生作为项目教学的中心，自主性强，所涉及的内容比传统模式的多，这对教师提出了更高的要求，要顺利地完成项目教学法，教师不仅要具备扎实的理论知识，而且还要具备丰富的基层、一线的实践工作经验。

"项目任务书教学法"中心是：不再把教师掌握的现成知识技能传递给学生作为教育的唯一目标，或者说不是简单地让学生按照教师的安排和讲授去得到一个结果，而是在教师的指导下，让学生边做边学，把看到的、听到的、手上做的结合起来，真正做到"学中做、做中学"。学生在任务完成过程中，学会思考，学会发现问题、解决问题，进而增强信心，提高动手能力和综合水平，使自己能成为适应社会发展所需要的综合技能型人才。

参考文献

[1] 吴 言. 项目教学法. 职业技术教育，2003.

[2] 宋功业. 项目教学法初探. 徐州建筑职业技术学院报，2008（6）.

对我校"试验检测模块"教学的思考

四川交通运输职业学校　李必强

摘　要： 针对我校"试验检测模块"教学中，学生学习效果不理想、教学及教学管理中的不足，通过采取有针对性的措施改变现状，切实提高教学质量。

关键字： 现状；措施

"5·12大地震"灾后重建结束后，省内的基础设施建设规模将逐步稳定，各工程单位的用人需求压力逐步减小，而道桥专业的毕业生数量并未下降，我校道桥专业毕业生就业压力加大。毕业生就业事实上是学生之间的竞争。与大专院校、高职学生相比，中职学生年龄较小、做事随意性较大、较难管理、专业理论知识相对较弱，要增强他们的竞争力，很重要一个方面是要让他们具有较强的实践操作能力。所以，必须针对学生学习、教学及管理现状，采取一些有针对性的措施以提高中职学生的实践技能。

一、学生学习、教学及教学管理现状

1. 学生现状

（1）文化基础较差。

尽管国家在目前的产业升级过程中逐步加大了对中等职业学校的投入，各产业的一线从业人员的待遇也逐步提高，但是由于一线从业人员的工作环境相对较差，且人们对于一线从业人员的前景预期不高，所以，成绩稍好的初中毕业生，宁愿进高中，也不愿到中职学校读书，使得中职学校招收的学生文化基础较差，为中职学校的教学增加了一定难度。

（2）学习积极性不高。

由于学习方法、教学质量、与教师的关系、家庭等各方面的原因，造成多数学生在以前的学习中学习成绩不理想，逐渐丧失了学习的兴趣；多数学生到中职学校学习并不是自己喜欢这个专业或对这个专业有多么了解，而是听从了从事相关行业的亲戚、朋友的建议，或者是服从了家长的决定；甚至有部分家长对学生今后的从业已有其他规划，让学生到中职学校来读书，只是怕学生因年龄太小，过早进入社会养成太多不良习惯。这些原因都会照成中职学生学习积极性不高，甚至厌学。其中，学生对实验教学的兴趣比对理论教学要高一些。

（3）上课时注意力不能集中到学习上。

由于晚上聊天、玩耍、聊天、玩游戏或看小说等原因，入睡较晚，睡眠不足，部分学生到教室基本都是在睡觉或表现出很困；一部分学生对学习无兴趣或对讲解的内容不理解，不想学；部分学生控制力差，坚持听一段时间后就开小差，能整节课都集中注意力听讲的只是极少数，容易造成越来越听不懂，最后就干脆不听。

（4）作业马虎，抄袭现象严重。

尽管课前预习、认真听讲、仔细完成作业是一个良好的学习习惯，但是从以往各班学生交的作业来看，每个班能自己独立完成课后作业的学生只占很少一部分，多数学生的作业都是通过抄袭完成的。

（5）学习无压力，学习动力不足。

由于中职学生年龄普遍较小，很多人对自己未来从事的工作并没有做过认真的思考，没有明确的学习目的，或部分学生家境较好，对学习成绩的好坏持无所谓的态度；学校对期末考试成绩有及格率的要求，多数学生可以并不怎么努力也可以考试及格；社会上一些收入高的人并未具有很好的专业知识，造成一些不良影响，这些都会造成学生不认真学习，更不用说有学习动力。

（6）学习工具不足。

"试验检测模块"学习中，涉及很多数据的计算，特别是"公路现场检测技术"这门课的学习过程中，需要用数理统计方法对检测数据进行统计计算，其中科学计算器是必不可少的学习工具。但是在目前正进行"试验检测模块"学习的各班中，拥有科学计算器的同学很少，个别班只有不到 5 人有计算器，不能满足学习的需要。

2. 教学现状

（1）各种教学手段未能很好结合。

"试验检测模块"教学中有很对定义，如"粗集料"这部分内容中涉及的密度有毛体积密度、表观密度、表干密度、堆积密度、振实密度、捣实密度等，容易造成学习过程中难遇理解，且经常混淆。尽管说密度的定义没变，仍然是质量与体积的比值，但是在这几个定义中"质量"以及"体积"有可能是会发生变化的，如果能用多媒体展示集料的组成结构、集料质量与体积的关系，便能加深学生对这几个定义的理解。因此，多媒体在教学中的运用，能更直观，教学内容更容易被接受。但是对于一些需要推导、分析的教学内容，用传统的教学方法效果较好，所以，在理论教学中，应在采用多媒体教学过程适当的用传统教学法加以补充，效果会更好。

（2）教学内容不完善。

现在的"试验检测模块"教学中主要教学内容有"土质与公路建筑材料"、"公路现场检测技术"两部分内容，尽管在计算机课程中也会讲解"Excel"，但是对表格的制作、数据处理、图表制作应加强，并与工程相结合；实际工程中，从事公路检测的从业人员还应掌握质量体系的建立、维护、改进、计量以及行业管理等相关知识。

（3）实习指导教师数量不足。

一般，每个班在实验教学过程中都分为 4 个组（有时每个组又分为 2 个小组，共 8 个小组），因此一个班会有 4 个或 8 个实验同时进行，2 个实习指导教师要分别在每个组进行讲解、指导，一些组等的时间较长，不便于教师监督每个同学独立完成实验操作，也不能对不规范的操作进行及时纠正。

（4）分组实习时每组人数太多。

根据经验，实习教学中一般每个组的学生人数为 3~5 人，实习效果较好。由于我校每个班的学生一般有 50 人，多的时候有 70 多人，分为 4 个组，每个组有 10 多人，实习时每组一套设备，导致学生等待的时间很长，开小差的多，也为一些学生偷懒提供了机会；更有个别同学，在实习指导教师叫他做实验时仍拒绝做，尽管这样的同学很少，但影响很坏。

3. 教学管理现状

（1）对于课堂理论教学中学习纪律的管理。

由于很多学生对学习不感兴趣、没有学习压力、自律较差，在教学过程中会出现睡觉、聊天、看小说、上网、打游戏、打闹等不良现象，尽管上课教师也会制止，以维持正常教学，但是效果不佳如将睡觉的同学叫醒之后，几分钟又开始睡觉或坐着发呆或开始说话。因此，这样维持课堂纪律并不能让学生很好地学习。

（2）对于实习课程中学习纪律的管理。

目前，我校的实习场地比较开放，场地较窄，一般集中实习时有3～4个班同时实习，实习学生在较窄的场地内聚集太多，很吵，偷懒的多；尽管上课、下课进行了点名，有时中途也对各组点名，但是这种考勤方式只能保证这些同学在，不能保证他们都独立完成了这些实验操作。

（3）考核方法。

目前对学生的考核方式，仍然采用传统的期末考试。尽管是将技能鉴定考试中"实践操作"和"理论考试"两部分的成绩综合计算后得到本门课的成绩，但是由于参考人数多，能选择的"实践操作"考试项目受到很大限制，且相对简单，并不能完全反映学生掌握的技能情况。

二、提高教学效果的措施

1. 完善教学内容

由于学习"试验检测模块"的同学在实习阶段或毕业后就会直接进入各单位参加生产工作，故较完善的知识体系能让他们很快进入工作状态。因此，应根据学校对培养人才目标的定位，调整、完善教学内容，加强计算机课程中"Excel"部分对表格的制作、数据处理、图表制作等的教学；增加质量体系（质量体系的建立、维护、改进）、计量、行业管理、施工及实验规程及规范等相关知识。不然，即使学生掌握了每个实验的操作过程，实验数据的处理，但到实际工作中，仍然没办法开展工作。

2. 加强教学过程中管理

（1）在理论教学中进一步增加与教学内容相关的图片、视频，让学生更直观地掌握教学内容，也可增加其学习兴趣。

（2）在很多同学不愿听理论讲解的情况下，应尽量少讲理论，并且在讲解过程中用简单的语言或比喻让理论更容易理解。

（3）由于数据处理对实验检测很重要，教材中每个实验项目后面也给出了数据处理过程中要用到的计算公式，并有一个数据记录表，理论教学中应更侧重于对每个实验数据计算的讲解；并给时间要求每个学生来完成计算过程，以加强他们对课程的主动参与，减少发呆及开小差的时间。

（4）为提高实习教学的效果，应拓宽实习场地的面积，以便增加实验设备的套数，减少学生每组学生的人数，缩短学生的等待时间，也便于管理。对于普通的、较简单的实验，应要求每个同学独立完成；对于较复杂的实验分组（每组 3～5 人）完成；对于复杂、耗时很长的实验可以以演示教学的方式完成。

（5）由于每个班同时进行的实验项目个数和每组学生人数多，为避免各组等待指导老师的时间太长，并监督学生独立完成实验操作，应增加实习教师的数量，以便指导实验操作，及时纠正不规范的实验操作步骤，并可严格管理，减少或避免偷懒的现象。

（6）对拒绝做实验的同学，应进行教育或处理。

（7）实习教学中，应坚持先由实习指导教师演示教学，后由学生完成实验操作的程序来进行。

3．改变考核方法

将学生成绩考核方式由期末考试改为由实习指导教师监督每个同学单独完成每个实验单独并考核计分，在完成教学中要求的所有试验项目后，由所有实验项目的得分值计算得到实践操作成绩。如果没有完成教学要求的全部项目的操作及数据处理，则实践操作成绩不及格。

结束语： 在中职学生不能自己积极主动的学习的情况下，必须通过完善教学内容与方法、加强教学管理和完善考核制度等方式来引导、督促他们学习。

参考文献

［1］ 王 霞. 创新建筑材料教学方法、提高教学质量. 价值工程，2012.
［2］ 李方根. 影响《建筑材料》教学质量的原因及对策刍议. 金山下半月，2011.

浅谈中职汽修专业实训教学的改革

四川交通运输职业学校　柏令勇

摘　要：中职学校汽修专业实训教学的教学质量直接影响学生技能的培养，如何改革实训教学是专业建设过程中值得思考的问题。通过对实训教学改革的探究，构建科学的实训教学体系和模式，为中职学校实训教学改革提供参考。

关键词：汽修；中等职业教育；实训教学；改革

一、汽修专业实训教学现状分析

目前大多数中职学校的实训教学中，学习的主动权掌握在教师手中，学生处于一种被动的学习状态。教学过程中，教师先对与实训课内容相关的理论知识进行讲解，然后进行实训操作演示，学生照教师的操作方法再自己做一遍，若得到的结果与理论一致则实训课成功，实训也就做完了。由于教学场地单一，再加上与目前汽车维修行业所使用的设备设施脱轨，使学生在毕业后不能满足企业的要求。

1. 实训教学模式单一

实训教学方式单薄，采用"教师示范做，学生跟着学"的教学方法，学生一味机械式地模仿操作，不能拓展学生实训的创新操作能力，学习兴趣低下。

2. 实训指导书缺少有效性

指导书内容上指导操作的图片太少、不够直观，且没有突出指导书的有效性。

3. "双师型"实训教师匮乏

在中等职业学校的汽车维修专业中，"双师型"实训师资存在很大缺口，在实训教学中时常存在一个老师同时指导 20～30 人的教学过程，教师指导的人数过多，从而衍生学生动手能力锻炼的匮乏。另外，现有的师资队伍水平参差不齐，一些实训教师本身技能不过硬，教学上只能是插科打诨。

4. 实训场地教学情境氛围不够

实训场地教学情境布置建设没有科学合理地进行规划。实训室按照功能分区，布置上过于教室化、设备上过于陈旧，既不实用又不美观，没有给学生创造良好的学习氛围，使之失去学习积极性。

二、汽修专业实训教学的改革探索

1. 改革目标

在实训教学中，以学生为中心、教师为主导，建设优质的"双师型"教师队伍，最大限度地激发学生的学习积极性和创新意识，进一步采取"任务驱动，问题引导，师生互动，小组合作，多元评价"的教学模式，把实际工作状态和课堂教学融为一体，实现学校学习与实际工作岗位之间的零距离。

（1）以汽车4S企业实际工作过程或流程为教学主线，在实际工作的每个环节中体现理论知识对实际工作的指导作用，让学生体会到学习理论知识的重要性，由此将理论与实际有机地结合起来，改变了以往理论和实践分开教学的模式。

（2）构建企业工作环境教学场地，打破传统实训教室单一的教学模式，让老师和学生共同融入企业实际工作环境。

（3）课程上以企业岗位真实情景与专业实训课程融合，培养学生技能的发展，并以实际工作过程构建实训教学模式，融教学作为一体，可以把每一工作流程的任务完成情况作为教学环节的考核，及时检验掌握教学与学习的效果，更加体现出教学的实效性。

2. 实训教学内容改革

（1）完善实训教学课程体系。

聘请行业、企业专家和技术人员共同参与课程体系建设，经过工作岗位分析、确定职业能力、确定典型工作任务，参照汽车维修国家职业资格标准和机动车维修技术人员从业资格标准，撰写汽修专业教学标准，形成以工作任务为中心的"基于工作过程"的课程体系。

（2）不断充实实训教师队伍。

① 专业教师整合。对理论与实训教师进行整合互补。理论教师有较深的理论基础，学习操作技能会比较得心应手，实训教师与理论教师的互融，提高了"教"与"学"的能力。

② 加强师资培训，提升师资水平。针对现代汽车的技术更新和学校实训教学设备的更新，通过"送出去、请进来"的方式，进行有针对性的师资培训，不断提高教师（包括实训教师）的动手操作能力，以适应现代汽车飞速发展的需要。

③ 聘请企业技术能手作为兼职教师。来自企业生产第一线的兼职教师，可以根据自己的工作实践，指导学生如何全面地处理实训过程中所碰到的问题，并帮助学生将知识面予以延伸和拓展。

3. 实训考核改革

实训考核是对实践教学或教学成果的检验，是构筑实践教学的重要环节。实训考核应注重校内、校外评价相结合，职业技能鉴定与技能实训考核相结合，教师评价、师生互评、学生互评与自我评价相结合，过程性评价与结果性评价相结合。不仅要关注学生对专业知识点的理解和技能点的掌握，更要关注运用知识在实践中解决实际问题的能力水平，重视规范操作、安全文明生产等职业素质的形成，以及节约能源、保护环境等意识与观念的树立。评价方法可以采用典型职业活动完成过程评价、作业完成情况评价、操作标准及规范评价、期末综合考核评价等多种方式。可以通过实操、口试、项目作业等方法检验学生的专业技能、工作安全意识等。可分为两个层次：

（1）学校的检验。

根据学校实际，构建注重学生职业素养、学习过程和技能培养的过程考核评价体系。"过程考核"包括平时考核、阶段考核、结业考核三部分，分别占总成绩的10%、30%、

60%。在阶段考核中，通过校内教师、小组长分别对学生、小组进行评价形成成绩，注重培养学生团队协作能力；在结业考核中，以工作任务为考核内容，由企业技术人员和学校教师共同进行考核，使评价结果更加符合企业的需求。

（2）社会的检验。

由学校创造条件建立职业技能考核鉴定站或让学生到社会上参加相应的职业岗位技术等级考核，使学生在校期间就可取得"三证书"（学历证书、技能等级证书和从业资格证书）。

4．实训教学场地布置

实训场地应根据师生的健康、安全要求和实训内容，确定使用面积，并符合国家相关规定。实训场地采光、照明、通风、电气安装、防火及安全卫生等要求参照《汽车运用与维修专业仪器设备配备标准》（JY/T0380—2006）。

按照汽车4S企业标准，模拟企业构建汽车维护和修理实训教学场景。通过校企合作，将企业文化与专业文化融合，设计校园文化内容并进行张贴，在实训室内涵建设中引入企业7S管理理念，并将7S融入到实训过程中。

打破功能式分类的实训室，构建功能一体化实训室，从而实现教学设备的相继整合，提高设备利用率，杜绝资源浪费。可根据各校实际，建设汽车发动机构造与拆装学习站，汽车底盘构造与拆装学习站，汽车发动机机械维修学习站，汽车维护学习站，汽车空调维修学习站，汽车自动变速器维修学习站，汽车传动系维修学习站，汽车动力电气维修学习站，汽车车身电气维修学习站，汽车制动、悬架与转向系维修学习站，汽车电控发动机学习站，汽车维修4S全真模拟实训基地等理实一体化学习站，将理论和实践教学融为一体，保证学生理论水平和实践技能同步提升。

结束语：在实训教学改革中应注重以"学生为中心，教师为主导，小组合作、多元评价"，最大限度地激发学生的学习积极性和创新意识，进一步采取教、学、做合一的教学方式，把实际工作状态和课堂教学融为一体，实现学校学习与实际工作岗位之间的零距离，从而加强实训效果，提高学生的实践性综合素质。

参考文献

[1]　谭　滔. 高职汽修专业的实践教学. 机械职业教育，2006，(9).

[2]　郝　刚. 加快高技能人才培养缩短学生就业磨合期——以汽车检测与维修技术专业为例. 石家庄职业技术学院学报，2008，(20).

[3]　骆关富，陈开考. 对高职汽车类专业实践教学建设的探讨. 实验室研究与探索，2007，(26).

《拿来主义》解读与教学

四川师范大学　何夕林

四川交通运输职业学校　熊　瑛

摘　要：《拿来主义》是鲁迅杂文的代表作，选入中职语文教材，是一篇精读课文。初中教材也选入了鲁迅先生的不少作品，只是杂文这种体裁的不多。一般认为鲁迅杂文对于中学生来说比较费解，也缺乏时代性。但这篇当属例外，在改革开放三十余年的今天仍有着其现实的意义。

关键词：杂文；中心思想；结构；线索；价值；教学

一、文本解读

1. 整体把握

（1）文本内容。

杂文是短小的文艺性社会评论。本文以"拿来主义"为中心论题。开篇从当时的社会现状提炼出了"闭关主义"、"送去主义"等问题为标靶，通过尼采只求奉献不求索取而发疯的事例和对中国资源问题的论述逐步地提出了"拿来主义"的观点；并强调在"拿来"时，我们要运用脑髓，放出眼光，自己来拿。对拿来的东西要用正确的态度对待，以穷青年得到一所大宅子为类比，提出了取其精华，去其糟粕的理性"拿来观"，并用这个"拿来观"来改造人，改造文艺使之成为新人，新文艺。

（2）中心意思。

本文的文眼在文章的最后，"主人是新主人，宅子也就会成为新宅子。然而首先要这人沉着，勇猛，有辨别，不自私。没有拿来的，人不能自成为新人，没有拿来的，文艺不能自成为新文艺。"它表达了文章的中心，即在世界、国家、社会以及个人的成长发展、追求进步的过程中，必须学会"拿来"所需的东西，吸收其优点长处，去粗取精、去伪存真，而不是全盘的、不经大脑的一并接受学习。

（3）整体思路。

①结构：

第一部分（1～7段）批判"送去主义"，树立自己的观点。

a.（1～2段）揭露"送去主义"媚外求宠，自欺欺人的可耻行径，提出"拿来"的主张。

b.（3～5段）指出"送去主义"的危害，进一步提出"拿来主义"的主张。

c.（6～7段）指出"送去主义"产生的另一危害，明确提出本文论点。

第二部分（8~9段）阐明"拿来主义"的具体内容。

第三部分（第10段）总结全文，并提出实行"拿来主义"的人应具有的条件，以及实行"拿来主义"的重要性和紧迫性。

②线索：

本文是以对"拿来主义"的论述为线索的。文章开篇就驳斥"闭关主义"、"送去主义"，进而提出作者自己的观点，先驳再立，除"送去"之外，还得"拿来"。接着运用一系列的比喻，如穷青年获得大宅子、鱼翅、鸦片、烟枪与烟灯、姨太太这些比喻都生动形象的阐明对"拿来"的应有怎样的态度，如何去拿。

③点题：

本文的结尾明确地提出"我们要拿来。"对"拿来"的方法、结果和意义进行了阐述，不仅点题而且点明文章的主旨，这是作者对自己的观点的一个总结。文章的开头谈的是"闭关主义"、"送去主义"，与结尾似乎没有什么联系，实际上，这是作者构思巧妙地地方，一步步地深入分析，最终明确自己的观点，不会让读者感到作者是在很突兀地讲大道理。

2. 局部细读

（1）拿来主义。

"拿来主义"作为文章的标题，首先就起到了点明中心的作用，但究竟什么是"拿来主义"我们不得而知，在接下来的正文中不断地深入剖析什么是"拿来主义"、为什么要"拿来"和怎样"拿来"。"但是我们没有人根据了'礼尚往来'的仪节，说道：拿来！"（第二段）这是文章第一次提到"拿来"，用讽刺的话语来表现重视传统礼节的中国人在实行"送去主义"时的洋洋得意，而忽视了这实际是对自己国家的出卖，不能够理直气壮地去拿回属于自己的东西。"我在这里也并不想对于'送去'再说什么，否则太不'摩登'了。我只想鼓吹我们再吝啬一点，'送去'之外，还得'拿来'，是为'拿来主义'"。（第五段）明确地提出"拿来主义"，界定了什么是"拿来主义"。第一句话中的"太不'摩登'了"也说出在当时那个社会不流行"送去"，而是前面所提到的"抛来"、"送来"，说明了国力的衰弱，想要借送东西来炫耀自己的实力都没得送的了，而是接受美国运来的小麦、面粉和棉花。

在这样的社会背景下，面对"送出"太多，面对已经没得"送"的局面，应该怎么办呢？不是接受那些所谓的大国"送来"的鸦片、废枪炮、香粉、电影等，我们应该运用脑髓，放出眼光，自己来拿，对于这些我们要用"拿来"的态度对待，应占有，挑选，或使用，或存放，或毁灭。

（2）进步。

"我在这里不想讨论梅博士演艺和象征主义的关系，总之，活人替代了古董，我敢说，也可以算得显出一点进步了。"（第一段）杂文短小精悍，以幽默、讽刺的文笔，鞭挞丑恶，针砭时弊，求索真理，剖析人生。本文有寓庄于谐的情趣，语言生动、诙谐、犀利。这些特点具体体现在反语的运用，就如第一段中的"进步"，用看似赞美的词语，实则来表达一种落后或是一种退步，这样的词语在文中还有很多，如"不知后事如何"、"大师"、"发扬国光"、"象征主义"和"礼尚往来"都在轻松的行文中表现出作者对于现实社会的不满。

除此之外，鲁迅在此文中将深刻的思想、严密的逻辑化为了简洁的语言，对当时的社会现状的描述的范围是很广的，涉及经济、文化、哲学等各个方面，但是鲁迅以简洁、讽刺、形象的比喻将大道理形象化了。其中的形象化当然离不开用词的准确，比如文中用到的"抛来"和"抛给"，前者为抛者无意，很随意；后者为抛者有意，甚至有阴谋。还有"拿来"为拿者自得，甚至蛮撞、主动之举；"送去"为送着似有巴结之意；"送来"为有目的、有阴谋，但态度较缓和。这三个词的微小区别不仅体现出了作者的精细的体悟，也表现出了作者的一种爱憎态度，字里行间流露着鲁迅的不满与呐喊，带有浓厚的感情色彩，由此体会到此文的语言美。

（3）占有。

"但是，如果反对这宅子的旧主人，怕给他的东西污染了，徘徊不敢走进门，是孱头；勃然大怒，放一把火烧光，算是保存自己的清白，则是昏蛋。不过因为原是美慕这宅子的旧主人，而这回接受一切，欣欣然的蹩进卧室，大吸剩下的鸦片，那当然更是废物。"拿来主义"全不是这样的。"（第八段）"孱头"是害怕继承，拒绝借鉴的逃避主义者；"昏蛋"是盲目排斥的虚无主义者；"废物"是崇洋媚外全盘西化的投降主义者。运用穷青年占有大宅子这样一个形象生动的比喻，作者表达出"拿来主义"并不是拥有某一样东西就完事了的，在占有的前提下，要有正确的态度对待我们所拥有的东西，要进行挑选。

（4）挑选。

在文中第八段说了，拒绝借鉴、盲目的排斥、全盘接受都是错误的，那么我们究竟应该怎样"拿来"呢？那就应该进行挑选，从众多事物当中选出继承哪些或是排斥哪些东西。在第九段就用了四个形象的比喻将抽象的概念具体化了，像"鱼翅"一样有营养，是精华的，我们当然要接受；像"鸦片"一样有精华与糟粕共存的应当批判性的吸收；像"烟枪和烟灯"一样没有用的但可以教育后人的东西应当保存，像"姨太太"一样完全无用的东西就应该彻底的毁灭了。挑选不仅仅是挑选从外国获得的东西，也包括了挑选封建文化遗产当中的精华，丢弃迂腐的、落后的部分，深化了文章的主题。比喻论证在这篇文章中的运用是非常突出的，是本文的一个重要的知识点。学生在学习的过程中必须掌握的论证方法，有意识地运用到自己的写作当中。

（5）新。

"总之，我们要拿来。我们要或使用，或存放，或毁灭。那么，主人是新主人，宅子也就会成为新宅子。然而首先要这人沉着，勇猛，有辨别，不自私。没有拿来的，人不能自成为新人，没有拿来的，文艺不能自成为新文艺。"（第十段）不管是拿来的，还是自己创造的，出发点都是为了进步，成为新的人、新的文艺、建立新的社会制度。所谓的"新"，指的是去除旧观念，学习前沿的思想观念，拥有人文关怀，掌握先进的科学技术。这是根据当时的社会现状提出的一条出路，各方面都较落后的中国需要的是进步，而不是在自我感觉良好中苟且生存。这是鲁迅先生对中国人民的热切期望，对国家繁荣的强烈渴望，由此可见文本中蕴含的深刻道理，思想之美。

二、价值梳理

1. 原生价值

（1）知识传播价值。

作者在论述的过程中虽然没有直接提到当时的社会状况，但是都有涉及某些历史事件，在课文的注释中一一列举了出来。现在很多评论说教材中应当少编入鲁迅先生的文章，认为他的文章内容太深，不易于理解。但是这也正是鲁迅先生的作品的价值所在，人们通过思考理解历史，剖析在当时的历史背景下发生的事，获得更多的关于中国人崛起的知识。

（2）情意交流价值。

作者写这篇文章的目的并不是想多么深刻地批判国民的劣根性，更重要的是唤醒沉睡中的中国人，为中国的崛起指明一条出路。文章中犀利、讽刺的语言透露出了一种深深的遗憾之情，在读文章时，不禁会与作者一同哀叹，传达出了一种无奈之感，又有无限的期盼。

2. 教学价值

（1）读法津梁。

① 打开天窗法。

这篇文章的标题直接提出了本文的中心议题："拿来主义"是什么，为什么要"拿来"，怎样"拿来"构成了本文的一个框架，所以对标题的理解是贯穿整个文章的。

② 比较分析法。

文中的比较最明显的是第八段和第九段的比较，第八段说作为"孱头"、"昏蛋"、"废物"的占有，并不是"拿来主义"，那究竟什么是"拿来主义"？在第九自然段就详细地写出来了，占有后还要进行挑选。通过哪些行为是"拿来主义"，哪些行为不是"拿来主义"进行比较，更明晰了如何"拿来"这一个问题。

"送去主义"与"拿来主义"的比较，突出为什么实行"拿来主义"以及实行"拿来主义"的重要性。还将人们对"鱼翅"、"鸦片"、"烟枪和烟灯"、"姨太太"这些不同事物所采取不同的态度进行比较，明晰怎样"拿来"这个问题。

③ 知识链接法。

阅读杂文需要联系时代背景才能领悟形象的阐述中所蕴含的道理，特别是这篇文章，需要理解当时的社会背景才能明白文中所反映的一些社会问题。教师通过相关的背景介绍能够帮助学生理解文本，拓展知识。

（2）写法借鉴

本文最值得借鉴的写法是运用生动、诙谐、犀利的语言，寓庄于谐。

本文没有运用华丽的辞藻，看似平铺直叙的语言中，通过反语透出了一种调侃和犀利，就如前面提到的"进步"、"不知后事如何"、"大师"等词语。杂文又属于议论性的散文，有散文"形散而神不散"的特点，本文的结构、语言都具有逻辑性，一层一层地深入论证。这在前面的整体思路板块中可以见得。

当然不能遗漏对比喻论证、对比论证、类比论证这三种论证方法的借鉴，在写议论文时，有破有立的结构安排也是值得同学们学习的。破与立不是简单地分为前后两个部分，从整体思路板块中的结构分析可以看出，两者是相交叉的，看似零散，却有严密的逻辑性，充分体现结构美。

三、教学建议

1. 教学目标

（1）目标定位。

①学习本文运用比喻论证等方法把深奥的、抽象的道理讲得深入浅出，生动、形象的论证艺术；体会鲁迅杂文的语言特点。

②学习本文，认清对待文化遗产的正确态度——批判地继承，并能运用正确的观点解释一些实际问题。

（2）目标解说。

教学这个文本，需要注意体裁——这是一篇杂文，但很容易教成议论文，从论点、论据、论证三个方面来讲此文，杂文知识具有议论性，会运用到议论的方法。文中运用到了比喻论证（8、9段）、对比论证（8、9段）、类比论证（3段），从而将大道理深入、形象地告诉读者，没有感觉到晦涩难懂。

教学此文，学生能够从教室的教学过程中学到什么样的"走进文本"方法，是学生学习过程中最重要的部分。教师从"授人以鱼"到"授人以渔"，由交给知识转向教给方法，这也体现了新课标的要求。学生从文本的标题入手知道文章的主题，学会分析不同的论证方法，在自己写作中熟练地运用，能够自觉主动地收集作者的经历以及文章的写作背景，帮助自己理解分析文本。

本文在语言的运用上可以称为寓庄于谐的典范，平凡的字词体现出坐坐想要表达的效果，使严肃的话题能在不经间就被读者理解接受，所以对于本文语言的体悟学习会成为本课的教学重点。

关于文化遗产的继承问题，不仅是鲁迅先生身处的那个时代的问题，也是现代社会面临的一个重要问题。现在的非物质文化遗产和物质文化遗产都必须得到应有的保护，对于古老的文化需批判性的接受，这些观点都与鲁迅先生在这篇文中所阐述的"拿来主义"不谋而合，这是一篇树立学生的正确价值观的好文章，因此教学目标也是教学的难点。

2. 教学思路

（1）教学板块。

本文的教学需要用两个课时。大致安排如下：

第一课时

板块一　整体感知，了解大意

板块二　局部细读，理清文意

板块三　联系实际，树立正确的价值观

第二课时

板块一　复习旧知，进一步深入

版块二　归纳学习本文论证艺术

板块三　归纳掌握本文的语言特点

（2）设计意图。

大凡文质兼美的名篇佳作，往往浑然一体，弥合无间，其内在联系十分紧密。如果孤立地抓住一点，不及其余，就会影响学生深入理解主旨；如果面面俱到，就会使学生抓不住要点。人们的认识规律告诉我们：认识问题应由表及里、由浅入深。所以，处理这篇文章，首先应从整体观念出发，着眼课文的全局，理清作者的思路。思路即思想发展的线索与脉络，作者总是按照自己的思路去写文章，而思路又体现在结构上。《拿来主义》重点论证"拿来主义"，按理说思路似乎应该是：何谓"拿来主义"？为什么要采取"拿来主义"的态度？怎样"拿来"？"拿来"什么？而此文恰有它特殊的针对性，所以作者采用先破后立的写法，首先批判"闭关主义"和"送去主义"。不破不立，破得彻底，才能立得鲜明。为了在广阔的历史背景下显示"拿来"的必要性和重要性，文章首先剖析了"闭关主义"、"送去主义"的反动实质及严重后果，意在告诉读者，奉行这两个主义，给中国带来了沉重的灾难，不破除这两个主义，"拿来主义"就立不起来。这一部分，主要解决了"为什么要拿来"的问题。这是文章有机的组成部分，不可偏废。这样行文，既使文章有针对性，又为阐述文章的重点："如何拿""拿什么"做了铺垫，使"拿来主义"的观点更突出、更鲜明、更有说服力。然后引导学生理解重点，弄清"拿来主义"的原则、态度和方法。把握整体，突出重点的目的是为了做到层层明、段段明、主旨明，而不能机械孤立地将文章肢解为几大块，切断文脉和语意链条作支离破碎的分析，而是力求学生将全文融会贯通。

学习这样一篇杂文，首先要知道什么是杂文，与议论文、散文有什么区别和联系。必须从整体上了解这个文本主要些的是什么，是围绕哪一个话题来论述的。因此，学生必须要自读课文，整体感知文本，了解大意。

本文的行文结构和思路清晰，但是学生不能立刻明白其中蕴含的深意，有必要对文本内容进行梳理和概括，理清文意和思路。老师要对文章的写作背景进行简介，帮助学生理解课文内容，解决什么是"拿来"、为什么要"拿来"、怎样"拿来"等关键问题。

在对文本进行仔细的研读后，学生对"拿来主义"已有了认识，但是在历史上或现实生活中我们实践过拿来主义吗？有必要引导学生进一步的思索或探讨。对于"拿来"，只针对文化遗产吗？其他的方面是否也有运用？举例说明，从而拓展学生的思路。

本文的写法和语言是值得学习和借鉴的，因此在第二节课专门设计了两个板块，进行归纳和总结，学生在学习过程中更重要的是学会如何总结方法，将这些方法运用到其他文本的阅读中。

这六个板块层层深入地实现了教学的目标，充分的解读文本，体现了教和学相结合的思想。

3．主问题链

（1）问题设计。

①什么是"拿来主义"？

②为什么要实行"拿来主义"？

③背景介绍了本文主要谈对待文化遗产的态度问题，可是8、9两段只字未提"文化遗

产"，却谈什么"大宅子"之类的问题。请同学们再仔细阅读第 9 段，把这一段内容与批判地继承文化遗产联系起来，想想"大宅子"、"鱼翅"、"鸦片"、"烟枪和烟灯"、"姨太太"分别指什么事物？

④ 对文化遗产中的精华（"鱼翅"），精华、糟粕互见的部分（"鸦片"），旧形式（"烟枪和烟灯"），糟粕（"姨太太"）各应取什么态度？

⑤ 用一句话概括怎样实行"拿来主义"？

⑥ 理解第 9 段内容之后再来理解第 8 段内容。"得了一所大宅子"自然是指面对文化遗产，其余的内容应当怎样理解？

⑦ 要求学生阅读课文第 1 至第 6、7 段，看看作者在这里是否回答了"为什么要实行'拿来主义'"，是用什么方法回答的。

⑧ 联系本文写作背景，想想为什么"别的且不说"，而"单说学艺上的东西"？

⑨ 本段最后一句"活人代替了古董，我敢说，也可以算得显出一点进步了"，其中"进步"一词用了什么修辞方法？表达作者什么样的感情？你还能从本段的哪些语句上体会出对"送来主义"嘲讽的感情？

⑩ 最后一句的"新文艺"、"新人"指什么？

⑪ 请同学们阅读第 8、9 两段，想想作者在这里用了什么方法？

如果将第 9 段内容改写为"拿来主义对文化遗产的态度是占有、挑选。对其中的精华要全部吸收。对那些精华、糟粕互见的，要区别对待的部分，应批判地继承。文化遗产中的有害的旧形式应当废除，只保留很小一部分作为反面有害的教材，文化遗产中腐朽的东西则要彻底抛弃"，和原文相比表达效果有什么不同？

⑫ 请同学们重新阅读 8、9 两段，想想作者为了更清楚地阐明对待文化遗产的正确态度，除使用了比喻论证的方法之外还用了什么方法？

（2）设计意图。

学生要学好语文，提高语文能力，非具备思维这个基本功不可。教和学都是为了让学生展开积极的脑力劳动，从这个意义上说，教师应该是学生脑力劳动的指导员。教学，简而言之，应当是"教学生学"，就其本质而言是"教师把人类已知的科学真理创造条件转化为学生的真知，同时引导学生把知识转化为能力的一种特殊形式的认识过程"。教学也就是有计划、有步骤地引导学生学习，千方百计创造条件培养调动学生学习的主动性，只有将教师施教的指挥权与学生学习的主动权结合起来，只有努力开启学生思维的门扉，才能完成教学任务。教师选用恰当的钥匙不断拧紧学生思维的"发条"，使学生活动起来，全身心地投入学习，汲取知识养料，获得语文能力。这就需要教师根据教学目的和要求有步骤地设置问题，以问题引路，启发学生辨析问题解决问题。学生学习的过程实际上是质疑、析疑、解疑，再质疑、再析疑、再解疑的持续不断的过程。我们知道"学源于思，思源于疑，疑是思之始、学之端，"疑者，觉悟之机也。"一番觉悟，一番长进。所以要通过设疑来激发学生析疑、解疑的兴趣，带领学生参加探求知识的过程，让学生在老师引导下用自己的头脑获得知识。为此，根据教材实际，又根据学生实际，精心设计这些启发学生开动脑筋的问题。

4. 教病诊治

（1）鲁迅文学作品教学误区的存在却是一个峻急而又沉重的话题。尽管语文界长期以来，一直在探讨"鲁迅文学作品怎样教，怎么学"，但一直没有得出完满答案。

语言教学、文章教学代替了文学教学，授《拿来主义》，不侧重于对其精神内涵的分析，而将学生的注意力转移到引号用法、比喻修辞、论证方法上去，在语言细枝末节上讲深讲透，不厌其烦，搞得自己疲惫不堪，弄得学生兴味索然。

（2）从局部说，那些比喻也用得十分贴切。例如：用"鱼翅"比喻文化遗产中的精华；用"鸦片"比喻文化遗产中的糟粕，但也有某些有益的成分；用"烟枪和烟灯"、"姨太太"比喻文化遗产中的糟粕。既为"糟粕"，难称"有益"，说法上已欠稳妥。逻辑分类上，采用这样的"三分法"（"鱼翅"一类，"鸦片"一类，"烟枪""烟灯"和"姨太太"一类），词语诠释上，采用这样的"两点论"（将上列事物概纳入"精华""糟粕"范畴），如此分析，不能合理诠释原文，不能准确揭示《拿来主义》的思想内蕴。经过长期认真的思考，"三分法"、"两点论"正是令《拿来主义》第九段的分析陷入窘境的主要原因。

首先，分类未能吻合原文思路。其次，分类未能运用正确标准。再次，分类亦未顾及语言形式。纳"精华"、"糟粕"说于《拿来主义》分析之中，难以避免地造成了"揣摩语言"的公式化、概念化、简单化倾向。这是《拿来主义》教学中值得研究的一个问题。

（3）本文的主题思想最主要的不是在谈批判继承文化遗产，主要是谈引进外国的东西的问题，许多老师可能会着重的讲前者去了，从文章的开头就提出了要从外国"拿来"，而在后面的比喻论证中用的却是贴近中国人的"大宅子"、"鱼翅"、"鸦片"、"烟枪和烟灯"、"姨太太"等，这些形象的比喻涉及文化遗产的继承，但更重要的是对从国外引进的东西应持怎样的态度。老师在教学过程中讲到此处时，不仅要讲文化遗产的继承，更重要的是将学生引导到引进文化的思考上。

参考文献

［1］　吴　莹.苏教版、人教版《祝福》《拿来主义》课后练习研究，2011.

［2］　庞晓丽.《拿来主义》的教学设想.青海：青海教育，1995.

［3］　李功连.语文教学中的语言训练研究.2013.

［4］　赵迎雪.高中语文议论文课文教学研究.2012.

［5］　陈洪团.二期课改高中语文阅读教材教学内容的确定与开发研究.2012.

［6］　庄平悌.多亏了那突然一问.中学语文教学，2007.

［7］　于发忻.为鲁迅的"拿来主义"叫屈.阅读与写作，2002.

中职学校计算机课如何引导学生自主学习

四川交通运输职业学校 李 丹

摘 要：在中职学校，计算机课是一门将知识和技能相结合的基础课程。目前中职学校的特点和对中职学生的要求，决定了中职学校的计算机课应该着重于培养学生的动手实践能力。因此，教师应该有计划、有组织地实现有效的教学，调动学生自主学习的积极性，充分发挥学生的主观能动性和创新意识，使他们在学习知识的同时掌握学习的技巧。

关键词：计算机课；自主；主观能动性；创新

一、中职学校学生的现状分析

目前，中职学校的学生大多为没有上普高分数线的初中学生，甚至只是具有初中毕业证没有参加中考的学生。这些学生学习习惯差，文化基础薄弱，没有多大的学习积极性，或者即便有个别好学的学生也会因为不好的学校环境而放弃学习。这些学生可能从来没有想过自己为什么来学习、为什么学这个专业、对未来有什么打算、对工作有什么憧憬等，对将来感到一片迷茫。他们来学习多是出于父母的安排、家庭的压力，而就他们自己内心来说对未来缺乏太多的思考，很有一种"随波逐流"的感觉。由于这些学生在初中阶段没有养成良好的学习习惯，没有得到正确的引导，从他们内心来说普遍存在心理障碍，暗示自己本来就不能学好，对学习心生厌倦。因此，中职学校的学生其综合素质较差，逻辑思维能力和抽象思维能力都比较薄弱，往往在课堂上跟不上老师的进度，甚至会有学生认为他们来中职学校只是来学习技术的，对基础课程漠不关心，上课不认真，不主动学习，甚至逃课不学习。因此，就中职学校学生的现状而言，我们要想从根本上改变学生厌学，特别是对基础课程厌学、弃学的态度，除了帮助他们调整心态，更重要的是要教会他们自主学习的方法，让他们快乐的学习，通过自己在学习中创造的价值体会到学习的意义。

二、自主学习法

自主学习是与传统的接受学习相对应的一种现代化学习方式。顾名思义，自主学习是以学生作为学习的主体，通过学生独立地分析、探索、实践、质疑、创造等方法来实现学习目标。对于基础教育课程，要改变课程实施过于强调接受学习、死记硬背、机械的现状，倡导学生主动参与、乐于探究、勤于动手，培养学生搜集和处理信息的能力、获取新知识的能力、分析和解决问题的能力以及交流与合作的能力。

1. 自主学习法的特点

自主学习法的核心是将教学活动的主体从教师转变成了学生自己，意在强调培养学生强烈的学习动机和浓厚的学习兴趣，从而进行能动的学习，而不是被动地或者不情愿地学习。自主学习具体表现为"自立"、"自为"、"自律"三个特征。

（1）自立性。

学习的主体都是具有相对独立性的人，是学生自己的事，其他任何人不能代替。并且从学生主体在自我心理认知系统，学习是其对知识信息独立分析、独立思考的结果。每一个学习主体都具有不同的学习潜能和一定的独立能力，能够独立承担学习。可见，"自立性"是自主学习的基础和前提，是学习主体内在的本质特征，是自主学习的灵魂。

（2）自为性。

学习的自为性是独立性的体现和展开，它内含着学习的自我探索、自我选择、自我构建和自我创造。因此，自为学习本质上就是学习主体的自我探索、自我选择、自我构建、自我创造知识的过程。教师在教学活动中要通过各种方法激发学生的好奇心，增强他们的求知欲，鼓励学生进行自我探索求实创新，建立自我学习的知识系统。

（3）自律性。

即学习主体对自己学习的自我约束性和规范性，在认识域中表现为自觉地学习。它是一种主动、积极的学习。只有自觉到学习的目标、意义，才能使自觉的学习处于主动和积极的状态，才能充分激发自觉的学习潜能，才能有利于学生知识体系的内化形成。

2. 自主学习法的实施过程

自主学习法能赋予学生较大的自主性，学生可以根据自己的学习需求进行个别化的学习。该学习法也可以使学生的学习含有更高的智力活动成分，有利于学生知识体系的内化形成，对学生自学能力的培养有较大的促进作用。

自主学习法的实施需要根据课程和自身能力制订详细的计划，并严格按照这个计划开展学习；需要确立明确的目标，目标一旦确立就必须坚持；确定范围，从所用的教材到知识面要确定下来，不能改动；另外，教师要注重学习氛围和环境的创造，通过各种手段让学习的环境活起来；最后自主学习的主体要找出自己在自主学习中出现的问题，并想办法改正。自主学习法只有在有计划、有步骤的情况下，才能顺利实施，并取得满意效果。

三、计算机课中如何实现自主学习

1. 培养学习兴趣

托尔斯泰说："成功的教学所需要的不是强制，而是激发学生的兴趣。"要促进学生主动学习，就必须先培养学生学习的兴趣。计算机课在中职学校是学生学习的一门基础学科，实践性很强，着重于培养学生的动手操作能力。但是，现在很多中职学生对计算机的认识都很肤浅，认为就是一个用来上网聊天、玩游戏的工具，对于计算机在其他领域更广泛的应用漠不关心。因此，要让学生学好这门课的首要任务就是增加学生对计算机的认识，提高他们学习的兴趣。教师可以先介绍计算机和生活紧密联系的一些有趣的实例，然后把这门课在课堂上能够实现的成果都展示一下，让学生对计算机有新的认识，对这门课留下好的印象，从而有效地调动他们学习的积极性。

2．示范操作、提示重点

操作性强是计算机课区别于其他基础课的最显著特征。正因为如此，在整堂课的讲授过程中，老师始终要牢记以学生为主体的自主学习法的宗旨。教师在教学过程中可以先提出本节课的任务，展示任务成果（这个成果最好能贴切学生专业）；然后提出在这个任务的完成过程中有哪些新的知识点，一边多媒体演示，一边讲解；最后对该任务的实施过程中的重点操作做下提示，让学生自己上机操作。如果学生在操作过程中遇到了困难，教师要鼓励学生查阅课本或者分组讨论，建议学生通过自己的努力克服困难，完成任务。在课程快结束时，教师和学生间可以就有疑问的内容相互探讨，必要时教师予以辅导。课后可以给学生留下与本节内容有关的思考问题，无形中帮助学生进行了自我小结。

3．注重学习氛围和环境

中职学校学生的自律性较差，他们很容易被一些消极情绪或外在因素影响学习积极性。因此，教师想在课堂上很好地贯彻自主学习法，就必须帮助学生创造一个良好的学习氛围。在计算机课上，教师将任务分配给学生后，可以建议学生以分组的形式相互协作、相互讨论，共同完成任务。或者制订一个比赛计划和评分标准，先由学生互评产生好的作品，再由老师点评得出大家认可的结果。这样，在任务的实施过程中，由于存在竞争，学生会带有很浓厚的兴趣，并努力把自己的任务完成好。

4．课后自我检查和反省

自我教学法的贯彻和执行离不开教师和学生的坚持。因为中职学校学生的学习习惯普遍较差，他们能够坚持做一件事情并把它做好很不容易，所以自我教学法的顺利实施离不开教师的帮助。为了帮助学生坚持自我学习，帮助他们养成良好的学习习惯，教师可以在本节任务完成之后提出一些思考性的问题，或是让学生课后搜集一些与任务相关的资料。比如完成这个任务在课堂上使用了一种方法，这种方法可能是常用的或是课本上介绍的，但是我们到达某一个终点可能有多种途径，那么同学们课后可以思考或者查阅书籍寻找其他的方法，然后利用最为简便的方法制作出作品。

结束语：培养自主学习能力是社会发展的需要。面对新世纪的挑战，适应科学技术飞速发展的形势，适应职业转换和知识更新频率加快的要求，一个人仅仅靠在学校学的知识已远远不够，每个人都必须终身学习。终身学习能力成为一个人必须具备的基本素质。因此，在学校帮助学生打好自主学习的基础，让学生动手、动口、动眼、动脑，使学生积极参与教学活动，并能自主地投入到教学过程中去，从而品尝获取知识的愉悦。变"要我学"为"我要学"，诱发学生学习的主动性，使他们在学习知识的同时掌握学习的技巧，这是现代教育理念的根本。

总之，在中职学校计算机课教学中，教师应当让学生自始至终地主动参与教学的全过程，着重培养学生自主学习的能力，不应对学生进行填鸭式的教育，要因材施教，应根据中职学生的特点，使用科学的方法，有针对性地进行教育。要培养学生的学习兴趣，消除学生害怕学习的自卑心理，培养学生良好的行为及学习习惯，提高计算机课的教学质量及教学效果。这样不仅能够提高教学质量，优化课堂，也有利于学生今后的发展，才能真正培养出符合市场需要的技能型人才。

参考文献

［1］ DavidLittle. 自主学习方法与途径. 邱永忠，林赞，江琴，译. 厦门：福建教育出版社，2010.

［2］ 徐学福，房慧. 名师讲述：如何提升学生自主学习能力（名师工程系列丛书）. 重庆：西南师范大学出版社，2008.

［3］ 徐利. 徐利与杜郎口自主学习模式实践（1-1）. 北京：中国林业出版社，2011.

［4］ 唐开山. 大学计算机基础自主学习教程. 北京：高等教育出版社，2011.

［5］ 林格，程鸿勋，唐曾磊. 自主学习：厌学是中国教育史上的癌症. 北京：新世界出版社，2010.

中职学校"计算机应用基础"精品课程建设

四川交通运输职业学校 张定国

摘 要: "计算机应用基础"是中职学校学生必修的基础课程,对于学校高素质复合型人才的培养起着至关重要的作用。本文依据国家中职学校精品课程建设的精神,概述了"计算机应用基础"精品课程建设的背景和现状,介绍了该精品课程的建设过程,提出了其存在的问题和解决的办法,并对未来作出了展望。

关键词: 中等职业教育;计算机应用基础;精品课程;课程建设

精品课程建设是构建中国特色中等职业学校课程体系的重要内容,是开展有效教学活动的重要依据,是促进中职专业化师资队伍的有效途径,对提高中等职业学校教育教学水平,增强中职学生的就业竞争力起着举足轻重的作用。

一、精品课程建设的相关背景和现状

"计算机应用基础"是中职学校每个专业必须开设的一门公共基础课程,计算机基础教学是中职教育的重要组成部分。中等职业学校不是培养注重科学研究的理论型人才,而主要致力于培养应用型、技能型人才,教学计划侧重于对学生的实际动手能力的培养。因此,在中职学校,"计算机应用基础"课为学生了解掌握计算机科学知识和实际应用能力相结合的重要内容,在提高学生计算机应用技能的同时,使其适应社会发展的需要,更好地为社会服务。

然而,由于中职学生的整体理论素质普遍不高,学习习惯和学习能力较差,学生入学时的计算机知识水平和动手能力参差不齐,这给计算机基础教学带来了新的课题。因此,用"计算机应用基础"这门课程建立精品课程的目的,就是要根据现状来探索出新的课程教学设计理念、教学组织方法、教学实施过程以及如何利用好教学资源等,并以此突出课程特色,提高教学水平。

二、"计算机应用基础"精品课程建设的主要思路和方法

1. 主要思路

以教育部下发的中等职业学校开展精品课程的相关文件为指导,借鉴其他学校已经成功的精品课程建设经验,结合本校的学情和课程本身的实际情况,以改革创新提高教学水平和增强学生的市场竞争力为导向,对"计算机应用基础"这门必修公共课进行精品课程建设。

2. 精品课程建设的方法

组织一支一流的课程建设小组,立足于本校的实际情况和课程本身的特点,通过实地调

研制订切实可行的课程管理办法，对教学计划、教学内容安排、教学实践、教师队伍的培养等形成一套完善的体系。同时，查阅相关资料，参考其他学校的成功经验，通过综合分析完成精品课程的开发与设计。在有条件的情况下，多请教这方面的专家，充分发挥专家在这一学术领域的带头作用。另外，为了提高学生的市场竞争力，还应该多了解市场对复合型人才的需求标准，以此不断地对课程设置进行改革和创新。

三、中职学校"计算机应用基础"精品课程建设存在的问题

中等职业学校是以为社会培养操作能力强的一线操作工人为教学目标，因此，在"计算机应用基础"精品课程建设中普遍存在以下问题：

（1）教学计划和教学内容的安排容易忽略中职学生对基础知识的掌握，重视程度不够。由于中职学生生源和地域的差异，学生对计算机知识的掌握程度各不相同，学生对计算机的认识也存在差异。家庭经济条件好的学生自己有电脑，懂得基本的电脑操作，但是缺乏计算机理论知识的指导，只是能机械地使用计算机的部分功能，对计算机的理解比较狭隘；家庭经济条件差的学生对计算机的认识基本为零，在入学前甚至没有见过计算机，当然就更谈不上使用了。另外，学生对于计算机的学习兴趣也存在差异。有的同学只是把计算机作为一种消遣的工具，认为只要能上网、玩游戏就行了，而且有这种想法的学生不占少数。在这样的学习环境下，如果教师不进行正确的引导，这种不良的学习风气会传染给更多的人，也会使计算机的教学陷入不堪的境地。

（2）教学内容脱离实际。目前，很多学校"计算机应用基础"课程的教学都是照本宣科，没有跟上市场的变化和社会的需求，缺乏实用性。有些教师为了完成教学任务，只机械地把教材内容讲述一遍，没有切合学生的专业和市场的需要精选案例进行教学，更谈不上向学生灌输最新的计算机技术知识了。这样教出来的学生，往往不能满足市场的需要，不能胜任今后的工作。

（3）教学理念陈旧。在中职学校，"计算机应用基础"这门课应该更注重实用性，采用"以生为本"的教学理念。而目前很多中职学校仍采用传统教学法，理论讲得过多，学生的实际动手时间太少，导致学生不能变通，只是机械地接受教师传授的知识，没有创造性，更谈不上思维的发散。

（4）教学设备落后。一些中职学校的计算机教学设施不全、设备陈旧，没有专门的多媒体机房，教学软件缺乏，教师无法进行同步教学，教学效果较差；有的学校多媒体机房安装的教学软件版本过低，无法适应计算机的快速发展，学生学到的和毕业后要用的完全是不同的东西，致使学生缺乏市场竞争力，就业的稳定性降低。

四、"计算机应用基础"精品课程建设的步骤及目标

1. 制订计划明确目标

制定"计算机应用基础"精品课程建设的总体目标，并根据每个阶段的特点确定不同的阶段目标。为了督促建设进程和检验建设效果，针对每个目标可以拟定相应的目标量化标准。

2．师资队伍建设

教师作为知识的传播者，对于精品课程建设起着重要的作用。因此，要打造出一门好的精品课程，必须要有一支一流的师资队伍。这支队伍的形成需要每位成员自身都具有较高的思想素质，有奉献精神、服务意识，熟悉本专业知识，勇于开拓不断进取。另外，学校也应该为师资队伍建设创造更好的环境，提供有力的保障。鼓励教师攻读在职研究生、在职博士生，学习行业的先进技术，从多方面了解行业的市场动态。多组织教师参观、学习、交流优秀兄弟校的成功经验，分批选送教师外出进修，进一步调整和充实教师队伍。同时加强"双师型"教师队伍建设，提高教师的教学水平。

3．教学内容建设

教学内容建设是精品课程建设的重中之重。组织教师对于教材、教学计划、教学方法等与教学内容建设有关的问题进行讨论，根据教学效果和学生的反应对现有教材进行分析；如有必要，可以根据实际情况，组织有能力、水平高的老师编写校本教材。计算机教学注重学生的实际操作能力，在教学方法上可以采取多种模式，鼓励学生自主学习，锻炼学生的发散思维，重视实践环节，培养创新精神。避免过多的理论学习，尽量把理论学习贯穿到实际操作中，让学生通过案例分析、分组讨论、分组竞赛论等形式，真正掌握知识要点，并能融会贯通，学以致用，从而全方位提高学生的能力和素质。

4．教学设备建设

要想精品课程建设取得较好的成果，确保教学内容建设较好的实施，就必须改善教学设备，加强硬件和软件建设。新增多媒体机房，为教师改进教学手段，实现同步教学提供有力保障。安装比较前沿的软件版本，使教学内容不脱离实际，使学生满足信息化社会的需求。为了提高学生的动手操作能力，理论联系实际，精品课程建设中应投资建立能满足计算机课程教学要求的计算机基础实验室，以此加强学生的实践能力。

5．教学管理建设

按照学校教学管理的要求，进一步完善各种教学文件，根据不同主题有计划、有目的、有步骤的开展教研活动，讨论教学心得、交流教学经验、探讨教学方法，发挥集体的力量提高计算机基础教学。完善教师听课制度，制订听课计划，提倡老带新，相互学习、相互提高。定期举办学生座谈会，向学生代表传达教学精神，通过学生反馈的信息总结教学中存在问题，探索改进的方法。建立合理的考评办法，从学生、同行、领导等不同角度，按照一定的标准对教师进修教学考评。积极尝试不同的考试方法，建立合理的考试体系，在对学生的知识、能力、综合素质等进行考核的同时，着重强调学生的实际动手能力和创新精神。

6．课程网站建设

利用学校的网络资源建立"计算机应用基础"课程网站，把与课程相关的所有教学内容都放到网站上，通过多种途径促进学生主动学习。师生可以通过这个网络平台互相交流，这样可以提高学生的主动性和积极性。并且安排专人实时更新教学资源，避免知识陈旧，以此来弥补教材时效性不足的缺点。

7. 其他建设

在"计算机应用基础"精品课程建设的过程中还应当加强校企合作，组织教师到企业内部参观学习，让教师参加企业项目的开发，增强教师的实践能力，使教学不再是纸上谈兵，能顺应市场的变化；在教学中也能给学生提供丰富的实践经验，提高学生的学习兴趣，增强其就业竞争力。

结束语：精品课程建设是一项长期而艰巨的任务，"计算机应用基础"精品课程建设要立足于实际，循序渐进，有步骤、有计划地进行。对于建设过程中出现的问题要冷静思考，具体情况具体分析，利用集体的力量不断改进。精品课程建设还要加强思想交流，多学习、多比较，要着眼于提高学生的综合竞争能力，将课程建设为一流的课程。通过精品课程建设带动全校的课程建设，提高中职学校的教育水平，增强中职学生的就业竞争力。

参考文献

[1]　王　津. 计算机应用基础——实训教程. 北京：铁道出版社，2008.

[2]　张大良，吕浩雪. 打造精品课程提升教学质量. 北京：高等教育出版社，2004.

[3]　王秀花. 精品课程建设及其评审的误区. 教育探索，2009.

中职计算机人才培养

四川交通运输职业学校 杨 超

摘 要：从当前社会对于计算机人才的需求背景出发，调查当前中职计算机专业的学生的就业情况，分析出当前社会缺少什么样的计算机人才，从而对于当前中职计算机人才做出一个定位，确定中职计算机人才的培养方向，并探讨用什么样的培养方法来提高中职学生的社会竞争力。

关键字：需求背景；中职学生；培养方向；培养方法

一、背景

随着我国经济的快速发展，社会信息化飞速发展，计算机已经渗透到全国乃至全世界各行各业。对于求职者来说，掌握计算机技能是求职的必备条件；对于在校学生来说，不懂计算机知识就意味着落伍，毕业应聘时将成为一大障碍。然而，尽管社会对计算机人才的需求不断增大，中职计算机专业毕业生却很难找到满意的工作。原因就在于现代社会对于中职学生的要求越来越高，而学校没有对中职计算机人才有一个明确的定位；同时传统的教学模式，很难培养出能够迎合社会需求的中职计算机人才。本文围绕中职计算机人才培养方向该怎样定位，以及培养计算机人才的方法进行了分析和讨论。

通过企业调研及人力资源部门专家访谈、项目经理的访谈，了解到企业对中等职业学校毕业学生的需求范围相对较小，大部分企业不愿意接收中职学校的毕业生。即使进入企业，大部分学生也主要集中在中小型企业，只有一小部分学生能在大中型公司立住脚。中等职业学校计算机网络专业毕业生的主要就业岗位包括：网页编辑人员、网络测试、计算机及简单网络维修人员、熟悉计算机操作的办公室职员（文秘）、售后技术支持、网络施工与测量、计算机组装与维修、流水线操作工、信息采集、超市收银员等。

下图对于中职计算机专业毕业生就业情况的不完全统计：

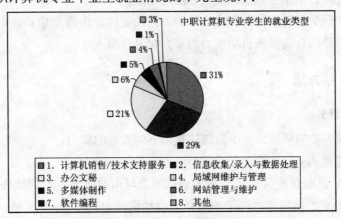

中职计算机专业学生的就业类型

1. 计算机销售/技术支持服务	2. 信息收集/录入与数据处理
3. 办公文秘	4. 局域网维护与管理
5. 多媒体制作	6. 网站管理与维护
7. 软件编程	8. 其他

由图可见，不仅仅是中职毕业生面临的情况，高校的毕业生就业情况也是如此。这就使得当前社会的计算机人才呈现出一种"两头小，中间大"的局势，也就是说当前社会十分缺少高端计算机人才以及低端计算机人才。

二、人才培养方向

在当前社会对于计算机人才需求的背景下，我们了解到，现在社会对于高端计算机人才和低端计算机人才需求量相当大。这样在中职计算机人才培养方向的定位方面，就能明确三点：

1. 瞄准低端计算机人才的领域

低端计算机领域一般指计算机专业的底层，比如程序员、局域网管理与维护、网站管理与维护等。我们不得不面对一个残酷的现实：中职学生的基础远远不如高校的学生。但这反而也是一种优势，高校学生往往不屑于低端计算机领域，他们之中能够晋升到高端计算机领域的学生又很少，大多数人也就徘徊于中端计算机领域，这样为中职毕业生提供了很大的就业空间。就算是处于计算机行业的底层也不会没有发展空间，万丈高楼平地起，只要学生在做任何工作都能坚持追求卓越，那么成功自然就会出其不意地找上门。

2. 极大限度地迎合企业需要

我们中职学校的出发点就是要为社会培养出准职业人才，这就并不需要我们像高校一样对学生进行精英式教育，而应该是最大限度地迎合企业或者说是社会需求。我们中职学校应该是灰领人才和蓝领人才的培养基地，缩短学生适应职业生活的心理距离以及时间距离，弥补学生学习生涯与职业生涯之间所存在的鸿沟。这种一毕业很快就能投入到工作的能力也可以成为中职计算机人才的一个有力的竞争力。

3. 自学能力强

对于任何一个企业而言，人才的技能要求往往都是随着岗位而改变的，"物超所值"的人才绝对是他们都所渴望的。所以，一个计算机应用专业又能同时精通网络技术的人才，一个既精通计算机又精通管理的人才等，这些人才自然会备受企业喜爱。这样多元化的复合型人才，并不需要针对性的培养，作为学校只需做到一点，就是能够培养学生很强的自学能力，随着岗位的变换，学生累积的技能也会随之增加。

综上所述，中职学校对于计算机人才培养方向的定位，应该是培养一个瞄准低端计算机领域、迎合企业需要的具备很强自学能力的多元化复合型人才。

三、人才培养方法

1. 多元化的培养

学校对于中职人才的培养，至少应该注重以下两方面的能力：

（1）职业素质能力。

①认真负责；②吃苦耐劳；③良好的表达能力与沟通能力；④团队协作能力；⑤良好的自学能力；⑥一定的抗压能力；⑦良好的自我约束能力。

（2）专业知识能力。

①计算机软件硬件知识；②计算机网络知识；③计算机操作系统知识；④数据库知识；⑤法律知识。

2. 教学模式的改革——采用学习先行模式

马克思的认识论中指出：人的认识过程是人不断地实践，认识，再实践，再认识的这样一个看似循环往复，实则是前进上升的总过程。计算机专业是一门实际动手能力很强的专业。在教师进行教学时，可以采用学习先行模式：

第一步：自主学习。教师多用任务驱动式、提问式等方法，来激励学生自己探索性的学习。这能够培养出学生一些技能素养，例如胆量、敢于尝试、开放性思维、学习方法以及自学等能力。

第二步：小组合作学习。教师利用提问式、任务驱动式等方法，让学生以团队合作的形式进行学习，培养出学生的勇气、沟通技巧、团队协作、行为方式、自信、幽默等职业素养。

第三步：理论讲解。教师在学生有过实际探索学习经历的基础上进行理论讲解，充分利用多媒体技术以及校园网，建立一个双向互动式的教学环境，进行全方位、立体化、多交流的教学活动。

第四步：拓展应用。学校给学生创造更多的实践机会，让其再次回到实践中探索，在实践中得到发展。

以此往复，不断地实践发展，不断地总结提升。教师要引导出学生的热情，引导出学生的思维。

3. 对教师的要求

要培养出优秀的中职计算机人才，对于教师提出的要求自然很高，除了要求教师拥有很好的再学习能力、具备扎实的专业基础外，还需要教师具有很强的实践能力；此外，也要求教师有一定的系统工程经验。这些可以通过职业学校与一些企业合作，为教师提供项目实践。这样做的直接好处是，能够提高学校的师资力量；也可以为学生提供实践机会；还能邀请合作企业的一些主管或高级工程师作为学校顾问开设讲座；甚至是能够直接解决一些毕业生的就业问题，从而使得学校的利益最大化。

参考文献

[1] 谢军林. 关于企业对中职计算机网络人才需求与培养要求的调研报告. 世界大学城网，2011.

[2] 贾桂芳. 中职学校计算机专业应用型人才的培养模式. 现代教育科学：中学教师，2012（2）：36—36.

[3] 尹帮治. 中职计算机专业人才培养与企业技能型人才需求紧密对接的探讨. 新课程研究·职业教育，2008（7）.

中职基础课程课堂管理方法探究

四川交通运输职业学校　黄　惠

摘　要：课堂管理是教师为了完成教学任务，调控人际关系，和谐教学环境，引导学生学习的一系列教学行为方式。中职基础课程是以教室为基点，以传统课程如语数外为内容而进行的课堂教学。要对中职基础课程进行有效的课堂管理，必须坚持以学生为主体，懂得了解学生、理解学生，注重为学生营造一个轻松舒适的课堂氛围，学会与学生平等相处，学会爱学生。

关键词：中职教学；基础课；课堂管理

中等职业技术学校的基础课课堂管理相对困难，这是业内公开的秘密。很多新入行的老师对此束手无策，而很多富有经验的老教师们虽然已经有了自己的一套相对有效的办法，却没有经过整合，具有局限性。我们要改变这种现状，除了对前人的经验加以借鉴和整合外，还必须了解造成中等职业技术学校的基础课课堂管理困难的原因。这个原因就是中等职业学校课程设置和生源构成的特殊性。因此，要探讨如何对中职学校的基础课堂进行有效的管理，必须先掌握中职学校的课程设置特点和学生的生源构成特点。

一、中职学校的课程设置特点

中等职业学校教育是专门培养社会急需的职业技能性人才，为国家的社会主义现代化建设服务的教育。正是因为如此，当前中职学校的课程设置是以社会需求为导向设置的课程体系，与同级其他类型学校相比更注重学生专业技能的培养。这种注重体现在：专业课程在总课程中的比重很大，且几乎占用了所有最好的课堂时间段，学生入学时就会被告知某门课程是本学期的重点，与他们的就业息息相关。同时，因为专业课程的学习往往伴随着实践，这种与过去教学方式不同的理实一体化教学大大地增强了学生的学习新鲜感，提升了学生的学习兴趣，方便老师进行良好的课堂管理。与此相对的，非专业的继续使用传统教学方式的基础课程，则会直接被学生忽略，这种忽略体现在上课睡觉、讲话、玩手机、不做作业、缺席等行为上。这些行为的出现是与中职学校的学生生源构成分不开的。

二、中职学校的生源构成

中职学校生源的构成比较特殊，大多数学生是基础教育中经常被忽视的弱势群体，他们由于学习成绩不好，从小学到初中长期承受老师、家长的过多指责和同学们的歧视；有些学生来自单亲家庭或生活贫困家庭，缺乏真诚的关爱，久而久之形成了抑郁自卑心理，对学校、对社会充满冷漠、恐惧和仇视。所以，他们讨厌传统的课堂管理方式，老师的说教、批评和责骂都会引起他们的强烈反感，和初中相似的压抑的学习环境会造成他们的反抗。因此，如何引导他们学习就成为了基础课程课堂管理的最大难题。作为基础课程的老师，如何攻克这个难题，则是课堂管理成功与否的关键所在。

在这里，针对中职教育中的这一现状，我借用前人经验，结合自己的教学总结，对中职基础课程课堂管理方法提出几点自己的看法，以供参考。

1. 营造一个轻松舒适的课堂氛围

课堂教学是一门艺术，是一种创造性的劳动。它主要包括教师讲解、学生问答、教学活动以及教学过程中使用的所有教具。在传统的教学中，课堂教学虽然都包含了这些要素，但对学生活动却有诸多的局限，缺少了灵活性和随意性，使课堂变得相对紧张和缺乏活力。这种课堂教学在好学生较多的班级仍然是可以起到很好的效果的，但在中职基础课程的教学中则不适用，因为中职学生大都缺乏自信，不愿意主动回答问题，这就会导致老师自问自答，从而陷入"一言堂"的怪圈。因此，如何使学生愿意配合老师，成为课堂的主体，就显得尤为重要了。而要做到这点，必须要给学生营造一个没有压力的课堂。为此，老师们可以尝试做以下努力：

（1）用小组讨论回答问题取代逐个抽取学生回答问题。

俗话说："三个臭皮匠，顶个诸葛亮。"再难的问题，分小组讨论后，基本上可以变得简单和容易，之后再由小组内部自行推荐代表回答问题，有底气的回答还会增强学生的自信心。在这样热闹轻松的氛围中学习，既缓解了学生的紧张情绪，又活跃了课堂气氛。

（2）注重对学生上的第一节课。

第一节课是师生之间的第一次交流，学生会在教师的第一节课上对教师进行定位，所以，一定不能给学生严厉古板的第一印象。第一节课上，老师应该拉近和学生的距离，尝试用丰富的表情和鲜活的眼神吸引住学生；用得体的幽默让孩子笑起来。只有先让学生喜欢你，然后才能培养学生对这门学科的兴趣，学生的兴趣有了，教师以后的教学就会顺畅些、圆满些。

（3）拥有一颗包容的心。

在中职基础课程的课堂上，常常有不少学生睡觉、讲话，或做其他科目的作业。针对这种情况，责骂几乎不起任何作用，甚至有时还会造成学生的反抗，让老师下不了台。这种时候，就要求老师拥有平和的心态，用一颗包容的心去感化学生。对睡觉的同学，你可以温和的叫醒他，然后告诉他在教室睡觉很容易感冒，如果他身体不舒服，可以回寝室，你不会算他缺勤。但是，这节课没有听到的内容，你会换个时间给他补上。对讲话的学生，你可以走到他的身边，做认真倾听状，然后微笑着对他说，老师对他们的讲话很感兴趣，可否把话题讲出来全班同学分享。对于作其他科目作业的学生，你可以告诉他，你相信他是一个领悟力很强的好学生，如果他对本节课的内容已经完全掌握了，你不介意他做其他作业。实践证明，这样做的效果比直接责骂好很多，而且还可以使课堂气氛变得轻松，一段时间以后，学生们就会相信在你的课堂上不会有苛责，他们甚至可以和你开玩笑，把你当成"自己人"。然后，他们就会在不知不觉中变成课堂的主体，和老师一起完成效果良好的课堂教学。

2. 和学生平等相处

平等，是人与人之间相处的基础。但平等，却经常在师生之间缺失。老师们经常以俯视的姿态去看学生，所以，和学生做朋友便成为了一句口号。我认为，和学生平等相处，应该包括以下几点。我也相信，做到了以下几点的老师，他的课堂管理一定是成功的。

（1）懂得尊重学生。

在课堂上一定要尊重学生，建立和谐、平等、民主的师生关系；在课堂教学活动中，教师绝不能"居高临下"，而要把自己看做是与学生在一起的参与者、探索者，珍惜学生的每一次提问，哪怕是幼稚的。

（2）善待学生的错误。

尽量不当众批评学生，这样既保护了学生的自尊心，又尊重了学生的人格。有时一个真诚的微笑，一个善意的眼神，一句轻微的责备，带微笑的轻声细语的分析开导，一个轻轻的拍拍肩膀的动作，都能起到事半功倍的教育效果。

（3）做一个真实的人。

真实的遗憾比虚假的完美更加动人，更加具有生命力。有时候让学生看到你的缺点反而更容易让他们理解你和亲近你。

3. 懂得爱你的学生

教育是一门爱的艺术，教育不能没有爱，就像池塘不能没有水一样，没有爱就没有教育。我国著名的教育家夏沔尊说："教育不能没有情感。"因此，没有爱的课堂，不是好课堂；没有爱的老师，进行不了好的课堂管理。中职学生是一群缺少爱的学生，教师想有好的课堂管理，必须学会爱他们，只有让他们感受到了你心中的那份爱，他们才能够敞开心扉，和你完成课堂的交流和互动。而这种爱，主要体现在以下几个方面：

（1）保持亲和力。

"亲其师，信其道"，教师的亲和力，可以赢得学生的尊敬和信任，获得学生的宽容和理解。教师的亲和力本质上是一种爱的情感，只有发自肺腑地去爱学生，只有把学生当成自己的孩子，当做自己的亲密朋友，才能容忍学生的缺点，尊重他们的话语权，才能控制自己的情绪，做到以理服人，以情动力，才能真正地亲近学生，关心学生，也才能激发学生对于知识的追求。

（2）赏识你的学生。

中职学生多是在批评中长大的学生，他们有着自卑、指责、挑剔的习性。作为他们的教师，必须学会用放大镜看学生的优点，多对学生说"好听"的话。让他们在充满宽容和鼓励的气氛中，少一点自卑，多一些自信；少一点指责，多一些欣赏；少一点挑剔，多一些合作，从而走向人格独立、身心健康的理想彼岸。

（3）对学生充满期待。

对学生来说，家长、老师无疑是"权威人物"，他们对孩子的期望或评价无论是积极还是消极的，都会触及孩子的心灵，都会对孩子自信心的确立起着举足轻重的作用。所以，把你对他们积极的期待通过眼神、语言传达给他们，让他们在你的每一次期待中变得自信。这种自信会让你的课堂变得很好掌握，起到事半功倍的效果。

结束语：以上是我对中职基础课程课堂管理的几点看法，我深知关于课堂管理的理论研讨和技法探究，是一个有着广阔空间的崭新领域。我真诚地希望更多的同行参与进来，为我们的这一浩大的工程添砖加瓦。但愿这篇见识浅陋，文笔稚嫩的小文，能起到抛砖引玉的作用。

参考文献

[1] 陈 琦，刘儒德. 当代教育心理学. 北京：北京师范大学出版社，2007.

[2] 戴维（美）. 课堂管理技巧. 上海：华东师傅大学出版社，2002.

[3] 欧阳泓. 学生周报教师版 2014 年第 2 期.

[4] 徐静蕾. 浅谈教学课导入的方法与技巧. 新课程，2012（2）.

职业学校语文课堂教学的创新研究

四川省交通运输职业学校　蒋　萍

摘　要：本文首先分析了职业学校语文课堂教学现状及教学创新的必要性，之后分析了职业学校语文课堂教学创新的主要思路，包括：创新教学思路，激发学生参与课堂主动性；创新管理理念，鼓励学生进行创新性探索；创新教学模式，展现课堂多样性；创新教学方法，体现教学层次性。本文拟结合教学实践，探索教学方法、思路、模式和理念方面的创新，为构建新形势下更具创新性的职业学校语文课堂提供新的参考。

关键词：职业学校；语文课堂；创新思路

一、职业学校语文课堂教学现状及教学创新的必要性

职业学校，是随着国家对一线技能型、应用人才需求量不断增大的社会背景下而产生的。由于国家扶持力度的增大，职业学校的规模在逐步地扩大，已经成为我国教育的重要组成部分之一。语文课程是职业学校最重要的基础课之一。对此，国家在《中等职业学校语文教学大纲》明确指出："语文课程是中等职业学校学生必修的一门公共基础课。"而创新是一个民族兴旺发达的动力，是一个国家健康发展的灵魂。对于国家和社会如此，对于教学过程亦是如此，没有创新就没有未来，没有创新就没有发展。长期以来，职业学校的语文教学一直沿用应试教育模式，更多的还是考虑如何让学生顺利完成学业或者是如何让学生更顺利地升入下一阶段接受教育。在这种教育思想的指导下，教师们不自觉地就把教学重心放在了怎么让学生顺利通过考试，怎么能提高成绩上来。至于创新，很少有教师会关注。因为，教师们普遍认为，教学方法创新与不创新并不会影响到自己什么，相反追求创新也许会影响到教学效率，影响到学生成绩的提高。因此，教师们普遍没有对教学进行创新性探索的意识，或者说是胆识，久而久之，沿用传统教学模式就成为一种习惯。正是因为缺乏创新的意识和模式，导致职业学校语文教学方法日趋僵化、呆板，教学效率止步不前，已经严重影响到语文教育的发展。本文拟结合教学实践，探索教学方法、思路、模式和理念方面的创新，为构建新形势下更具创新性的职业学校语文课堂提供新的参考。

二、职业学校语文课堂教学创新的主要思路

1. 创新教学思路，激发学生参与课堂主动性

不管什么样的老师，采用哪种方式进行教学，借助了什么教学设备，最终，教学效果还是要通过学生自身来反映。如果学生自己没有主动性去参与课堂，那么教师使用再新颖的教学方法也没有意义。而之所以现阶段很多职业学校的学生没有兴趣参加语文课堂活动，其很

大程度的原因还是在于课堂僵化、呆板，没有什么新意，学生缺乏学习的动力。尤其是一些教师喜欢过分的把持课堂，将课堂当成自己的"一言堂"、"一人独大"，这种局面更是让学生感觉自己成了被动接受知识的"容器"，没有了学习的主动性。因此，在新时期，创新课堂的第一要务就是要更新教学观念，把课堂还给学生。对此，建构主义理论曾明确提出，学生是课堂的主体，教师是课堂的组织者和协调者。具体来说，教师可以结合很多多样化的教学方法，比如小组合作教学法、师生角色转换法、学案导学法等来充分调动学生的主体性，让学生成为课堂的主人。而一旦让学生感觉到课堂是自己的课堂，他们的主动性也就很快被调动起来。以师生角色转换法为例，我们可以在每一堂课的结尾 5 分钟或者 10 分钟，安排一个或者一组学生中的代表站到讲台上，讲自己对课堂的看法，也可以说如果哪部分知识自己讲该怎么讲。台下的学生可以提问台上的"小老师"，"小老师"也可以提问学生，大家积极互动，课堂气氛必然会非常活跃，学生们的学习积极性也就潜移默化的产生了。

2．创新管理理念，鼓励学生进行创新性探索

由于传统观念的束缚，现在职业学校的很多老师都认为，那些课堂上不说话，能认真听课，不东张西望，不提一些莫名其妙问题的学生就是好学生。这也成为了衡量学生"好坏"的标准。而一个标准一旦固定下来，就很难改变，并且这种标准会成为一种导向直接影响着学生自我学习习惯的形成。因为，学生需要得到老师的认可，那他就有意无意的需要按照老师说的标准去完善自己，结果学生逐渐都变得越来越"乖"，课堂越来越安静。最终就是安静的环境有了，活跃的课堂氛围没了；悄悄地课堂多了，乐于思考的学生没了。实际上，在这种课堂环境和管理理念下，很多学生的创新意识和思维都在不知不觉中被扼杀了。为此，要想真正激起学生的创新意识，就必须要构建一种不拘一格的课堂模式，让学生能畅所欲言，各抒己见，百家争鸣，百花齐放。比如，在学习文言文的时候，很多学生都感觉头疼。对此，笔者鼓励学生就如何创新文言文的学习模式进行思考，提出有价值意见的教师都"论功行赏"。学生立刻都积极了，分别结成小组讨论，有的说成立文言文研究小组，把班里文言文学得好的学生请出来，一帮一的构建学习对子；有的说成立话剧小组，利用舞台剧的形式把一些文言文作为台词，让大家表演出来；有的说给文言文谱曲，当成歌曲唱出来……经过这些尝试，不但让学生自己感觉到了学习的乐趣，也逐渐培养了学生创新的思维和能力。

3．创新教学模式，展现课堂多样性

语文是一门源于生活的学科，生活之中处处都是语文的影子；语文也只有融入到生活之中，才能有效地显示其存在的价值。尤其是在职业学校的语文教材中，与生活、综合实践活动有关的篇章非常多。这部分课文看似简单，实则讲学都不容易。如果照本宣科，脱离实际，脱离生活，哪怕讲得口干舌燥，学生听着也定会兴味索然。另外，课堂本身也是丰富多彩的，如果非要把课堂用一种颜色来描绘，用一种手法来限制，用一种地点来约束，那么课堂就失去了原有的魅力，自然也就不能引起学生的兴趣。为此，在新时期，职业学校应充分结合学生的心理特点，推进多样化课堂的开展，提高课堂效率。比如：在学习写作的时候，教师就可以把课堂挪到室外，让学生通过亲身走访、观察、分析和总结，激起学生的写作灵感；在学习一些描写相关景致或人文景观的文章的时候，教师可以带领学生走出去参观实地考察，可以集体看电影；在学习音乐欣赏的课文时，可以让学生去搜集自己喜欢的一段音

乐，再在课堂上通过多媒体展示出来，相互交流；另外，也可以让学生组织诗社，开展征文比赛，搭建语文学习长廊、语文角等。这些丰富多彩的学习方式，如果利用得当，的确可以对现有教学体系形成有效的补充，更好地完善职业学校语文教学体系，创新教学模式。

4. 创新教学方法，体现教学层次性

职业学生有其自身特有的特点。大部分职业学校的学生都被视为"落榜生"，很少有人会认为这些学生就是自愿来上职业学校的，一般都是认为他们学习不好，不得已来这里读书。包括职业学校学生自己也会这么认为，有意无意地把自己贴上"二等公民"的标签，逐渐形成了自卑心理。在这个群体里，学生与学生之间的学习目标差异非常大，有些学生因为来到职业学校，要奋发图强，弥补过去自己曾经失去的；有些学生则破罐子破摔，混一天算一天；有些学生就是随大流，看着别人走。而且，学生之间的实际情况也差别非常大，包括学习能力、语文基础、语感等。在这种情况下，如果盲目地开展"一刀切"式的教学，必将会有很大一部分学生不能获得自己想要的知识，也必将事倍功半。差异化教学法，是一种建立在尊重学生之间的差异，并借助学生间的差异，分层分类开展教学，以学生自身实际情况为切入点，以学生在自己的"提高区"获得最佳的收获和体验为目的的教学方法。具体来说，教师应该在课前对学生进行充分的调查，按照他们的学习能力、成绩、发展取向、兴趣等诸多方面充分考虑，把学生分成若干层次，比如 A、B、C 三个层次，每个层次中都要尽量保持学生特点的一致性，这样有利于开展教学。教师一定要充分考虑到每个层次学生的特点，有的要注重基础，有的则要注重拔高，有的则要使学生能将知识与实践相联系，提高学习能力，这样各取所需，才能达到最佳的教学效果。

结束语：职业学校语文课程的开设，不仅可以使学生在掌握相应语文知识基础上，有效提高对语言文字工具性价值的挖掘，而且在培养学生形成相应的文学素养，以及升华个人的爱国主义情怀、构建正确的价值观念方面都具有不可替代的价值。而要想更加深入地挖掘语文课程的价值，则离不开进一步的对教学模式进行创新。只有这样，才能使语文课程紧随时代发展的步伐，为国家培养出更多知识丰富、素质良好、信仰坚定的人才。

参考文献

[1] 张云涛. 中等职业学校语文课堂情境式教学研究——以呼市第二职业中专为例. 内蒙古呼和浩特，内蒙古师范大学硕士学位论文，2011.

[2] 殷德田. 谈中等职业学校语文教学的创新. 职业技术，2010（7）：40.

[3] 邓玉满. 浅谈职高生语文学习兴趣的培养. 中国农村教育，2009（10）：10.

[4] 戴怡. 中等职业学校语文教学的困境之思考. 才智，2011（3）：243.

[5] 何丽梅. 如何激发与培养职高生语文学习兴趣. 科技信息，2009（7）：601.

[6] 粟富亮. 浅谈分层教学. 新课程，2001，（2）：42.

汽车运用与维修专业教学改革的一点探索

四川省交通运输学校 张世弟

摘　要：自 20 世纪 90 年代以来，我国汽车工业得到飞速的发展，汽车技术日新月异，从而对进入汽车维修行业的汽车维修人员的技术要求越来越高。这就需要中等职业技术学校汽车运用专业学科的教学体系和教学方法、教学手段与现代汽车技术相匹配，才能培养出与发展相适应的汽车维修人员。那么就需要对原有的教学体系进行改革，设置新的课程结构、新的课程安排，课程内容之间环环相扣，让理论与实际进行充分结合，使理论在实际中得到充分印证；同时提高师资力量，改善教师知识层面与素质、教学的硬件设施设备，发展学校与企业合作，使教学效果和教学质量得到保证，让学生能真正学到技术，最终培养出能适应现代汽车技术要求的合格汽车维修人员。

关键词：汽车维修；教学改革；模块教学；理实一体化

"发展经济，交通先行，发展交通，教育先行"，在大力发展中职教育的过程中，主动适应市场，是交通职业教育发展的关键。在中职教学的体系及教学方法，需根据现实的汽车维修行业所需的汽车维修人员进行培养，能顶岗实习，毕业就能上岗，以满足汽车维修企业的需求。

一、传统教学

"汽车构造"、"汽车修理"、"汽车电器"、"汽车技术使用"等课程是中等职业技术学校汽车运用专业教学体系中的重要组成，且已经延续了多年。从 20 世纪 90 年代开始到 2000 年以后，我国汽车工业得到飞速的发展，汽车技术日新月异，发动机电子控制系统、电子控制自动变速器系统、电子控制 ABS 防抱死系统、ESP 系统、各种车身电子控制系统等电子装置、各种传感器高新技术在汽车上广泛应用，已经发展成机电一体化的载体。这就对汽车维修企业的汽车维修人员对熟知现代汽车维修技术的要求越来越高，使得原有的教学体系与现代技术的发展不相适应，培养出的学生与学生就业岗位要求相差甚远。

在计划经济时代，我国汽车维修企业对汽车维修主要以修理为主，择重点在维修，而在教学体系上又是分"发动机构造"、"汽车底盘构造"、"汽车维修"几门课进行的，因而使汽车运用专业的学生在学习上对所需的知识进行了自然的割裂，构造是构造，维修是维修，从而出现学生的学习和技能与进入汽车维修企业后的工作环境不相适应的现象。

二、教学改革

近几年来，计算机技术特别是电子技术的长足发展，使汽车技术的发展日新月异，面对社会所需求的现代汽车技术的专业人才，我们如何通过教学改革，以培养出社会所需求的、合格的技能型人才，是当前中职教育需重视和亟待解决的一个实际问题。根据我校近几年的教学实践情况来看，采用模块化的课题和理论-实践一体化相结合方式进行专业课教学，取得了较好的效果。

在汽车专业课设置上将内容设置成：汽车发动机构造与拆装、汽车底盘构造与拆装、汽车发动机控制、发动机机修、汽车动力电器、汽车车身电器、汽车传动系、汽车自动变速器、汽车制动系、汽车悬架与转向、汽车维护、汽车钣金与喷涂等12个模块。每个模块内根据系统和机构内容不同又设有不同的课题，如传动系又分设离合器、变速器、万向传动装置、驱动桥几个课题；在每个课题里又按内容分几个单元分讲，如在离合器课题里又分讲离合器的构造和检修、故障诊断几个单元内容。在汽车的各个机构、系统内容中既讲了这个机构、系统的结构组成，又讲了这个机构、系统的如何检查，如何维修，更重要的是在这个机构、系统内容里常见的故障有哪些，如何进行诊断和检查。这样就使课程在教学模块里相互连接，相互联系，相互补充，构造、组成是起点、是基础，检修是必备的方法和技能的学习过程；故障诊断是学习的进一步延伸，是思维能力和动手能力的进一步提高。这样学生学到的知识环环相扣而不是相互割裂，就减小了学生学习的内容与实际工作的情景的差异性。

现在的教学过程还需与实际操作紧密结合起来，改变模式教学手段，以提高学生的学习效果和动手能力。汽车运用专业在实行模块化教学以后，采用理论与实践一体化的教学模式，即在教学过程中，以理论指导实际，以实际验证理论、巩固理论，将理论与实际紧密结合的教学模式和手段，加快对学生技能操作的培养。在所讲的内容里教师主讲基本理论，主要是演示操作，学生分组在教师的指导下完成内容操作，之后学生填写工作页、小结内容学习情况。例如，教师在讲节气门位置传感器课程内容时，要讲节气门位置传感器的结构状况，在发动机实训台很直观指出安装位置，如何检查和故障诊断，维护保养，匹配等。又例如，教师在对节气门位置传感器匹配内容里，要讲节气门位置传感器为什么要进行匹配和过程，在实训操作台上分步讲解、演示对节气门位置传感器进行匹配的过程，在教师的指导下学生进行操作节气门位置传感器的匹配过程操作，学生完成节气门位置传感器匹配工作页，小结内容。通过教师的讲解、操作、示范、指导，学生的学习、理解、操作、作业，使学生在课堂上对所学的知识、内容有所理解并在教师的引导下进行操作，对在操作中遇到的问题、难点及时进行纠正。更重要的是学生在教室里既学到相关的理论知识，又立即在教室里进行操作训练，验证了理论，同时使一个课题里的内容相互联系衔接。在一个课题里既有构造的内容，又有检查、维修的内容，还有故障的内容，使汽车的构造内容与汽车维修以及技术使用有机结合在一起，从而使知识体现出连贯性，学生既学到进了理论知识，又能提高动手能力，教学有明显的效果，使学生感觉学到了实实在在的知识和本领，也让教学与实际工作情景大大的接近了一步。由此学生走入实习和工作岗位就能够很快上手。

三、教改保证

虽然汽车运用专业采用模块化教学和理论-实践一体化的教学手段使教学有明显效果，但是这还需要相应的教学条件与之配合，以满足教学过程的需要。

"交通职业教育发展的关键在教师"，因此汽车运用专业的教学应有"一支数量充足、结构合理、素质过硬的教师队伍"，这是教学完成和取得良好效果的技术保证。一是对现有的汽车专业的教师进行培训提高，改变原有的单打状况，利用寒、暑假安排这些教师进修、到汽车修理厂、4S店参与生产实习，以提高教学能力、实际操作能力和了解现实维修企业的状况与需求。二是培养骨干教师，通过培训、进修、专业教育学习，以提高教师的整体教学水平，保证教学质量在教改革后得以提高。三是校企合作，在汽车修理厂、4S店聘请、引进有相当文化水准、汽车维修操作技能相当高的汽车维修技师到学校任教，在传承他们技艺的同时，也可传递当前汽车技术发展信息，更重要的是他们在教学中能反映出汽车维修在实际的工作情景和维修行业对学生的培养方向需求。

教学设施设备是教学完成和取得良好效果的物质保证。实验室的建设就是一样重要的工作环节，既要保证模块化教学的需要，又要实现理论-实践一体化教学的需求，特别是中职教学对学生实训的需求。对原有的汽车构造拆装实训室、汽车电器实训室、汽车修理实训室、汽车故障检测与诊断室进行改造，建立汽车动力电器、车身电器、汽车传动系构造与检修、汽车制动系构造与检修、汽车发动机机械维修、汽车发动机控制系统与检修、汽车维护等12个学习站，根据教学模块和一体化教学需求淘汰一些老、旧设施设备，重新设置较流行的、面较广的车型设施设备以及相应的工具和检测设备，使教学内容很直观地在学习站显现出来，既能方便教师现场的直观教学，又能方便学生现场进行操作训练，有理论问题的现场解答，有不清楚的问题可现场演示、讲解。

结束语：通过我校自2008年秋季学期以来的教学过程实践证明，教学效果、教学质量都有明显提高，教师讲解明确，动作清楚、明了；学生清楚易懂，操作易会，动手时间多，适应性强，满足中职在校学生的学习愿望。学生进入汽车维修企业后适应现实的工作情景，工作上手快，工作能力有所提高，深受汽车维修企业的欢迎，使学校每年的学生招生数量有所提高。

参考文献

[1]　李祖平. 交通职业教育发展战略研究. 北京：人民交通出版社，2005.
[2]　夏令伟. 汽车电控发动机构造与维修. 北京：人民交通出版社，2002.

"基于工作过程"理实一体化教学探讨

四川交通运输职业学校 袁永东

摘 要：**"基于工作过程"一体化教学，就是模拟企业工作场地情景，完成理论实训教学过程；"规范"意识贯穿其中，关键在于"细节"。以"汽车车身电气维修"为例，笔者认为应做好专业素养教育、课堂组织、任务引领、成绩评定、学情反馈几个环节。**

关键词：**模拟企业现场；专业素养；课堂组织；任务引领**

作为汽车相关企业来讲，逐步告别传统的分散经营模式，取而代之以 4S 店、连锁店、维修中心等规模化、集约化、长期化的经营模式，而这些经营模式有其共同特点：有统一的外观形象，统一的标识，统一的管理标准，甚至对企业里出现同一类问题都以相同的处理程序和方法。给人"规范"、"专而精"的企业形象。"基于工作过程"一体化教学，就是模拟企业现场工作场地情景，完成实训操作过程，并辅之以必要的理论知识准备的讲解；在理论与实训一体化教学过程中，"规范"意识贯穿其中，关键在于"细节"。以"汽车车身电气维修"课为例，笔者认为应该做好专业素养教育、课堂组织、任务引领、成绩评定、学情反馈几个环节。

一、专业素养教育

在汽车维修中，车主关心的因素既有维修质量，更有服务质量。汽车厂商要想提升维修水平，就必须要全面提升服务意识。4S 店的维修过程就是一种"规范服务"。换句话说，要更踏踏实实地为车主做点事。"规范"、"服务"让车主感到"宾至如归"。而汽车修理人员则是和车主直接接触的人员，所以首先要加强汽车修理人员的服务意识。

在学习站，我们把企业 6S 理念应用到日常教学中。专业素养教育的主要内容即"6S"活动教育，目的在于强化学生"规范"意识，坚持不断地进行安全（SAFE）、整理（SEIRI）、整顿（SEITON）、清扫（SEISO）、清洁（SEIKETSU）和提高素养（SHITSUKE）的活动。

1. 安全教育

在学生到学习站第一天，我们就首先讲解本学习站的各项安全规则和要求，让学生对汽车电工安全操作规程有充分认识，树立足够的安全意识。同时，讲解各主要设备操作规程和方法，并要求学生在学习中严格执行。

2. 整理整顿

其目的是培养学生"规范"意识，减少随意性。把实训现场的物品进行分类，将无序状态的系统想法达到有序状态。对现场工具、零部件及清洁用具等相关物品摆放做统一要求。

尤其是工具摆放，要求整齐有序，每天都要有人为整理痕迹。

对实训现场的固定物件科学放置设计，划分补贴区域，进行合理归置、摆放和标识。每一个物品都能摆放在相应的位置，做到过目知数，用完物品及时放归原处。其目的在于减少寻物时间，提高工作效率。主要针对设备、台架及座椅等，尤其是学习站座椅，落实到人头，并做登记。学生使用时对号入座，方便管理，责任到人。

3. 清扫清洁

要求每个人把自己管辖的现场清扫干净，并对设备及工位器具进行维护保养，查处异常，其关键点是自己的范围自己打扫，自己保持。营造一个清洁、明快、舒畅的工作环境。其关键是：坚持和保持。同时，要求同学们每天穿好整洁的工作服（或校服）参加实训。

4. 职业意识

职业意识是个人的"内在"因素，是6S活动的核心。通过不断的讲解和严格要求，让学生树立"服务"意识。职业意识表现在许多方面，积极向上、品行端正、恪守职责是职业素养的最好体现。职业汽车维修人员要表现出积极的态度、认真的行为和高度的责任感。在学习站养成爱护设备、工具习惯；以后工作了应该把客户车辆当自己的车处理，建立良好的"服务"意识。

汽车维修辛苦，很多人可能不愿意从事汽车维修，间接导致现在汽车维修行业的人才缺口很大。有些同学进入二年级后，入学后的新鲜感很容易消失；同时，经过一段时间实训，有些同学面对操作的脏和累，心里产生一些负面情绪，所以需要学生调整心态。所以，我们通过职业意识教育还要让学生看到职业广大的发展空间，明白每次排除故障的过程就是一次思维的提升。让学生知道从事汽车维修，一定要能吃苦耐劳，只有坚持下来，并且不断学习积累，才能成为汽车职场上抢手的汽车维修人才。

二、课堂组织

本课程采用学习站的任务式教学，学生理论教室和实训教室合二为一，使理论和实训能很好地结合起来。学生以小组学习的模式进行学习，在教师指导或借助教材、维修手册等资料，根据老师设计的问题和工作页作为引导，以填写工作页的形式完成学习任务。每个小组选拔一个小组长，负责本小组的学习任务中的各项基本管理工作。学习过程中以学生自己主动学习为主，老师巡回指导为辅，小组相互讨论，锻炼学生的独立思考能力和团结精神。我们在教学时的具体组织实施如下：

1. 登记座位号

在职业素养教育同时，全班人数统计，登记座位号备案。要求学生每天上课时，"一人一座，对号入座"。座椅管理责任到每一个同学。

2. 学生分组

根据各班人数进行分组，分若干个学习小组，确定小组成员姓名；每组成员一般在4~6个。可考虑每个学生的特点、爱好自由组合，然后各小组推选学习组长。分组的目的还在加强同学间的互助、合作，增强团队意识。

3. 明确学习组长职责

在维修企业，组长责任重大，是企业的骨干力量。他们既要带领组员完成工作任务，又要负责本组成员的学习情况检查和监督。作为学习组长，除了模拟企业维修组组长，除完成自己的学习任务外，还要协同教师管理本组学习，组织小组讨论等。

三、任务引领

通过对企业调查和对传统教材的分析，我们在校本教材中，选取了在企业有较高维修任务率的内容作为学习任务或项目，编写了完成学习任务必需的理论知识点和实训操作工作页。

以"汽车车身电气维修"为例，我们选取了9个理论知识点，作为理论知识准备的必讲内容，并确定以下为主要学习任务：

学习任务一　汽车车身电路基本组成元件的检修（含导线、线束、熔断器、插接器、各种开关和继电器等）；

学习任务二　汽车照明系统检修（含前照灯、仪表灯、牌照灯和小灯等）；

学习任务三　汽车信号系统检修（含转向灯、制动灯、倒车雷达和电喇叭等）；

学习任务四　汽车仪表警报系统检修（含仪表、指示灯和报警灯等）；

学习任务五　汽车电动刮水系统检修；

学习任务六　汽车电动车窗系统检修；

学习任务七　汽车电动座椅后视镜检修；

学习任务八　汽车防盗系统检修；

学习任务九　汽车安全气囊、音响系统检修。

校本教材和工作页则采用"提问＋提示"的页面形式，包含有任务要求、任务引领、操作提示等内容。尽可能模拟维修企业完成维修任务的流程和情景。对于学习积极性较高的学生，按工作页内容就可以在任务引领、操作提示下，完成独立操作，甚至整个学习任务。这样组织，有利于帮助学生在学习过程中主动学习；也避免把理论和实习分开，真正实现"理实"一体化教学。

四、成绩评定

1. 考核要点

（1）平时成绩注重平时考勤、遵守课堂纪律、积极参与课堂教学活动等方面内容；关注学生专业素养与细节，如工具摆放、零件摆放及清洁卫生等完成情况。

（2）阶段成绩注重学习过程和学生学习态度，主要包括按时完成操作练习、工作页填写等具体内容；同时关注学生的素养和自我评价，增强学生自信心，提高学习兴趣。

（3）理论考试注重学生职业能力和后期的提高，对涉及的理论学习内容的总检查，包含：重要知识点、组成结构、操作工艺、故障分析及等内容；采用判断题、填空题、选择题、简答题及综合题等题型。

（4）老师的考核为辅助手段。实际动手能力和解决问题的能力主要来自操作考试成绩，内容包含：工具准备与使用、线路清理、故障诊断、故障排除、临时提问、结束工作及安全文明等内容；准备若干操作题目，学生抽签完成。

2. 考核形式

笔试（闭卷）——对涉及的理论学习内容的总检查。

实操考核——根据学生的动手能力及实操质量评定成绩。

回答问题（包含于实操考核）——对一些已进行实操但又没有进行实操考核的项目个别项目进行描述性检查。

3. 总评成绩

总评成绩＝平时成绩＋阶段成绩＋理论考试＋实作考试。平时成绩10％，阶段成绩20％，理论考试30％，实作考试40％，就是通常说的"1234评分制"。

五、学情反馈

学情反馈对于教学效果检查很重要。学情反馈的信息，可以帮助教师了解效果，改进教学方法；学情反馈的信息，也可以帮助学生加深掌握学习的内容，纠正不足和错误的地方。学情反馈的主要方式有：

1. 自我评价

学生对学习任务要认真考虑、做好记录和自我评价与反思，并记录在工作页指定位置，作为教师阶段参加评定参考。

2. 小组评议

通过小组讨论形式，对每一个学习小组成员给予学习情况评价，并记录在工作页指定位置，作为教师阶段参加评定参考。

3. 教师总评

主讲教师和实训教师分别从不同方面进行互动点评，让同学们知道哪些方面做得好、哪些方面有待努力提高。

结束语："基于工作过程"理实一体化教学，就是要尽可能模拟维修企业管理模式组织教学，把维修企业维修作业项目转化为学习任务，把维修操作流程转化为学习流程，与企业贴近，让学生在学习中体验到尽可能多的企业元素。

参考文献

[1] 雷小勇，袁永东. 汽车电气设备构造与维修. 北京：人民交通出版社，2010.
[2] 姜京花. 汽车电气设备构造与维修. 北京：人民交通出版社，2005.
[3] 朱 陶. 基于职业能力的职前教育课程重构. 教育探索，2013.
[4] 钟小娜. "基于工作过程"理实一体化教学模式研究. 现代贸易工业，2010.

汽车钣喷服务行业人才层次分析

四川交通运输职业学校　雍朝康

成都市技师学院　王　艳

摘　要：随着国内汽车保有量的增加，交通事故的发生也日益频繁，伴随交通事故及其他原因造成的汽车车身受损情况也越发突出。车身受损，需要汽车维修企业采用钣金和涂装作业来进行修复。因此，汽车钣喷服务是我国汽车售后服务行业中的重要业务单元，甚至是企业生存与发展的支撑点。但由于种种原因，导致目前我国汽车钣喷服务行业存在诸多的弊端和影响发展的不利因素。本文针对目前的状况及今后发展的趋势，对汽车钣喷服务行业的结构层次、人才培养等提出个人的一管之见，抛砖引玉，以求共同发展。

关键词：车身受损；钣喷服务；弊端；结构层次；人才培养

一、我国汽车钣喷服务行业的现状

1. 市场需求量极大

据国家有关部门统计，2010 年，全国共接报道路交通事故 287.4 万余起，2011 则暴增至 390.6 万余起，2012 年虽然有所回落，但是也超过 360 万起。也就是说，全国平均每个月接报事故达到 30 万起。此外，还有大量通过简易处理或者私下沟通处理的事故未统计在内。

车辆发生交通事故，车身或多或少都会有所损伤，尤其是已经报警的事故，通常都是车辆损伤比较明显，车主无法或者不知如何自行解决的。这样多的事故受损车辆，直接导致了维修企业钣喷车间的业务量急剧上升。当然，除了事故车之外，维修企业钣喷车间还有其他一些业务，但仅就能够统计到的月发生 30 万起事故看，按照每起事故只有一辆车需要维修，钣喷车间的平均单车产值按照 800 元计算，每个月维修行业钣喷业务产值能达到 2.4 亿元，年产值达 28.8 亿元。而实际上，国内目前汽车钣喷服务业的产值远不止这个数。

仅就此来看，钣喷服务已经成为中国汽车售后服务行业中最重要的业务单元之一，其业务量非常可观，而且钣喷业务的产值和利润也都非常高。因此，国内多数有钣喷业务的维修企业都将其作为企业生存和发展的业务支撑点之一。

2. 规模不大，作坊式企业过多

不同地域、不同品牌之间差距很大。一般来说 4S 店钣喷业务量往往能达到企业总业务量的 20% ~ 30%，个别 4S 店的业务量能达到总业务量的 40%。按照 4S 店平均业务量 1 200 ~ 1 500 台/月计算，钣喷业务量则最多达到 480 ~ 600 台/月。

4S 店中，钣金人员配备 3~4 名的居多，业务量或者企业规模较大的，可能会配到 6~9 名钣金人员，只有很少的企业钣金人员配到 10 名以上。喷漆人员一般配备人数略高于钣金人员，6~9 名的企业居多，一些业务规模较小的 4S 店，出于成本考虑，喷漆人员数量会在 5 名以下。但一些业务规模大的企业，喷漆人员能配到 14 名。当然，钣喷人员数量的配备还跟钣喷技术应用、钣喷车间管理以及对后备人才的重视程度有关。像个别钣喷车间技术和管理手段落后的 4S 店，配备的钣喷人员都非常多。但是有一家配备大量钣喷人员的 4S 店，其目的是帮助企业能够拥有更多的后备人才，以及企业的后续发展考虑。

综合修理厂的业务规模都较小，往往 200~300 台/月的业务量比较普遍，500 台/月的业务量已经是非常不错的。但是不少综合修理厂的业务往往以钣喷为主，因此钣喷业务量最多能达到总业务量的 70%，所以综合修理厂的钣喷业务量往往很难超过 100 台/月。但个别规模相对大一些的综合修理厂，钣喷业务量也能达到 150 台/月以上。

由于受到场地环境、业务量规模的限制，再考虑到用人成本，因此综合修理厂在钣喷人员配备方面都非常谨慎。多数综合修理厂钣金人员配备都在 5 人以下，除非企业的钣喷业务量非常大。而喷漆人员配备会稍多一些，但多数都不会超过 8 人。

3. 钣喷车间脏乱差现象严重

长期以来，钣喷车间给人的印象就是脏、乱、差。就拿钣金车间来说，"砸拉焊补"是最常用到的工艺手段，这就意味着钣金车间需要的设备工具较多。而拆解下的车身附件，维修人员往往也是见缝插针，随处堆放。喷漆车间更不用说了，打磨所产生的污水在车间遍地横流，废弃的砂纸、喷漆前用于遮蔽的报纸等也是随处乱扔。

这些现象随着现代钣喷工艺和现代钣喷车间管理的实施，都有了很大的改观。尤其是在 4S 店，对于钣喷车间的工位布局、工艺流程规范、废弃物的处理等都有了严格的要求，因此大多数 4S 店的钣喷车间显得相对干净整洁。而综合修理厂虽然较以往在维修工艺流程方面有所改善，但作坊式的作业方式使得他们在卫生环境方面依然不是很讲究。

因此，从整体情况来看，由于硬件设施、管理措施到位，4S 店的卫生状况相对来说整体还是不错的。也许是受到场地、设备等硬件设施的限制，综合修理厂的卫生状况则与 4S 店相差很多。钣喷服务行业要改变以往的形象，钣喷车间卫生状况的改善是根本的因素之一。这一点，无论是对车主，还是对从业人员的影响都是巨大的。

4. 企业设施设备落后，对新型涂装技术了解太少

无尘干磨工艺的采用可以说是汽车修补漆工艺史上的一次革命。它不仅大幅度提高了车漆修补的效率，而且有效解决了传统打磨方式中水资源的浪费和打磨下的旧漆料的处理问题。这种新工艺对于业务量较大的 4S 店来说非常受欢迎。通过对成都市场的调研获悉，所有的 4S 店都购置了无尘干磨机，而且 97.7% 的 4S 店利用率非常高，仅有 2.3% 的企业对这种工艺应用略少一些。但是，对于综合修理厂来说，如果钣喷业务量不大，企业业主不会购置这类设备，宁可采用传统的手工水磨方式。所以，有 69.6% 的综合修理厂企业虽然购置了无尘干磨设备，但因受到业务量和维修人员技术水平的影响，只有 39.2% 的综合修理厂对于无尘干磨工艺利用率很高。而有 30.4% 的综合修理厂，依然采用效率低下的手工水磨方式。

5. 管理机制混乱

钣喷车间有很多废弃物如废弃的漆料、溶剂等，包括水磨后的污水，都是对环境非常有害的。虽然大部分的维修企业都采用了无尘干磨工艺，但是往往还是结合部分水磨的方式，以保证打磨的效果。但是，很多的维修企业对于打磨后的污水都未经处理，直接排放到下水道。这是一个在现阶段无法解决的环保问题，因为明知道这样的污水对于环保有严重危害，但是维修企业投入大量的成本用于污水处理也是不现实的。

对于废弃的漆料和溶剂等有害废弃物，4S 店都有相关的制度，要求倾倒在专门的垃圾桶内。但是，有 61.6% 的 4S 店将此作为常规废弃物处理，只有 38.4% 的 4S 店是由专门的公司回收。综合修理厂在此方面更严重，仅有 13% 的企业是将这些有毒的废弃物储存后由专门的公司回收，大部分都是将其作为常规垃圾处理甚至随意倾倒。

"环保"虽然是国家发展的重要主题之一，但是落实到个人，并不是每个人都有环保意识。具体到维修企业的钣喷车间，钣喷人员的环保意识决定着他们在工作中的一些环保行为，而这点受企业制度的影响很大。4S 店钣喷人员毫无环保意识的反馈为 0%，但大多都只有模糊的意识，有强烈环保意识的仅占 17.4%。而在综合修理厂，由于多数管理松散，钣喷人员不会有强烈的环保意识，而且有 34.8% 的钣喷人员毫无环保意识。

二、传统钣喷行业的制约因素

传统的车身钣喷维修存在很多弊端，最主要的有以下几点：

（1）传统的车身钣喷维修，喷涂的油漆中有大量的可挥发成分，这些可挥发成分对于喷漆人员的身体造成危害。这是传统钣喷维修中最大的弊端，也是人们不愿意从事喷漆工作，造成该行业人员稀缺的主要原因之一。

（2）传统的车身钣喷维修，需要手工打磨车身的原漆和底漆（即传统水磨），工人劳动力强度高，劳动效率低。而且打磨过程中工人长期接触水，湿寒阴冷的环境容易造成人身受风寒。

（3）传统的车身钣喷维修，油漆可挥发成分以及水磨后混有废弃漆料的污水都会对环境造成严重的危害，不利于环保。

随着干磨技术、水性漆的出现，现代的车身钣喷维修工艺较传统方式有了质的飞跃，尤其是在减少对人体危害、环保以及提高生产效率方面都有了大幅度的改善。但是，受到维修企业经营理念、钣喷人员业务素质等多方面的制约，先进车身钣喷维修工艺以及现代化钣喷车间管理措施在国内维修行业的推动进程较为缓慢。

三、我国汽车钣喷行业从业人员人才层次分析

1. 企业人才结构配置不合理

就学历而言，初中及以下文化程度人员占 51.6%，高中（包括职高、中专）文化程度的占 39%，大专（高职）文化程度的占 9.4%。可以说，目前钣喷行业中，大部分从业人员都为高中及以下文化程度。

2. 从业人员专业技能水平低下

从钣喷人员受训情况来看，真正参加过正规院校、专业培训机构系统培训过的钣喷维修人员仅占 7.5%，这与目前国内职业教育、培训机构在钣喷专业开设得比较晚有很大关系。大多数的钣喷人员都是通过在企业中"师傅带徒弟"的模式学会钣喷维修。其中不少人干得时间较长已成为企业骨干，或者升任钣喷主管岗位，就会有机会参加整车厂商、设备或油漆厂商的钣喷培训；还有 34% 的钣喷人员未参加过任何专业的培训，仅仅通过维修企业内训提高自己的技术。

3. 职业资格认证混乱

维修行业是特种服务行业，按照规定，从业人员必须拥有从业资格证书。但是从调查来看，目前国内大多数钣喷维修人员没有从业资格证书。虽然，持有中级工证书的占 22.6%，持有高级工证书的占 42.8%，无任何等级工证书的占 34.6%。但是，本次调查中的被调查对象大多数为钣喷主管，他们基本上从事这个行业达 10 年以上，为了能有好的发展，考等级工证书是必然的。但是这个行业中，大量的普通钣喷人员在没有机会接受专业培训的情况下，不可能有机会考取从业资格证书。

4. 专项培训欠缺

在对钣喷维修人员的调查中，我们惊奇地发现，除了钣喷主管以及技术骨干对于钣喷新技术、钣喷车间流程管理的相关培训感兴趣外，大部分普通技术人员对于钣喷维修技术没有太多的热情。这也从另一方面体现出，传统师傅带徒弟的钣喷人才培养模式已经让维修人员失去了再培训的热情。

四、我国汽车钣喷服务行业人才培养

1. 钣喷服务市场空间还将进一步提升

随着汽车保有量的不断加大，城市道路拥挤越来越明显，交通事故的发生率也会越来越高，维修行业钣喷维修的产值也会进一步加大。仅从 4S 店钣喷维修业务量来看，按照 2.5 万家 4S 店计算，每家店平均钣喷维修业务量为 100 台/月，单车维修产值为 800 元，则单从 4S 店钣喷车间创造的年产值就能到达 240 亿元。因此，对于这样一个重要的维修行业细分市场，无论是行业管理部门、整车厂商售后服务部、钣喷维修行业相关生产企业都应该对这个市场的前景有足够的认识和重视，对规范行业标准和秩序、人才培养以及节能和环保等方面献计献策。

2. 钣喷服务技术人才培训市场进一步加大

钣喷行业最短板的就是技术人才的培养。从目前钣喷行业的人才培养体系来看，大部分钣喷维修人员还是依照以往师傅带徒弟的模式培养后备人才，这种培养模式无疑很难适应钣喷业务量的快速增长需求。

职业教育应该是钣喷专业人才大量培养的基地，但是限于以往对传统钣喷维修"脏、乱、差"环境的影响，职教院校钣喷专业的招生情况并不理想。从 2010 年教育部门的统计来看，开设钣喷专业的职教院校 30 所，每年毕业学生不过四五百人。这些钣喷人才对于快速增长的钣喷维修市场来说杯水车薪。

钣喷维修专业人才还有一个重要的培养途径，就是钣喷维修相关设备制造商和汽车修补漆供应商。他们大多都有专业的培训中心和培训师资，能够快速培养出合格的钣喷维修人员。但是这些厂商的培训限于场地和师资，目前只针对自己的客户，而且集中以4S店客户为主，没有面向整个社会开展培训。而4S店选派的参训人员，又往往是钣喷主管或者业务骨干，这种培训并没有发挥拓展钣喷服务人才培训面的目的。

那么，未来钣喷人才培训如何满足钣喷行业业务量增长的需求呢？其实，钣喷维修随着维修设备、工具的不断发展，所谓的维修经验已经越来越弱化。因此，职业教育不一定要将钣喷作为一个专业，而仅作为一个科目进行设置。在一年的课程中，教会学生使用钣金、喷涂的相关技术并使其熟练应用即可。这样，学生在走向工作岗位时，也能多一种选择。

此外，行管部门、钣喷相关设备或油漆供应商可以联合起来，开设钣喷专业短期培训班，培训结束的学员可以直接参加相关部门钣金工、涂装工的等级工考试，从而也加强了维修行业持证上岗的力度。

加大钣喷行业专业化培训的力度，不仅仅能够为行业提供更多的维修人才，同时也能够对规范行业秩序、提升行业服务水平以及加强行业从业人员环保意识等方面有所促进。

五、小 结

1. 行业环保道路任重道远

钣喷行业对于环保的认识和重视程度远远不够。尤其是维修企业，他们需要在节约成本的同时，尽可能获取最大利润。如果没有相关硬性的政策或者制度进行规范，维修企业是不可能在钣喷环保方面有所投入的。这一点在部分整车企业的服务网络体现得非常明显，整车企业推行使用水性漆，只有做了强制性规定，4S店才会执行，否则4S店依然会使用传统油漆。而如果没有行管部门的强制性要求，就连很多整车厂商都不会主动在服务网络推行水性漆，更不要说数量更多的综合修理厂了。

因此，钣喷行业环保品质的改善，主要的发力点还在于行管部门以及相关的监督部门，整车厂商、钣喷行业相关产品生产商更多起到协助的作用。中国的钣喷行业只有在业界各领域的共同配合下，将环保理念与维修企业的业务重点相结合，不断地加强推进力度，才能将整个行业的环保品质不断改善。由此可以预见，钣喷行业的环保道路依然是任重道远。

2. 强制安全防护，合理保证从业人员身体健康

保护和安全措施是劳动者应当享有的权利，对于钣喷车间的维修人员来说，劳保安全措施尤其显得重要。在钣喷车间环境下，如果没有完善的防护服和防护面罩等防护用品，维修人员患职业病的概率将大幅度提升。然而现实状况是，我们在钣喷车间经常可以看到钣喷人员只佩戴简单的防护措施甚至不带任何防护措施进行作业，而且所有的人员都习以为常。在4S店里，这种现象也非常普遍。这一方面是钣喷车间管理制度不到位，另一方面也与整车厂商的售后服务部门对此不重视有关。调查显示，强制4S店为钣喷员工提供完善防护服和防护面罩的整车企业占53.8%，有30.8%的整车企业只要求4S店提供简单的口罩等基本防护用品，还有15.4%的企业对此不做强制要求。如果整车企业都没有明确的态度，试想下面的

4S 店怎么可能会严格地执行呢?

参考文献

[1] 2012 中国汽车行业. 钣喷服务现状调研报告. 汽车与驾驶维修，2013.
[2] 冯培林. 汽车钣金维修技术. 北京：化学工业出版社，2010.
[3] 朱海东. 浅谈现代汽车职业教育模式. 教育教学参评论文，2004.
[4] 彭小龙. 职业院校汽车钣喷专业课程设置探讨. 职业教育研究，2010.

中职学校汽车整车与配件营销专业课程建设与改革初探

四川交通运输职业学校　杨秀娟　李莹秋

摘　要： 主要围绕师资培训、课程设置与开发、教学方法与手段进行阐述，强调师资队伍建设过程，在整个汽车整车与配件营销专业设过程中，注重岗位能力的培训，教学内容讲求实用够用，以一体化教学贯穿整个专业课程的教学全过程。

关键词： 营销专业；师资培训；课程建设

中职汽车整车与配件营销专业是为汽车行业整车与配件营销、汽车服务等岗位培养的高素质人才。由于汽车整车与配件营销专业的特殊性，实践情景模拟教学，双师型教师的培养与课程的设计在整个教学过程中处于十分重要的位置。本文主要根据我校（四川交通运输职业学校）汽车整车与配件营销专业（以下简称汽车营销专业）建设过程，从教师队伍建设、校内外实训基地建设、校企合作、课程建设四个方面来进行探讨。

一、师资队伍建设

众所周知，师资力量是打造高素质人才的重要保障，我们清楚地意识到，制约我校汽车营销专业发展瓶颈之一，就是师资力量薄弱。

推动教学改革，师资队伍建设是关键，我校整车与配件营销专业的教师主要来源两个方面，企业有丰富实践工作经验的专业人员（以下简称专业教师）、非营销专业教师（以下简称非专业教师）。由于非专业教师，在授课时因没有企业实践经验，导致上课空洞，缺乏感染力。

为此，我校采取以下方式，加强师资队伍建设。

1. 深入企业在岗学习

利用课余时间，由专业教师带领非专业教师深入企业顶岗实习，针对本专业学生就业对应的相关岗位，重点是销售顾问和服务顾问，要求教师熟练掌握其相关工作内容、工作流程，充分了解该岗位需求，以及岗位对员工的要求，便于有针对性地加强学生职业素养的培养和提升；同时，鉴于非专业教师对品牌文化、企业文化、运营模式、HR 等方面的缺失，有针对性地对以上方面进行深入了解并了解企业各岗位、各部门之间的横向沟通及主机厂、经销商、客户之间的纵向联系。学习过程中，由企业人员和专业教师进行实践指导，并一起探讨如何将实践与理论课程有效结合并系统地运用到学校实际教学过程中，使专业教师与非专业教师共同成为"双师型"教师。

2. 参加相关培训

由于教师并非专职企业员工，为了使教师能达到企业员工上岗要求，除了实践外，还需进行大量理论系统培训，使理论知识得以强化提升。为此我校陆续组织教师参加企业培训、主机厂培训、校内培训及社会培训，并进行严格考核，取得显著成效。比如，东风日产主机厂组织的针对汽车销售的技巧、流程及对销售人员要求的培训，通过培训，使非专业教师在短时间内掌握了系统学习汽车营销专业知识的途径，获得了专业技能的提升。

除此之外，我校还有目的地深入企业聘请企业的内训师对我校教师进行各品牌汽车营销技能的专项培训，旨在通过比较各企业培训内容、培训模式、培训重点和企业间的文化差异，找准企业对人才的需求趋势，同时也开拓教师成长途径，缩短教师成长时间。

3. "一对一"实践教学

由于非专业教师对专业知识的欠缺，学校领导安排专业教师为指导教师，"一对一"的指导非专业教师核心课程的教学；专业教师与非专业教师带同一个班的"理实一体"教学，专业教师任主讲教师，非专业教师辅助教学。教学过程中，专业教师现场指导非专业教师；同时，组织整个专业的教师集体备课、讨论每个任务流程细节、预设模拟环境等，使用统一教案和课件。在教学过程中不断将企业文化融入学校文化，使非专业教师快速成长。

二、校内实训基地建设

规范合理的场地设备配制，不仅可以使整个实训环节突出其系统性，还能根据不同岗位的需求，分别强化实训项目，突出其实用性与目的性。所以场地与设备的建设和投入是重点。

1. 营销实训场地硬件设备建设

为了整车与配件营销专业特别建立的 $800m^2$ 左右 4S 模拟基地，主要分为多媒体教学区、流程实训区（包括整车营销区、贷款流程区、保险购置区、精品销售区、维修接待区、配件仓库、财务结算部、维修车间、客服部、客户休息区等）。

2. 营销实训场地软件设备建设

我校与敏捷科技有限公司合作，共建汽车营销实训基地。购置其汽车销售实务、汽车维修服务接待实务、汽车配件管理服务等教学软件，同时购置了长远汽车销售、保险销售、精品销售、汽车维修接待、配件管理等系统软件，并长期使用在教学当中，使实践教学能真正做到校企一致的教学目的。

三、校企合作

1. 校企员工身份互兼

为使学校教学的效果能更好贴近企业员工要求，引进企业文化和行业标准，学校与相关的企业、主机厂达成长期合作关系，形成校企合作规模。此过程主要是鼓励学校教师到企业实践，引进企业员工到学校教学，真正做到校企员工之间达到身份互兼，确保学生职业技能及职业道德养成的培养质量。

2. 校企共同开发教材

为使教学内容和教学目标一致，经过学校教师与企业技术骨干长期深入调研、分析学生实际情况，最终共同合作开发了适合校企合作的教材。

3. 校企订单班设置

为使部分有兴趣的学生能接受到最贴的近企业文化和即将面临的工作环境，学校与企业共同开设订单班，订单班以学生自愿报名，学校与企业共同考核，考核主要包括体能、思维等，最终选定学生。针对订单班学生，企业提供到企业参观学习、顶岗实训的机会，从而缩小从学校实践到企业生产之间的差距。

四、课程建设

打造专业特色，课程开发是灵魂。在汽车整车与配件销售专业课程课程开发过程中，我们以理论知识实用、适用、够用，操作流程规范化、标准化为原则，认真遵循以下步骤，完成了汽车整车与配件营销专业课程的开发。

1. 深入企业调研，找准市场需求

为了找准市场需求，定位教学计划，学校领导团带领本专业教师，选取成都十二家4S店、集团企业进行深入细致的实地调研，并制定问卷调查表，最终确定了汽车整车与营销从业人员从个人与职业素养、沟通能力、团队合作能力、社交能力、学习能力、执行能力、知识储备能力等方面入手综合培养，这样才能贴近目前企业需求。

2. 细分课程，任务驱动教学

根据学情分析、调研结果，为了强化实训环节，提高学生操作技能并与实际岗位工作内容和模式密切结合，我们将该专业核心课程（现在主要是汽车销售实务、汽车维修服务接待课程）进行分解，主要是以工作任务来分解，每个工作任务主要讲解相关理论，以及相关工作流程与操作标准，按不同岗位要求明确实训过程中不同工作内容所应达到的标准和要求。

3. 课程开发设计，体现职业能力

根据汽车营销人员的职业能力标准，结合我校的实际情况，我们将汽车整车与配件营销专业的课程初步设为汽车销售实务、汽车维修服务接待、汽车汽车保险、二手车评估与交易、汽车配件管理与营销、汽车租赁、汽车消费心理学、公关礼仪、汽车保养维护、汽车发动机构造、汽车底盘构造、汽车文化、汽车电气认识、汽车消费心理学等，其中汽车销售实务、汽车维修服务接待按照企业运作模式进行模拟实践学习，加上相应的配套考试系统，使其核心专业技能课程做到"熟"—"精"—"会"。在后期我们将根据市场需求和发展趋势继续开发新课程，将汽车整车与营销专业分为汽车营销、汽车配件管理与营销、汽车服务接待三个方向，学生课程结构主要分为三个方面：公共课程、专业核心课程、专业方向（技能）课程。其中，公共课程将按照教育局文件规定来执行，而专业核心课程主要有：汽车新技术、汽车构造、市场营销、消费心理学、汽车文化、汽车的使用与维护、汽车商务礼仪、汽车电子商务、客户关系管理、专业英语等课程；专业技能方向课程主要有：汽车营销实务、汽车销售流程、二手车评估与交易，汽车配件营销、汽车配件管理、汽车配件知识，汽车维修接待流程、汽车维修接待实务、汽车常见故障诊断，专业技能方向课程主要以理实一体化教学的任务驱动型教学。

4. 情景学习，体现行动导向

结合实训内容，针对每个工作任务，按公共基本技能、核心专项技能、综合业务技能的训练层次，分别设置若干个不同的教学情景，通过实际情景教学培养学生的实际操作技能，一个完整的"情景学习"任务，主要以学生小组形式独立制订工作和学习计划、实施计划并进行效果评价，主要制定出不同的考试考核标准，让学生在小组学习过程中以此衡量工作任务的完成情况。教师通过设计开发合适的教学项目，通过多种辅助手段帮助学生独立获得必需的知识并构建自己的知识体系。

参考文献

［1］ 关菲明. 汽车营销专业基于工作过程的课程开发与教学改革初探. 交通职业教育，2010..

［2］ 李延廷. 汽车技术服务与营销专业课程体系改革研究. 中国新技术新产品，2012（18）.

［3］ 李 磊. 汽车技术服务与营销专业"教学做"一体化课程体系设计. 科技经济市场，2012（02）.

［4］ 顾忠宝. 校企合作人才模式培养探讨. 总裁，2009（06）.

浅谈健美操对中职学生多元智力的发展

四川交通运输职业学校　杨　婵

摘　要：在我国现阶段的学校教育改革中，特别注重发展学生的综合素质。本文以多元智力来衡量和量化素质教育的具体要求。健美操横跨教育、艺术、体育三大领域，兼备了塑造形体和陶冶情操的综合之美，它以其独特的魅力已经成为学校体育教学中的重要内容，而怎样运用健美操发展学生的综合素质，即怎样在健美操教学活动中实现学生多元智力的发展，已是我们学校教学中探讨的问题。特此对四川交通运输学校两个不同专业的100名学生进行问卷调查和分析，结果表明，健美操课的开设对中职学生多元智力的发展起着重要作用，学生对自己适应环境的能力增强了，学习成绩和人际交往能力方面提高了，在个性上逐步走向成熟、健康、稳定，为中职学生终生发展奠定了坚实的基础。

关键词：健美操教学；多元智力理论；多元智力；学生智力发展

一、前言

健美操是在音乐伴奏下进行的一种综合性很强的体育运动项目。它突出表现了体育的健和艺术的美，集体育、音乐、舞蹈于一身，体现了人体、运动、音乐、创造和动态美。如古人所说："人之所动，物之使然。"因此健美操课已越来越深受学生的喜爱。随着教育改革的不断深入，发展学生的综合素质即发展学生的多元智力已经是摆在广大教育工作者面前首要考虑和研究的问题，而怎样通过健美操教学发展学生的多元智力的问题，有必要进行探讨以提高健美操的教学效果。本文试从多元智力理论的角度对学校体育课中如何运用健美操教学来提高学生的多元智力进行认识和分析，并提出教学双方如何共同实现多元智力的发展。

二、研究对象和研究方法

1. 研究对象

四川交通运输职业学校两个不同专业的100名学生。

2. 研究方法

（1）文献资料法：查阅了多篇论文及相关书籍。对加特纳的多元智力理论进行深入的研究和分析，充分的了解了多元智力的内涵。

（2）问卷调查法：对五所九年一贯制的学校和四川交通运输职业学校两个不同专业的100名学生进行问卷调查。

（3）统计法：对相关材料进行统计整理。

（4）分析法：通过分析推理得出结论。

三、结果与分析

1. 多元智力理论的内涵

多元智力理论是由美国哈佛大学心理学家和教育学家霍华德·加德纳教授创立的智力理论。该理论认为：智力就是个体用以解决或生产出为一种或多种文化环境所珍视的问题和产品的能力。在加德纳看来，智力与一定社会和文化环境下人们的价值标准有关，这使得不同社会和文化环境下的人们对智力的理解不尽相同，对智力表现形式的要求也不尽相同；智力既是解决实际问题的能力，又是生产及创造出社会需要的产品的能力。这些能力正是现代教育要求我们在教学中对学生进行培养的东西。

在加德纳的多元智力结构框架中相对独立地存在着多种智力：语言智力、音乐智力、空间智力、动觉智力、人际交往智力以及自然观察智力等多种智力。语言智力指用语言思维，用语言表达和欣赏语言内涵的能力。在社会生活中有以下表现：口语的运用能力、语言的记忆能力、语言的理解能力、语言的反省能力。人类的思维是靠语言思维智力建立起来的。这种智力主要是指听、说、读、写的能力，表现为个人能够顺利而高效地利用语言描述事件、表达思想并与人交流的能力。音乐智力指人能够敏感地感知音乐的旋律、节奏、音量和音色等的能力。这种智力主要是指：感受、辨别、记忆、改变和表达音乐的能力，表现为个人对音乐包括节奏、音色音调、音色和旋律的敏感以及通过作曲、演奏和歌唱等表达音乐的能力。空间智力指人们利用三维空间的方式进行思维的能力。这种智力主要是指：感受、辨别、记忆，改变物体的空间关系并借此表达思想和情感的能力，表现为对线条、形状、结构和空间关系的敏感以及通过平面图形和立体造型将他们表现出来的能力。动觉智力指人能够巧妙地去操作物体并能够调整自己身体方面的能力。这种智力主要是指运用四肢和躯干的能力，表现为能够较好地控制自己的身体，对事件能够做出恰当的身体反应以及善于利用身体语言来表达自己的思想和情感的能力。交流智力指能有效地理解别人和与别人交往的能力。这种智力主要是指与人相处和交往的能力，表现为觉察、体验他人的情绪和意图并据此做出适宜反应的能力。自然观察智力指观察自然中的各种形态，对物体进行辨认、分类，能够洞察自然或人造系统的能力。

多元智力理论认为：人至少存在8种以上的智力；每一种智力在人们认识世界和改造世界的过程中都发挥着巨大作用，都具有同等的重要性；教育和环境对于能否使这些智力潜能得到开发和培养有着重要作用。

2. 多元智力的智力观

多元智力理论超越了传统智力理论的视野，强调智力是人的一种功能外显形式，是多元的、发展的，并只是根据人的活动才能加以确认。个体拥有自己独特的智力领域和智力优势，人人都可以通过教育活动来发展自己的智力。相对于传统的智力理论，多元智力理论实现了如下突破：首先，智力不再是传统意义上的逻辑、数理或以之为核心的智力，而是更加强调实际动手能力和创造能力；其次，智力不再是传统意义上的用一把尺子来衡量的某种特质，而是随着社会文化背景不同而有所不同的，为特定文化所珍视的能力；最后，智力不再是一种能力或以某种能力为中心的能力，而是全面和谐发展的多种能力。它创造性地确定了文化在个体智力发展中的重要性，强调智力发展的文化性与生成性。智力不仅具有一定的情境性，即个体解决问题的能力，在一定程度上取决于情景而且具有一定的发展性，即会随着个体的成长及情景的发展而发展。所有这些都为当今教育的发展和改革提供了理论支持并带有新的启示。多元智力理论传入我国，就在教育界产生了巨大的影响，为教师的教育观念的转变和教学方法的探索奠定了相应的理论基础。

3. 健美操的特点以及在学校体育中的地位

（1）健美操的特点。

健美操是在音乐节奏的伴奏下，以身体练习为基本手段，在保持身体标准姿态的基础上实现身体控制节律性的弹动技术，达到提高身体协调能力，实现以健身、健心与健美为锻炼目的的一门体育学科。通过健美操的学习和锻炼，不但能够塑身、健体培养气质，而且能提高学生的健身积极性。健美操将音乐、舞蹈与体育融为一体，较强的动感和富有的时尚气息是调动学生学习积极性的最有力的特点。从多元智力理论来看健美操活动对多元智力的发展有十分积极的贡献。健美操其具有的音乐、舞蹈、与体操活动以及多人组合的配合等特性，已经跟多元智力的发展和开发理念有很大联系，能为多元智力的发展提供很多的有利条件。

（2）健美操在学校体育课中的地位。

健美操以其自身特有的优势以在学校体育课中占有很大的比例，以受到广大师生的喜爱。在此问题上做了对体育课中健美操课的调查报告和结果评估。我对四川交通运输职业学校两个不同专业的100名中职学生进行了调查。在调查中采用了随机抽样的方法进行问卷和访谈调查。问卷发出100份收回100份。并对副教授级以上的教师进行访问，了解学校的健美操情况（见表1）。

表1　中职学生对健美操的态度调查表

	对健美操的态度			健美操运动对身心健康的认识			学生对开展健美操教学的态度		
	感兴趣	不感兴趣	一般	有帮助	无帮助	一般	适合	不适合	没感觉
人数	87	8	5	79	6	15	88	5	7
百分比	87%	8%	5%	79%	6%	15%	88%	5%	7%

对问卷进行分析得出结果如下：

①健美操课以在学校的到广泛的开展，87％的中职学生非常的喜爱健美操课，对健美操课很感兴趣。

②的中职学生认为健美操能够发展自身的素质，能够对自己的健康有帮助，以及对提高自身的综合能力素质有所认识。

③大多数的中职学生对健美操的态度是积极的，认为健美操很适合自身的身心特点。

对副教授级以上教师的访问得出：我们的教师也对健美操能够很好地发展中职学生的素质有着较深的认识。特别有些教师已经意识到健美操能从多种角度去影响中职学生的多方面的能力，能够对中职学生的智力发展有很好的促进作用。他们还发现，中职学生上健美操课的兴趣明显比起原来的传统体育课有很大的改变，他们上健美操课已经成为了他们的爱好，特别是有很大一部分女生以往上传统的体育课有很大一批以各种理由来请假，自从上健美操课以后这种情况已经消失。他们已经感觉到中职学生很喜爱上健美操，对上健美操课的兴趣也比上其他课的兴趣高很多。

从以上结果表明：健美操在体育教学活动中已深受广大师生的喜爱，在体育课中占有很大地位。因其健美操特有的优势能在发展中职学生的能力上有很大的作用，那么现今摆在我们体育教育工作者面前的问题是怎样更好地利用健美操来发展中职学生的能力，使其智力能够全面的发展。

4. 健美操教学的特点

（1）健美操教学符合中职学生的心理特点：普通学校的中职学生，年龄在 15～20 岁，在这个年龄阶段的中职学生，他们处在青春发育旺盛时期，精力充沛，兴趣广泛，接受新生事物快。特别是女生天生爱美，她们渴望自己有健美的体型和良好的气质，而健美操的艺术性正体现在一个"美"字上，其表演与练习都是一种在有音乐、体操、舞蹈为一体的锻炼过程中接受美的教育，进行美的熏陶和美的享受的娱乐过程。它能为她们实现美的追求创造条件，提供一种理想的途径。健美操教学遵循的是从易到难、从简到繁、逐步深入、循序渐进的原则，培养学生奋发向上、努力刻苦的一种朝气蓬勃的心态和勇于克服困难、知难而上的顽强品质。让学生从思想上认识到健美操不仅能锻炼身体，还能塑造美的形体，培养高雅气质，也使学生建立初步的自信心、表现力，也增强了锻炼的自觉性、克服了人际交往障碍等。学生学习健美操的过程不仅只是简单重复、完成动作，而是按照一个美的规律来塑造自己的体态和展现自我的复杂过程，是学生亲身体验的一个心理训练过程。通过意识的课堂心理素质训练，学生的表现力提高了。从调查的数据看出：（四川交通运输职业学校两个不同专业的 100 名中职学生）学生逐渐地会利用身体的各个部位来向世界展示自己的能力才华，见表2。

表2　表现力的对比

100 名受试学生	面部语言		身体语言		动作幅度	
	人数	百分比	人数	百分比	人数	百分比
第一学期	5	5%	12	12%	17	17%
第二学期	35	35%	33	33%	32	32%

中职学生的体育课旨在增进健康，提高身体素质，让我们培养的中职学生能够以健康的体魄迎接社会的竞争和挑战。增强、锻炼学生自觉性的关键在于引导，从学生选修健美操初期的兴趣出发，引导学生自觉地锻炼，就要在课堂上通过提高表现力吸引学生热爱健美操，并从胆小拘束到热爱而获得认可，达到自觉。从调查数据看出，体育课的出勤率比锻炼健美操前有所提高，说明学生锻炼的自觉性增强了（见表3）。随着锻炼的积极性的提高，同学们都踊跃的参加班上或者学校的一些活动，逐渐的与同学们的沟通加强了，人际关系越来越好，交往能力也得到了提高。

表3　对锻炼的自觉性进行对比

100名受试学生	积极参加体育活动		偶尔参加体育活动		不参加体育活动	
	人数	百分比	人数	百分比	人数	百分比
新生入校时	9	9%	49	49%	42	42%
二年级结束时	26	26%	62	62%	12	12%

正如学生们所说："健美操不但培养了我们的节奏感、韵律感、美感而且培养了健美的体态，活跃了生活，唤起了我们对美的感受和追求，提高了审美能力和艺术修养，给人以青春的活力。"他们觉得在节奏明快的音乐伴奏中，做富有朝气的动作韵律，是一种艺术性的享受，焕发出音乐旋律内在美的表演激情，达到节奏与动作在艺术上的和谐统一，给人一种美好的联想，体现出体育锻炼与艺术结合所产生的魅力。

（2）健美操符合中职学生的生理需求。

一般来说，中职学生在15～20岁年龄阶段，他们身体可塑性较大，他们的体型、骨能、肌肉和内脏机能都在显著的变化，除柔韧素质外，其他素质如力量、耐力、灵敏、速度等方面都比较差。而健美操可能通过身体各部位的多次重复运动达到一定的运动负荷量，按照人体解剖部位，有目的促使身体匀称、协调、健美发展。通过健美操的锻炼可使肌纤维增粗，肌肉力量增大，脂肪减少，肌肉变得发达结实而有力，以及血液循环和新陈代新得到改善，对有机体的耐力、速度、灵敏、协调、柔韧等素质都有明显提高，促进身体的全面发展。它是中职学生钟爱的一项运动，值得我们倡导。

（3）健美操锻炼能促进中职学生的个性发展，个性的形成有两个因素：

① 遗传因素。

② 环境与教育。

对个性的形成起决定因素的是环境和教育。在健美操的练训过程中，它能使学生消耗大量的神经肌肉能量，且要求学生不断地提高生理上和心理上的紧张能力，从而对学生的个性形成和发展有着直接和间接的影响。

a. 影响性格的发展：由于健美操是在鲜明的动感音乐伴奏下进行大幅度的、高度的灵敏与协调为一体的活动，它能不断地调动学生积极的情绪，振奋精神，产生跃跃欲试的感觉，忘掉苦闷与忧伤，恢复心理平衡，焕发青春活力。这种良好的情绪使人对生活充满信心，进而改变内向的性格，排出孤独，充满激情。

b. 改变气质特征：人的气质是可以改变的，随着年龄的增长，与客观世界关系越复杂，社会的影响越大，则气质被改造的可能性就越大。健美操不断地要求学生做出向上挺拔的姿态并保持平衡，在这个过程中，灵活的身段、自信的心理素质及很强的适应能力得到不断的提高完善。在当前快节奏竞争激烈的社中，只有反应灵敏，及时把握时机，义无反顾，才能充当社会的主人，这样的心理品质通过书本很难培养出来，但在激烈的训练场上却很容易得到锻炼。

5. 健美操与多元智力的联系

健美操与音乐的相通之处更为人们所熟知。健美操创作是从音乐中去找出健美操的意象，即随着音乐的节奏展开人体动作的画面，包括动作和姿态上的点、线、形去表现健美操的表情、节奏和构图。音乐作为时间艺术可以促进空间智力方面的想象力和创新力，健美操智力和音乐智力可以相互促进。通过健美操活动和音乐活动，人们能够更好地感受与表达自己的感情，这对自我们认识智力的发展会有很大的促进作用。健美操运动需要集体参加，如双人、3人、6人等，这需要参与者之间要有默契、和谐的配合。这样的体验将增强人们对于集体配合的认同，提高练习者的人际智力。另外，健美操在创作过程中的需要逻辑智力空间智力等，这里不再做过多的介绍。而在健美操的表演中力语言智力自省智更离不开身体的智力。因此健美操与多元智力存在着密切的联系，健美操对中职学生的多元智力的发展有很大的促进作用。健美操在培养中职学生的社会交往能力和社会适应能力等社会性品质方面具有独特的作用。

6. 教学双方共同实现多元智力发展的途径

（1）教师要掌握多元智力理论以全新的教学理论指导自己的健美操教学。

俗话说"没有学不会的学生，只有教不会的老师"，这充分说明了教师在促进教学活动进行的重要性，教师的教学理念和教学水平是影响学生多元智力发展的重要因素。

新课程标准要求教师的角色首先要从原来的"传播者"转为现在的"引导者"，即教师不在仅仅是健美操技能的传播者，而要成为引导学生主动学习发展的引导者，也就是从"教为教，向不教为教"转变。这要求我们的教师不但要掌握最新的教育理念和新的健美操发展趋势，而且要用全新的眼光看待每一个学生，要认识到每一个学生都是可塑的有用之才，关键是教师如何进行教育和引导。教师要由原来的"执行者"转变为"开发者"，即教师不再是健美操教学大纲的执行者，而是健美操课程的开发者。要求教师在掌握课程理论的前提下，提高自己的健美操创编能力和健美操课程的开发能力。教师还要从原来的"实践者"转变为"研究者"，即教师不再是健美操教学的实践者，而是健美操教学任务的研究者，即需要教师对健美操教学的给个方面进行深入的研究和创新，找到能够促进学生多元智力发展的合理教学方法和手段，从健美操与多元智力的联系中找到教学的突破口。

（2）使学生主动性提高，明确意识到自己的优势智力类型并加以培养。

我们知道学生是教学活动的主体，任何教学手段的使用都是为了学生的发展。新的社会发展形式下，不但要求学生学会生存、学会学习，而且要求学生要具有创新精神和表现能力。这种素质的得到，具体到我们的教学中，具体到我们的健美操教学中，就要求我们的学生，要主动积极地参与到健美操运动中去，不但要在健美操课上认真的练习，投入表现力，而且在课余也要仔细地体会和练习，尽量在教师的要求和指导下进行简单的创编。在这一过程中要更加理智、清楚地认识到自己的长处，发现自己的优势智力类型，并且尽力培养和发展优势类型的智力，以带动其他类型智力的发展，以实现多元智力的共同发展。

7. 运用健美操教学发展中职学生多元智力的可行性方法

（1）健美操对中职学生音乐智力发展的可行性方法。

在健美操教学过程中教师应该让学生去聆听音乐，去感受音乐的节奏、旋律，了解音乐的节拍规律。让学生在音乐的节奏下去完成动作。在具体的方法中，教师应该选择不同风格的、不同节拍的、不同旋律的音乐，让学生去感受音乐的不同内涵，去领会音乐的意境，使学生学会区别不同节拍、不同节奏、不同轻缓、不同快慢风格的音乐。教师应该在刚开始的教学中，注意选择节奏强烈，节拍明显，轻重音很容易辨别，音乐的节拍频率中等的音乐作为初始教学阶段的音乐。而在后面的教学当中教师就应该选择不同风格和类型的音乐，让学生去体验和区别它们的不同。最后做到让每位学生都能辨别和运用各种不同风格的音乐进行健美操练习和比赛。教师应该让学生去收集各种不同风格的音乐素材来丰富学生的音乐材料以供学生平时进行学习和利用。在这一过程中学生会主动或被动地去感受和理解音乐中的内涵，主动地去了解和学习音乐中的各种元素，好好地去理解和融化音乐的内涵。这将能对学生的音乐智力有很大的发展和提高。

（2）健美操对中职学生运动智力发展的可行性方法。

健美操是一项体育运动项目，具有体育运动的普遍规律和特征，即它需要参加的人有身体的参与。让学生参加健美操运动将使他们的协调能力、平衡能力和运动的力量、速度等运动因子得到很好的发展。在此过程中教师首先应该选择动作较简单，动作的发力、动作的频率都较小，动作的协调要求也不是太高的动作作为基础练习，让学生了解和初步的掌握健美操的基本动作。在进行一段时间以后应该改变动作的难度，教师应该在动作的难度、力度上去下功夫。教师应该选择动作难度和运动负荷较大的动作编入到健美操的教学计划当中去。让学生的身体素质得到发展，使学生的运动能力得到发展和提高。教师在发展学生的运动智力的过程中还应该注意不同的个体存在着一定的差异，应该在发展的过程中要有一定的针对性，使每一位学生的运动智力都得到健康的发展。

（3）健美操对中职学生空间发展的可行性方法。

在健美操教学过程中教师会不断地改进教学方法，会让学生自己去创编健美操。让学生在这过程中得到培养和锻炼。在这一过程中，教师应该让学生讲述自己的创编意图和创编的构想，并需要用语言去描述和讲解创编的动作，以及全套操中包含的艺术和体育价值。在这一过程中教师让学生进行动作的创编，应该让学生对动作的顺序、结构有较深的理解和记忆。这一过程将对学生的逻辑智力有很大的发展作用；在创编的过程中学生在为了能更好地表达音乐的内涵，表现动作的力度、难度、优美度等方面，将会选择优美的动作造型、绚丽的服装来体现健美操的艺术价值。这过程中学生将对造型的形状、空间位置，服饰的色彩、线条等因素进行较深入的研究。他们要对这些进行准确的感受和表达。这将使学生的空间智力有很大的发展。

（4）健美操对中职学生人际交往智力发展的可行性方法。

健美操运动包含有多人参与的项目。这要求我们每一位练习者都要在练习和比赛当中形成默契的配合，动作做到一致化。达到这样的要求，需要我们的练习者能对各自的表情、说话、手势等做出有效的反应，需要我们在练习中能够很好地沟通。在这一过程中教师将起到很大的作用，为达到学生形成默契这一目的，教师应该安排一些技术难度不太高的动作进行练习，让学生去体验配合，去体验交流的乐趣，让他们明白只有通过互相的沟通才能达到动作的一致划一；教师在经过一段时间之后，应该安排难度较大的动作，给他们较大的动力使他们在练习当中有不同的看法和不同的练习想法，这样他们就会出现对练习方法的讨论和争论，又回到实际的练习中去，使他们的熟悉和交流能力都有很大的提高。再者教师在学生的练习过程中应该还要起到调节学生之间不同意见和解决他们遇到难题的作用，以便使学生能正确地进行练习得到最好的练习效果，以便能使学生在交流中找到练习的正确方法。最后应该在教学的过程当中多设计一些比赛，使学生感受比赛的氛围，能在比赛当中去体会平常形成的默契，体会平常的沟通带来高水平表演所起到的作用。在这一过程中将使我们的学生的人际交往智力得到很好的发展。

（5）健美操对中职学生自然观察智力发展的可行性方法。

在健美操的比赛过程，中职生将对自己的能力有很好的认识和洞察、了解；比赛结束以后，能对自己有一个很好的反省过程。这能很好地训练出学生意识和评价自己的动机、情绪和个性的能力。为达到这一目的，教师应该组织健美操的比赛，如进行班级课堂当中的比赛，让学生即当运动员又当裁判员，这样他们不仅能对自己有很好的认识和了解，同时也能对他人有认识和了解，并能很好的训练评价的理论和方法。再者，教师还可以组织学校内的比赛以及组织参加学校之间的比赛来提高我们学生的评价能力，安排学生看高水平的比赛录像等，形成自己的评价标准。在这一过程中将使我们的学生的自我认识过程得到很好的发展和提高。

总之，健美操的教学过程是能很好地发展中职学生的多元智力，只是在方法和途径上需要我们的广大教育工作者在实践中去探索和寻找其中的规律。

四、小结

21世纪是知识经济的社会，为学校体育的发展提出了更高的目标，也为健美操教学提出了更高的要求。多元智力的发展为我们的教学指明了方向，它要求我们学校健美操教学应以培养和发展学生的多元智力为标准；要求教师要正确定位自己，以新的教学理念指导健美操教学；要求学生主动积极地参与到健美操教学中去，发展自己的多方面智力，以实现自身的全面发展。

1. 在此问题之下我们还应该有的认识

（1）健美操是一项集健身、健心、健美为一体新兴的体育运动，它具有愉悦身心的作用，能使学生形成终身进行体育运动的习惯。

（2）学生进行健美操锻炼能很好对其智力进行发展，特别是对学生的多元智力有很好的促进作用。

2. 建议

（1）为了能使我们的学生的智力能很好地得到发展，我们应该将健美操作为体育课教学内容进行推广。

（2）要不断地加强师资建设，采用现代化教学手段，优化教学形式，将最新的、最前沿的、最时尚的东西引进课堂。

参考文献

[1] 夏君玫. 高校健美操教学的多元智力观. 湖北体育科技，2005（02）.

[2] 王 洪. 健美操. 北京：人民教育出版社，1996.

[3] 房淑珍，金洪亮. 多元智力理论在体育教学中的运用. 体育成人教育学刊，2006（05）.

［4］ 郑先俐，张增田．多元智力理论及其对基础教育课程改革的启示．贵州师范大学学报（社会科学版），2005（02）．

［5］ 牛蔚林．多元智能理论对体育与健康课程评价的启示．西安体育学院学报．2006（04）．

［6］ 琳达·坎贝尔·布鲁斯·坎贝尔著［美国］．多元智能有学生成就．北京：教育科学出版社，2000（03）．

［7］ 施凤江，郑俊乾．多元智力理论的教育价值．中国职业技术教育，2004（32）．

［8］ 高　原．学校体育教育与中职学生心理健康素质的培养．新乡师范高等专科学校学报，2003（05）．

［9］ 李子荣．多元智能理论及其对我国素质教育的启示．电子信息职业技术学院学报，2005（03）．

［10］ 钟丽丹．运用多元智能理论评价学生综合素质的研究．延边大学，2010．

土木工程检测发展前景

四川交通职业技术学校　曾　智

摘　要：我国建设已发展到了全新的时代，随着建设的快步发展，国家投资的加大以及世界银行的贷款和多渠道筹集资金的建设项目越来越多，各种新型材料的研制与开发以及各种多样的工程结构的出现，工程建设形成政府监督、社会监理和企业自检的质量保证体系。如何控制质量，适应当前多样材料多样结构的质量检测技术成了当务的急切任务。如何准确判断工程质量和产品质量状态。定量评定材料和构件的质量，推动工程施工技术进步，推广应用新材料、新技术和新工艺，同时为工程设计理论提供大量依据。土木工程检测技术成了一门正在发展的新兴科学。

关键词：检测；现状；发展

一、目前我国土木工程的发展现状和趋势

我国的经济的高速发展，土木工程将持续增长，国家全方位地加强基础设施建设，全面加快公路、桥梁、铁路、机场、水利、能源、通讯等建设，国家在基础建设投资上已超过了400多亿。各建设工程发展现状和趋势如下：

1．建筑工程的发展现状和趋势

随着我国对外贸易的迅速发展，高层建筑在城市新建，各类杂交空间结构体系和巨型网格结构体系、钢结构、钢结构-混凝土组合结构的高层建筑等不断涌现，随经济的发展和土木工程技术的成熟以及满足不同结构的新型材料的研究和推广，各省、市都将大力兴建国际展览中心等大跨度现代建筑将会大力兴建，因此，满足透明等现代要求的第三代玻璃幕墙结构将有较大的发展和应用。住宅建设将向节能、节财，改善生态环境的、智能化的绿色建筑的方向发展。

2．公路发展和趋势

改革开放以来，公路建设有了迅速的发展，但与发达国家相比有很大的差距，人均公路里程是落后的，今后公路建设的任务相当繁重。我国集中力量建设"三纵两横"和两大重要国道主干线，基本以高速公路或汽车专用公路贯通，其中高速公路达到4 000 km，高等级公路为主的国道主干线形成规模效益。

3．桥梁和隧道发展和趋势

预应力混凝土斜拉桥跨度达到250 m以上，刚架桥跨度超过320 m，钢结构斜拉桥跨度达到1000 m。我国铁路隧道的长度超过20 km，有多个城市开通地铁，轻轨，跨海桥的建造

将增多。悬索桥将采用抗拉强度高的碳纤维代替钢筋减轻重量。

4. 土木工程材料的发展和趋势

以上的工程发展将推动新材料、新技术及新设计方法的不断涌现。混凝土仍是土木工程中最为重要的结构材料，混凝土将继续朝高强、高性能的方向发展，免振混凝土、密筋混凝土可能在结构中试用。纤维加强塑料筋较多获得应用。大直径、大截面的钢绞线的研制、生产，还有耐久、轻质的高性能纤维加强塑料筋将较多地获得应用。同时，新结构的研制和开发面将拓宽，房屋结构与桥梁各种结构的交叉、借鉴也将有所发展。由于计算机的发展，结构体系将更多地考虑空间作用。建筑废弃物也将被再生利用。

二、土木工程检测技术的现状

我国检测管理体系还没有建立完善的管理体系，还远远达不到现在我土木工程建设的发展。原因主要有：第一，对质量检测的重要性认识不足，检测意思淡薄，很多建设为了抢工期，部分省略检测程序。第二，检测仪器满足不了要求。由于许多高端检测仪器大部分需要国外进口，而且费用很高，造成工程检测的发展受限。第三，检测费用低廉。第四，检测人员大部分学历低，技术水平不高，国家有关部门组织培训少，大部分靠老带小，对检测技术掌握不精确。容易造成误差。第五，技术标准和规范规程的落后。和工地现场差距较大。第六，全国实行统一标准，而我国每个建设处的地域环境差别巨大，造成检测结果与规范差距较大，从而形成施工企业与监理与检测人员的矛盾。

三、土木工程检测技术发展的特点

1. 检测水平由简单技术到高技术

为了适应现在快速发展的工程建设，检测技术水平必须从原来简单的技术发展到较高水平技术：第一，摄像技术，通过摄像与计算机分析病害。第二，共振技术。第三，超声波的运用，做各种结构的无损检测。第四，工程建成后是为行车和人服务，最大功能满足人体生理感觉。舒适性的检测很重要。

2. 检测方法由破损检测到无损检测

我国目前的检测设备，大部分还是采用破损检测技术，对结构破坏性很大，比如路面结构我国仍采用钻心取样法，而国外采用动、静刚度测量法检测。我国现还处于研发状态，这种方法速度快，检测精度高，属于无损检测，对结构物破坏，节约成本。

3. 检测速度由低速到快速

我国主要检测设备需要人肩扛，手提，弯腰检测，速度很慢，引进高科技的检测设备，提高检测速度和能力适应现在大面积，大长度、大体积的建设发展很有必要。

4. 检测的管理体系由弱变强

目前，由于质量意识的提高，从部、省交通厅对检测单位有了一系列管理手段，而且从职人员重新进行考试，提高整体检测人员素质。对各级检测单位配备相当的检测设备，通过工程招标竞争来不断提高检测技术力量，完善检测单位的管理。

四、土木工程技术检测发展的前景

土木工程建设过程中，仅仅运用传统的结构检测技术已经远远不能满足现代化土木工程建设的需要，需要土木工程结构检测技术不断地发展，以推动我国建筑行业的发展应用，使我们能够及时发现土木工程建设过程中的问题，出现许多检测方式需要大力推广。

1. 超声波法

依据超声波在媒介中传播的规律和超声波本身的特点而产生的一种结构检测技术，可以对工程结构内部缺陷的大小以及缺陷所在的方向进行判断，利用超声波检测没破坏土木工程设施同时达到检测目的。

2. 红外线检测法

红外线检测法根据物理学的热辐射原理，物体的辐射强度与物体本身温度有关，当土木工程内部结构发生变化，红外线的辐射强度也随之改变，我们可以基于红外线的辐射强度来判断其内部的损伤。

3. 完善损伤判别指标，提高检测的正确性

国内的土木工程结构技术检测需要对损伤判别指标不断完善，以提高整个结构检测的全面性和正确性。

4. 检测技术的发展效益

随我国土木工程建设的技术不断进步，在质量方面要求越来越严格，规范越来越完善。整个检测技术也围绕工程建设的质量要求改进。由于在工程建设中严格控制质量，对后期产生的养护费用大大降低，提高了使用年限，同时保障了工施工的顺利进行，严把质量关也是对人民的生命和国家财产负责。科学检测给工程带来的社会和经济效益是巨大的。

结束语：通过对土木工程检测技术和现在土木工程现状分析，结论是土木工程检测技术的发展水平和效益提高，对检测管理体系和技术水平以及检测设备逐步完善，并将进一步发展。

参考文献

[1]　范文昭，宋岩丽. 建筑材料. 北京：中国建筑工业出版社出版，2007.
[2]　盛安连. 公路路面检测技术的现状及其发展与综合评价. 中国公路学会道路工程学会，1993.
[3]　钱　进. 公路工程现场检测技术. 北京：人民交通出版社出版，2009.

浅谈桥梁检测与加固技术的研究意义

四川省交通运输职业学校　唐郑杰

摘　要：桥梁在整个交通运输业中发挥着重要枢纽作用，是交通运输业的重要组成部分。由于其自身和时间等外界因素，桥梁结构的可靠度和安全性会逐渐降低，使得其不能正常使用，甚至出现桥毁人亡。要想保证桥梁结构的安全使用，使其在使用过程中发挥最大的经济效益，就需要对桥梁结构安全性进行科学的检测和合理的评估，对老旧桥梁进行及时的维修和加固。

关键词：桥梁检测；桥梁加固；国内外桥梁检测研究现状

一、问题的提出

桥梁在整个交通运输中发挥着枢纽作用，它不仅是交通运输业的重要组成部分，更是交通运输业的咽喉。由于其自身和时间等外界的原因，桥梁结构的可靠度和安全性会逐渐降低，使得其不能正常使用，甚至出现桥毁人亡。要想保证桥梁结构的安全性，使其在使用过程中发挥最大的经济效益，就需要对老旧桥梁结构进行科学的检测和合理的评估，根据其评估结果进行及时的维修和加固。因此，桥梁检测与加固技术长期以来都是国际桥梁界研究的热点问题。

随着改革开放，我国的公路桥梁建设也在不断发展，道路桥梁技术等级不断地提高，不断建成不同结构形式的拱桥、斜拉桥、悬索桥及连续刚构桥等，不断实现桥梁建设史上的突破。这些结构技术复杂，科技含量高，施工难度大的大型桥梁工程，不仅为我国桥梁建设事业积累了丰富的工程经验，也是我国进入世界桥梁技术先进行列的标志。随着大量新桥建造工程的开展，同时必须高度重视已建桥梁工程的质量检测与维护，而最为直接有效的方法是对其实施质量检测与必要加固措施。

20 世纪后期，随着我国交通事业的不断发展，至今我国公路桥梁已建总数达 60 余万座。大部分桥梁在其建成使用 20 或 30 年后，其耐久性、安全性、承载能力都会出现一定程度的降低。随着技术日新月异，现场施工规范要求越来越高，桥梁使用的时间不断增加，对桥梁结构的安全性检测、评估、维修和加固等提出了更加严格的要求。如何准确评估大量旧桥结构的安全性和耐久性并予以维修加固，使其承载能力满足实际使用的需要，已成为我国桥梁建设当前的首要任务。进入 21 世纪后，我国加大了对桥梁检测和加固技术研发的投入力度，这不仅有利于我国桥梁养护技术和管理体制的健全，更是为新旧桥梁安全性提高提供了坚强的后盾，对交通网络的畅通运作起到了关键性作用。

拆除重建安全状况不佳的桥梁，不仅会消耗大量资金和人力，还要花费较长工期。一般情况下，桥梁检测和加固费用约占整个新桥建设费用的 1/20 ~ 1/10，考虑到桥梁检测和加固的经济性以及能够保证快速恢复交通运输正常运行的优势，旧桥的维修和加固便显得尤为实用。因此，既能满足桥梁正常营运的需要，同时又能够延长其使用年限，利用科学可靠的技术对旧桥加固改造，业已成为世界各国常用的做法。

二、国内外桥梁检测研究现状

在国外，经济发展较早的发达国家，其城市建设和道路交通的建设高峰均已过去，逐步进入平缓时期，随着多数桥梁的使用性能进入了中晚期，用于维修与加固的费用开始逐年增加。据报道称，1984 年时，美国一半以上的钢筋混凝土桥都出现了钢筋的腐蚀破坏现象，其中将近一半承载力衰退，必须进行修复与加固处理；同年花费了 54 亿美元的修复费，占到总投资的一半以上。20 世纪，美国已建的 60 万座桥梁中有 13 万座桥梁存在缺陷现象这预示着如不马上进行修缮，就必须停止使用。目前，美国每年用于桥梁方面的投资，仅有 1/10 用于新建桥梁，而 9/10 则用在了旧桥的更新维修上。

近年来，在我国也出现过几次重大桥梁事故。例如，2011 年杭州钱江三桥辅桥主桥面部分桥面塌落；2010 年四川崇州市怀远镇场镇老定江桥局部垮塌；1999 年重庆綦江彩虹桥垮塌等，上述事故造成导致多人死亡，重大经济损失，社会影响十分恶劣。随着桥梁建设的不断发展，桥梁结构本身的功能和构造也越来越复杂，工程规模也越来越大，因此桥梁结构的安全性和使用年限成为人们日益关注的问题。完善的桥梁健康监测机制系统作用极大，将检测装置装在桥梁结构上，实时把对桥梁结构的安全状态进行检测，同时在指定时间段对现有桥梁结构进行安全检测评估，根据结果采取必要的维修与加固措施，这已经成为了保证桥梁安全使用的首要途径。

经济发达国家都特别重视桥梁安全健康使用，并对桥梁结构的检测和加固技术进行了深入的研究。美国在 20 世纪后期时，便着力研究在使用旧桥梁的检测加固技术。英国、日本在当时也都进行过这方面的研究。我国也在桥梁检测和加固方面做了大量的试验，如南京长江大桥、武汉长江大桥、虎门大桥等都进行了位移、应力、应变、速度和加速度的检测，从而及时掌握了这些桥梁结构的安全情况，确保桥梁安全运营，同时尽早发现桥梁的问题进行解决，有效延长了桥梁使用寿命，节省了新桥建设费用，进而使桥梁的综合效益得以提高。

三、桥梁检测与加固技术研究意义

在我国，旧桥的加固和改造技术的研究在上世纪中后期便已开始。1981—1985 年间，我国对公路旧桥的检测、评价和加固方法展开了大量的研究，并加以工程实践，取得的经济效益和社会效益都很好。桥梁检测与评价的意义在于：

（1）为桥梁结构的使用、加固以及桥梁实际承载能力的评定提供了重要依据。

① 对在旧设计施工标准条件下建设桥梁的承载能力以新技术标准进行鉴定，来确定桥梁结构有无加固的必要以及是否要提高其荷载等级。

② 根据对桥梁结构的检测结果，可以知道桥梁出现缺陷病害的原因以及部位，从而对症下药，保证桥梁结构的安全使用。

③ 根据检测结果，为桥梁维修加固措施的确定提供了有效的依据，并保证了加固措施的有效性和科学性。

（2）采集和积累必要的技术资料，建立桥梁数据库。

① 科学的桥梁检测机制有效地健全我国桥梁技术资料库，为今后桥梁建设提供了实际经验和资料；

② 为桥梁数据库的建立提供了大量的文献资料，有利于我国桥梁检测和加固水平的不断提高，并为今后桥梁检测和加固提供了理论和实际指导。

（3）推动了桥梁结构质量检测，安全性鉴定，结构设计理论的发展。

① 通过检测评价，验证桥梁采用新型结构理论的实用和可靠程度，从而深入发现问题，进行经验总结，不断改进和完善结构设计理论和结构形式。

② 通过检测一些已建成的重要大桥或特大桥，并对其进行评估，可实现对其工程的可靠度及设计与施工质量的评定；

③ 根据桥梁检测的结果，可以充分了解桥梁结构的受力状态，对其实际承载能力做出准确的判断。

④ 检测已经过维修和加固的桥梁，不仅能对维修加固的质量进行检验，还对加固方法的可靠程度与合理性加以验证。

四、桥梁检测与加固的一些技术手段

（1）通过对桥梁外观检测、混凝土结构检测、桥梁荷载试验等检测技术手段，分析相关施工方法和得出的评估结果，给桥梁检测提供正确有效的技术参考。

（2）从桥梁加固的目的和要求出发，根据上述检测技术得出的结论对各种加固方法的适用范围以及具体加固措施等进行评估，为桥梁具体加固工程施工方法提供了理论鉴定与指导。

结束语： 对桥梁进行检测应该掌握原有桥梁的设计图纸、修改设计、施工方案、质量检验、材料检验、竣工图纸等资料，是评定桥梁的承载力的重要因素；若有缺少，要通过询问设计、施工当事人，努力了解尽可能多的情况。并要通过养护部门，对桥梁通行荷载（如车辆）、养护加固情况及桥梁存在的问题和历程有全面的了解。只有这样，才能对不同的桥梁有针对性地采取不同的加固方法。维持公路正常交通的有效措施是加固、改造和利用旧桥。而旧桥使用寿命的延长，同时能节约资金的有效手段便是合理确定加固、改造的方案，积极引进旧桥加固、改造的先进技术及相应的材料和设备，并进行有效的开发，这样做的意义是极大的，影响也很深远。

参考文献

[1]　徐日叔，干博仪，赵家奎. 桥梁检测. 北京：人民交通出版社，1989.

[2]　徐　森. 桥梁检测与维修加固百问. 北京：人民交通出版社，2002.

[3]　刘真岩，周建斌. 旧桥维修加固施工方法与实例. 北京：人民交通出版社，2005.

[4]　张劲泉，王文涛. 桥梁检测与加固手册. 北京：人民交通出版社，2007.

浅谈公路施工课程教学与计算机教学技术的有机结合

四川省交通运输职业学校 唐郑杰

摘 要：随着计算机教学技术越来越多地直接应用于学校各种专业的教学，作者结合自己在实际教学中的经历，介绍将计算机教学技术与专业教学有效结合的一些经验感想。

关键词：计算机教学技术；公路施工专业课程教学；计算机多媒体教学技术；计算机辅助设计技术；教学交互性；CAI多媒体课件；计算机辅助设计软件

新技术革命对当代教育领域的最大影响，莫过于计算机教学技术直接应用于学校各种专业的教学，以及由此引起的教学改革的蓬勃发展。计算机被广泛应用于各专业课程教学及其他教学活动中，给学校改革注入了极大的活力，并使新的教学模式不断涌现。计算机教学技术正在成为取代传统教学技术的新生事物，许多人对它在各种专业领域教学应用的前景持乐观的态度；计算机教学技术的应用使得人类"解决现代教育中存在的教学手段问题和知识表现问题的能力正日益加强"。

随着本校公路施工专业课程教学中越来越多地使用计算机教学技术，我总结自己在教学过程中将专业课程的知识与计算机教学技术有效结合应用的经验，浅谈一下个人对这个新兴领域的理解和感想。

一、计算机教学技术概论

计算机教学技术，是指"开发计算机新技术用于提高教学效率和增强教学效果（但并不意味着在教学过程中完全用计算机取代教师的地位），以多形式、多角度的手法来帮助施教者提高（学生）学习效率的技术体系"。结合我们公路施工专业教师在课程教学中应用计算机教学技术的经验，常用的应用手段具体体现在以下两个方面：

（1）利用计算机多媒体技术传授课程，引入多样化的教学技术手段来表现课程专业知识。

（2）计算机辅助设计技术在教学中的运用，结合第一方面计算机多媒体技术辅以专业计算机设计软件，把一些经典的工程实例以直观、具体的形式表现出来，便于学生理解。

计算机教学技术在我们学校中专业课程中的应用，使学校有可能"以同样或更低的费用，开展类型多样化的教学"。使我们教师在教学过程中逐步摆脱传统的"教师—黑板—教科书—学生"的教学模式，一味地照本宣科，以单一理论知识为主的灌输式教育，根据现代公路建设发展趋势，因材施教，以最快速度调整教法，以适应该专业学生学习的需求及公路专业教学发展的需要。

二、如何根据实际教学要求设计计算机多媒体教学方案

多媒体技术是 20 世纪 90 年代发展起来的新兴技术。它是一种把文本、图形、形象、视频图像、动画和声言等运载信息的媒体集成在一起，并通过计算机综合处理和控制的一种信息技术。多媒体技术是信息领域的又一次革命。在教学上，它既能向学生快速提供丰富多彩的集图、文、声于一体的教学信息，又能为学生提供生动、友好、多样化的交互方式。

1. 计算机多媒体技术的硬件配备

多媒体硬件系统，包括计算机硬件、声音/视频处理器、多种媒体输入/输出设备及信号转换装置、通信传输设备及接口装置等。其中，最重要的是根据多媒体技术标准而研制生成的多媒体信息处理芯片、光盘驱动器等。

2. 多媒体计算机的组成

（1）多媒体 PC 机（MPC）的解释。

在多媒体计算机之前，传统的微机或个人机处理的信息往往仅限于文字和数字，是计算机应用的初级阶段；同时，人机之间的交互只能通过键盘和显示器，故交流信息的途径缺乏多样性。为了改换人机交互的接口，使计算机能够集声、文、图、像处理于一体，人类发明了有多媒体处理能力的计算机。也就是多媒体 PC 机（Multimedia Personal Computer，MPC 简称 MPC），它的硬件结构与一般所用的个人机相比，多了多媒体软硬件配置。一般用户如果要拥有 MPC 大概有两种途径：一是直接够买具有多媒体功能的 PC 机；二是在基本的 PC 机上增加多媒体套件而构成 MPC。现在 PC 用户所购买的个人电脑绝大多都具有了多媒体应用功能。

（2）多媒体计算机的基本配置。（及可选配置）

一般来说，多媒体个人计算机（MPC）的基本硬件结构可以归纳为七部分：

① 至少一个功能强大、速度快的中央处理器（CPU）；

② 可管理、控制各种接口与设备的配置；

③ 具有一定容量（尽可能大）的存储空间；

④ 高分辨率显示接口与设备；

⑤ 可处理音响的接口与设备；

⑥ 可处理图像的接口设备；

⑦ 可存放大量数据的配置等。

以上配置构成 MPC 的主机。除此以外，MPC 能扩充的配置还可能包括光盘驱动器、音频卡、图形加速卡、视频卡、扫描卡、打印机接口和网络接口等设备。

3. 结合计算机多媒体技术展开具有特色的专业课程教学

在我们公路工程专业课程教学中，经常遇到一些单一教学手段无法解决的问题。例如，在公路工程测量操作教学过程中，如何把规范的测量操作过程以合理的方式展现给学生，正确的测量结果以何种合理的方式表现出来。由于条件有限，不能让学生有充足的时间到施工现场进行观摩和实践操作，这就需要其他直观的教学表现手法来弥补。同时在公路桥梁设计施工教学中，一些典型案例以何种最具体，最精确的方法表现出来等诸如此类的传统教学模

式无法逾越的障碍，在结合计算机多媒体技术教学，上述问题都会都到圆满的解决。

（1）计算机多媒体教学手法的分析。

多媒体教学可产生优良的视听效果。因为人的视觉、听觉是接收信息的主要渠道，获得的信息也最大。多媒体教学有利于信息传递和学生对信息的接受、储存。其特有的优势对学生产生一定强度的刺激，引起学生的注意。例如，我在公路施工养护课程教学中使用多媒体教学课件，结合实际工程范例演示讲解，把传统教学媒体中的教师语言、课本、板书、挂图用具有高效方便的图、文、声、像等多媒体数据编辑整合，然后在授课过程中恰当地应用多媒体教学手法，很好地把知识技能传授给学生，获得良好的教学效果。例如，讲解公路养护中的坡面防护常用防护手段知识点，结合多媒体课件中的教学实例——现场实例照片，配以详细的文字说明和语音解说，让学生在整个课程学习中获得直接、生动、形象的感性知识。

（2）实践教学中结合计算机多媒体教学的案例分析。

公路养护中的坡面防护常用防护手段坡面防护手段中分为植物防护与工程防护两大类，其中植物防护包括种草，铺草皮与植树防护三种方法，而工程防护包括抹面/捶面、喷浆、勾缝/灌缝、砌石防护与护面墙几种方法。以上这些知识点仅仅依靠传统的教学手段单一、呆板，仅靠一支粉笔、一块黑板、一本教材，教师教得辛苦，学生学得兴味索然。如何结合电子课件，把教材中的各章节内容结构以另一种特别的手段表现出来，效果十分显著，见图1。

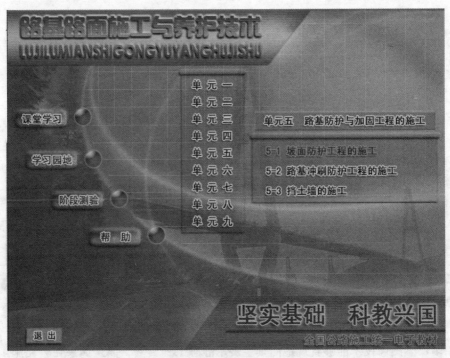

图1 多媒体 CAI 课件主界面图

在 CAI 课件界面中将整个教材的单元章节知识分析清楚，让学生在学习本节课内容之前有一个预先理解。其作为计算机教辅软件，可以实现问与答、分步骤演示、灵活的查询和仿真教学、模拟实验等功能，具有很好的交互性，可以模拟练习、模拟考试，主要用于学生自学时复习、练习、测试和模拟实验等。在当前课教学中，教师可以灵活应利用 CAI 课件结合教材的结构引导学生进入主题，在教学过程应注意对课件使用要循序渐进，不能操之过急，随时注意学生对老师教学结果的反馈。

利用多媒体教学技术最重要的是注意正确结合教材，用科学的教学思路指导学生学习课程中的重点难点。

公路养护中坡面养护的工程防护是整个养护课程中的重点和难点。一位仅有两年教龄的青年教师运用多媒体技术进行辅助教学，在一节课内就轻松自如地完成了原来需要两三课时的内容，学生对基本概念掌握的牢固程度以及运用的灵活性，都远远超过了用传统教学手段进行教学的效果。一般来说，教师讲授工程防护施工方法时，主要依据教材中，最直观的手法不外是带领学生在实习过程到施工现场对实际工程进行观摩，以此掌握施工要领。但是，由于实际的条件有限，学生没有充足的时间在施工现场感受真实的施工范例，很难对所学内容有一个直观认识。如在工程防护中的喷浆工程采用多媒体课件展示现场案例资料收集再配以文字说明，语音解说（见图 2）；同时将教材中的材料配比表进行适当加工处理表现，让学生即使远隔千里之外的施工现场，同样能够切实理解该工程的施工要点。

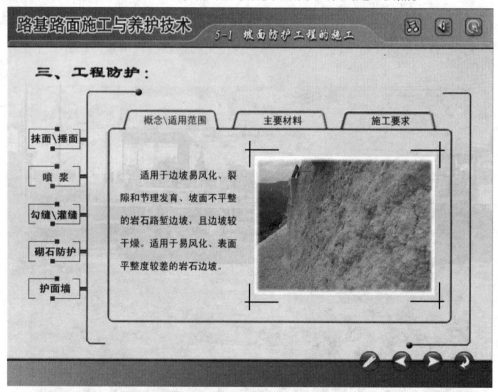

图 2　交互性多媒体课件解说喷浆施工

运用多媒体图像技术能够直观地向学生展示静态工程实例，但是如果在公路施工教学中没有实践操作教学，学生对整个施工过程了解程度始终有限，应用现场施工演示视频，学生对整个施工的动态过程进行分段式、步骤式的学习，就会达到更佳完美的教学效果。以讲解勾缝工程施工为例，而在采用多媒体视频教学时视学生理解程度，随时停顿或放慢速度，以便讲解清楚，见图 3、图 4。这样，就化难为易，使学生细致地掌握勾缝施工的操作要领。

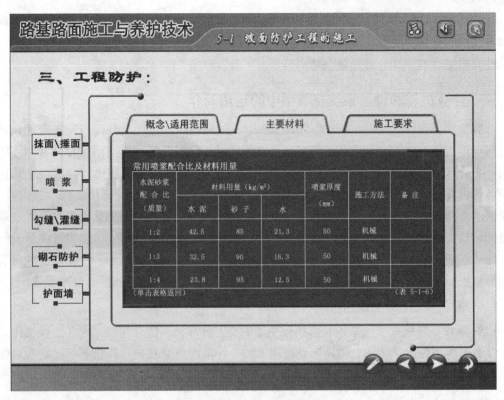

图3 喷浆施工主要材料配比

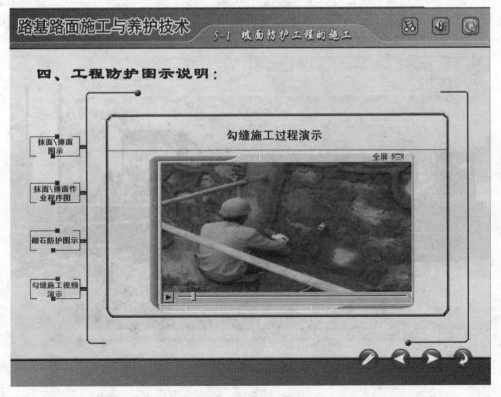

图4 勾缝施工视频

计算机多媒体教学手段在激发学生学习兴趣、开发学生智力、提高课堂效率、优化课堂结构方面确实起到了关键作用。但是使用课件时，我们必须坚持知识性、科学性、严密性、趣味性有机结合的原则，否则就会适得其反。

三、计算机辅助设计系统在教学中的运用简介

计算机辅助设计（computer aided designcad—cad）利用计算机及其图形设备帮助设计人员进行设计工作。在工程和产品设计中，可以帮助设计人员分担计算、信息存储和制图等项工作。在设计中通常要用计算机对不同方案进行大量的计算、分析和比较，以决定最优方案；各种设计信息，不论是数字的、文字的或图形的，都能存放在计算机的内存或外存里，并能快速地检索；设计人员通常用草图开始设计，将草图变为工作图的繁重工作可以交给计算机完成；由计算机自动产生的设计结果，可以快速作出图形显示出来，使设计人员及时对设计作出判断和修改；利用计算机可以进行与图形的编辑、放大、缩小、平移和旋转等有关的图形数据加工工作。cad 能够减轻设计人员的劳动，缩短设计周期和提高设计质量。

1．计算机辅助设计系统的组成

（1）硬件系统组成：通常以具有图形功能的交互计算机系统为基础，现在工程工作站一般指具有超级小型机功能和三维图形处理能力的一种单用户交互式计算机系统。它有较强的计算能力，用规范的图形软件，有高分辨率的显示终端，可以联在资源共享的局域网上工作，已形成最流行的 cad 系统。

（2）软件系统组成：除计算机本身的软件如操作系统、编译程序外，cad 主要使用交互式图形显示软件、CAD 应用软件和数据管理软件 3 类软件。我们在实际教学过程常用的是CAD 应用软件，如 AutoCAD 软件。

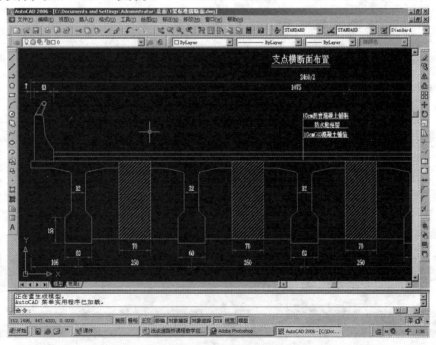

图5　以计算机辅助设计软件绘制的工程图示

2. 计算机辅助设计系统在教学中的运用

基于我校学生综合能力素质情况，计算机辅助设计系统在教学中应用随时注意适度问题，在公路工程施工设计课程中适当引用设计工程图往往带来很理想的教学效果，教师根据各层次学生的接受能力和反馈情况准备实例，及时对学生的回答或提问做出正确的响应，以达到预期的教学效果。

四、对于计算机教学技术与实践教学结合的认识

（1）计算机教学技术运用必须合理，找准其与教材的作用点。

计算机教学技术的优越性不言而喻，但它优越性的发挥必须有一定的条件，并不是说在课堂上使用了多媒体就一定能改善教学，更不是说这项技术用得越多越好。使用计算机技术教学还需要多考虑在什么条件下使用，如何使用，不能只追求形式，而忽略学习的对象和主体。在使用计算机教学之前应该认真钻研教材，找准媒体与教材的最佳作用点，进行有的放矢，才能起到画龙点睛的作用。

（2）要重视教学效果，避免本末倒置、喧宾夺主，在设计制作课件时和利用计算机辅助设计软件教学时，要根据教学内容和学生的认知规律适当选用计算机表现效果。紧抓教学的主题，不能本末倒置，过分强调课件的精美而忽略教学内容的知识点和侧重点，不能喧宾夺主。

（3）使用计算机教学技术必须注意交互性，避免"人灌"变"机灌"现代化的技术必须要有现代化的思想与之相适应。教师在设计计算机辅助教学课程的时候必须要有以学生为中心的思想。在课程结构上，可采用模块化思想，变线性结构为非线性结构，将各种计算机教学资源设计成学生学习的资料库，并注意增强课程教学的交互性及注意教学过程的人性化，使课程知识流向能根据教学需要而调度。同时，要考虑各层次学生的接受能力和反馈情况，还可适当增强计算机辅助教学的智能化，提高自由度；能及时对学生的回答或提问做出正确的响应，真正使学生成为课堂的主人。

（4）在使用计算机辅助教学技术时，不能忽视教师的作用。任何教学手段的使用，都离不开教师。师生之间的语言交流，教师表情以及身体、语言的提示，可以引起学生的共鸣，吸引学生的注意力。教师授课的过程也是一个师生情感交流的过程，是一个对学生心理活动进行积极引导的过程，是一个培养学生良好情绪智力的过程。一味地依靠机器技术，不仅对学生的个性心理活动难以捉摸，而且不利于运用教师的体态语言对学生的情绪进行调控，难以引导学生感情上的共鸣，教书育人的目标也难以真正得到落实。

结束语： 知识经济时代呼唤创新性，创新是民族进步的灵魂，是国家兴旺发达的动力。它的核心是创造性思维，创造性思维必须培养。计算机教学技术在化抽象为形象，提高教学内容可接受程度的同时，也同样在发展中并存着不足。在运用这项新兴教学技术的同时，我们也要注意扬长避短，将实际教学与其科学结合起来，培养更多高质、高水平的公路建设人才。

信息技术在教育中的应用提高教师职业的专业性。随着以微机为核心的信息技术在教育

中的广泛应用，教师不是像以前那样，单凭一张嘴、一支粉笔、一块黑板即可进行教学，而是综合应用多种媒体技术，利用多媒体和微机网络，以及利用幻灯、投影、录音、录像等电教设施开展教学。这种教学必然要打破传统的传授式的教学模式，而构建适应信息社会的新型教学模式。

参考文献

[1]　陈启祥. 多媒体技术与应用. 北京：电子工业出版社，2005.

[2]　符纯华. 计算机辅助设计. 成都：西南交通大学出版社，2006.

[3]　浙江省公路局公路养护技术规范. 北京：人民交通出版社，2009.

[4]　邓学均. 路基路面工程. 北京：人民交通出版社，2003.

公路桥梁检测基础理论研究

四川省交通运输职业学校 唐郑杰

摘　要：本文概括地介绍了公路桥梁检测的一些基本理论知识，为实际施工中一些问题的解决提供了很好的理论参考

关键词：检测；鉴定；旧桥；荷载试验；静力试验；动力试验；承载力

一、公路桥梁检测的重要性

随着我国公路桥梁事业的发展，新建高速公路和桥梁越来越多，既有的许多桥梁亦逐渐进入了养护维修阶段，有关专家认为桥梁使用超过 25 年以上则进入老化期，据统计，我国桥梁总数的 40% 已经属于此范畴，均属"老龄"桥梁。而且随着时间的推移，其数量还在不断增长，桥梁管理者对桥梁的养护已日益重视。为了适应公路运输载重量不断发展的要求，充分利用现有的公路桥梁，使之能继续安全地为公路运输服务，根据交通部颁布的《公路养护技术规范》要求，必须对桥梁进行技术鉴定。与此同时，新材料、新工艺、新结构形式的采用也越来越多，为了积累这方面的工程经验也有必要做一些检测工作；还有那些因为赶工期、采用劣质材料、施工方法不当等原因而出现病害的桥梁，需要做鉴定以确保其安全运营。

桥梁结构的鉴定主要包括既有桥梁的检算和外观检查工作以及荷载试验，通过检算与外观的检查我们可以基本上确定桥梁结构物的使用状况。然而理论推断与实际结构的特性往往存在着一定的差别，尤其是承载力的鉴定目前还离不开荷载试验。

二、需要进行检测的桥梁

需要进行检测的桥梁原因各种各样，绝大部分是旧桥，旧桥资料比较匮乏，相对而言管理起来比较困难；在特殊情况下有些新桥也要求做检测工作。综合起来主要有以下几种因素：

（1）缺乏设计、施工资料的桥梁。

（2）施工质量较差，不符合设计要求的桥梁。

（3）桥梁竣工经过运营一段时间后发现较严重的病害，影响其承载能力。

（4）桥梁施工质量较好，运营情况也良好，但希望提高其允许的承载能力。

（5）需要通过超过设计标准的特殊荷载车辆的桥梁。

有一些桥梁因为一些特殊原因而需要做检测工作，如为了取得一定的科研资料等。一些特大桥梁不仅仅是要求做短期的检测，还需要进行长期的健康监控。

三、桥梁调查与检算

检测就是根据实际情况对桥梁进行评估，前期的主要工作是从既有的现状与特性着手，

对要检测的实体有一个总体把握，并且明确后面工作的方向，这就是调查与检算。

1. 资料收集

这里所说的资料收集的范围不仅仅包括设计资料，还包括施工资料以及有关的养护、维修、加固资料。资料收集涉及的细节很多，如设计资料里面有计算书、设计图纸、修改图纸以及地质资料等；施工资料里面包括各个阶段的竣工图纸、竣工说明书、材料试验资料及施工记录、竣工验收资料等；其他养护、维修资料则包括历史上通过的车型、载重，交通量状况、维修的资料等。

另外一些与之有关的自然环境或者自然灾害（洪水、地震、冻土、泥石流等）的资料如有必要也应向有关部门收集。

2. 外观检查与病害分析

外观检查是桥梁检测中一项重要的工作，通常产生了病害会有一些表象，我们通过外观的检查可以分析判断这些病害产生的原因，提出整治措施并且有利于明确接下来工作的重点。外观检查要求做到抓住重点，力求全面。

3. 根据受力特征确定调查重点

通常可以根据桥型确定调查的要点，如梁桥的检查要点有：跨中区域的裂缝、挠度；端部的剪力缝；主梁连接部位的状况；构件的外观质量等。又比如拱的检查要点有：拱圈拱顶下缘与拱脚上缘裂缝；拱轴线的坐标；墩的位移等。而索结构则还有索、锚的质量状况等。

4. 按照部位逐一检查

桥梁从总体上可以分为上部结构、下部结构、附属结构。上部结构在梁式桥中主要是指主梁，在拱中则还包括主拱肋、拱波、拉索、风撑等，根据结构形式有所区别；下部结构则包括桥墩、桥台、基础与承台、桩等；附属结构则有桥面铺装、人行道、缘石、栏杆、伸缩缝等。每个部位都有其自己的受力特征，病害也有一些共性，如果出现的不是常规病害，应当仔细研究找出病因；对于常规病害，在找出病因的同时应根据其损坏程度进行评估，然后确定是否有必要加固或更换构件用以维持正常的运营。

5. 材料特性调查

材料是组成构件最基本的元素，也是保证构件是否能正常工作的根本。

随着桥型的多样化以及新工艺的不断发展，将有越来越多的材料应用到桥梁结构中，但目前最基本、使用最广泛的还是钢筋和混凝土。钢材的强度一般以设计、施工有关资料为依据，不再检查，当怀疑钢材质量有问题或者资料不明确时应采取必要的措施截取试件进行材料试验。混凝土的强度会随着时间的推移产生一些变化，比较大的桥梁通常会有同期的试块用以确定强度。对于没有试块的桥梁，其混凝土强度可用回弹仪、超声波检测仪等进行推定，必要的时候可在结构上钻取试件进行材料试验。

6. 承载力检算

当对桥梁的整体特性进行了一些了解之后，应当做一些验算工作，验算的原则依然是有关技术规范。需要注意的是，有关参数应当以实际桥梁为准，该折减的进行折减，必要的时候也可以考虑有些有利因素。通过验算对不能满足要求的桥梁可以考虑重建，有利用价值的则应当进行进一步的鉴定工作。

四、静力试验

1. 试验前的准备工作

进行荷载试验非常复杂，试验前应做充分的准备工作。它直接关系到我们试验的成败与否，关系到我们的试验是否能够取得理想的数据，否则接下来的工作只能是徒劳。

（1）选择试验孔（或墩）。

试验孔的选择主要综合考虑以下条件：

①孔（或墩）计算受力最不利；

②孔（或墩）施工质量较差，缺陷较多或病害较严重；

③孔（或墩）便于搭设脚手架及设置测点或试验时便于加载。

试验孔的选择非常重要，它关系到我们所做的试验是否能够比较准确地反映此部分结构以及整个桥梁结构的性能，需要丰富的现场试验经验。

（2）加载方案的确定。

选好了试验孔之后，要在有限的试验孔上取得有代表性的测试值，必须精心规划加载方案。在满足鉴定桥梁承载力的前提下，加载项目安排应抓住重点，不宜过多。静载试验一般有一两个主要内力控制截面，此外根据桥梁具体情况可设置几个附加内力控制截面。方案中还应根据检查的情况与加载设备的现状确定合适的效率系数。

有时候试验孔不止一个，如何利用有限的设备满足试验各控制截面的测试要求以及如何组织人员高效有序地进行测试工作都是在方案中需要充分考虑的因素。

（3）其他现场配合准备工作。

荷载试验是一个理论与实践相结合的过程，其他涉及的事件方方面面也不少。比如通常布设测点要搭设脚手架，做试验提前要准备荷载车辆，现场要有关部门配合进行交通管制，必要的照明和稳定的仪器工作电源，以及现场工作人员的安全保障与联络设备等。

现场试验内容多而复杂，准备工作尽量考虑周全，才能保证试验能够按照计划有序进行。

2. 测试中应获取的主要数据与测试方法

（1）根据测试目的确定要获取的数据。

桥梁作为一个整体结构物涉及的细节很多，但也不可能面面俱到，我们应根据前期的外观检测以及鉴定工作明确需要测定的部位及需要取得的参数，减少不必要的劳动。

明确目的有利于我们在工作中把握重点，也决定了我们需要取得哪些试验数据，同时也保证关键测试部位数据的可靠度。

（2）通常情况下需要监控的数据。

通常旧桥需要鉴定的主要是上部结构的受力特性，监控试验荷载各工况下控制截面的应力应变就是主要内容；同时一些正常使用状态下的参数如挠度、裂缝宽度等也是旧桥的主要测试内容。

应力应变的测点布设在前面所述方案阶段主要内力控制截面与附加控制截面；同时根据

上部结构的横截面形式在每一个控制截面上又要选取一些有代表的测点，用以反映整个控制截面的受力状况。对于一些特殊结构，如索结构，一般还需要对索力进行检测。

除此之外，还有必要根据实际外观检查发现的一些病害在个别部位进行监测，如支座的沉降、横隔板的错位、剪力缝的开展等。因为有些非主要受力结构或者附属结构的破坏也会对主要结构的测试结果造成较大的影响，同时也可能是主要结构出现受力不利的主要原因。

3. 测试仪器与方法

试验中使用频率较高的仪器有应变仪、挠度计、水准仪、全站仪、百分表等，有时候由于现场条件的限制我们无法直接使用仪器测试出想得到的参数，这就要求测试人员要有一定的经验，采用一定的措施用现有的仪器测出想要的数据。随着科技的不断发展，现在可以使用到试验中的仪器也越来越先进，操作也越来越方便，能准确测试出所要参数的都可以大胆采用。

4. 荷载试验的实施及现场组织安排

现场测试是最后一项工作，也是最关键的一项工作，它是对我们前期准备工作的检验，能否取得准确的数据也与现场试验是否顺利息息相关。

（1）合理的分工。

桥梁试验从空间上和时间上都涉及一定的范围，每个人在测试过程中的任务也非常繁重，这就需要在试验前要精心计划安排，明确每个测试人员各个阶段的任务，做到有条不紊，保证试验按照计划正常进行。

（2）试验流程的控制指挥。

现场试验要有一名经验丰富的指挥人员，其他试验人员要绝对配合指挥人员的工作。指挥人员要求对整个试验的流程非常清楚，并且明确哪一个阶段该做什么，要读取哪些数据；同时要及时根据反馈回来的数据做一些初步判断，不断调整现场试验流程。荷载要严格按照方案中确定的分级加载方式，当未达到控制荷载工况却发现有数据超过正常允许的范围值时，指挥人员应当中止试验过程以保证试验人员的安全。

（3）现场准备工作情况与临时应对措施。

由于公路旧桥因为有很多未知的因素才需要做荷载试验，对现场试验中可能会出现的问题也难以一一作出预测，比如发现加载车辆与方案中要求的有所区别，可以调整车位来满足效率系数的要求。测试过程中试验人员如发现异常情况应及时通知指挥及其他测试人员，作出判断之后再进行后面的工作。

五、动力试验

桥梁检测动载试验是动力测定评价方法的基本测试项目。是为了满足工程应用的需要，应用理论分析与试验测试结合的科学方法解决桥梁振动问题的必要手段，是桥梁检测工作中的重要环节，其对桥梁使用状况和承载力的评价提供了重要的数据参数。桥梁检测中动载试验的内容主要是结构动力特性和动载响应的试验与分析，量测的主要部位是结构动力效应大构件的动应力及动变形的控制截面。一般来说，检测项目主要包括：

桥梁动力特性模态参数测试（频率、振形、阻尼比）；

桥梁动力响应测试（动挠度、动应力、加速度，冲击系数）。

1. 测试仪器

动载试验的测试仪器主要包括测试传感器、信号放大器、光线示波器、磁带记录仪和数字信号处理机。根据仪器的性能和使用传感器的特性，可以选配不同的测试系统。

2. 桥梁动载试验的激振方法

桥梁动载试验的激振方法应根据桥梁的结构形式和刚度，选择效果好、易实施的方法。常用的方法有自振法、共振法和脉动法三种。

3. 动载试验数据分析及评定

桥梁结构的动力特性是与结构的组成形式、刚度、质量分布和材料性质等结构本身的固有性质有关而与荷载等其他条件无关的性质。桥梁的模态参数是整个结构振动系统的基本特性，它是进行结构动力分析所必需的参数，其结果不仅可以用来分析结构动载作用下的受力情况，而且对桥梁承载力状况评定提供重要指标。

（1）固有频率的测定。

对于比较简单的结构，只需结构的一阶频率；对于较复杂的结构动力分析，还应考虑第二、第三及更高阶的频率。桥梁固有频率可以直接通过测试系统实测记录的功率谱图上的峰值、时域历程曲线或其自相关图上确定。由基频还可以推算承重结构的动刚度。

（2）阻尼。

桥梁结构的阻尼特性一般由对数衰减率 δ 或阻尼比 D 来表示，可由时域信号中的振动衰减曲线求得。另外，也可以从功率谱图中，用半功率带宽法来计算阻尼，一般测试系统软件均可完成此类分析。

（3）振型。

一般桥梁结构的基频是动力分析的重要参数。传感器测点的布置根据不同的结构形式，通过理论分析后确定。振型的测定一般采用两种方法：一种是使用多个传感器测定；另一种是使用一个传感器变换位置测量，这种情况下需要一个作用参考点，测试时比较烦琐。在条件使用受限时，一般应采取第一种方法测试。

（4）冲击系数。

桥规中定义冲击系数为冲击力与汽车荷载之比。对于线弹性状态下的结构来说，动荷载产生的荷载效应与静荷载产生的荷载效应之比即为冲击系数。因此，冲击系数的测试通常采用测定结构动应变或动挠度的方法。

测试前，在梁的跨中（或最大变位、应变处）布置电阻应变片式的位移计或应变计，并通过动态应变仪与电脑相接。试验时，由加载车辆以某一速度从测点驶过，记录其输出应变随时间变化的实时信号。一般情况下，应测试记录多种车速下的输出应变结果，以作分析比较。

一般来讲，桥梁在跨径 $L-$（30~70）m 时，车辆与桥梁的自振频率较接近，易产生共振，在单台车作用下的冲击系数特别大；冲击系数随阻尼比的减小而增大，阻尼比越小，冲击系数受桥梁的影响越明显。预应力混凝土梁桥的冲击系数大于同等跨径的钢筋混凝土梁桥，这些在测试中需注意，以便更好地分析冲击系数的测试结果。

事实上，实测汽车冲击系数除了与结构本身有关，还与试验车辆的性质、路面平整度、车速有一定关系。车辆荷载本身是一个带有质量的振动系统，当它在桥上行驶时，与桥产生车、桥耦合振动。由于车辆动力特性的复杂性，以及桥梁阻尼的离散性和桥面不平整的随机性，同一座桥梁多次不同的试验，测得的冲击系数也不尽相同。

结束语： 桥梁检测是一项复杂而细致的工作，不仅要求工作人员有丰富的实际现场经验，而且同时需要坚实的理论基础作为指导。只有把理论和实际充分结合起来，再加上指挥者与各试验人员之间的默契配合，才能做好检测工作并取得满意的数据，也只有这样才有可能做出准确的评估。

参考文献

[1] 中交第一公路勘察设计院. 公路桥梁加固施工技术规范. 北京：人民交通出版社，2008.

[2] 邢世建. 道路与桥梁工程试验检测技术. 重庆：重庆大学出版社，2005.

[3] 杜建华. 公路与桥梁试验检测. 北京：中国电力出版社，2009.

[4] 张宇峰，朱晓文. 桥梁工程试验检测技术手册. 北京：人民交通出版社，2009.

[5] 张舍. 浅谈公路桥梁病害的起因、检测与加固. 安徽建筑工业学院学报（自然科学版），2005.

[6] 宋一凡. 公路桥梁荷载试验与结构评定. 北京：人民交通出版社，2002.

[7] 伍必庆. 道路材料试验——公路与桥梁专业. 北京：人民交通出版社，2002.

[8] 胡钊芳. 公路桥梁荷载试验. 北京：人民交通出版社，2003.

试论教师传道是教学改革的关键

四川交通运输职业学校 雷红梅 朱波潜 刘 斌

摘 要：韩愈的《师说》曰：师者，所以传道授业解惑也。教师，不只是简单的教书匠，还要教授学生为人处世的道理与主动学习的可贵品质。所谓"传道"，是要求教师言传身教，传授知识的同时培养学生的人格品质。对于学生来说，教师的言行是影响到他们健康成长与发展的关键，所以这就要求我们在情感、态度、价值观上对学生进行激励、鼓舞，在平时我们要用自己的良好品质与精神气质去感化学生，逐渐培养学生的独立人格，促使他们形成正确的价值观、世界观。学生是祖国的未来，只有学生有正确的价值观和世界观，祖国的未来才有希望，所以教师传道是教学改革的关键。

关键词：教师传道；教学改革；综合素质

教师传道是教学改革的关键，尤其教师怎样传道，这点上，仁者见仁智者见智。我个人认为，教师作为雕塑孩子心灵的工程师，首先要具备良好的道德标准及心理素质，如果教师自身道德有问题或心理素质不健全，人格有偏移，可想而知，将会给学生心理的健康发展带来直接的负面影响。因此要求我们教师要有良好品质与精神气质，要有正确的价值观和世界观，这样才能培养学生独立的人格并让他们健康的成长。俗话说"名师出高徒"，"水涨船高"。教师要承担重责，顺利地完成传道、授业、解惑的重要任务，勇立时代发展的潮头，就必须竭力提高自己的综合素质，唯有如此，才能高屋建瓴，游刃有余地将学生的素质教育渗透到全部的教育活动中，才能使学生在宽博的训导中潜移默化，在借鉴、模仿、思考中培养高级技术劳动者，也就达到了教学改革的目的。

一名教师应该具备怎样的综合素质才能感染学生呢，我个人认为需要具备三颗心：爱心、耐心和责任心。

教师的爱心既包含对教育事业的执著，又包含着对学生的爱护和关怀。教师的爱心，时时表现为常人无法理解的对学生从心底里深深的理解。教育是心与心的呼应，是爱的共鸣。作为一名教师，要对每一个学生倾注爱心。多欣赏学生，欣赏是一种理解，更是一种激励，一种爱的体现，哪怕是一些微小的进步，也应真诚的、及时地去赞赏他、鼓励他，毕竟，一个学生通过自己的努力，使今天与昨天发生了变化，这就是成长。学生面临的人生道路还很长，他拥有许多时间去发展自己，他的每一个细微的量变都在积累和孕育着一个伟大的质的飞跃，而老师的欣赏和赞许，则是促使学生加速前进的动力。教育战线上的许多优秀教师的经验证明：没有爱，就没有教育。

耐心可以表现为一种怀着期望的等待和引导，一种诚恳的帮助。在工作中可能会遇到各种应激情况，有耐心，才能保持正常的心理状态，才能冷静地处理问题。如果缺乏耐心，恨铁不成钢，简单粗暴，就很难促进学生的转变。耐心不仅体现在对学生的包容和谅解，还体现在平时坚持不懈的指导和帮助。特别是在学习方面，在短时间内，很难使学生的学习产生质的飞跃，再加上我们学校的学生自制力比较差，老师稍一松懈，他们马上放松对自己的要求，学习也又退回到原来的状态。因而老师的耐心，是学生通往知识殿堂的梯子。

责任就是对自己要去做的事情的一种爱。有人说，教书育人是世间一部很大很沉的词典，而"责任"是这部词典里最重的一页。教师是一种特殊的职业，它是项良心活儿，许多工作很难进行准确量化评价。做一名受学生喜爱的教师，爱心是基础，但仅有爱心是不够的，还必须要有高度的工作责任心。责任心是驱使我们干好工作的动力。责任，是一种使命；责任心，是一种使命感，教师的责任心主要体现在教书育人上，体现在教育教学行为的细节上。说到细节，我们学校的教师主要也就体现在对待自己的本职工作的态度和责任上，给学生时刻传达一种负责的态度，以身作则成为学生的好榜样。孔子曰："其身正，不令而行；其身不正，虽令不从"。高职学生正处于热爱模仿、可塑性极强的发展时期，因此教师的行为、外在思想表现、对待事物的看法和态度都将直接影响学生，并在其心灵深处刻下深刻的烙印。因此，只有教师自身职业道德的高标准、严要求，以良好的思想政治品质感染学生，才能使学生养成良好的道德修养，成为高素质的建设人才。那我们教师又怎样做，才能给学生传达这种态度呢？就是要求我们教师立足本岗，第一，要求我们了解本岗。作为我们学校的教师，每一个人都有属于自己的岗位，若想在本岗位上有作为，那么首先要了解本岗位，对本岗位要有一个明确的分析和细化。这个时候需要大家要有庖丁解牛的境界。第二，要我们制定岗位的标准。我们去做每一件事情的时候，心理都有一个预期的结果，而每个人和每个人所预期的又不完全一样，那么就会导致同一件事情不同的人去做，会出现不同的结果。为了让我们的工作的效率更高，竞争力更强，那么就需要知道岗位标准。让每一个工作都有章可循，有法可依。第三，要求我们有专注的精神。世上无难事，只怕有心人。一旦我们确定了自己的目标，心中有了预期的结果，那么就要塌下心来把本职工作做好，一定要有咬定青山不放松的韧劲，也要有不达目的据不罢休的精神。第四，要求我们有坚持的精神。"不积跬步，无以至千里；不积小流，无以成江河。"每当我们在本职岗位上默默无闻又没有做出成绩的时候，要告诉自己，坚持就是胜利；每当我们在本职岗位上做出一定成绩的时候要告诫自己，这只是万里长征第一步，后面的路要继续坚持走下去，并且要走得更好。第五，要求我们有征服的精神，剑锋所指，所向披靡。总之就是要求我们教师：给一岗、爱一岗、敬一岗、钻一岗、精一岗。不管给了什么任务，都要把它征服，即使其中有很多的艰难险阻，都要想尽各种办法，要求我们有"螺丝钉"的精神，只有教师这样做了，我们的学生才能感受得到，也就能时时刻刻给学生传达负责任的态度，让学生知道什么事情都是要有责任心的，只有人人有了责任心，那我们的教学改革就成功了。"国家兴亡，匹夫有责"，应该把"匹夫有责"改成"我的责任"。现今社会，真的"匹夫有责"就等于大家无责，如果我们时刻抱着"国家兴亡，我的责任"的态度去工作，去教育和感染我们的学生，那我们的下一代就一样有很强的责任感，不要说我们的教学改革成功了，就是我们的国家也会步入新的辉煌。总之，只要每位教师能够有爱心、耐心，责任心去面对工作，面对学生，就没有过不去的关，没有解决不了的问题，也就真正做到把这个"道"传给学生了。

　　当然传道不仅表现在老师的"三颗心"，还应把这个"道"落到实处，"德、智、体、美、劳"中我们把道体现在德育上，那就要求我们把德育落到实处的同时，还需要我们教师以身作则，对学生要进行言传身教。一个学校的学生，如果学识不过关是"次品"，技能不过关是"废品"，德育不过关则是"危险品"。面对当今高校学生道德素质急剧滑坡的现状，加强高校学生德育建设工作已经迫在眉睫，高职学生德育教育应当放在优先于智育教育发展的平台上来对待。因为，"法止于已然，而德止于未然"。

　　现在，通过全国教育教学评估活动可以发现各个高校普遍能够做到紧紧围绕教育教学为中心开展各种活动。但是，主抓教学的同时，教育工作也应当常抓不懈。

　　当代学生对于偶像的崇拜近乎疯狂，他们不仅趋之若鹜、想方设法地去接近偶像，而且亦步亦趋的去模仿他们的穿衣打扮、一言一行，偶像就是他们理想中的自己。那么，一名好教师就是距离学生最近的偶像。"学高为师，身正为范"，一名好老师不仅课讲的精彩，德行更是令人景仰。正如民间俗语所说："戏唱的好不用维持秩序。"一名好老师不仅用精彩的课堂教学吸引学生，更是以高尚的人格魅力去征服学生的心。所以，学校应该多注重教师的性格。通过对各个学校教师的走访、调查发现性格好的老师往往比性格内向的老师课堂气氛活跃，学生也更喜欢与这样的教师深入交流。课上的耳濡目染，课下的促膝谈心，使学生无形当中就把这样的老师当作了自己崇敬的偶像，德育工作悄无声息地起到了作用，"道"也就传下去了，教学改革也就成功了。

　　教育工作是一项系统工程，它需要各种知识和因素的融合才能结出硕果。高职教育对专业课教师的一种特殊要求是"双师型"教师，这就要求高职教师不仅必须具备良好品质与精神气质，要有正确的价值观和世界观，综合素质要高而外；同时还要像工程技术人员那样，有广博的专业基础知识、熟练的专业实践技能以及指导学生创业的能力和素质。高职教师只有终身为此探索，不断地提高自身素质，才能真真正正的把这个"道"传下去。只有这样教学改革才能成功，这是一个艰苦的过程，需要每一名教师终身为之奋斗。

参考文献

[1]　姜大源. 职业教育学研究新论. 北京：教育科学出版社，2005.
[2]　李向东，卢双盈. 职业教育学新编. 北京：高等教育出版社，2005.

浅谈如何提高中职学生的学习兴趣

四川交通职业技术学校 陈 瑶 罗洋斐斐

摘 要：当前，我国的中职学校学生总体素质不高，在教学中发现学生的学习兴趣普遍不浓厚，积极性不高。本文从如何提高中职生的学习兴趣，改进教学的方法，提高学生的素质方面进行浅析。

关键词：提高；中职学生；学习兴趣

随着经济的发展，教育规模的扩大，职业教育的规模也日益扩大，招收的学生越来越多。我国职业技术教育经过近些年的探索和发展，取得了很大的成绩。但我们也应该清醒的认识到，随着总体招生人数的日益增多，中职学校规模逐渐扩大，问题暴露得也很明显：中职生多数是未能考上高中的落榜生，他们大多数基础较差，知识结构不完整，对学习毫无兴趣，是被个别老师"遗忘的角落"，有的是老师眼中的"另类"，有的成为"不学无术"的代名词，同时部分学生在心理上存在一定的缺陷。

笔者作为中职教师，在教学中也经常思考一个问题：这些学生真是"朽木不可雕"吗？在与不同的学生交流以及总结多年的教学经验，笔者发现如果我们从思想上改变对中职生的习惯思维，理解并尊重学生，改变教学的方式方法，挖掘学生自主学习的潜力并多结合实际，培养实际动手能力，使他们能学到一技之长，成为对社会有用的人才。

一、正确自我认识，重拾人生信心

中职学生是一个特殊的群体，由于成绩不理想，长期承受老师、家长的过多指责和同学们的歧视，有些学生来自单亲家庭或生活贫困家庭，缺乏真诚的关爱，又加之当前严峻的升学和就业形势，导致多数人认为上中职学校没有发展前途。因此，严重的自卑感与强烈的自尊心交织，反抗性强，对学校、对社会充满冷漠、恐惧和仇视。

我们应当在学生入学后，加强思想开导和教育工作。学校的学生科、教务科以及班主任老师都应该首先扭转自己的态度，摆正自己的角色，提高自身的素质，要善于进行思想工作。其次，也是最重要的，要让学生认识自我，找准位置。苏霍姆林斯基说过："教学的效果在很大程度上取决于学生的内在心理状态如何，情绪高昂，则效果倍增；情绪低落，则效果微小。"再次，设立励志教育课程。不是每一个对人类发展作出过伟大贡献的人都是经过高等教育培养，因此提升学生的自信心，能够让学生明确自己的发展目标，积极为自己的人生进行规划，从而提高学习兴趣，完成教学任务。

二、转变管理理念，实现自我管理

心理学认为：进入中职阶段的学生虽然情绪不稳定，心理不太成熟，但相对于初中生，已经具备了一定的自控能力，同时相对于普通高中生更具有鲜明的个性特征。学生的思想较为活跃，但容易受其他同伴的影响，可塑性大。因此我们在实际教学中，应该对学生管理采取更加灵活的方式，而不是一味采用"高压"政策、"军事化"管理，这样只会激起学生更大的逆反心理，反而为我们的教学带来更大的困难。笔者认为应该提倡权变式的管理理念，即学生管理工作宜在学校学生科的指导下，以班主任为调节的，以学生自我管理为中心的管理模式，达到管理与被管理统一。在国外的教育中，实际已经出现这种现代化模式的学生管理方式，它实际摆脱了传统的管理与被管理的对立，学生往往处于"被动"的现象，让学生既学到知识又学到如何"做人"，同时也能成为老师的好帮手。

同时，笔者认为应该充分利用寝室或班级领导者的影响和带头作用。在同一个寝室或班级中，都会存在着一个特别有影响力或者说话特别有威信的人，此人有可能是室长或是班长，也可能是具有较好高品格、较好的才能学识或是较高的号召能力的其他同学。他在日常的学习生活中所表现出来的品格、才能、学识、情感等对其他同学产生的一种非权力的影响。寝室里的人因为在一起生活而导致同寝室的人很容易受领导者的影响而从事此人所安排的事或是以此人为榜样而在有意无意之间模仿此人。据调查，有97.6％的寝室室友相处得挺好，可以看出大多数同寝同学都相处较好，所以同寝同学之间相互影响的可能性较高；同时同班同学中的相互影响作用也不可忽视。因而，可利用同寝或同班级之间的影响和被影响关系来提高学生的学习兴趣。

三、抓住兴趣特点，改进教学方式

中职生对事物的感知往往是凭直觉上的好恶，而不是经过理性的分析。如果课堂上光讲纯理论的东西，对于基础知识较差的大部分中职生，肯定兴趣索然。即使教师再三强调其内容十分重要，关键之处音高八度，也无济于事，结果一堂课下来，虽千辛万苦，收效甚少。在课堂上抓住学生的兴趣特点，他们常常对新颖的东西、变化的东西、相互矛盾的东西感兴趣，对笑话、幽默故事感兴趣，对美的东西感兴趣，对竞赛和游戏等感兴趣。因而教师教学时应以培养学生的学习兴趣为核心，从课堂教学的内容上、形式上抓住学生的兴趣点，吸引学生，提高课堂教学效果。

笔者认为应从三个方面来改变这种现状：一是筛选教材。虽说我们的教材都是依据国家标准选择的，但作为一名优秀的中职教师，应该要具备全新的课程意识，针对学生实际情况的不同，结合与学生沟通交流的结果，有目的性、选择性的进行调整。以培养学生素质，和适应未来工作与继续学习的知识为必选科目；以专业相关和职业能力有联系的内容为选修科目；以拓展视野和启发思维的内容为任选科目。二是合理分配教学时间。研究表明，随着上课时间的延续，学生的心理活动也在精力集中和疲劳涣散之间呈波动曲线。因此应根据波动的曲线选择有利的时机进行教学任务。三是提高学习的策略。如何学习，如何会学习，这就是学生学会学习的核心问题。学习不在于时间长短，而是在于学习的效率。很多同学花费了大把时间，但成绩不理想；有同学看视几乎没怎么学习，但学习的效果很明显。作为老师，我们在教学中应注意帮助学生找到正确的学习方法，提高学生学习质量，帮助他们能有效的应用各种学习策略。

四、应用多媒体教学，提倡自主学习

对于中职教学而言，现代化信息技术媒体的融入，恰当应用信息技术和课程的整合有利于发挥学生的主动性和创造性，激发学生的学习兴趣。一是利用多媒体创设的教学情境，可是使抽象的教学内容具体化。比如，动画模拟能彻底改变传统教学中的凭空想象、似有非有、难以理解之苦，还能化被动为主动，产生特有的教学效果。二是应用多媒体，创设问题情境，激发学生的兴趣和求知欲。三是加大课容量。比如，传统教学中，教师将大把的时间都花在写板书上，而学生又把大把时间花在抄板书上，加之板书的内容过多，难以理解，学生抓不住重点，更不利于老师的课堂组织。

相比传统式的"被动教学"、"填鸭式"教学模式，自主学习模式是对学习有自我认识意识，学生能够根据自身实际情况来设定学习任务。中职老师作为学生的引导者，应该帮助学生认识到学习的重要性。首先，教师应该设置创新教学课堂内容，让学生对教学内容能都真正的理解；其次，应根据不同学生的不同特点，设置不同的教学方案和目标；再次，教师应该重视课堂氛围对学生的影响，多采用情境模式，鼓励学生的创新意识，能做到主动发现问题，通过共同讨论、探索，解决问题。

五、重视实践能力，强调过程考核

中职生大多数基础较差，对理论课缺乏兴趣，但是他们大都动手能力较强。因此，笔者认为我们在教学过程中，应扬长避短，拉近书本与现实的距离，在正式学习与非正式学习之间建立起多样的联系，上好操作课目，让学生尽早接触专业知识。比如：可以少进行专业课的室内教学，将学生带到现实工作中去，现场进行讲解，一是利于培养学生的兴趣，有助于他们主动问，主动学；二是现场看到的东西，再与理论结合，让学生印象更加深刻；三是，让他们提早接触日后自己的工作，更利用学生心理的成熟。

对于学生的考核，传统的教育理念中，历来都是一张"成绩单"所决定。对于中职学生来说，这过于简单，并不能准确地反映出他们所掌握的技能情况，从某种意义上来说，这种考试是十分片面的，同时也是不科学的。因此，笔者认为，我们应该更加强调平时过程中的考核，以平时为主，最后进行总评。这就要求我们的教师，在平时教学过程中，就应该细化教学目标，多提出作业设计，并帮助学生努力去完成作业设计，及时纠正问题，对每位学生的作业进行公开点评，指出优点和不足，这样也能促使学生之间相互学习，取长补短。同时更能正确地去引导学生认识到，平时的过程学习远远重于最后的考试，才能更多的学到知识，而不是学到分数。

结束语：中职教育不是速成班，它的重点是培养有素质、有竞争力、有继续学习能力的应用型专业技能人才。作为一线的教育工作者，我们首先要在思想上和行动上给予我们的学生更多的尊重，要因材施教，要注重学习兴趣的培养，要重视对学生的鼓励，再配以正确的教学方法。只有这样，我们才能改变目前中职教育的被动局面，为社会培养出有用的人才。

参考文献

[1] 王 艳, 张 信, 万林战, 屠琼芳, 华 章. 发挥高校学生社团作用 提高大学生的文化素质. 教学探索, 2011 (03).

[2] 杨玉玲. 中职生心理健康教育特点研究与对策. 西部大开发 (中旬刊), 2009 (10).

[3] 孙常强. 中等职业学校学生心理健康教育的思考. 科教文汇, 2007 (02).

[4] 郑 仲. 激发中职生学习兴趣的主要策略 新课程学习, 2011 (4).

[5] 盛文方. 培养中职生学习兴趣的思考和实践. 中文信息, 2013 (11).

[6] 卢晓静. 浅谈中职生学习兴趣培养策略. 中等职业教育, 2008 (27).

[7] 崔恩来. 探究自主学习在提升中职生学习兴趣中的作用. 新校园 (上旬刊), 2013 (6).

[8] 李有梅. 利用多媒进行教学培养中职生学习兴趣. 内江科技, 2012 (6).

[9] 李 伟. 漫谈中职生学习兴趣的培养. 中国科教创新导刊, 2010 (27).

浅析如何提高中职学生的语言表达能力

四川交通运输职业学校　伏玲暇

摘　要：中职教学对中职人才的培养，重点不是管理理论方向人才，而是实践操作方向人才的培养。中职教学以就业为导向，以企业发展需求为方向，以增强学生的就业竞争力为目的。学生走向社会，除了要有丰富的知识储备，熟练的操作技能，良好的语言表达也是增加竞争力的重要因素。本文就以目前中职学生在语言表达方面存在的一些问题进行分析，并根据在中职教学工作中累积的经验，提出一些提高中职学生的表达能力的方法。

关键词：中职教学；提高；语言表达能力

众所周知，口语表达是人们交流信息、技术传播、表达自我、推销自我的一种工具，更是这些面临就业压力的中职学生不可或缺的一种能力。走入企业的第一关就是面试，面试实际上就是一次面对面的交流，过程中的语言谈吐是能否成功的重要影响因素之一。近年来学校的就业数据统计显示，我校学生在第一次尝试后就顺利就业的概率不到50％，而失败的原因不是没有就业机会，多数学生都是因为面试时表达的困扰而戛然止步。因此，面对残酷的社会现实，中职生在就业时的自我推销及口语表达上就必须更加鲜明突出。

在教学中，我观察到影响学生良好表达的主要因素有以下几个方面：

（1）基础薄弱，认知水平不高导致"不会表达"。

中职学生从认知水平上来说，他们的心理规律是逐渐由依赖转向独立，学习方法由模仿转向领悟，思维方式由形象转向抽象。部分学生受生活环境和教育环境的限制，知识累积量达不到良好表达的需求或认知水平不够，不能正确理解词语、语句的意思，以致语序颠倒、词不达意、误用滥用等；还有一些学生很喜欢表达，但是经常语句绵长，说不到重点，无意之间就跑偏了，不能吸引听者的兴趣，出现"冷场"的现象。

（2）性格内向、自卑导致"不敢表达"。

中职学生大多数的初中成绩不太理想，受学校和老师的差别对待、家庭的特别要求，会不自信，常因为过分担心而缺乏决断力，对新环境的适应不够灵活，往往会出现自我评价偏低，有怕交往、怕讲话的封闭心理。还有一部分学生因为家庭不和睦、自身残缺等原因，心理发展不平衡，也会导致性格内向、心理脆弱敏感、自卑等。

（3）对课堂话题不感兴趣"不愿表达"。

部分教师在课堂教学中提出的都是一些理论性较强的问题，没有考虑学生的能力、兴趣爱好、生活习惯，没有充分调动学生的学习积极性，让学生产生厌恶的情绪而不愿开口说话，久而久之就形成不良循环，在需要表达的场所就变得胆怯、害羞、神态扭捏、脸色通红。

那么，如何才能在平时的学习生活中帮助学生培养自己的表达能力呢？

（1）生动的课堂氛围。大家都有体会，生动的课堂氛围能带动课堂积极性，学生听课也能投入。尤其是对中职学生这一特殊群体，学生基础薄弱，学习积极性不高，但是他们往往对自己感兴趣或者好奇的事物充满好奇心，也能激起他们学习的欲望。知识是口才能力表达的基础，学好了知识也就为沟通交流建立了桥梁。要想营造生动的课堂氛围就要多讲一些学生感兴趣的话题，比如当前社会热门话题及新闻等，这些东西是学生在学校不易接触到的，往往能调动起他们的好奇心。

（2）培养中职学生的自信心。中职学生大多是因为学习不好被逼无奈之下才进入这一群体，目的就是为了能学得一技之长，以便将来能获得一份好的工作。他们大多数由于以前不受同学和老师关注而变得不自信、被孤立，大多数时候不爱说话，因此提高他们的自信心是很有必要的。教师可以在课堂上抽一点时间和大家分享一下生活中的感受，然后让一位同学起来发表自己的观点及感受，甚至他们可以发表自己对生活的一些看法，培养他们敢说、敢表达的能力，长久下去，他们的语言表达能力自然能得到提升。

（3）有针对性地教学。现在大多数中职教师素质参差不齐，也有许多是刚从大学毕业的应届生，在教学方式上只能做到照本宣科，仅从理论方面做到一点传递，但这些对中职学生就业的帮助是很小的。教师在教学上要有针对性地培养他们的综合能力，才能应对当今残酷的就业压力。因此中职教师在授课上要多元化，授课点要从一个点自然引申到另一个教学点，既不脱离教学大纲，也能培养他们思考问题的能力。同时让他们有意识的接触一些语言文学方面的东西，对他们的语言表达能力的培养也是一种催化剂，在讲授教学理论知识的同时应着重提高学生的语言表达能力及沟通交际能力，为以后的发展奠定坚实的基础。

（4）鼓励学生多参加活动。学校就像一个小社会，学校组织的各类活动对于学生在各方面能力的提高都有较大的益处，尤其是活动中接触各类人群对于他们沟通表达的能力会有较大提升。但是由于信息化的普及，大多中职学生都沉迷于网络，他们不愿参加相关活动，因此教师在讲课过程中要鼓励他们多参加一些集体活动，让他们明白这些活动对他们的帮助有多大；同时老师可以定期组织大家去郊游、聚会等一些集体项目，这样既能促进大家多沟通交流，又能让他们接触到更多的新鲜事物，培养广泛的兴趣爱好。

（5）提高学生自主学习能力和兴趣。要提高学生的语言表达能力，就要提高学生的主动学习能力。教师要引导学生主动学习，帮助他们形成以能力发展为目的的学习方式，鼓励学生多参加各类活动发展综合语言技能。当学生的好奇心被激发时，就会产生内在动机，只有学生感兴趣的东西，学生才会积极地开动脑筋认真思考，没有兴趣就没有求知欲。因此，在教学中，要想方设法培养学生"说"的兴趣。例如：每次课前五分钟让一位学生讲他感兴趣的故事、新闻等或将自己的一些见解提出来让学生分享，甚至可以发表他对某一件事情的看法。只要引起了他们的学习兴趣，让学生体会到成功的快乐，他们就会自愿地去学习。

（6）多与学生沟通交流。大多数中职学生初中毕业后就直接进入职业学校，在他们眼中，老师是很崇高的，同时也会让他们感到有距离感，他们怕与老师沟通交流。这时候老师就要起到带头作用，主动关心他们的生活、学习，拉近与他们之间的距离，让他们感觉到老师的亲和力。这样教师在讲课时才不会让学生感觉到有压力，所教授的知识也更容易被接受。从另一方面讲，沟通交流是一门开放的学问，需要相互之间更加自由从容的说话做事，因此师生之间相互沟通交流就为彼此之间建立了一个良好的沟通环境，对他们综合能力的提高自然起到了推波助澜的作用。

（7）注重情感培养。情感是一种很微妙的东西，也能产生很奇妙的效果，往往师生关系融洽的班集体更能凝聚成一个整体，也更能发挥出更大的力量。现在许多中职教师只是一味讲课，认为除讲课之外的其他事情都与自己无关，这种观念其实是大错特错的。老师要起到带头作用，多与学生交流，谈一些生活中的琐事甚至开下玩笑等拉近与学生的距离，老师不仅是教书育人的导师，更是学生生活上的朋友。当学生与老师的关系好了，自己的知识也能更有效的传递给学生。同时，学生都爱被老师关注，多花点时间在学生身上，建立良好的情感对于建立他们的自信心也大有裨益。

（8）"问题式"教学模式。当然，对大多数职业学校的专业老师来说，平时与学生沟通交流的时间毕竟多集中在课堂上，这时候老师就要采用"问题式"教学模式引导学生多说话、多表达。教学时，老师要根据教学大纲设置一些有针对性、开放性的问题让同学之间互相讨论，且尽可能地让大家都提出自己的见解并一一解答。这样的培养模式既能培养学生发散思维的能力，又能锻炼他们敢说敢做的作风。当然设置的问题难易要适中，太难会让他们有抵触情绪，会让大家觉得不敢发言，太简单会让他们觉得缺乏挑战，缺乏趣味。长久下去，学生们敢说了、勇于表现自己了，沟通表达能力自然就能得到提高。

结束语： 作为一名教书育人的教师，自身能力的提升也是很有必要的，要通过自身的魅力让学生感觉到知识的重要性，沟通表达能力的重要性。语言表达能力的培养是一个漫长的过程，需要同学们保持耐心，也为以后在工作生活中更好发展奠定坚实的基础。

参考文献

［1］ 孙晓利. 浅谈如何提高中职学生口语表达能力. 成功（教育），2011（18）.
［2］ 周小山，严先元. 新课程的教学设计思路与教学模式. 成都：四川大学出版社，2002.

情感因素对中职学生的教育影响

四川交通运输职业学校 梁杨令霄

摘 要： 随着教育改革不断与时代发展相适应，受教育者的非智力因素越来越受到重视。培养与发展非智力因素与传统教育有很大的不同，需要融入教育者的真实情感。因此面对中职学生相对严重的心理、情感等问题，中职教师如何利用情感因素对他们进行教育成了中职学校教育改革中最核心的问题。

关键词： 中职学生；情感教育；教学有效性

当前，社会对人才的综合素质的要求不断提高，而毕业生的就业与社会需求之间的矛盾也日益突出。在古代，国人对成才的理解一直都是状元及第、金榜题名，因此有着"万般皆下品，唯有读书高"的说法。现在，很多父母也把"高考—进大学—体面的工作"这条路线看做成才的唯一途径。而对我们中职学校的学生来说，情况较之不同：中职学生普遍文化基础较差，失去了高考进大学的机会，父母传统的"望子成龙，望女成凤"的希望基本破灭；再者，长期以来社会上大多数人对中职学生也普遍存在轻视，认为他们今后从事的多是不甚体面的体力劳动。这些都导致了中职学生相对普通中学学生，心理、情感及精神方面的问题较为复杂。因此，我们中职教师在关注学生学习成绩的同时，更应该关注学生各方面的发展，尤其要注重"人本教育"。关注学生情感的发展，重视师生之间、学生之间以及学生与社会之间的情感交往，强调学生发展自我价值。我们中职教师应把情感教育放到与传授知识同等的位置，甚至高于传授知识，在日常教学中，要加强树立学生的自尊心、自信心，努力提高学生的综合素质。"师者，传道、授业、解惑也"，《师说》里的这一名句，韩愈先生也是把传道放在前，授业排在后。这样，才能真正实现中职学校的教育改革。

一、注重情感因素教育的意义

1. 社会需要什么样的人才

随着社会逐步向高精尖的发展，越来越多的项目需要团队合作来完成，而团队合作最核心理念是"1+1＞2"，即一个人与另一个人合作大于两个人的力量。"三个臭皮匠赛过诸葛亮"也体现了古代团队合作的智慧。而这些不但要求学生具备相当的知识储备，更需要学生能够真诚、愉快地与人合作，能够运用创造性思维去发现问题，解决问题，能勇敢的肩负责任。现实生活中，很多人把"沟通"等同于"说话"，"勇敢"等同于"兄弟义气"。研究调查证明，很多与人有沟通交流障碍的成年人，在其幼年时期，都因在家庭或学校发生的"琐事"形成"阴影"，一直伴随影响着一生。而这些"琐事"可能是父母的一次拌嘴，老师的一次当众批评；而在少年时期结伙成伴欺大压小的人，多是家庭不甚美满，学校内得不到老师和同学的认同和关心的学生。以上的问题就要求教师重在塑造学生的健全的人格，培养健康的心理，指导学生形成正确的人生观、世界观、价值观，让学生体会到人性的关爱，懂得爱这个世界。甚至社会上有着这样的说法，与其给社会培养一个"混蛋"，还不如培养一个"笨蛋"——高知识、高学历、高能力的人如不懂得爱，那么他一旦危害社会，他的破坏能力远远大于一个什么都不会的"笨蛋"。

2. 情感教育对学生学习的促进

在国际化教育改革进行中，问得最多的问题是：什么样的教学才是最有效的？而要回答这个问题，我们就必须对师生关系的类型进行分析，这主要有：对立型、依赖型、民主型、自由放任型。研究证明，只有在民主型的师生关系下，教学工作才能有显著的成效。民主型师生关系表现如下：

师生相互态度方面：教师对学生严格要求，热情、和蔼、公正，尊重学生，发扬教学民主；学生尊重老师，接受指导，主动自觉进行学习。

师生感情关系方面：情绪热烈、和谐，课堂气氛活跃；师生在课堂合作状态：师生之间呈现积极的双向的交流，学生积极思考，提出问题、各抒己见；教师认真引导。

当师生之间呈现有效的双向沟通时，学生才能接收到教师传授的知识。即：首先要学生对教师的言行举止，思想观念表示认同，只有让他们从心理上肯定了这个老师，他们才能不与老师"唱反调"，接受老师给他们的建议和教授的知识。例如，去年我带的新生班上里有一名同学，上课时总在影响课堂纪律，我多次眼神警告，匿名批评总是不奏效。后来我课下找这名同学谈话，我只字不提他影响课堂纪律的事，而从他的生活琐事开始攀谈，像朋友一样关心他，慢慢他向我敞开心扉，在之后的课堂上，他再没影响过课堂纪律。

二、如何运用情感因素进行教育

1. 教育的秘诀是爱

印度的一位哲人曾经说过，这个世界上有三种人，一念向善，功德无量；一念向恶，万劫不复。而这三种人分别是：国王、医生和教师。国王统治一国，他的一个决定影响着全国上下所有百姓；医生更是一念之差，可以救死扶伤，也可以谋财害命；而教师在三尺讲台上不仅仅是传递给学生知识，更是在帮助学生思想塑形，塑造学生的人生观、世界观和价值观。现在的中职学生，大多十六七岁，心智还不够成熟，思想比较单纯。他们多数离开父母独自求学，往往以成年人自居，不愿意有人干涉他们的事。对他们认可的"朋友"，他们可以倾其所有，全意帮助，甚至与社会道德和法制相左。而对他们不认可的人，他们就犹如一个炮仗，一点就爆，在伤害别人的同时，自己也体无完肤。针对中职学生的这些特点，我们中职教师应该循循善诱，不急不躁，从一些小事入手，从生活上关心他们，在思想上与他们像朋友一般交流，让他们感受到老师的关爱，成为他们信赖的朋友，成为他们的心灵导师。

2. 没有尊重就没有教育

教师和家长喜欢帮学生做选择，告诉学生他们认为对的，而没有站在学生的角度考虑他们需要什么，他们想要什么，没有真正地理解学生，尊重学生的感受。但是如此呵护却只能培养出温室的花朵，经不起人生的大风大浪，遇到挫折很容易一蹶不振，甚至走上极端。正如平静的湖面只能映出呆板的倒影，奔腾的流水才能激起阵阵浪花，生命之舟只有放行与逆流才能驶入成功的港湾。因此我们要尊重学生的选择，不搞"一刀切"，通过言语引导、平等对话、分享心得体会等方式，慢慢让他们的人生向正确的方向发展。

对处于 15～18 岁心理"危险"期的中职学生而言，我认为很适用于我们在驾校学习开车的理论。为了学生今后在社会能有生存和生活的能力，教育者应该把人生的"方向盘"交到学生手里，让他们自己掌控人生的方向，让他们在"驾驶员"的位置上看到前面的路况，是大路笔直，是山路崎岖，还是沟壑纵横？无论是哪种路况，让他们自己手握方向盘前进，而我们，请在"副驾驶"位上（驾校副驾驶车位下有刹车踏板）帮他们盯着前路，在悬崖处，踩下刹车；在岔路口，指明方向；在急弯处，微调方向；在车水马龙处，耐心安抚。这样学生感受到我们对他们的尊重和信任，有利于形成民主和睦的师生关系，更使得学生在今后的生活与工作中能游刃有余，遇事不骄不躁，能从容应对。

3. 帮助学生找出学习成就感

韩寒曾写过这样的话：数学学到初二就够了，对于百分之八十的人来说，高中的数学的学习完全是为了四五年以后完全地忘记，平常人根本用不到高等数学。这句话的对错我们不做探究，但是他确实影响了很多人对数学的看法，从中也不难看出韩寒的数学成绩应该不是太好。写文章给少年时期的韩寒带了很多成就感，因此他也更专注于此，连续出书，名利双收。人们总是在自己擅长的领域投入更多，成就感能激励人们更加专注。同样在学校里，擅长哪门学科的同学，总是爱上那门课。因此，教师在课堂上要帮助学生找出学习的成就感，在我的英语课堂上，我总是以日常生活中的英语实例做引导。比如在讲交通出行的内容时，我就放一段公交车上的英语，展示几张中英文路牌的照片，并让同学课后收集他们找到的资料，可以是一个公司中英文名、一个地铁站的中英文名，然后在课堂上一起分享、体会。让他们感到英语离他们很近，鼓励他们多看、多听、多说。让他们慢慢看懂了身边的英语，有了小小的成就感，他们对英语学习就慢慢有了兴趣。

教是为了不教。这句话看似矛盾，其实不然。拿到"驾照"的人总要独立开车上路，教练不可能一直跟着。同样学生也会进入社会，在复杂的社会中，他们也要不断的学习，而这种学习与学校的学习有很大的区别。没有了教科书，也没有人来督促，很多事情的解决需要学生调动身边的资源：或虚心请教，或齐力探讨，或参观访问……不再是学校里老师教授的学习，而是化被动为主动的学习，需要时时刻刻与人沟通交流。因此，我们教师对学生的教育应该注重其"人本教育"，强调交往，强调发展自我价值，更要强调情感的发展，使学生学会学习，学会认知，学会生存。

参考文献

[1] 李小融. 教育心理学新编. 成都：四川教育出版社，2010.

[2] 傅道春. 教育学——情境与原理. 北京：教育科学出版社，2008.

[3] 张 斌，武彩红，周红蕾，卓国荣. 重视情感教育在高职院校中的作用. 职业技术，2010（（04）：4—8.

[4] 唐俊琳. 人的全面发展与情感教育. 南昌高专学报，2010（01）：5—8.

[5] 王润玲. 运用情感教育激发英语学习兴趣. 教育实践与研究，2005（10）：4—8.

[6] 阎广芬. 情感教育的典范——陶行知［J］. 河北大学学报（哲学社会科学版），1998（04）：4—12.

[7] 林均芬. 英语教学中的情感教育［J］. 胜利油田师范专科学校学报，2002（02）：4—8.

浅议中职"市场营销学"课程教学中存在的问题及改革策略

四川交通运输职业学校　　王利蓉

摘　要： 大家都知道，中职学生学习的主要目的是为了掌握技能以便更好地就业，因此，如何提高其就业率，培养学生的基础工作能力，是课堂教学的重点。中职市场营销学的教学，重点在于培养学生基本的营销观念，以及运用基础营销知识的能力，形成学生求职和基本工作中所需的工作能力，提高学生的营销素质和水平，且相较于高等学校的学生而言，中职学生的基础知识水平较差、学习习惯不良，因而教学方式也应不同。本文重点分析，在中职市场营销学课程教学中存在的问题，针对这些问题以及教学目的提出相应的整改策略。

关键词： 中职市场营销；课程教学；改革策略

在进行市场营销学课程的教学中，教师应根据学生的具体情况，实施有针对性的教学方案。在中职学生市场营销教学中，尤其应根据中职学生的特点，明确教学中存在的问题，根据存在的问题提出教学改革措施，以提高教师教学质量水平和学生学习效果。

一、当前中职市场营销学教学中存在的问题

当前经济社会不断进步发展，在这个整体发展的大环境下，市场经济也在多种冲击作用下不断变化发展，为了更好地迎合市场经济的发展，市场营销这一专业也应运而生。如何培养更多优秀的市场营销类人才，对于市场经济发展具有相当重要的作用。为了更好地促进学生就业，越来越多中职院校开设了市场营销学这一课程，目的是为了将学生培养成一个知识专业，同时兼具熟练市场运作的技能型方面的人才。市场营销作为许多职业学校广泛开设的一门课程，在教学中仍然存在不少问题：

1. 学生学习基础差，学习习惯不良，学习兴趣不浓

中职学生相较于高职以及专科、本科级院校学生而言，其自身的学习基础差、学习积极性不高，很多学生都是在家长和老师的压力下被动学习，多数学生在上课时并未专心学习，不能达到课堂教学的要求。因学生的学习基础差，且老师在讲课时，并未重视学生的学习效率，长此以往，教与学之间不能实现共通，学生不愿意听课，老师讲课无奈应付，不能达到教学的真正目的。

2. 教学注重理论，脱离实践

大家都知道，市场营销学这门课程需要与实践紧密结合，且在实际的市场营销活动中也存在着许多问题，由于市场环境在不断地变化，我们采取的应对策略也不能千篇一律，这就要求市场营销学的教学不能照搬书本上的经验，而应注重从实践出发，具体问题具体分析，

让学生活学活用。然而在目前中职院校中，许多任课教师都是从事理论方面的工作，缺乏市场营销活动的实践，因而在其任教中多注重理论教学，脱离了实践。

3. 教学内容固定陈旧，教学方法传统僵化，缺乏创新

当前，很多中职院校的教材内容陈旧，不能适应现代市场营销活动的发展，市场瞬息万变，学生需要学习新的理论、新的方法。但老师在教授学生时，一味按照教科书教授，缺乏与学生之间的互动，课堂教学气氛沉闷，教学方式固化，老师教学质量差，学生学习效果差。

在这样一系列问题之下，如何有效提高中职市场营销学课程教学的质量，是广大任课老师们共同思考的问题。在课程教学中，打破传统固化的教学方式，充分调动课堂气氛，实现老师与学生之间良性互动，调动学生的学习兴趣，培养学生的实践能力，提高教学的质量，成为了我们亟待解决的问题。

二、中职市场营销学教学方法的运用

1. 运用多媒体教学手段，采用通俗易懂的教学语言，激发学生的学习兴趣

多媒体教学主要是采用信息技术，集合文字、视频、图像以及声音等媒体为一体，创造一个教学适合的环境，可有效做到图文并茂、声像结合。采用多媒体实施教学，改变了传统的老师仅以单纯的黑板文字的课堂教学方式，将声音、图像等内容融入到课程教学中，通过播放一些视频资料，在激发学生学习兴趣的同时，提高学生的学习质量。例如，市场营销中商品流通这一过程中，单独一个概念性东西，学生较难把握准确的东西，可以在学生对概念性东西理解的基础上，同时播放相关视频内容，让学生通过图像声音形成具象的感知，使其更好的理解明白市场营销这一活动，方便学生在之后的经济活动中，更好理解如何进行市场操作，提高其技能。实施视频教学，加深学生的印象，有利于学生更好掌握教课内容。在单纯文字口头讲解一些推销内容时，因书面内容过于空洞，较为艰涩难懂，可通过一些著名的销售专家，如马云等销售精英的视频资料辅助学生理解，学生可形象的接触这些知识以及内容，同时也可进行学生之间的相互点评，彼此碰撞思想进行交流，活跃课堂气氛。在具体的中职学生教课中，教师可先在学生能集中注意力的 15min 内讲解一些专业的营销方面的知识，在学生注意力开始分散后，可采用视频教学，激发学生的学习兴趣，调动课堂的学习气氛。在采用多媒体进行教学中，应该注意：第一，教师应精心准确课程教学的内容；第二，明确教学目标提高教学质量，必须紧紧围绕教学目标以及具体教学内容，而选择适合的多媒体形式。在课堂教学中，要将老师点评与视频内容紧密结合，让学生在看的同时，提高其对营销学方面知识的认知。市场营销学，与我们的生活息息相关。在当前的商业活动中，各种促销手段、品牌包装、定价策略、营销环境等均与我们生活紧密相连，且各种商业活动也集中体现市场营销学。在教授中职营销学课程时，应尽量避免采用过于专业的专业语言，这样并不利于那些基础不良的中职学生的学习，甚至对产生学生反感学习情况。因此，在对学生进行课程讲解时，应尽量采用通俗易懂的语言，方便学生理解。例如，在讲述关于价格波动的影响因素时，一同学说道，之前他买的玩具挺便宜的，但随着销售量的提高，这件玩具一下子翻了一倍，引导学生思考，是什么因素的影响作用下，价格上涨。继续引导学生思考，

如何在价格上涨的同时，获得更多的客户。上述学生的回答容易被理解，老师应给予学生鼓励，增强学生对具体情况的认知。

2. 改变传统的教学模式，发挥学生在学习中的主导作用，增强师生互动

传统的教学方法中，一般是老师单纯讲，学生单纯接受，实施一种类似灌注的教学方法。这种教学方法固化，老师只关注自己的讲，忽视学生的学习情况，不能达到理想的教学效果。尤其教授的学生是中职学生，他们一般集中注意力听讲的时间为 15min。因此，教师应改变传统的教学方法，在教学中充分调动学生的学习积极性，提高课堂教学的教学质量水平。在教学中，实施以学生为课堂教学主体，老师为辅的教学方法。老师针对本堂课程的主要内容，给学生布置任务，学生自发的组织小组，合作完成任务。在小组学习中，教师先告知学生具体的课程内容，让学生有个全面的了解，之后告知学生所需完成的任务情况。老师与学生之间达成共识，彼此理解，才能更好进行学习。每个小组学习研讨后，将结果归纳总结，由代表上讲台进行讲解。在讲解过程中，若存在不懂或疑问，老师可给予适当的更正，帮助学生自主进行学习。例如，课程内容为市场定位，老师可先告知市场环境在企业发展的条件，以及如何做好自身发展，在学生对大环境有所了解的基础上，让学生根据自我理解，总结出市场定位的涵义，以及市场定位在市场营销学的作用。在学生自我领悟理解基础上，老师归纳总结学生们的讨论结果，并给予学生的学习成果进行鼓励肯定，提高学生学习的成就感，激发学生的学习兴趣，有利于学生相互学习的协作精神，充分发挥学习中学习的主体性，有助于提高教学质量水平。

3. 采用多种实践性的教学方法

市场营销作为一门实践性很强的课程，教师在其讲授的同时，不能单靠理论的讲授，这样既不利于学生的理解和学习，同时也不能培养和提高学生的实践能力，教师在教学中应采用多种实践性的教学方法。一是案例教学法，市场营销的知识很多与我们的现实生活紧密相连，教师在讲课中可以结合生活中的实际案例进行讲授，这样既便于学生理解，同时又能增强学生分析实际问题的能力，比如在讲商品定义的时候，我们可以拿出身边的一些物品、劳动产品、商品先让学生自己来判断，通过学生判断后再给出商品的定义，这样学生就更容易理解和记住商品的定义了。二是角色扮演法，为了增强学生的学习兴趣，结合课程的内容，可以运用角色扮演法。例如在讲到推销的时候，可以让学生分别扮演推销者和顾客，通过这样的一个角色扮演，既让学生清楚了推销的过程，同时也锻炼了学生的口才和胆量。三是任务教学法，在市场营销的教学中，为了增强学生的实际动手能力，我们还可以运用任务教学法，比如在讲到市场调研的时候，我们可以把学生分成不同的小组，每组自己设计调查问卷，根据自己的调查问卷完成调查，通过这样的一个任务教学，一方面让学生了解了市场调研的相关内容，另一方面又让学生锻炼了自己的动手能力。四是模拟教学法，在市场营销的教学中，为了更好地让学生理解所学知识，我们还可以采用模拟教学法。比如在讲到市场细分和目标市场时，为了让学生清楚什么是市场细分以及如何选择目标市场，我们可以把整个班级模拟成一个市场，所有的学生是这个市场上的消费者，然后根据这些消费者的不同需求分成不同的细分市场，再在这些细分市场中选择出自己的目标市场。

4. 加强校企合作，采用"请进来"和"走出去"相结合

市场营销具有很强的实践性和时代性，为了培养出市场和企业需要的人才，在进行市场营销教学的同时，还应加强同企业的联系与合作。只有深入企业，了解企业市场营销岗位所需的技能，才能有针对性的培养学生，也才能使培养出的学生适应企业和市场的需要。在市场营销的教学中，我们可以邀请一些比较有市场经验的企业人员到学校进行讲课或讲座，将他们在一线的最新行业动态和市场营销知识传播给学生，使学生能了解到最新的动态和知识，而不是一味学习课本的陈旧内容；同时，教师和学生应深入到企业实践，只有通过实践，才能使学到的知识发挥出真正的效用。通过这样的"请进来"和"走出去"相结合的方式，不断提高教师和学生的实践能力。

结束语：在进行中职市场营销学课程教学中，如果仅按照传统的教学方法对学生实施教学，不能有效实现教学的目的，甚至可能导致学生出现片面厌学的情绪。针对教学中学生存在的具体问题，任课教师应该采取有效的措施进行适当改进，有针对性地实施教学改革。老师在进行具体教学时，要根据中职学生的特点，通过多种方法，提高学生的学习兴趣，让学生摆脱传统枯燥无味的学习方式，在提高学习效率的同时，享受到更多学习的乐趣，同时提高其自身的职业修养水平，有利于未来的就业。

参考文献

[1]　张莉莎. 浅谈案例教学法在中职"市场营销学"课程教学中的运用. 华人时刊（下旬刊），2012，37（4）：127—128.

[2]　齐玉芳. 中职市场营销学的教学启发. 现代企业教育，2013，91（6）：346—347.

[3]　陈瑞锦. 浅谈项目教学法在中职学校"市场营销学"中的应用. 课程教学研究，2013，61（17）：612—613.

[4]　李慧娟. 中职学校市场营销课程教学. 河南科技：上半月，2011，31（6）：123—124.

[5]　孟炯辉. 中职市场营销课程教学方法探析. 河南科技学院学报（社会科学版），2010，13（10）：611—612.

[6]　张燕璇. 创业导向视野下中职"市场营销学"实践教学模式研究［J］. 中国科教创新导刊，2013，43（8）：156—157.

浅谈中职汽修专业学生职业能力培养策略

四川交通运输职业学校　黄　敏

摘　要：随着汽车工业的发展，汽车产业已经成为我国国民经济的支柱产业，尤其21世纪以来汽车进入高速发展，现代汽车的电子技术、计算机技术、新设计及制造工艺、新材料技术飞速发展，汽车正在逐步进入智能化高级控制阶段。中等职业学校的汽车运用与维修专业势必要培养与之相适应的技能型人才，才能够跟上目前汽车后市场发展。

关键词：汽车维修；职业能力；培养

通过对成都部分汽车维修企业的调查和近几年我校汽车专业毕业学生就业情况分析来看，我们发现一些在礼仪方面有较好的修养，对汽车文化、基础知识、安全生产等方面有扎实基础的学生很容易被用人单位接受和重用。这一现象引起了我们的深思。

一、目前我国汽车售后行从业人员的现状

（1）从业人员思想素质、技术素质不高，大量未经任何培训或学习的人员从事汽修技术工作。

（2）部分从业人员即使接受职业教育但缺少相应的操作技能，也没有掌握相应的理论知识，难以达到企业用人要求。

（3）职业学校的办学规模、培养内容、培养方法等与中职人才培养目标不相适应。

二、中职汽修专业学生职业能力培养的目标

（1）培养学生良好的思想品质和职业道德，增强学生的工作责任心、社会责任感，增强劳动观念，促进良好的职业情感和职业道德的形成、发展和固化。

（2）让学生具有从事就业岗位必需的基础能力。要求学生在校期间接受系统的、正规的专业技术和技能训练并达到相当的熟练程度。

（3）提高学生解决维修生产中实际问题的能力。学生有一定的的专业知识、实用技术和操作技能，能分析和解决一些实际问题。

（4）培养学生的适应能力，让学生在自己所学习的专业环境下，提升自己的环境适应能力。

（5）让学生在学习的过程中，学会如何交往、如何协调、如何表达、如何灵活的完成自己工作的能力。

三、我校中职汽修专业学生职业能力培养的主要策略

1．培养中等职业学校汽车维修专业学生从业信念

选择中等职业学校的学生理论学习能力相对较差，年龄相对大专、本科学生较小，在初中学习上经受了挫败，甚至有的学生的家庭教育方式欠妥又受社会不良风气的影响，学生的厌学情绪浓、责任感不强、逆反心理重、易偏执、是非观念淡漠。学生入校后加强期思想教育，正确地进行行为引导，建立学习的信心和从业信念。

2．培养学生从业的职业道德

通过职业道德、汽车新三包法等法律法规教学，帮助学员树立正确的政治方向，树立正确的世界观、人生观、价值观，形成良好的思想政治素质和道德品质。

3．培养学生商务礼仪

通过对汽车商务礼仪的培训，让学生的一举一动、站立的姿势、走路的步态、说话的声音、对人的态度、面部表情等都能够反映出他的美。而这种美又恰恰是一个人的内在品质、知识能力、修养等方面的真实外露。学习商务礼仪让学生做到：自然、文明、稳重、美观、大方、优雅、敬人的原则。

4．培养学生基本职业素养和基础维修能力

在学校理论实践一体化的学习站教学过程中始终贯穿5S管理的教育，充分理解并做到整理（SEIRI）、整顿（SEITON）、清扫（SEISO）、清洁（SEIKETSU）、素养（SHITSUKE）五常法则（整理：将工作场所任何东西区分为有必要的与不必要的；把必要的东西与不必要的东西明确地、严格地区分开来；不必要的东西要尽快处理掉。整顿：对整理之后留在现场的必要的物品分门别类放置，排列整齐，明确数量，并进行有效地标识。清扫：将工作场所清扫干净，保持工作场所干净、亮丽的环境。清洁：将上面的3S实施的做法制度化、规范化，并贯彻执行及维持结果。素养：培养每位成员养成良好的习惯，并遵守规则做事。开展5S容易，但长时间的维持必须靠素养的提升）。

基础课程教学中培养学生具有从事就业岗位必需的基础能力包括：

（1）计算机基础与应用：握计算机的基本知识和操作方法，具备继续学习和使用微机的基本能力。

（2）汽车材料：学习汽车维修常用的金属材料和非金属材料以及汽车运行材料的性能与使用等有关知识。要求掌握常用材料的牌号及其使用性能，掌握材料合理选择和正确使用的基本知识。

（3）汽车电工电子基础：掌握直流电路的基本知识；掌握半导体晶体管的工作原理和作用，初步具有分析汽车简单线路以及排除线路简单故障的能力；了解逻辑控制电路和微机控制的原理及其在汽车上的应用。

（4）汽车专业维修工具、量具、设备使用能力；维修技术资料查找、整理和运用的能力。

5．培养学生汽车维修专业技能

（1）理论知识方面。包括以下几方面：

①汽车发动机构造与维修：学习发动机的基本结构和相关工作原理、汽车维修的基本理论和发动机保养维修的有关知识。使学生掌握发动机两大机构，五大系统知识、总成和部件的功用、结构与基本工作原理，掌握汽车零部件耗损、检验、修复的基本理论。初步具有发动机零件耗损分析，发动机维修、发动机故障诊断与排除的能力。

②汽车底盘构造与维修：学习汽车底盘的结构与工作原理、底盘维护与修理的有关知识。使学员掌握底盘各系统、总成和部件的功用、结构与基本工作原理。初步具有底盘拆装、底盘零件损耗分析、底盘维修、底盘故障诊断与排除的能力。

③汽车电气设备构造与维修：学习汽车电气设备的构造、工作原理及其使用、维护与修理的有关理论知识。使学员掌握电气设备的功用、结构和基本工作原理；掌握电气设备的使用、维护与修理的知识。初步具有汽车电气设备拆装与维修、故障诊断与排除的能力。

（2）实训知识方面。包括以下方面：

①汽车拆装实训：了解汽车的总体布置、各系统的组成与功用、主要总成之间和总成内部主要机件之间的装配关系，加深对汽车的总体认识；了解有关的技术条件和标准；掌握汽车拆装的顺序；初步具有汽车解体、总成解体、总成装配、汽车总装的能力，正确使用拆装工具的能力。

②汽车发动机维修实训：掌握发动机各总成和部件的基本构造；掌握发动机故障诊断与排除的基本方法；掌握发动机主要零部件的检验与修理工艺和方法；掌握发动机的装配、维修与调整的工艺和方法，初步具有发动机维修、故障诊断与排除的能力。

③汽车底盘维修实训：掌握底盘各总成的基本构造；掌握底盘各总成及主要零部件的检验与修理工艺和方法；掌握底盘的故障诊断与排除的基本方法；掌握底盘的维修、装配与调整工艺和方法，初步具有底盘维修、故障诊断与排除的能力。

④汽车电气设备维修实训：掌握电工操作的基本技能；掌握汽车电气设备的构造、故障诊断与排除的基本方法；掌握电气设备的维护与修理工艺和方法，初步具有电气设备维修和故障排除的能力。

我校结合教改实际，将以上理论及实训课程分成 11 个教学模块，进行理论实践一体化教学，同时整个过程中贯穿五常法则养成；贯穿汽车专业维修工具、量具、设备使用能力培养、维修技术资料查找整理和运用能力的培养。

6. 坚持特色教育

我校在立足中职汽修专业学生职业能力培养现状基础上，敢于创新，建立了一套符合汽车市场机制的职业能力培养新模式。

（1）捕捉市场，建立职业能力供需关系。每一季度，汽车科的领导就会到各个汽车 4S 站以及市场上的汽车维修快修店进行市场调研，了解目前汽车行业人才需求的类型，以便适时调整学生职业能力培训方向。同时我们学校也和部分企业建立校企合作机制，便于中职汽车学生职业能力的培训，让学生学习到的知识可以在以后工作中能够快速的运用起来，避免学生学习后不能快速地融入自己的职业生涯中。

（2）特色教育，建立职业能力定点培训。学校要生存，需要有自己的特色；学生要发展，要有自己的特点；教育要进步，要有自己的特点。我们学校充分利用与企业合作的资源，定点的培训学生职业能力，并建立单独的定单培养班，便于学生更好，更快的学习到汽车相关知识，提升学生汽车专业技能知识。

（3）实现小组教学。我们学校建立有一支高素质教师团队，不断提升教师的综合职业素质与实践教学能力，努力培养基础扎实、教学实践能力突出的专业带头人和教学骨干。他们对上课班级的学生采用一个老师带动一个或两个学习小组学习模式，让学生乐于学习，爱学习。

结束语：通过中职汽修专业学生职业能力培养培训后，将会改变传统的汽车维修及管理模式，更能够很好地适应整个汽车市场的需要。

参考文献

［1］　郑鹤松. 中职汽修专业学生技能培养策略. 职业，2009（12）.

［2］　黄　斌. 中职汽修专业学生技能培养的探索实践. 职业教育研究，2013（8）.

"V"字形法则的量化及教学实践

四川交通运输职业学校　胡　婷

摘　要："V"字形法则是构造地质学中最重要法则之一，是地质填图必须掌握的基础知识。在以往的教材中该法则仅是定性的，随意性较大，本文从定量的角度进行阐述、讲解，并通过 AutoCAD 进行实践教学。

关键词："V"字形法则；量化 AutoCAD

一、引言

"V"字形法则是地质工作者判读地质图的基本技能之一。在地质填图中，勾绘地质界线（断层）是最基本的工作之一，地质工作者只要确定地质界线上的两点，就可以依据"V"字形法则，在地形图上大致勾画出两点间的出露界线。在以往的教学中，"V"字形法则只是一个宏观的表述，地质界线受产状、地形的影响程度以及出露曲线的弯曲程度主要靠经验确定，主观因素影响较大。

二、"V"字形法则的基本方法

"V"字形法则揭示了地质界线与地形等高线的关系规律，地质界线的出露形态取决于地形与产状的关系。在教学过程中，为了形象直观、深入浅出，引入了平剖面联合图示法，可以帮助学生更好地记忆、理解、运用"V"字形法则。其内容如下：

（1）"相反相同"：岩层倾向与地面坡向相反，露头线与地形等高线呈相同方向弯曲，但露头线的弯曲度总比等高线的弯曲度要小。"V"字形露头线的尖端在沟谷处指向上游，在山脊处指向下坡（见图1）。

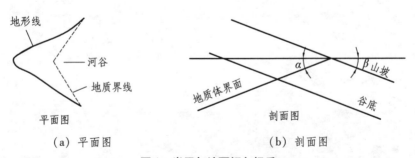

|（a）平面图|（b）剖面图|

图1　岩层与地面倾向相反

（2）"相同相反"：岩层倾向与地面坡向相同，岩层的倾角大于地形坡角，露头线与地形等高线呈相反方向弯曲。"V"字形露头线的尖端在沟谷处指向下游，在山脊处指向上坡（见图2）。

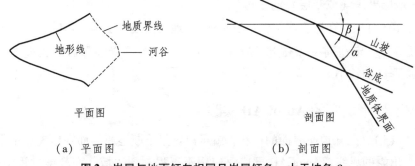

（a）平面图　　　　　　　　　　（b）剖面图

图2　岩层与地面倾向相同且岩层倾角 α 大于坡角 β

（3）"相同小相同"：岩层倾向与地面坡向相同，岩层倾角小于地形坡角，露头线与地形等高线呈相同方向弯曲，但露头线的弯曲度总是大于等高线的弯曲度。"V"字形露头线的尖端在沟谷处指向上游，在山脊处指向下坡（见图3）。

（a）平面图　　　　　　　　　　（b）剖面图

图3　岩层与地面倾向相同且岩层倾角 α 小于坡角 β

"V"字形法适用于大部分的平整构造面，但在下面两种情况下不能应用：一是岩层的走向与沟谷延伸方向平行时，上述规则不适用；二是中小比例地质图反映不明显，因此很少用"V"字形法则来分析。

三、"V"字形法则的量化指标

地形图是以垂直投影即"压平法"勾绘出地形等高线，根据走向定义得出。在地形地质图上，地质界线（断层）的出露线与同一等高线的交点的连线即是地质界线（断层）在该地段该标高的平均走向线。因此，地质界线（断层）的出露线与相同等高线所有的交点的连线为一直线，即这一标高的走向线；同理，其他标高的走向线应与这一标高的走向线是一组平行直线。

根据地形图投影的原理和产状的定义可知，在地形地质图上，地质界线（断层）在地表的出露界线任意一点都对应着地质界线空间上实际露头线上的一点，即地层界线（断层）在地表的出露线是其倾斜面在不同地段、不同标高的垂直截距（或水平相对截距）的反映（见图4）。在平面地质图上地层界线（或断层）在地表的出露线主要与不同高程走向线之间的水平距离 S 有关，水平距离仅与地质界线（或断层）的倾角和地形图等高距两个要素有关。

据此我们即可得到"V"字形法则的量化指标：

$$S = H\tan\alpha \tag{1}$$

式中　S——地层界线（或断层）在不同高程的走向线之间的水平距离。

　　　H——地形图等高距。

α——地层界线（或断层）的倾角

由公式（1）可知，在地质图上，当 α ＝90°，地质界线不受地形影响，为一条直线；当 α ＝0°，地质界线一定在同一标高上；当 α ＜45°，地质界线受地形影响较大；当 α ＞45°，地质界线受地形影响较小。

四、"V"字形法则的 AutoCAD 实践

根据公式（1），已知地质界面的产状，就可以定量推断地质界面在地表的出露位置或在地形地质图上出露的界线。AutoCAD 已广泛应用于工程制图领域，在教学过程中引入 AutoCAD，对"V"字形法则量化进行实践教学，不仅可以加深学生对"V"字形法则量化指标记忆和理解，而且可大大提高学生地质填图准确性和效率。步骤如下：

（1）已知观察点 A 为某岩层的顶板（或断层）出露点，并测得该点的高程为 880m，岩层（或断裂）产状要素为走向 N30°E，倾向 SE，倾角 35°（见图 5）。

（2）地形图的等高距 H＝10m，利用式（1）可以得到 S＝14m。

（3）通过点 A 引一条走向线（方向为 N30°E）。

（4）借助 AutoCAD 中的偏移功能，在这条引线两侧偏移多条引线，偏移距离为 14m。

（5）这些引线与不同的等高线相交，得到一系列交点（见图 5）。

（6）连接这些交点，即可得到所需要的地质界线（或断层）的出露线。

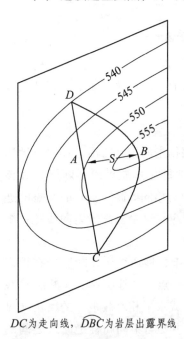

DC 为走向线，DBC 为岩层出露界线

图 4　基准走向线示意图

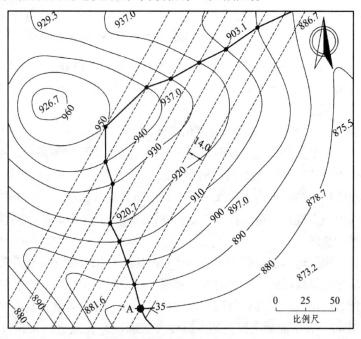

图 5　倾斜岩层出露界线推算示意图

五、结论

（1）通过"V"字形法则的定量化指标，地质人员可以准确地推断地质体在地表的出露点，提高了填图效率，并为 AutoCAD 作图提供了方法和依据。

（2）利用 AutoCAD 的偏移功能找出地质界线（或断层）在等高线上的交点，连接这些交点，即可得到所需要的地层界线（或断层）的推测出露线。此法简单易行，且误差小。

（3）通过"V"字形法则的定量化方法，在实践中有较好的应用价值，构造地质学的教学过程中对其进行推广是十分必要的。

参考文献

［1］ 徐开礼，朱志澄. 构造地质学. 北京：地质出版社，1989：15—17.

［2］ 李俊杰，王梅英. 构造地质学中"V"字形法则教学方法的探讨. 产业与科技论坛. 2012，11（2）：209—210.

［3］ 郭淑芳，李景春. "V"字形法则量化研究及其地质意义. 黄金 2002，11：10—11.

［4］ 崔小东. "V"字形法则量化指标及其应用. 水力发电，2008，11：39—40.

［5］ 雷武明. "V"字形法则的图示和定量. 河北冶金. 1987，3：39—42.

"电力电子技术"教学改革探讨

陈勃西

摘　要：随着时代的发展和社会的进步，我国电气工程及其自动化专业发展迅速，出现了越来越多的新技术和新手段。在这种背景下，就出现了一门新兴学科，也就是本文所讲的电力电子技术。"电力电子技术"是电气类和机电类的核心课程，随着技术的不断发展，其教学过程也需要不断改革。本文根据电力电子技术的课程特点，提出了一系列有别于传统教学方式的改革方案，对于提高学生综合素质有重要意义。

关键词：电力电子技术；教学改革

"电力电子技术"起源于20世纪，是由电子学、电力学和控制学三门学科汇聚而成。随着时代的发展，所涉及的学科范围也越来越广。它不仅用于一般工业，也广泛应用于交通、通信、电力、新能源、汽车、家电等各个领域。因此，"电力电子技术"课程在培养电气类和机电类专业人才中占有重要地位。由于各种新型电力电子器件的不断涌现，原有教学内容和教学模式已不能适应电子科技的发展。为达到预期的教学效果，我们必须对该课程的教学内容、教学方法和教学手段等进行改革。

一、优化教学内容

教学内容和课程体系的改革是教学改革的重点和难点。随着电力电子技术的发展，各种新型的电力电子器件不断涌现，该课程的教学内容也在不断增加和不断更新。但教学有其自身的规律，作为理论基础的基本内容不可能删减，而新知识又不断地涌现，学时又不能增加。为解决这个矛盾，我们根据电气、自动化类专业人才培养要求，及时修订教学大纲；同时按课程内容的系统性要求，合理取舍，加强对电力电子新型器件，如GTO、GTR、MOSFET、IGBT以及基本电力电子电路的分析学习，并补充一些反映本学科最新发展的内容，去除部分过时的内容。此外，注意做好与先修课程和后续课程的衔接，例如：在介绍晶闸管直流电动机系统时只需讲解在整流和逆变电路中电动机的工作情况，而直流可逆调速系统部分的内容则可以放在后续课程"电力拖动自动控制系统"中，避免在教学内容上的重复和疏漏。这样既保证了专业课程内容的系统性，又能跟踪新技术的发展。

二、灵活教学手段

"电力电子技术"课程的主要内容包括：电力电子器件的基本工作原理、特性分析、参数计算以及电力电子变换电路换流的物理过程、波形分析、电量之间的数量关系、设计计算等，其课堂教学的最大特点就是电路图和波形图较多。如何在课时有限而教学内容又在不断增加的情况下，对各种变换电路的工作过程给予形象的表示，使学生能感性地理解课堂教学内容，这就要求我们在教学方法和手段上突破创新。

与传统的教学手段（粉笔、投影、幻灯）相比，多媒体手段给教学活动注入了新的生机，使传统的课堂教学变得多姿多彩。随着信息技术的发展，出现了多种计算机辅助教学的软件如 Powerpoint、Authorware、Flash 等。它们具有强大的功能、友好的界面、生动有趣的动画、悦耳的声音等，将其引入教学过程，作为辅助教学手段，可使抽象的内容形象化，弥补了传统教学方式在直观性、立体感及动态效果方面的不足，为教学手段的更新提供了很好的平台。我们使用多种软件开发设计了电力电子技术辅助教学软件，在学生面前呈现出生动形象的图形或图片，将那些抽象的、难以理解的教学内容以视频和音频的形式表现出来，充分刺激学生的感官，增加他们的想象力，达到了增强学生学习兴趣，改善教学效果的目的。

也可以采用师生互换讲课，这样不仅锻炼学生的讲话能力，也锻炼学生的新旧课程思维逻辑能力；既能活跃课堂气氛，也能使学生新旧知识衔接纯熟。讲课中可以允许学生随时提出疑问，不要要求学生讲课时必须保持安静；也可以告知学生如有疑问课下联系老师进行解答。

三、改革教学方法

基础课程教学中应视专业不同而相应地调整在教学课程中教学学时的安排，尽量做到有的放矢。如自动化专业的高数课中应增加复变函数的课程，因为不仅"电力电子技术"，还有自动化专业的很多专业课程会应用到这些知识，如自动控制原理、高频电子线路等。

在"电力电子技术"的教学过程中，应考虑到学生的数学基础较为薄弱，在完成课堂教学的过程中，涉及数学分析时，首先应削弱纯粹的理论推导和证明的数学部分，以减少分析量，实在无法避免时应主动在课前加以复习以便学生接受和理解。在涉及较复杂的数学计算时，可以尽量简化计算步骤，也可以先理清计算思路，让学生知道如何计算，待完成课堂后告诉学生计算过程中要掌握好哪些知识，以便学生自行查找验算。

总之，就是以学生理解解题思路，如何画好、分析波形为目的，这是重点；如何验证计算方法，理论推导证明等，这是次要的，可以学生课后作业自行查找，并在下次课堂时检查。这就是取重避轻教学方法。

四、加强实验实践环节

调整实验内容，保证实验的代表性和方向性。实验内容首先要考虑理论教学的知识难点和重点，以利于学生对基本理论，基本原理的掌握；其次要对原有的实验内容进行筛选，补充，综合，减少验证性实验。过去的实验设备只能对半控器件晶闸管的变换电路进行验证，不能代表电力电子技术的最新内容。需要添置先进的实验设备，满足实验教学大纲和课程发展要求，为学生创造一个良好的实验教学环境，在实验内容的选取上着力改革传统的单一验证性实验，增设综合性、设计性实验，更多地将工程技术、工程概念渗透到实验内容中，既兼顾基础又增加代表电力电子最新发展的新型器件的部分内容。通过开设实验，强化学生的工程技术理念，使学生对各种功率变换电路特别是现代电力电子器件有更深入的了解。

　　结束语： "电力电子技术"课程改革和建设是一项长期而艰巨的任务，是一个与时俱进的过程，不可能一劳永逸，需要注重强电与弱电结合，使学生毕业后有很强的适应性，真正培养出综合素质高的人才。根据学科发展要求，随着实践经验的积累，结合教育管理的客观规律，还需要不断地进行探索和研究。

参考文献

［1］　王兆安，黄俊. 电力电子技术. 北京：机械工业出版社，2002.
［2］　陈　坚. 电力电子学. 北京：高等教育出版社，2002.

三位一体进行组合体视图教学探讨

四川交通运输职业学校 方 琳

摘 要：三位一体进行组合体视图教学的模式大胆地提出：在完成基本几何体的三视图教学后，随即超常规地完成轴测图和模型切制的教学。在进行读画组合体视图的教学中，将三种基本技能有机地结合起来，同时应用于组合体视图的教学中。使学生能借助于三种基本技能的扶持，从而较顺利地掌握组合体视图的读画技能，同时也强化了学生对三种基本技能的实际应用能力，较好地完成组合体教学的目标。

Abstract：three-in-one combination view teaching model proposed in three views：the completion of the basic geometry teaching, then the ultra conventional completion of axonometric drawing and model making teaching. In reading picture view of teaching, the three basic skills organically, and applied to teaching in the view of the assembly. Enable the students to use in the three basic skills of support, which are successfully master the combinatorial body view reading and painting skills, but also to strengthen the practical ability of the students of the three basic skills, better to complete the combination of teaching objectives.

关键词：三位一体；组合体；三视图；轴测图；模型；教学

"机械制图"是中职机械类专业必不可少的专业基础课。机械制图课的专业素质主要表现在：一方面培养学生的观察能力，通过对立体几何模型的观察及空间思维的想象能力，让学生读懂图样，即达到初步的识读图样能力；另一方面，通过理论知识的学习让学生具备绘制相关要求的图样的实际技能，以达到培养应用型中等专业技术人才的目的。"机械制图"教学中的重难点内容——组合体视图，是培养三维空间与二维平面联系思维能力的关键，对完成识图与绘图上起着决定成败的作用。在进行组合体视图的教学中，常会遇到因学生缺乏空间形象思维能力和一些非智力因素的影响，导致学生在学习中产生畏难而退却。这是在传统按部就班的教学模式很难解决的问题。为攻下组合体视图教学这个在整个制图教学中的制高点。在多年的教学实践中探索的三位一体教学模式起到了较好的效果。

一、何谓三位一体教学模式

在机械制图教学中，"三位"指读画三视图、轴测图和模型切制三种机械制图的基本技能。三位一体教学模式，即将三种机械制图基本技能同时融汇于相应的教学中。由于三视图是组合体各个面投影的真实反映，轴测图对组合体整体的形象反映，再加上立体的、看得见摸得着的模型，适应学生认知物体在不同表达状态下的客观反映及各种表达思维进程之间的联系，无形之中为学生学习组合体视图搭上了几个台阶和聘请了一些助手。在三位一体的教学中，大量的学生自己动手操作，让对学习和理解能力较弱的学生通过动手和实体形象的一次次感官刺激，有助于对组合体视图的理解。这样培养了学生的观察能力，也为学生思维能力的发展打下基础。学生通过视觉及动手表象系统的激发，在满足个人需要的前提下修正了学生的学习动机，尤其是提高了创设"问题情境"的动机。再通过动手的成果展现进行学习结果的反馈，让学生及时了解自己学习的程度，激发学习的自信心和学习兴趣，从而达到较好完成组合体视图的学习目标，提高机械制图的基本技能。

二、我的三位一体课堂教学实践

我在课堂教学中的具体做法如下：（1）给出本次课的目标，提出学生应解决的问题，交代针对性练习及要求。如在识读组合视图第一次课就提出：本章的任务是完成三视图到实体形的转换，完成任务的过程是先由物到图再由图到物。第一次课的目标是完成先由物到图的的第一步，即按给定的模型找到正确的三视图。学生要弄清模型上的每一个结构与三视图上的具体线面对应关系，并演示模型的变化，对应三视图的变化。

（2）指出分析解决问题的方法。由于基本体的不同组合，才构成了千变万化的物体。组合体是由两个或两个以上的基本体构成的，其组合形式主要有叠加和切割，而常见的是这两种形式的综合。要达到本次课目标的解决方法是找准物体各结构在各视图上线面对应的投影关系，难点及关键点是分清结构。

（3）进行学生的练习。首先让学生仔细观察模型，分析模型的结构特点，并把模型的结构、形状抽象为基本组合体；再分析各部分之间的组合形式和相互位置关系。根据所指定模型组合（或切割）变化，自行找出与模形对应的三视图。在此基础上提高学生的练习难度，再将模型换成轴测图，由轴测图找对应的三视图。这样增加学生形象思维的储备。为空间想象能力的发展打下基础。在课堂教学中学生做练习时，大多数情况允许学生讨论、咨询、自行切制模型并允许有不同的操作法。在学生进行切制模型及绘图操作时，教师巡视了解学生动手能力及物图和图物转换情况，对个别学生进行指导、提示、进行相互对比和纠正发现的错误；同时进行了"自纠""互纠""师纠"。"自纠"即由自己找原因，"互纠"指同学们相互找原因，"师纠"即由老师找原因。另外，树立榜样，让同学们切制模型及绘制的图样和精致的模型及优秀图样作对比、讨论。这样同学们就能找出差距，而做得好的同学可以树立信心，做得不好的因有榜样的作用，可以得到激励，有助于全班整体绘图水平的提高。但注意在纠正错误的同时多发现学生的助学亮点并加以表扬。

（4）总结规归纳。在学生基本完成操作和练习的基础上，教师根据练习情况有的放矢地指导学生总结规律、方法、知识点、注意点。如组合体形体分析法识读三视图的规律为对投影、分线框、想形体、辨位置、综合起来想整体。做到精讲多练。

三、三位一体进行组合体视图教学的基础

为有效实施三位一体组合体视图的教学，教师在进行组合体视图教学的前期要做好下列基础工作：

（1）让学生具有扎实的基本几何体三视图的基础知识和基本技能。扎实的基本几何体三

视图读画的基础知识，正是"机械制图"教学最基本的要素。从基本的平面体：棱锥、棱台、棱柱，到基本曲面体：圆柱、圆锥、圆台、球，教学中借助于相应的模型，完成教学并不困难，重在通过三位一体的课堂教学形式，让学生在深入理解三视图投影规律的基础上，熟练、正确地绘制出不同尺寸的各种基本几何体，打下扎实的读画基本几何体三视图基本功。

（2）提前进行轴测图的教学。在学生掌握基本几何体的三视图后，可以立即进行轴测图及画法的教学。主要是简单基本几何体的轴测图所画几何体应处于最简单的位置。让学生对要求绘制的基本几何体的轴测图能达到熟练绘制的程度。

（3）提前进行切制模型的操作练习。在掌握基本几何体的三视图后，也可以立即进行切制模型的教学。切制模型的材料可以用一次性的，如肥皂、泡沫、花泥、萝卜等，但最好用可以供课堂上重复使用的可塑性材料，如橡皮泥等。切制模型的教学中注意在学生自己尝试操作的基础上，指导学生分析、对比、总结，让学生学会寻找规律，掌握技巧。具体可以是：先根据总长、总宽、总高切制出长方体，再在长方体的正面、上面、和侧面相应画出三视图的主视图、俯视图和左视图；然后根据先外后内、先侧后平的顺序切割；最后核查无误后即告成功。通过以上教学能有效缩短图物转化的过程，使学生平面与空间联系的难点得到突破。

教学中将必做与选做相结合，增强学生的自主意识，让每一个学生都能成功，每一个学生都学有余地。使学生的成就感和探索欲得到释放，从而有效地调动学生的学习热情，提高其自觉学习的能力。

结束语：在机械制图教学中，通过三位一体组合体视图教学的训练不但能较顺利地完成组合体视图的教学目标，而且是提高学生学习主观愿望，增强自信力和意志力的较好方法。但三位一体组合体视图教学的效果还受诸多相关因素的牵制，如教师自身素质、教学相关材料、练习的选择及数量的控制、学生学习习惯、教学氛围等。总之，三位一体的教学实践还有待进一步探索完善，以使机械制图的教学更高效、更有利于新时代创新意识和实践能力的人才培养。

参考文献

[1] 戈夫曼. 日常生活中的自我呈现. 冯钢，译. 北京：北京大学出版社，2008.
[2] 周明星. 创新教育与挫折教育. 北京：北京人事出版社，1999.
[3] 王道俊，王汉澜. 教育学. 北京：北京教育出版社，1999.
[4] 徐长江. 教师情绪规则的质性研究. 教师教育研究，2013.
[5] 韩宜中. 高职学生个性化学习训练实证研究. 职业技术教育，2013：54—61.

浅析中职学校汽车整车配件与营销专业实践教学

四川交通运输职业学校　肖　婷

摘　要：“汽车整车与配件营销”专业在许多中等职业学校得以开展，但是该专业
的营销课程理论课课时较多，实践性教学较少，学生学习起来十分枯燥。
如何加强汽车营销课程实践性教学成为中职学校教师研究的重要课题。
关键词：汽车营销；实践教学

"以就业为导向，重视实践和实训环节教学，强化学生实践能力和职业技能的培养，切实提高学生的就业和创业能力"是国家对中职教育的要求。而长期以来，中职学校"汽车整车与配件营销"实践教学存在教学内容相对滞后、教学过程中重理论说教而轻专业全面素质和职业基础能力、专业课程设置上与市场营销专业存在相混现象等，如何加强汽车营销课程实践教学成为中职学校教师研究的重要课题。

一、中等职业学校汽车整车与营销专业教学现状

（1）教学过程中重理论说教、轻专业全面素质和职业基础能力。当前汽车营销专业教学中普遍存在重营销理论教学、轻营销能力培养的现象，大多以理论教学为主，不易发挥学生的主动性、独立性、创造性，束缚了学生的思维，课堂气氛沉闷，学生动口、动脑的实践机会较少。即使安排一些实践性教学的课时，也只是简单的课堂内的模拟、校园实训、4S 企业参观或者撰写简单的文字材料。导致该专业学生在校学习期间缺乏对本专业的兴趣。学生学习专业兴趣不高，也就直接导致就业时所表现出来的能力欠缺。

（2）教学内容相对滞后。首先是知识结构跟不上时代发展的需要，特别是理论与实践严重脱节；其次是教学体系缺乏系统性和整体性，课程之间有所交叉重复，缺乏统一协调。在学习过程中，学生感觉每一门课程内容都好像知道，但都不能深入了解与掌握。

（3）该专业课程设置上与市场营销专业存在相混现象，比如有些学校重点开设了"市场营销"、"消费心理学"等理论及实训课程，有些还需考取营销师等级证书。分析该现象，看似开设的课程内容为学习汽车营销专业的必要手段，但是中职三年的学习时间有限，要培养出专业素质较好的本专业人才已属不易。所以中职汽车营销专业不用全面深入教授较为复杂的市场营销理论知识，而应着眼于对汽车营销专业技能的全面培养。

二、创新课程内容，突出适合学生能力培养的要求

以"汽车销售实务"课程为例，构建以培养学生的汽车销售职业行动能力为目标。我校汽车营销教师所有人员，在汽车科带领下，通过调研与校企合作，与企业共同开发本课程。按照汽车营销职业相关岗位职责的要求，提炼出以下 8 个项目，即：汽车销售人员的职业形

象、客户接待与潜客管理、需求分析、车辆展示与推介、试乘试驾体验、客户异议处理、签约成交及付款、交车服务等，每一个教学项目都将学生的实训内容融入其中，强调学生的动手、动心和动脑能力。

三、优化教学方法和手段

结合汽车整车与配件营销专业教学实施过程（见图1），面向企业行业立体化构建教学模式。

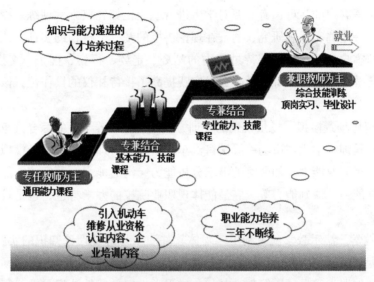

图1　专业教学实施过程

（1）立体化教材。根据教学目标和任务，本专业教材由文字教材和多媒体课件、电子教材和电子情景案例、网上电子习题和经典案例分析等有机组成。

（2）立体化课堂。课堂教学注重学生潜力的开发、创新能力的培养和学生个性的发展，教学方法应向综合化方向发展。

（3）营销实践的立体化设计。将营销模拟实验室、企业现场调研、假期社会实践、教学实习基地和汽车及配件营销师资格认证多元实践活动加以整合。

营销模拟实验室——在课堂学时之外安排一定学时的营销模拟实验课，结合虚拟现实技术和互联网通讯技术营造出的一个真实、完整有效的营销环境。

企业现场调研——在课程进行中布置一定的案例，让学生到汽车4s店观察体验，将调研成果渗入课堂的专题案例研讨中。

社会实践——鼓励学生利用周末及寒暑假期进行社会实践，到汽车4s或汽车生产企业进行实习，理论联系实际。

营销认证——鼓励学生参加汽车及配件营销师资格认证考试获得认证后即可享受汽车营销师学会的会员推荐，为就业开辟新的渠道。

（4）建立完善的网络教学平台。汽车营销类课程立体化教学模式是信息技术与学科课程整合的教学模式。要求学校建立校园网络教学平台，以便学生登陆汽车营销类课程网页，进行汽车营销相关资料的查询，了解最新的汽车营销动态。

四、改进汽车营销课程实践教学方法

汽车营销理论知识和实训模块具有各自的特点，因此，在教学方法上会有所区别：纯理论部分以教师讲授和学生讨论为主，实训知识部分以学生动手和尝试实操为主。常见的授课方式主要有：

（1）对学生进行职业化训练。销售人员在和客户接触过程中，首先要赢得客户的好感，建立信任度，建立良好的第一印象是很有必要的。如何把学生培养成一个得体、训练有素的职业人士，以赢得客户的认可，有必要对学生进行职业化如礼仪方面训练。授课教师对这一实训模式进行了一定的实践和研究，通常在理论讲授的基础上再辅助实训，让学生扮演接待人员，教师扮演客户，对学生在接待过程中的站姿、走姿、行姿、握手、交换名片、指引、面部表情、微笑等方面进行训练。学生通过实践提高了接待礼仪的操作性，该实训模式取得了良好的效果。

（2）汽车销售场景模拟。场景模式的实训方式主要是培养学生的综合汽车销售技巧。汽车销售场景模拟是训练学生在市场一线销售汽车其重要的实训方式。场景模拟也可以培养学生的综合汽车营销职业能力，如顾客的需求分析能力、沟通能力、顾客接待能力、产品展示能力、异议处理能力、谈判能力等，它最能体现职业院校的办学特色，也是较容易在校内全面开展的实训活动。

（3）演示教学。演示教学就是利用多媒体软件演示与解说理论知识的实践性教学形式，学校给教师们配备了笔记本和多媒体，教师就开始探索多媒体备课。大量的网络素材丰富着教师的头脑，增加课堂容量，压缩教学时间，增强学生们的感性认识与学习积极性，提高了教学效果。

五、改革考核方法

既然学生是学习的主体，我们的活动就得围绕学生展开。我们的教学活动必须是形式多样，且每个学生都能以自己特有的方式参与其中。与此相适应，我们的评价标准也不能"一刀切"，也应该形式多样。

1. 改革成绩考核管理制度，激发学生动力

过去改革只重视理论考核，忽视实践教学考核；重视阶段考核，忽视过程考核；重视教师评价，忽视学生自评和同学互评；重视校内考核，忽视社会评价。采取与实践理论与实践相结合、阶段与过程相结合、教师与学生相结合、学校与社会相结合的考核办法，考核着重过程而轻结果的成绩评价方式；同时，增加鼓励学生进步的附加分并且将其精细化，激发学生学习动力。

2. 课程考核的立体化设计

充分利用学校的校园网络，鼓励教师编写电子教案，根据课程需要填充教材外的知识、案例等，并组织学生进行网上提交作业、小组讨论等。同时，考核方法的多样性，能实现对学生的综合测试，有利于学生素质教育的实施。

3. 发挥校外专业指导委员会的作用

本专业除在制订教学计划的过程中与校外专业指导委员会的委员们密切联系外，还注意在项目教学中发挥他们的作用。例如，就汽车行业营销服务发展方向及时与他们进行沟通和交流。

参考文献

[1] 程 戈，刘新江. 汽车销售实务. 1版. 北京：人民交通出版社，2013.

[2] 岳玉革，吴良胜. 关于高职"汽车营销学"课程若干问题的思考. 广东交通职业技术学院学报，2004（01）.

[3] 鲍婷婷，陈建良. 任务驱动式教学在"汽车营销"课程中的应用研究. 硅谷，2010（22）.

[4] 李亚男. 高职汽车营销课程案例教学改革的思考. 广东轻工职业技术学院学报，2011（02）.

[5] 卓 佳. 高职汽车营销实训专周课程改革与实践. 知识经济，2011（17）.

新能源技术在电力电子教学中的探索

陈勃西

摘　要：电力电子技术是强电与弱电的纽带，是经典电气与现代自动化的融合。当前新能源技术的快速发展，为电力电子技术教学研究带来新的契机和挑战。本文结合对电力电子教学的探索，简要阐述新能源技术与电力电子教学相结合的必要性、总体思路和基本方法，为实现本课程教学新方法的探索提供一定参考。

关键词：新能源技术；电力电子；教学需求

一、"电力电子技术"的课程特点

"电力电子技术"是工科的专业课程，最初也称为半导体变流技术。从学科角度看，它由电力学、电子学和控制理论交叉形成，是连接信息电子和电力电子的桥梁。从目的角度看，它旨在利用电力电子器件实现电压、电流、频率和相位等电能变化和控制。从内容角度看，它包含器件、电路、系统及其控制三部分。

与其他课程相比，"电力电子技术"的知识点相对分散，各种器件特点、符号、物理参数等容易混淆，且电路波形绘制和分析的难度较大。因此，未来新课程内容和教学模式探索至关重要。所以我们应根据课程的特点，适当降低理论深度，尽量避免繁琐的数学推导，力求深入浅出，循序渐进。重点放在基本概念的阐述、典型电路原理的分析及应用实例的介绍上。以应用为目的，通过理论与实践的结合，来进行"电力电子技术"的教学。

二、新能源技术

随着经济的快速增长和社会的全面进步，我国的能源供应和环境污染问题越来越突出，开发和利用新能源的需求越来越迫切。电力电子技术作为新能源发电的关键技术，直接关系到新能源发电技术的发展和前景，紧密联系着社会的进步与需求。因此，电力电子技术对新能源发电技术起着决定性作用。

新能源电力系统的特征是需要进行电能变换，即通过电力变换装置使发电设备输出的电能在形式上与现有的用电设备的要求相匹配，在品质上满足用户的的需求。如何采用电力电子开关器件构造合适的电力变换装置的解决上述问题的根本出路。在电力电子教学中，如果能够有效地结合新能源技术，学生就可以迅速找到学习的方法，并且了解到课程理论知识的应用范围和应用价值。随着新能源技术的发展，国内很多高校都开设了新能源方面的课程，并且这些课程的基础课就是电力电子课程。相比之下，将新能源技术引入到电力电子专业，具有很大的好处。

风能是洁净的、可再生的、储量很大的的能源，风力发电现已成为风能利用的主要形式，受到全世界的高度重视，而且正在以最快的速度发展。风力发电机组在不同风速条件下工作时，其发电机输出的电压的幅值和频率是变化的，因此需要配置电力电子功率变换器，通过功率变换器的换流控制，使输出电压达到恒压恒频的要求。而这个处理过程就涉及电力电子课程中的相关内容。

三、新能源技术与电力电子教学

新能源技术是一门专业性、综合性较强的应用学科，涵盖了风能、太阳能、生物质能能多种新能源的内容，综合了电气工程、工程力学、物理学等学科知识。因为涉及的专业门类、知识面比较宽广，学生普遍反映不太容易找到学习规律，难以把握重点、理解困难等。因此结合新能源技术课程的培养目标，适当选择课程的教学内容，综合与电气工程相关的专业课，在教学中以新能源发电为核心，分析各种类型的新能源、能量转化方式、发电原理等内容之间的相互联系，引导学生逐步把各个关联的知识点汇成知识链，促进学生学习和记忆。对于各种新能源的发展历史、资源分布和特点则可做简单介绍。另外，考虑到电气工程对学生的培养目标要求，比如有关风力机的空气动力学原理、太阳能热转换原理、生物质能裂解过程等内容可以只做概述讲解，让学生了解其基本概念。教师在教学过程中，需要注意引进当前国际国内的最新科研成果来丰富新能源课程的教学内容。该课程涵盖多方面学科，是当前大力提倡发展的一个技术方向，其涉及的信息量多，知识更新快，特别是最近几年，不断涌现出研究新能源相关技术的新方法，使得电能源技术得到大力发展。

四、运用辅助教学方法

在教学活动中，需要充分运用先进的多媒体技术。在制作课件的过程中，需要对多种多媒体形式进行综合运用。比如，在介绍电子器件的时候，可以采用图像的方式来进行讲解；在对复杂的电路结构进行讲解的时候，可以采用多媒体动画的形式来进行讲解，并且将需要注意的重点内容用文字形式表现在图形的旁边，这样才可以让学生们充分了解和掌握。

要充分应用各种仿真系统，因为电力电子学科具有较强的专业性，很多内容十分的抽象，不容易理解。针对这种情况，就可以采用一些仿真系统，在课堂教学过程中，引入仿真系统，作为一种重要的软件工具，相较于其他传统的高级语言，学习和掌握的难度不大，可以有效节约课堂时间，将教师从复杂的原理讲解中解放出来。并且可以清晰地将整个电路的运行过程呈现到学生的眼前，学生可以更加熟练地掌握各种规律和概念。

拓展课堂内容，除了教材中的知识外，也需要有针对性地拓展一下课堂内容，让学生看的更远，这样还可以在很大程度上方便后续课程的开设。因为电力电子学科发挥的是纽带作用，有效地联系起自动控制技术和电力电子技术，那么在开课之前，就可以对相关的重要结论进行回顾和凝练；虽然本门学科讲解起来比较困难，学生难以理解，但是却可以对学生的发散思维能力进行培养和锻炼，促进学生更好的发展。

结束语：本文从电力电子技术课程的特点开始讲起，分析了新能源的特点，并结合风力发电技术进行了讲解。电力电子教学因为交叉多门学科，并且具有较强的专业性，因此学生学习起来有一定难度。在社会飞速发展的今天，需要有机地结合电力电子教学和新能源技术，让学生找到课程的主线；并且采取一系列的辅助教学方法，让学生更加方便的理解，提高课堂授课质量，促进学生更好的学习、掌握学科知识。

参考文献

[1]　蒋　伟，莫岳平．"电力电子技术"课程教学模式研究．电气电子教学学报，2013，2（1）：123—125．

[2]　焦竹青，何宝祥．"电力电子技术"课程差别化教学模式探索与分析［J］．中国电力教育，2012，2（9）：87—89．

卷二

教育管理理论与实践

RENCAI PEIYANG MOSHI
YU JIAOXUE GAIGE

爱·教育

四川交通运输职业学校 刘光利

摘 要：爱是教育的基础。永不止息的师爱能激发学生的主动行和积极性，并发挥他们的潜能，促进学生身心健康发展。如何有效的去爱呢？认识学生的有限，走进学生的心灵并提升自己爱的能力和人格魅力是关键。

关键词：爱；教育；策略

有人说："没有爱就没有教育。"爱心是教育的基础。爱无处不在，教育时机也无处不在。每一位老师都应该让爱心充满课堂，让爱心充满校园，让每一位学生时时处处都能感受到爱的雨露，感受到校园的温暖和圣洁；用爱心唤回学生的自尊和自信，拨亮学生心中的灯，让学生鼓起理想的风帆，顺利地走向成功！

当前，教育功利化取向催生了很多"伪教育家"，教育者通过苛刻的规定和强制性的灌输，获得了"很好"的教育效果；但同时，我们也看到很多学生在学校学得很苦，不能体验到学习的乐趣，不能得到身心的健康发展，不能获得真正的能力提升，失去了青春年华成长中应该得到的快乐。另外，教师总是认为自己很辛苦，很清贫，但我们是否真的无愧于我们的职业呢？我们也目睹过很多学生痛苦地离开学校，或者在学校贴吧里任意谩骂老师，或者拒绝接受批评教育，或者早恋或者上网，或者自甘堕落等让家长和学校很纠结的现象。其实，这是教育的功能没有正确和完全发挥的结果，除了社会和家庭因素外，教育本身应该做出深刻的反省，那就是，我们的教育还没有达到一个高度，我们的教育责任的履行者还没有达到一个高度，我们的教育还没有成为学生灵魂的解救者。只有触及了学生灵魂的教育，才名副其实。

花儿娇艳是因为园丁辛勤的浇灌，城市美丽是因为清洁工精心的呵护，学生成才是因为老师无私的奉献，归根到底这都是爱的力量的见证，爱是人类最美好的情感，世界因为爱才会变得如此温馨而绚丽。

圣经上说："爱是恒久忍耐，又有恩赐，爱是不嫉妒，爱是不自夸……不求自己的益处……爱是永不止息。"学生是有思想、意志、情感的人。在这样一个缺乏安全感和信任感的社会环境下，人对爱的渴求是无限的。不管是谁都不会拒绝那份恒久的，能融化那份坚硬外壳的爱。而教师的爱具有以下意义：

首先，教师的爱能有效增强学生的学习兴趣，提高学生的主动性、积极性。一个老师如果能真心的爱自己的学生，那这份爱就会"投射"到学生的心灵上，就会唤起学生相应的情感，使学生产生对老师的亲近感、依赖感，学生又会把对老师的爱迁移到班主任及科任老师的教育工作。

其次，教师的爱能促进学生的身心健康发展。教师应把更多的关注、更多的情感投向那些极度缺爱的同学。弱势群体是不幸的，因为他们长期承受着巨大的心理压力，很难拥有健康、快乐、自信、向上的精神生活。如果我们能促进他们健康、快乐、自信、向上的生活，那该是多么好的教育！

再次，它能更大限度地张扬学生的个性，有利于学生的全面发展，也有利于挖掘学生的潜能。学生的潜能是无限的，当教师赋予他们真挚的爱，才能让学生在快乐轻松的学习氛围中充分地表现自己，展示才华，体验成功，增强自信，并自身的素质得到全面提高。

教师的爱应该是无私的。当老师把学生当成自己的子女时，爱才变得无私。我们教师应该对学生倾注全部的爱心，是不求回报的爱。

教师的爱应该是恒久的。世界上最无价的就是爱，很多时候可以爱一时，但是恒久的爱很不容易。对学生恒久的爱可以感化他们的内心，触摸他们的灵魂，没有人会拒绝恒久的爱。那如何去爱学生，成为老师的一个难题，爱也需要智慧和策略的。

首先，学生有犯错误的权利，谁也不能因为学生犯错误就将学生逼进一个痛苦地角落，开除或者讽刺甚至体罚。人生本来就有欲望："目好色，耳好声，口好味，心好利"《荀子·性恶》，人非圣贤，孰能无过？"年轻人犯错误，上帝也会原谅的。"教师对于犯错误的学生，不要仇视，不要全部否定，不要进行人格上的侮辱，否则，学生的错误本身就已经让自己懊悔和惭愧，如果班主任或者教师教育方法和方式再不合适，教育就会将学生逼向教育的对立面，最终会毁掉学生的学习积极性、进取意识甚至形成反社会型人格。因此，教育者允许学生犯错误，在正面批评教育的基础上，给予改正的机会。如果在全班或者公共场合让学生颜面扫地，一定要在私下向学生解释或者以鼓励的方式缓解其情绪，最好是找个机会在公开场合表扬一次，让其恢复尊严，找回"面子"。相信这样的方式会让犯错误的学生既认识到自己的错误并改正之，同时学生也会迸发更加强大的向上的力量。

其次，教师要走进学生的心灵。学生很清楚，任课教师或者班主任是用心灵在教书还是仅仅是谋生或者完成任务。所以，教师通过自己的课堂或者班主任工作，用心去和学生交流与沟通，全身心为学生的发展教书育人，学生自然会尊重教师，佩服教师，甚至崇拜教师。这年头，能让学生崇拜的教师真是不多了。为什么？在物欲横流的社会大背景下，能坚守师德的底线，用心灵去换取学生心灵的教师，才能真正获得学生的认同。这样的老师，学生信任并主动配合，师生已经形成和谐的生态关系，教学成绩自然就很好，班级管理的效果自然突出。

最后，教师要不断提升自己的人格魅力和爱的能力。如果教师本身是一个冷漠的人，拿什么去温暖自己的学生？如果教师的人格或者世界观是悲观和极端的，学生怎么会有健康的生命？

教师要有以师爱为核心的积极情感——爱事业、爱学科、爱学生。教师对教育事业的热爱，是搞好教育工作的前提；教师对自己所教学科的热爱，是提高教学质量的重要条件；而教师对学生真诚的爱，是一种重要的教育力量，教师的教总是植根于对学生的爱。教师只有爱学生，才能尽心竭力地教学生，才能科学地教学生。爱生爱才是新型师爱的集中体现，这种新型的师爱要求教师对学生要真爱，不能假爱；要公正，不能偏爱；要宽严适度，不能溺爱；要情理交融，不能感情用事。

教师要有高尚的审美情操——鉴赏美、追求美、创造美。美感是人们在欣赏自然景物、文学艺术和社会现实事物是所体验到的崇高、壮丽、优美等产生的情感，教师在教育、教学情境中表现出的审美情感，对学生美感的形成有潜移默化的作用，因此，合格的教师应有强烈的美感。教师强烈的美感主要表现在：① 教师在教育、教学工作以及日常生活中，有对美的心灵、美的行为、美的语言、美的环境、美的仪容的自信和追求之情；② 教师对自然美、社会美、科学美、艺术美浓厚的兴趣；③ 教师对引导学生鉴赏美、创造美持积极的态度；④ 教师既有对自己人格美的执著追求，又有对他人人格美的赞赏、钦佩之情。

学生在学校固然要接受规章制度的约束，但学生生活不应该是一成不变的，也不应该是死气沉沉的。如果教师或者班主任很严肃，不变通，只会用严苛的制度管理学生，学生就会逐渐失去对教育的激情，这种背景下的教育产品也是千篇一律的，将来不会适应社会的多样的需求。所以，教师一定要有教育思想，教育艺术，教育高度，教育底气，同时教师一定要提升自己的人格魅力，既要让学生能够学到知识，还要给学生创造一个宽松的和谐的发展环境，让学生健康成长。比如要有幽默感，要关爱学生，要有为学生服务的精神，要与学生共苦乐，与学生既是师生关系，更是朋友关系。学生尊重老师不仅因为老师传授知识，更应该是佩服老师的人品和人格魅力。这样的老师就是学生的偶像，会潜移默化的影响和改造学生，熏陶出一大批优秀的学生，甚至会挽救很多学生，推动学生积极向上健康发展。

雅斯贝尔斯说："教育是人的灵魂的教育，而非理性知识的堆积。"坦白地讲，理性知识堆积的教师只是知识的传授者，知识的搬迁者，却不是学生的福祉。教师和学生没有心灵和灵魂的相通，这样的教育就是去了教育的本真。教育如果不能触及学生的灵魂，教育就沦为了工具。

爱是教育的灵魂，在学校教育中，老师给学生慈母般的爱，才会让学生更加尊重你，更有力于自己的教学工作。作为一名教师，应该怎样去爱学生呢？我深深体会到，老师的爱应该是无私的、恒久的。这样，才会让爱在孩子们心里生根发芽。

因此，每一个站在讲台上的教师，都要用心去教书育人，用爱去感化学生，用灵魂去熏陶学生。唯此，教育才回归其育人本质的诉求。

参考文献

[1] ［英］爱理斯. 人·性. 莎文. 黑子，编译. 北京：新世界出版社，2005.

[2] 冯建军. 生命与教育. 北京：教育科学出版社，2004.

[3] Holy Bible. ShangHai：National Committee of Three－self Patriotic Movement of the Protestant Church in China and China Christian Council，2008.

[4] 曹胜高. 国学之道. 北京：中国致公社出版社，2011.

中职学校企业文化素养教育的思考

四川交通运输职业学校　张定国

摘　要：2010 年 5 月，教育部提出"把工业文化融入职业学校"，"做到产业文化
进教育、工业文化进校园、企业文化进课堂"，这是职业教育创新校企合
作的新思路。四川交通运输职业学校以建设国家中等职业改革发展示范学
校为契机，系统开展了中职学生"全程企业文化素养教育"。在引入多家
企业参与的同时，通过推行 3Q7S 管理模式，提升中职学生职业素养；开
展专业素质拓展训练，培养学生的集体观念和团队协作精神；加强学科渗
透，促进校园文化与企业文化的融合等形式将企业文化素养教育全程融入
学生三年的学习生活当中，开创了中职学校系统性开展企业文化素养教育
的先河。

关键词：中职学校；全程企业文化素养教育

一、实施背景

所谓的企业文化素养，就是指学生了解、认同、适应并参与企业文化建设的一种职业素
养。它不仅能使学生关注专业技能，而且能关注作为一名企业员工应该具备的人文素养。搞
好企业文化素养教育有利于提升学生的就业竞争力，有利于增强学生职业变化的适应能力，
有利于提升学生自主创业的能力。但有效的企业文化素养教育在实施中却没有完全得到深入
贯彻与落实，效果欠佳。

（1）大多数中职学校轻视。传统中职教育"重技能、轻素养"，尚未认识到开展全程企
业文化素养教育的重要性，未形成企业文化素养教育全程观。学校就业指导方面的课程流于
形式，教学内容简单化，缺少系统性和科学性，缺少有力的组织机构和健全的制度保障。

（2）企业文化素养教育方面的师资缺乏，素质不高。开展企业文化素养教育是一项系统
工程，教师要对学生进行企业文化指导，要有心理学、教育学、职业理论、人才论等多方面
的知识和能力，还需要有一定的企业工作经验，一般要求取得职业指导师资格。而目前中职
学校专业的职业指导师少之又少，更没有专门的职业指导教师，教学与就业市场和岗位实际
脱节，效果大打折扣。

（3）中职学生在企业文化素养教育中处于被动接受状态。受年龄、家庭因素等影响，多
数中职学生选择专业存在盲目性，专业学习缺乏主动性，职业目标缺乏实践性，不具备主动
提高企业文化素养的意识。即便对企业文化有一些兴趣，也不能同就业紧密结合。

二、全程企业文化素养教育实施过程

（1）第一学年上期，推行 3Q7S 管理模式提升学生职业素养。

3Q7S 管理是目前世界上现代化企业比较盛行的先进的、规范的管理理念与方法。把此类管理模式移植到学校管理中来，以通过 7S 的管理手段，即整理（Seiri）、整顿（Seiton）、清扫（Seiso）、清洁（Seiketsu）、素养（Shitsuke）、安全（Safety）和节约（Save），来达到 3Q 的管理目标，即"优秀的教师（Quality Teachers）"、"优美的学校（Quality School）"、"优质的学生（Quality Students）"。此类管理模式强调"人的品质"，教会学生革除做事马虎的毛病，遵守规定，养成凡事认真、按照规定办事、文明礼貌的习惯；崇尚人可以改变环境，环境可以培养一个人的教育理念，倡导"人造环境，环境育人"的思想，对中职学生思想、行为习惯教育、技能素养的提升有着重要的作用，也能为用人单位提供合格化、素养高的技能型人才奠定基础。

学校在学生入校的第一学年就开始推行 3Q7S 管理，与企业的管理方式接轨，营造仿真型的学习工作环境，让学生在整理、整顿、清洁、清扫自己的寝室、教室、学习资料，在学习计划管理、职业规划管理中体会"职业素养养成的过程"，培养学生养成良好的习惯，遵守规章制度，从而增强学生自身的职业竞争能力。

学生人手一本《学校 3Q7S 管理推行手册》，通过建立各项工作制度；出台学校 3Q7S 实施方案；划分管理责任片区；制定教室、寝室、办公室、实训场所、食堂等管理公约；完善以岗位责任制为核心的多项管理制度，使推行工作制度化、规范化。

（2）第一学年下期，培养学生的集体观念和团队协作精神。

激烈竞争的市场经济，不仅要求中职学生要有扎实的基础知识和专业技能；同时，更要求具备优秀的心理品质和健全的人格，以应对和处理生活与工作中面临的各种压力与挑战。因此，素质拓展训练已成为中职学生融入社会、迎战市场的必训课程。

组织学生开展专业素质拓展训练。让学生在拓展项目中，人人参与，积极思考，认真反思，领悟训练带来的启发、体验挑战带来的激情、分享成功后的喜悦，从中懂得个人与团队的关系，团结协作与成功的关系，营造有效沟通、分工合作、主动配合、信任、鼓励、支持、赞赏的团队合作氛围，增强团队协作意识，树立战胜困难的信心和勇气。选拔优秀学生干部参加思维拓展训练，以开发学生干部的领导力，提高其组织管理能力，进一步发挥学生干部在学生自主管理中的作用。

（3）第二学年上期，实训环境与职业指导课程相结合，提高学生对企业文化素养深层次的认识。

通过搭建技术先进、设备完善、环境逼真的"教学工厂"等形式，让学生在仿真的企业环境中感受企业文化，进而培养学生的良好企业文化素养。以展示优秀企业文化成果，张贴厂规、厂训、企业宗旨标语，介绍企业家成长之路，搭建同企业家沟通交流平台等多种方式促进校园文化建设与企业文化的融合，使企业文化渗透在校园文化中，潜移默化地培养学生的企业文化素养。

加强学科渗透，在学科或专业教学中，以拓展的方式，把学生的企业文化素养的提高与课程之间有机地结合在一起。如与德育教学中的企业家精神分析、营销课中的诚信教育、工程造价中的成本核算、心理学中的人际交往、体育课中的团队意识等内容相融合，探索在专业课中融入成本意识、安全意识和质量意识方面的教育，全面培养学生的企业文化素养。

开设职业指导课程，利用一套现代企业工作能力训练平台的学习与实际操纵，让学生进组织、学做事流程、体验企业管理文化，立体感知企业管理流程。以集团化管控为背景，直接体会企业决策层、执行层、作业层的日常工作流程。

（4）第二学年下期，开展创业教育促进学生就业方式转变。

近年来，创业教育作为职业教育的一种新的发展形式注入了中职学校常规教育，创业教育使学生将被动的就业观念转变为主动的创业观念，鼓励学生将创业作为自己职业的选择，并将自己的专业技能和兴趣特长相结合，创造出自己所期望的价值。

开展校内实践活动，鼓励各社团组织举办各种活动，如书画展、发明竞赛、各类技能竞赛，激发学生的创业兴趣；充分利用校办企业，鼓励学生勤工俭学，在实践中树立创业意识。

开展校外实践活动，在目前中职学校推行的"工学结合、顶岗实习"模式中，学校有组织、有计划，多渠道地用工方沟通，共同管理学生，让学生切实体会创业过程，积累创业经验。

（5）构建优质教育团队，开发顶岗实习管理系统跟踪反馈第三学年学生实习情况。

通过不断的培训提高，建设一支由学校中层以上领导干部、德育教师、优秀党员、班主任组成的思想政治教育骨干队伍；通过内培外聘，建设一支专业的心理咨询辅导和职业指导队伍。定期组织教师调研、培训，深入企业生产一线，了解市场就业形势，学习职业指导的理论和方法。

通过针对性开发的顶岗实习管理系统，追踪学生实习情况，了解学生实习效果，反馈学生在实习过程中遇到的问题。再由教师团队根据具体情况现场指导学生，解决相关问题，帮助学生较好地完成实习实训最终顺利地走上工作岗位。

三、成果、成效及推广

（1）培育了一批自我认识明确、企业文化素养高的中职人才。

实施全程企业文化素养教育，核心是让学生受益。近年来，通过全程企业文化素养教育，100％的学生能认同和适应就业单位对于企业文化方面的要求，60％以上的学生能主动参与到就业单位的企业文化建设当中。学生通过企业文化素养的形成，减少了实习就业的迷茫。在过去一年里，实习稳定率高达96％。企业收获了稳定的人才，30余家用人单位对学校的企业文化素养教育做出了高度评价。

（2）收获了一支专兼职结合的高水平职业指导教师队伍。

开展全程企业文化素养教育以来，学校成立了企业文化素养教育发展指导研究中心。通过频繁举办各类研讨活动，强化了学校职业指导教师素质，形成了一支以企业专家为引领的专兼职结合的高水平职业指导教师队伍。学校有两名教师获得了职业指导师资格证书，34名教师获得协同管理应用师中级教师认证，8名教师获得了人社部协同管理师证书，教师发表企业文化素养教育方面的论文二十余篇。

（3）开发了一套适合中职学校的全程企业文化素养教育工具。

学校与公司合作，引入现代企业工作能力训练平台，并且根据中职生的实际情况，将平台内容进行调整，与公司联合开发了适合中职学生的教学教辅资源，包括教材、指导书、考试题库、视频学习光盘、教师用的PPT课件、教室挂图、学生佩戴的工牌、领用的岗位卡等。帮助学生主动适应各种情况下的企业文化，有效地促进了企业文化素养教育的开展。

（4）创新并推广了全程企业文化素养教育的经验。

开展全程企业文化素养教育尚属于尝试。学校结合自身特色，创造性地开展企业文化素养教育，在课程设置、师资队伍建设、典型案例教学方法和分步骤培育等方面进行了积极探索，为进一步加强中职学校职业人才培养积累了宝贵经验。

两年来，已有来自广州、山东、贵州的30多家兄弟学校来校参观、交流。2013年10月，学校承办了全国交通类技工院校招生就业工作研讨会并在会上做了专题发言，交流企业文化素养教育方面的经验，在全国范围内起到了示范、引领作用。

结束语：全程企业文化素养教育是每一个中职学生顺利走向职场的关键。科学合理地进行课程设置，正确地对学生加以引导，不断地灌输职业化意识，营造浓厚的职场氛围，让学生获得充足的职场体验，是开展全程企业文化素养教育的重中之重。中职学校开展全程企业文化素养教育，让每个学生都具有企业文化意识，并具备不断调整优化的能力，对中职学生的自主可持续发展具有十分重要的意义。

参考文献

[1] 韩卫宏. 企业文化职业素养. 北京：机械工业出版社，2010.

[2] 肖忠花. 人文素养. 北京：中航出版传媒有限责任公司，2011.

[3] 吴文胜. 中职生就业素养训练. 长春：东北师范大学出版社，2008.

[4] 王琨. 中职生品格素养训练. 长春：东北师范大学出版社，2008.

[5] 杨鼎家. 打造和谐企业文化提升员工职业素养. 北京：中国言实出版社，2011.

[6] 白智慧. 企业员工职业化素养手册. 北京：北京工业大学出版社，2011.

[7] 孟兆怀. 文化素养高级教程. 北京：高等教育出版社，2011.

中职学校顶岗实习管理探索

四川交通运输职业学校　　刘新江

摘　要：顶岗实习是中职学校校企合作的重要内容。目前中职学生顶岗实习在管理
　　　　方面存在角色转变较快难以适应、学生与学校沟通不畅、顶岗实习材料难
　　　　以管理、难以对历史数据进行分析等问题。通过建立顶岗实习管理平台，
　　　　将学校、企业、学生、家长在平台上有效交流，及时发现问题、解决问
　　　　题，实现顶岗实习全过程管理，才能有效推进中职学校"校企合作、顶岗
　　　　实习"教学模式健康发展。

关键词：顶岗实习管理系统；教学模式；校企合作

一、实施背景

为了维护顶岗实习学生、学校和企业的合法权益，根据国务院于 2005 年下发的文件
《国务院关于大力发展职业教育的决定》（国发〔2005〕35 号）、教育部、财政部关于印发
《中等职业学校学生实习管理办法》的通知（教职成〔2007〕4 号文）、教育部《职业院校
学生顶岗实习管理规定》，职业学校需要"大力推行工学结合，突出实践能力培养，改革人
才培养模式"，"加强校企合作、实训、实习基地建设"，"中等职业学校三年级学生要到生
产服务一线参加顶岗实习"。《国家中长期教育改革和发展规划纲要》中也明确提出职业学校
实行"工学结合、校企合作、顶岗实习的人才培养模式"，顶岗实习已经成为国家的培训人
才的教育意志和决策，因此顶岗实习是中职学校人才培养模式的重要形式，也是培养高技能
人才的重要途径之一。

然而，在传统管理模式下，中职学校学生顶岗实习面临以下难题：

1. 学生角色转变较快难以适应

学生进入企业顶岗实习，同时具有"学生"和员工的双重身份，角色转换较快、环境变
化，比较难以适应，主要表现在三个方面：

（1）实习学生的学习和生活环境都发生了很大变化，走出熟悉的校园环境来到相对陌生
的实习企业，在学习生活环境、适应社会环境、企业文化融入等方面，都需要及时、有效的
思想教育工作和心理咨询来指导。

（2）顶岗实习过程是实习学生由学生向职业人过渡的一个阶段，同时具有"学生"和
"员工"双重身份，既要遵守学校的相关规定制度，又要按照企业的规章制度来熟悉工作内
容、岗位职责，掌握岗位技能以及对应的工作方法、工作标准等，还需服从企业的管理并完
成分派的工作任务。

（3）实习学生在顶岗实习过程中，学习任务和方式都发生了变化，因此不仅要参加企业

的培训，学校还必须及时提供专业知识与职业指导等方面的支持，此时学校必须有行之有效的实习质量监控措施来保障学生实习工作的顺利结束。

2. 学生与学校沟通不畅

目前能集中接受一定数量的学生，同时又能提供与学生所学专业对口的岗位的企业不多，这就造成了学生顶岗实习企业相对分散的情况，学校领导、教务处、专业科室、班主任甚至教师本人都很难了解掌握学生在哪些地区、哪些企业、顶岗实习情况等实时状况，给指导与管理带来很大的困难。很容易失去有效地监控，从而出现"放羊"的现象，学校如果没有建立与之相适应的管理体制作为监督保障，很容易造成顶岗实习达不到预期的效果。

目前大多数的中职学校，一般是由学校指导教师或辅导员通过走访、电话、邮件等方式了解一些大体的情况或者是需要协调解决的问题，然后将数据信息通过手工统计的方式上报到相关部门和人员，最终落实解决。这样一来，不仅中间环节多，耽误很多时间，沟通也不流畅，并且实习学生在顶岗实习过程中遇到的实际问题也得不到及时地解决，而院校管理相关部门也难以对实习学生的顶岗实习进行实时、有效地动态状况监控，甚至可能会与学生失去联系，导致实习学生的校外顶岗实习脱离监管。

3. 顶岗实习材料难以管理

目前大多数学校在学生顶岗期间给学生布置的作业、要求学生填写的顶岗记录、学生收集的资料等都是以纸质材料上交，存在着不及时、不全面，教师难以批阅、历史资料难以存放等问题，难以科学、规范化的管理。

4. 难以对历史数据进行分析

由于目前对学生顶岗管理大多采用手工记录或是 Excel 电子表格完成，历史数据难以有效存储，（如一年前的数据）往往没有与现有的数据整合在一起，导致宏观分析、决策分析、长期历史分析难度很大，从而难以给学校决策层提供有效的数据支持。

二、主要目标

为了搞好顶岗实习管理，实现顶岗实习全过程管理监控，需要建立一个功能完善全面的在线管理体系。

顶岗实习管理系统主要针对职业院校学生在校外顶岗实习中的联络不畅和管理不便而构建的，其主要目标是在学校（校内指导教师）、企业（企业指导教师）、学生、家长之间建立一个沟通的平台，使学校通过平台能有效与合理的管理在外顶岗实习的学生。

顶岗实习管理系统主要沟通方式为手机短信、Internet 网络、固定电话等，使学生在校外顶岗实习中无论在任何地方，只要有手机、网络或电话，就可以和平台保持联系，学校也可以通过这几种方式来管理实习中的学生。

三、实施过程

1. 顶层设计，建立与确定顶岗实习管理架构

顶岗实习管理监控系统将顶岗实习的参与者分为三层：院校领导决策层、科室领导管理

层、教师学生应用层，针对三层的不同需求，开发出不同功能。

可以运用互联网、电话、短信等多渠道信息交流，从而使得多方互动、沟通和管理更全面，搭建一个立体的顶岗实习网络，保证学生顶岗实习顺利地进行。

2. 多种手段，沟通互动无障碍

顶岗实习管理系统利用信息化的手段将分散在不同地方的学生、教师集合在一起，解决以前单一的沟通方式，目前互联网技术、3G 技术、移动终端等技术发展迅速，顶岗实习管理系统这些技术确保了随时随地地沟通。并通过系统进行信息的采集，然后进行汇总和整理，以备日后分析和统计。

3. 自动存储，科学的数据管理

学生可以通过平台提交顶岗记录、作业、向校内指导教师、企业指导教师进行远程提问，教师对学生远程进行帮助等。系统将这些数据有效的整理和保存，使得数据长时间、大量的保存成为可能。这为以后进行 OLAP 分析、数据挖掘提供了可靠、真实的数据支持，为学校领导的决策提供科学的、有效的、精准的数据支持成为可能，让数据能得到充分、全面的应用。

4. 安全第一，学生监控贯穿始终

在顶岗实习期间，学生分布在不同的城市甚至是不同的省份，这给学校的常规管理工作带来了相当大的难度，特别是学生的安全问题。可以说，学生安全问题，是顶岗实习工作的首要问题。通过顶岗实习管理系统，对学生使用系统的行为进行分析，主动报告存在异常的学生信息，尽可能地提早发现异常，把安全事故尽可能消灭在未发生之前。将被动的事后处理，变为主动的事前预防、事中处理。

顶岗实习管理系统特有的"岗前培训"给教师提供了给学生宣传安全知识以及其他信息的窗口，"考勤管理"可以帮助教师及时的发现存在异常的学生（如长时间）为登录系统的学生，帮助教师在第一时间作出反应，尽可能避免安全事故的发生。

学校管理员也可以查看学生异常信息，监控教师对于异常信息的处理情况。

5. 严格流程，保障顶岗教学的实施

由于岗位分散、联络不畅、学生较多，造成了在顶岗实习过程中管理难以控制，教学过程难以实现有效辅导等问题。为了解决这些问题，可以开发多个管理模块，保障学生根据"顶岗前"→"顶岗中"→"毕业"的流程来流转。

顶岗实习管理系统的"岗前培训"管理模块能保证学生在顶岗前有足够的知识储备，"岗前培训"中所有的相关知识是要求学生必须学习的，因此能为"顶岗前"的学生提供足够的支持。

顶岗实习管理系统的"分配指导教师"，"分配企业"的模块能把管理工作落实到具体的教师和企业，方便后期的跟踪与回访。

顶岗实习管理系统的"顶岗计划"和"作业"模块能保证教学实施的顺利进行，把以前在课堂中的教学搬到了网络平台上实施。"远程指导"模块能保证学生在遇到问题时能及时与教师进行沟通和交流，并且系统允许多个学生和教师参与讨论，大大提高了解决问题的

效率。

指导教师可以通过系统随时了解学生的具体情况，学校领导也可以通过系统了解教师和学生的沟通情况以及学生的顶岗情况。

四、条件保障

1．构建三层管理架构

一是决策层。由校企双方领导组成，主要确定顶岗实习合作双方的战略合作框架和共同发展规划。二是组织协调层。由校企双方职能部门组成，包括学校的教务科、就业办、专业科以及企业方的人力资源、生产管理等部门，负责签订具体协议等事项。三是执行层。由校企双方管理人员组成，包括学校的专业教师、班主任及企业的技术人员、兼职教师等，负责处理实习期间的具体事项。

2．建立学生顶岗实习管理制度

学校出台了《学生顶岗实习管理制度》，确定了顶岗实习管理流程，界定了学校、企业、学生、家长等方面的职责和权力，规定了学生顶岗实习人身、财产安全保护，有效保障了顶岗实习工作的制度化和规范化运转。

五、实际成果、成效及推广情况

1．将工作过程对接教学过程

由于学校采用顶岗实习管理平台，有效地将"2＋1"模式中的"1"的教学得到有效发挥，将顶岗实习内容与专业学习内容对接。一是将顶岗实习作为专业课程纳入人才培养方案，学生带着专业问题进入企业，将专业知识融入顶岗实习项目，专业技能融入实习现场操作，通过实习过程逐步实现专业培养目标；二是与企业共同设计评价标准，采用企业师傅、学校教师和学生共同评价的方式，从实习绩效、职业道德、工作能力、创新精神等方面评价学生顶岗实习的成效。

2．采用三导师制，实现"三方共管、四方交流、互相监控"的管理局面

"放羊"是职业学校顶岗实习，事件多发的主要原因。我校采取"三方共管、四方交流"的模式，大力加强顶岗实习过程管理。

（1）三导师制指导。三导师即专业导师、班主任导师和企业导师，分别由学校专业教师、班主任及企业技术或管理人员担任。三导师制使学生初步完成由，生手到熟手、由学生到员工的角色转变。

（2）三方共管，即"学校、企业、家长"三方共管共育人才。在顶岗实习过程中，学校、企业、家长通过不同身份登录管理系统，查看学生顶岗实习情况，学校主要查看顶岗过程中学生工作与学习结合情况，鼓励学生在顶岗实习中以解决问题为目标，继续加强专业技能学习，实习结束后，学校对优秀顶岗实习学生予以表彰；企业则视顶岗实习学生为自己的"准员工"，与普通员工同步管理，定期评选"优秀员工"或"优秀实习生"；在培养学生过程中提升企业效益。家长则通过系统查看自己的孩子在企业工作情况，查看顶岗记录，实时

与自己的孩子沟通。

（3）"四方交流"。通过学校、企业、家长、学生四方使用顶岗实习管理系统，学校领导、专业科室、班主任指导教师等可以快速得到各专业、班级等所属学生参加顶岗实习的情况（比例、总人数/参加顶岗实习的人数）、分布在哪个省份哪些城市进行顶岗实习（人数分布）、教师指导学生情况（上线次数、上线时间、主动提问、回答问题）、学生在线咨询情况（上线次数、上线时间、主动提问、参与讨论）、学生毕业设计课题与顶岗实习关联度等情况以及学生分组情况、学生基本情况、学生任务书等。

3. 明确了顶岗实习管理各方的职责，出现了"齐抓共管"的局面

学校通过制定《学生顶岗实习管理制度》，明确了顶岗实习管理各方的职责，使学生顶岗实习实现有效管理，出现了"齐抓共管"的局面。

学校领导主要是监控各专业科室、班主任、指导教师对学生的管理情况，检查管理人员的登录、问题解答等，同时可以发布消息、查看全校学生顶岗统计表、学生顶岗专业对口情况、顶岗学生区域分布情况等。

专业科室管理员可以监控本专业指导教师指导学生情况，同时可以发布消息，查看顶岗记录、生产性实训资源库、顶岗报告、解答学生问题，统计专业科室学生顶岗情况、学生顶岗专业对口情况、顶岗学生区域分布情况、学生登录使用系统情况、操作日志等。

班主任可以发布消息、管理学生基本信息，统计专业科室学生顶岗情况、学生顶岗专业对口情况、顶岗学生区域分布情况、学生登录使用系统情况、操作日志等。

指导教师可以发布消息、岗前培训材料，审核学生顶岗计划、批改学生提交的作业、顶岗记录、生成性实训资源库、顶岗报告、解答学生问题，审批学生顶岗公司变更、输入顶岗实习成绩等。

学生可以发布消息、学习岗前培训材料，撰写学生顶岗计划、撰写作业、撰写记录、解答学生问题，提请顶岗公司变更申请等。

结束语：通过运用顶岗实习管理系统试行一段时间以来，完善落实管理制度，强化现场管理，切实保障学生合法权益，使顶岗实习形成了规范、有序局面。

（1）顶层设计是关键。学校要推进顶岗实习管理，必须进行科学顶层设计，建立顶岗实习体系，把顶岗实习各个管理环节落到实处。

（2）必须加强校企合作。顶岗实习管理离不开企业的支持，要经常性与企业相关人员进行沟通，由于学生就业企业较多，地域分散，需要以具体顶岗企业或以指导教师为名，将顶岗实习指导教师、企业指导教师、顶岗学生、家长四者纳入到一个群体中，方便小组学习与讨论沟通，辅导答疑等。

（3）建立有效激励机制。要建立从学校领导到学生的监督机制，查找在顶岗实习过程中存在的问题，并"对症下药"；对顶岗实习效果进行考核，根据考核结果对教师进行有效激励，才能形成顶岗实习管理长效机制。

参考文献

[1] 熊焰. 学前教育专业学生顶岗实习的全过程管理分析. 特立学刊, 2013 (03).

[2] 王　晓. 浅谈高职学生顶岗实习的管理. 内江科技, 2012 (10).

[3] 丁红英. 高职物流管理专业学生顶岗实习管理机制研究. 物流科技, 2012 (11).

[4] 刘猛洪. 汪爱丽. 高职院校顶岗实习质量监控体系的构建. 科技信息, 2013 (23).

[5] 曹成涛. 林晓辉. 杨志伟. 高职智能交通专业顶岗实习创新研究与实践. 职业技术教育, 2013 (02).

[6] 叶　琴. 高职顶岗实习信息化管理系统优化设计. 新课程研究（中旬刊）, 2013 (03).

中国企业在跨国并购中的文化整合

四川交通运输职业学校　王　陶

摘　要： 有效整合并购企业双方的跨文化差异是实现成功的跨国并购的关键所在。传统研究对并购中文化整合的分析往往侧重于企业层面，随着中国企业不断融入全球经济一体化的进程，许多企业层面文化冲突的分析在跨国界的情况下已经不能适用。因此，立足于跨越国界的视角，对中国企业跨国并购中的文化差异整合策略进行探讨就显得十分重要。

关键词： 跨国并购；文化冲突；文化整合；跨文化管理

当今世界正处于一个空前发展和迅速变化的时代。对于中国国内的企业而言，这种感受更为强烈和深刻。中国企业在扩大规模进行跨国并购时，不仅要受到来自他国企业技术和知识优于自身的压力，而且还需要承受双方国家政治和经济制度差异等方面的压力。因此，寻求一套适合的跨国并购管理思维和方法，从而顺利完成从传统计划经济体制到市场经济体制的转型，就显得尤为重要。

一、中国企业跨国并购中文化融合的背景和现状

并购是指企业通过各种产权交易方式取得另外一个企业的一定程度上的控制权，有合并和收购两种实现方式。并购的成功意味着企业扩大了现有规模，竞争力也相应地有了提高。

2001年12月10日，中国正式加入WTO，标志着我国的贸易壁垒将逐步消除。这不仅有利于我国企业进行出口贸易，也使我国的GDP得到快速增长。但是，从2002年开始，越来越多的外国企业和商品都纷纷进入中国市场，给中国企业带来了极大的考验。一些缺乏竞争力的企业在这种形式下不得不宣告结业甚至是破产，而另外一些具备竞争条件的企业也开始寻求新的发展途径，而其中，通过跨国并购来增强企业的国际竞争力成为了企业寻求新路径的首选方案。

中国的跨国并购，一般都是国内较有实力的企业，试图收购国际上的知名品牌。这些被收购的企业，不仅有先进的技术、高水准的人才，还有鲜明的企业文化，而他们的企业文化，往往都是建立在东西方文化差异的基础上。发达国家和发展中国家的人们，不论是在传统习俗、价值观以及思维方式上都有着明显的不同，由此而衍生的企业文化也各具特色。如果在并购时将本国文化或本企业文化强加给被并购企业的话，很可能导致并购最终失败。

二、结合联想案例分析中国企业跨国并购应解决的文化问题

在中国近些年的跨国并购案例中，相信联想收购IBM的PC业务是最吸引大家眼球的。2005年5月，联想集团以12.5亿美元收购了IBM个人电脑事业部，同时承担IBM 5亿元的

负债，一跃成为全球第三大 PC 生产商。联想和 IBM 这两个公司都可以算是 IT 行业中的佼佼者，各自都具有鲜明的文化特色，所以两个公司合并后，文化冲突的产生在所难免。

1. 联想和 IBM 并购前的文化比较

在并购前，联想一直主张建立以人为本的企业文化，即在致力于客户的满意与成功的同时，追求速度和效率，并且专注于对客户和公司有影响的创新，做基于事实的决策与业务管理，最终建立信任与负责任的人际关系。而对员工来说，联想除了给员工提供平等的机会外，还要求员工必须遵守"斯巴达克方阵"，即令行禁止、说到做到。这种具有强执行性的文化使得决策层的每个决策都要冒很大的风险，因为一旦决策失误，就很可能使企业瘫痪。在中国，联想的文化历程是大家有目共睹的，它的企业文化一直都跟随着国际步伐。从最初的严格文化到现在的亲情文化和创业文化，每种文化都是具有鲜明特色的。所以从某种程度来说，联想的企业文化是一种强势文化。

而 IBM 大中华地区董事长及首席执行总裁周伟则将 IBM 的企业文化概括为：客户服务、人才培训、多元文化和商业道德。即把客户当成自己的好朋友，以客户为中心，尽量满足顾客的需求；鼓励员工提升自身的能力，朝多方面发展；尊重女性职员；最重要的是要有商业道德。

不难看出，联想和 IBM 在并购前都是强势文化的企业。根据以上这两个企业文化的基本情况，我们基本可以确定联想和 IBM 的文化特点：

企业文化维度	联想	IBM	判断依据
对细节的关注程度	高	低	联想重视运营过程中的每一个细节，而 IBM 更加重视运营结果
对结果的关注程度	高	高	联想和 IBM 都希望达到顾客满意的最终目标且对这一结果非常重视
对员工的关注程度	高	高	联想强度以人为本，IBM 鼓励员工发展自身能力
对团队的重视程度	高	低	中国强调集体主义，美国重视个性发展
进取心	高	高	无论哪个方面，两个企业都在不断追求发展和进步
文化稳定性	低	高	联想在企业文化上还处于借鉴他人的阶段，在文化特点上可能还会有变化，稳定性不高；而 IBM 是一家走向成熟型的企业，具有自身长期积累的特点，变化不大，稳定性相对较高

从上面的表格可以看出，虽然联想和 IBM 分别属于发展中国家和发达国家的企业，但是两个企业的文化间也有相同之处，例如两个企业都鼓励员工自我提升、重视承诺等。相比之下，联想的文化更具人情味，而 IBM 更注重道德。但是企业文化的差异总的来说不是很大，因为联想的文化在中国一直都代表着先进的文化，它总是与国际企业文化相接轨的。既然问题不是出在企业文化差异上，那么我们可以得出以下结论：一直阻碍联想并购脚步的是两个企业所属国家间的文化差异。

IBM 是美国公司，我们可以对中美文化进行简单比较：中国文化倡导稳健行事，任何事情都希望大家能够三思而后行；而美国文化则提倡具有冒险精神，任何事情都要敢于尝试。两个国家在最基本的处理问题的方法上都完全相反，这必然会导致两个国家的企业在并购后产生重大的冲突。既然差异存在，因此联想在并购 IBM 时面临的第一个问题就是：究竟该不该对 IBM 进行并购？

2. 并购前的 SWOT 分析

在实施并购前，我们可以根据联想的特点，对它做出简单的 SWOT 分析，再利用 SWOT 分析来寻求合适的文化整合策略，因为没有通过专业分析而得出的结论本身就是有缺陷的。现在将联想在并购前面临的优势、劣势、机会、挑战归结如下：

（1）机会（Opportunity）。

① 个人 PC 业务仍然有良好的前景；

② IBM 拥有的国际品牌对联想进军国际市场有很大的帮助。

（1）威胁（Threat）。

① PC 市场竞争激烈，惠普、戴尔等企业同样拥有相当高的知名度；

② 现在个人 PC 业务的增长率上升缓慢。

（3）优势（Strength）。

① 在中国有廉价的劳动力；② 在中国有良好的声誉；③ 有高素质的技术人员。

（4）劣势（Weakness）。

① 资金不足；② 技术能力有限。

下面是根据联想面临的机会、威胁、优势、劣势做出的 SWOT 图表：

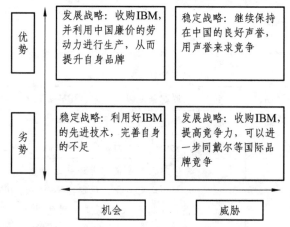

从上面的 SWOT 分析可以看出，收购 IBM 是联想比较明智的一个选择。因为联想正陷入了发展的瓶颈，在国内的市场已经达到一定的份额，一定时期内很难有较大的增长，但是它在国外市场的开发却并不理想，因此，收购 IBM 不仅可以完善自身的技术，还可以增强本企业的国际竞争力。

既然并购可行，那么并购的具体实施步骤应该是怎样的？联想以及其他中国企业又该如何解决并购过程中的文化差异问题呢？

3. 结合联想并购案例对文化融合的方法及步骤进行系统化、规范化

由于联想在中国的大型企业中十分具有代表性，因此，它在并购过程中应解决的文化差异问题也在一定程度上代表了中国企业在跨文化管理时应注意的问题。现在我们将文化融合的方法及步骤进行系统化、规范化，相信这对中国企业进行跨文化整合有一定帮助。

第一步，在实施并购之前，要做好资料收集工作。要收集的资料除了要包括被并购企业所属国家的文化情况外，还应包括该企业的基本情况，这样就可以充分地了解潜在的文化冲突，从而判断并购该企业的风险系数。这一步是企业实施跨国并购的前提，也是最重要的一步，因为如果能够尽早的发现问题，就可以使以后的合并工作更加顺利。相反，如果在实施并购前就发现两个企业的文化很难融合的话，就可以及时地终止这次并购活动，这样也能使损失降低到最小。当然，资料的收集必然离不开人员，因此建议企业成立一个并购研究小组。这个小组除了要收集与文化相关的各种资料外，还要对实施并购的成功率进行分析，并对并购后两个企业的文化融合情况进行预测。

（1）在了解被并购企业所属国家的文化情况时，我们可以借助 Kluckhohm 和 Strodtbeck 小组提出的价值观取向文化模型来进行分析。

价值观取向文化模型强调价值观取向应该多样，主要包括五要素：

a. 人的本性，是性善还是性恶，可改变还是不可改变。

b. 人与自然的相处方式，是主宰自然、与自然协调还是屈服于自然。

c. 时间取向。一是过去取向，强调传统和尊重历史。二是现在取向，通常注重短期和眼前。三是未来取向，这种取向强调长期。

d. 做事方式：是存在型还是实干型。

e. 人际关系：是个人、群体还是等级关系。

在价值观取向模型中，与企业跨文化管理密切相关的是后三种。通过这一模型，我们可以确定被并购企业所属国家是以情感为重还是强调努力做好事情，是强调个人还是集体主导社会关系，进而确定本国与被并购企业所属国家的文化可融性。当然，仅有一个模型是不够的，必须要掌握它的使用方法。下面我们将结合联想并购的案例来了解一下价值观取向文化模型该如何使用。

①时间取向：时间取向分为了过去、现在、未来三种，由于每个国家的历史沉淀不同，所属的时间取向类型也不会相同。因此，在跨文化管理过程中，当与未来文化取向国家的企业进行合作时，必须重视机会，并制定详细的目标达成期限等。当与过去和现在取向国家的企业进行合作时，就要重视文化的历史和传统，在安排各项工作时需要考虑灵活性，努力发现各种内部关系或社会关系对业务的影响或限制等。如果将被并购企业所属国家的时间文化取向判断错误，用了相反的方法，就有可能出现冲突甚至导致并购失败。

对美国人来说，"时间就是金钱"，他们不愿意在谈判过程中花费过多的时间在寒暄、客套上。所以，在与美国企业的合作中，如果不了解他们的时间观，而按照东方人的习惯行事，就会给跨文化沟通与管理带来一定的困难。因此，我们不难判断美国是属于未来文化取向国家，联想只需要将自身的工作做好。

②做事方式：通常情况下，美国人不会在轻松随意的气氛中通过长时间地闲谈来评估他们的来访者，更不会宴请客人来建立一种洽谈事务前的信任感和友好关系。对大多数人来说，友好关系比不上实际表现重要。因此，我们可以判断美国在做事方式上属于实干型。

③人际关系：在美国，大人都在孩子10多岁的时候就要求他们出去自己赚钱养活自己，

不难看出美国是一个倡导个体，发扬个性的国家。

通过价值观文化模型的分析，我们可以得到以下结论：美国是一个未来文化取向的国家，在任何事情上美国人都注重结果和效率，而且鼓励每个人发挥自己的主观能动性。这一结论对联想并购 IBM 后的决策制定是有很大帮助的。企业同样也可以参照以上案例对被并购企业所属国家的文化进行分析、得出结论。

（2）在对企业文化进行了解时，要注意：对中国的企业来说，大部分都是倾向于管理者专权，企业发展的重大决策往往都是由管理者之间商量决定，员工无法参与进来。同时，企业一般都用制度来规范员工行为，强调集体主义，重视男性职员，这些都是与强调个性张扬的西方企业文化相反的。因此，在分析企业文化时，要列出这些不同点，并整理出可以在两种不同文化间求平衡的方法，如果发现无法平衡，则立即终止并购。

（3）在了解被并购企业以及所属国家的基本情况后，就可以继续对并购做定性和定量分析，从而确定文化可融性的高低。建议在做分析时使用 SWOT 方法。

SWOT 是战略分析最常用的一种方法，它可以准确、全面对企业的并购行为进行分析。先列出企业现时的优势、劣势、机会和威胁，然后在决策时发挥企业优势、克服企业缺点、利用当前机会、化解威胁因素，最后得出企业的发展战略和稳定战略。具体操作方法我们已经在之前的分析中给出，企业可以利用 SWOT 方法得出是否应该实施并购。

第二步，在确定两个企业的文化可以融合后，就可以开始制定文化整合策略。

陈玉兰和陈君宁（2004）将企业并购的文化整合过程分成了四个阶段，即探索期、碰撞期、磨合期、开创期。也就是说，在每个不同的阶段，企业都应该制定相应的不同的整合策略。而在实施文化融合的过程中，应该取长补短，尽量地学习对方企业好的文化，并且不断地对自身文化进行完善。

在探索期，企业应该正视同被并购企业之间的文化差异，而不应该对文化差异熟视无睹。企业还应让并购后的工作团队参与到准备过程中，以加强并购后整合工作的计划性，以便及早发现问题。在这一阶段，企业一方面要找到企业之间主要的文化差异，另一方面要发现对协同效应的实现影响最大的关键因素，这样才能更有准备地应对可能或将要发生的文化差异与冲突。

在碰撞期，企业应该加强与被并购企业的沟通，加强员工间的交流，努力消除"文化偏见"。要做到这一点，就必须要开展跨文化培训。跨文化培训的内容，包括对文化的认识和敏感性训练、语言学习、跨文化沟通、冲突的处理方法和地区环境的模拟等。跨国企业面对的是与自身文化不同的文化背景，跨文化培训可以加强人们对不同文化传统的反应和适应能力，促进不同文化背景的企业之间以及人员之间的沟通和理解。

在磨合期，企业应该与被并购企业达成一致的使命，确定新的价值观。这就要求企业充分吸收国外企业先进的文化来创造共同点，聘用具有文化整合能力的人来管理合并后的企业，慎重对待对方管理者。

在开创期，企业应该与被并购企业一起努力地开创属于两个企业的新文化。这是对并购企业的一种新的补充，在碰撞中发现，在磨合中开创，在肯定中接受。

第三步，收购成功并不意味着整个并购过程取得了成功。因此，企业还应该经常对并购情况进行总结，如果发现仍然存在无法解决的文化问题或还有一些根本没发现的文化问题，就应该重新制定整合计划。对无法解决的问题，提出一些新的解决方案；对没发现的问题，将其纳入整合计划，并寻求解决方案。

三、联想案例带来的启示

通过对联想案例的分析，我们看到了中国企业在跨文化管理时还普遍存在着一些困难。而在面对困难时，只要企业按以上几个步骤循序渐进地来实施，就不会到临时来才手忙脚乱，可以避免不必要的麻烦。而同时，企业也可以建立一套完整的文化融合体系。

企业的跨文化整合是中国企业成功实施跨国并购的最重要的因素之一，只有很好地掌握了跨国企业文化整合的方法和技巧并能够结合自身情况灵活运用，中国企业在未来的跨国并购道路上才更有把握取得最终的成功，而不仅仅是"昙花一现"。

参考文献

[1] 钱　珺，王桂琴. 浅析跨国并购企业的跨文化管理. 北京工商大学学报（社会科学版），2003（1）.
[2] 卢　岚，赵国杰. 跨文化管理初探. 工业工程与管理，1999（3）.
[3] 戴　勇. 中国企业跨国并购研究. 湘潭大学，2005.
[4] 程文晋，王　倩. 论企业跨文化现象. 学习论坛，2000（7）.
[5] 陈玉兰，陈君宁. 跨国公司并购国有企业的文化整合. 科技与管理，2004（4）.

我国职业教育信息化建设存在的误区

四川交通运输职业学校　陈　辉

摘　要：中国职业教育信息化，是国家教育信息化的重要内容，是职业教育事业发展的重要方面；通过"职业教育"与"信息技术"的有效结合，促进职业教育事业的跨越式发展，提高教育质量和办学效益，是今后我国实现职业教育现代化的重大举措。本文即对我国职业教育信息化建设过程中存在的误区进行探讨和研究，分析这些误区存在的症结。

关键词：职业教育；信息化；误区

长期以来，各级教育行政部门和职业学校以及社会各界十分重视职业教育信息化的发展，积极推动职业教育信息化建设，取得了显著成绩。与此同时，我国的职业教育信息化建设仍存在一些误区，有资金层面的，有认识层面的，也有技术层面的，本文将加以剖析。

一、职业教育信息化建设的基本矛盾

供给不能满足需求是我国职业教育信息化建设的基本矛盾，也是我国职业教育信息化建设的首要问题。首先，公共政策部门没有提出系统政策规划作保障，缺乏信息化建设的专项规划，社会、企业对职业教育信息化建设的参与不够，多元发展职业教育信息化的机制尚未形成。其次，职业教育信息化成本相对较高，经费投入相对不足。近几年，我国中等职业学校的办学状况得到较大改善，但由于学校前几年的基础建设欠账太多，方方面面都要填补漏洞，信息化建设的步伐就显得比较迟缓，职业教育信息化装备条件并未得到改善和提高，中等职业学校校园网的数量并没有明显增加，不少学校的校园网功能单一、技术方案有待优化。

二、职业教育信息化建设存在的误区

误区一：职业教育信息化建设重物轻人。只注重信息平台的投资建设，忽略人在管理过程中的重要因素。很多人把信息化建设等同于技术改造，选型中总是把在硬件、软件等物质方面的内容放在第一位，盲目追求信息系统的高档次和高功能，忽略教学管理中的专业性限制，忽略了人的因素在信息化工程中的作用，甚至认为信息系统可以代替管理人员、替代教师上课等等，这是信息化认识的一大误区。

误区二：职业教育信息化建设重硬轻软。重硬件、轻软件、轻应用现象普遍存在，硬件投入规模大标准高，软件项目建设明显滞后。具体表现为：很多学校对信息应用系统硬件建设热情较高，在升级硬件设备时往往一掷千金，各种信息网络发展较快，而信息资源的开发利用却没有达到相应程度，信息资源规模小、范围窄、质量差、更新周期长、共享程度低。

这就造成了一种奇怪的现象，不少一流的硬件上，运行的软件是已过时的，有的甚至是盗版产品。软件是信息技术的核心，没有一流软件的支撑，信息化工程无异于是空中楼阁。

误区三：职业教育信息化建设看不见效益或效果。一些学校认不愿在信息化建设中进行投入或者投入很少，这种情形在规模不大的中等职业学校比较普遍。不可否认，在信息化建设的过程中，需要投入较多的资金进行基础设施的建设，还需要辅以相关的配套软件，管理过程中也需要一定的维护资金，而管理者往往首先考虑的是成本收益，学校不愿意承担由信息化带来的沉没成本，通常他们想通过信息化降低成本，增强竞争能力，而不是降低收入来获得教学管理流程的优化。

误区四：职业教育信息化建设仅注重系统功能。很多职业学校的信息化建设项目启动盲目，又过分关注管理信息系统功能的实现，不注重自身的需求分析，目标不明确，缺乏对自身管理体制缺陷上的认识，脱离了信息系统原本是以学校的信息为管理对象，最终使信息化建设偏离全局性。从很多个案来看，有些学校片面地追求解决某一管理环节或局部的问题，而不是从整个管理战略的角度来系统考虑解决问题的办法，结果开发出来的软件模块之间互不兼容，无法实现系统的统一和衔接，结果造成整个学校内部的信息网络平台和各节点间无法实现信息畅通，并没有提高全局自动化程度，使得行政效率和教学效果也大打折扣。

误区五：职业教育信息化建设过程中不注重信息安全建设。近几年信息安全问题比较突出，职业学校在信息化建设中，必须解决对安全问题的担忧，很多学校的信息与网络安全的防护能力不高，许多应用系统处于不设防状态，具有极大的风险性和危险性。国内80%以上的职业学校把单机版杀毒软件当做网络版使用；在国外，安全投入（主要是安全软件产品）通常占到基础投入的5%~20%，而在国内却很少有学校超过2%。

三、我国职业教育信息化建设的几点建议

（1）职业教育信息化建设需要树立正确的观念，加强职业教育信息化建设的规范化、制度化。

对于职业学校而言，必须树立信息化建设正确的观念，加强职业教育信息化建设的规范化、制度化，把信息化建设提升到管理战略的层面，而不能只看作是单纯的技术升级或是技术改造。信息化建设是对职业学校的教学管理流程进行重构或再造，涉及整个学校的方方面面，需要整合各方面的资源，从战略高度进行规划，要建立以教学流程为核心的管理模式。在完整、先进的信息技术解决方案基础上，实现职业学校在信息流通、工作组合、制度执行、教学控制、时间管理等环节的计算机化。否则，将出现在信息化专业技术与教学管理的矛盾中徘徊的现象。

（2）职业教育信息化建设要加强统一组织和管理。

加强政策引导，积极推进职业教育信息化发展。首先，要对职业学校的信息化建设统一规划，建立统一对口的政府信息化管理组织机构，具体负责规划和协调工作。坚持"政府主导，学校主体，社会参与，面向应用，分类推进"的战略发展方向，制定统一的全国职业教育信息化发展规划，统一计划，统一实施，统一管理，促进职业教育信息化软硬件资源的合理配置和使用效益最大化。由于开展信息化建设的资金大多是财政支出，所以信息化建设要

有较强的计划性，而不是指导性的。其次，职业教育信息化建设要加大经费投入力度，适时设立推进职业教育信息化发展专题项目，积极开展校企合作，广泛吸收社会多种资源。

（3）必须要把师资培训作为职业教育信息化建设的当务之急。

职业教育信息化首先是人的信息化，因此师资培训就成为教育信息化的当务之急。职业教育信息化首先要以计算机的普及教育和计算机辅助教学作为重点，着力于培养教师和学生应用计算机等信息技术的能力，以提高教育的质量和效益。在实施信息化的过程，要把师资培训作为重点，放在重要位置。同时要注意纠正重硬件、轻软件和轻人才培养的倾向，注重提高教师使用计算机的实际操作水平，培养教师自己设计制作课件及网上操作能力。

（4）职业教育信息化建设要注重信息技术与各学科课堂教学相结合。

开展信息化教育的主要目的是培养学生的信息素养，也就是培养学生迅速地筛选和获取信息、准确地辨别信息的真伪和创造性地加工与处理信息的能力。实现信息技术与各学科课堂教学的整合，首先要学校必须开设信息技术课程或开展信息技术课外活动。通过课堂教学和课外活动，让学生初步了解计算机和网络的基础知识，学会常用的计算机软件操作技术和网络技术，培养学生自主学习的意识和能力，培养学生的创新精神和动手能力，培养学生在现代信息环境下良好的价值观、道德观和法律意识，进而有效地促进学生学习方式的变革。其次，要鼓励教师在所教学科的课堂教学中广泛应用信息技术手段，同时要将信息技术融合在学生的学习活动当中。

（5）职业教育信息化建设要加强信息安全工作。

第一，要建立信息安全制度。信息网络上的安全问题80％以上是由于制度不健全而引发的，建立健全相关责任制和规范管理，是加强信息安全保密的必要手段。第二，建立安全认证中心，保证信息传输安全。第三，加强安全保密技术的自主开发。第四，建立网络安全紧急反应以及处理机制，协调相关部门处理信息安全管理事件。

结束语：我们应该清楚地认识到，信息化建设是一个人机合一的有层次的系统工程，包括学校决策、组织管理的信息化，教学、科研手段的信息化等诸多领域的内容。信息化的基础是职业学校的管理和运行模式，而其中的计算机技术只是信息化的实现手段，信息化建设是一个不断更新和递进的长期过程。

参考文献

［1］　国家教育督导报告：关注中等职业教育，2011.
［2］　郭东强，刘明杞. 政府在中小企业信息化建设中的作用分析. 生产力研究，2009（14）.
［3］　霍淑华. 信息化与企业竞争优势. 青春岁月，2011（06）.
［4］　和　亮. 教育信息化是教育发展的必然趋势. 中国新技术新产品，2009（13）.

论"双师型"教师在职业教育中的地位

四川交通运输职业学校　王新宇

摘　要：目前我国正处在加快国民经济发展的重要时期，经济发展的转变，但目前
我国在各行业中普遍存在着缺乏技能性人才和高素质的劳动者。故急需发
展职业教育提升职业教育实践教学水平，培养一批"双师型"教师。作者
就影响和制约职业学校"双师型"教师发展的主要因素以及如何建立和完
善"双师型"教师进行了分析和讨论。

关键词：双师型；职业教育；地位

目前我国正处在加快国民经济发展的重要时期，经济发展的转变，新兴产业的蓬勃发
展，推动着国民经济的快速发展，这极大地制约着我国经济的持续发展。所以大力发展中职
教育，提高劳动就业者的素质，成为今后一段时期内职业教育的重点。在《中等职业教育改
革创新行动计划（2010—2012 年）》中提出在一个时期落实规划纲要，中等职业教育改革发
展的任务十分繁重，中等职业教育在我国教育工作中长期处于薄弱环节，今后一个时期贯彻
落实规划纲要，推动中等职业教育发展的任务十分繁重。发展职业教育其时就是加强中职学
校基础能力建设；完善一批职业教育实训基地，提升职业教育实践教学水平；培养一批"双
师型"教师，同时加强校企合作聘用一大批有实践经验和技能的专兼职教师等。

教师是学校的灵魂，是学校得以生存发展的关键，特别是对于以培养技能性、操作性人
才为主的职业学校。教师是教育的实施者，教师理论水平、操作技能的高低决定了学生的培
养目标能否达到。因此培养一支业务能力强、专业知识丰富，同时具备较强的职业道德、了
解职业教育发展规律，掌握行业发展动态，在教学中不仅能讲授专业基础知识，且在实践教
学中培养学生的动手能力，在行业中提高学生的在职场中的竞争适应能力，在日常教学中能
把握行业发展新知识、新技术的步伐，及时将新知识、新技术融入教学中，使学生知识、能
力、素质全面发展的教师队伍，是学校进步、发展最根本的保证。其中对"双师型"教师培
养更是职业教育中具有不可替代的作用。

"双师型"教师是职业教育建设的主要特点，加快"双师型"教师队伍建设，是目前职
业教育者所形成的共识。什么是"双师型"教师？笔者认为，"双师型"教师不仅应具有良
好的理论知识，能教书育人，拥有较强的行业的操作技能水平，同时也应具备与所授专业所
拥有行业素质，也就是要求具备丰富的行业基础知识、行业理论知识和实践能力，能力的发
展提供一定价值的建议和意见。但是现在面临的是，一方面职业教育快速发展；但另一方面
职业学校的"双师型"教师不论是数量上还是质量上都不能满足职业教育事业发展的需要，
已成为制约"以学生的职业能力培养为核心的职业教育模式"教育教学质量提高的瓶颈，成
为技能人才培养的最大障碍。目前影响和制约职业学校"双师型"教师发展因素主要有以下

几方面：

1."双师型"教师定位不明确

目前对于什么是"双师型"教师还没有准确定义，普遍可以接受的观点是在教学中即能担任理论教学，又能在实践实习中指导学生的教师，就可认为是"双师型"教师。也有人认为不仅持有高等学校以上的毕业证、教师资格证，同时拥有技术职务（职业资格）证书，即所谓的双证，也可认为是"双师型"教师。职业学校的教师就在大多来源于本科院校的毕业生，他们一毕业就进入学校从事教学工作，由于在原来的学校中只学习了大量的理论知识，很少或者没有任何的生产实践经验，让他们指导职业学校的学生的实践、实训课程他们就显得力不从心。另一方面，目前各行业都实行了职业资格的认证制度，大力推行了职业资格的考试认证，有些教师虽然通过考试取得了职业资格证书，但所持有的职业资格证书与其所讲授的专业不吻合，在日常的教学中没有任何作用。而拥有大量丰富实践知识的企业一线生产技术员工，他们是行业技术的引领者，是掌握行业发展技术最前沿的人，由于各种原因不能被引进到学校从事职业教育活动，从而造成了学校培养的学生只有理论知识，没有实践动手能力，以致他们在职场的就业方面缺乏竞争力。

2."双师型"教师继续教育目标不明确

加大对在职老师的培训、培养是职业学校生存发展的重要手段，也是建立一支合格的"双师型"教师队伍的有效途径。由于专业理论教师实践经验欠缺，专业操作技能难以满足教学需要，因此有必要对他们进行培训。另外，在社会不断发展的今天，各行各业的生产技术日新月异，对职业学校的学生的就业能力提出了更高的要求，这就迫使职业学校不得不加大对教师的培养，以适应不断发展的行业技术。但目前在职业教育教师培训中也存在着诸多问题：一是"双师型"教师的继续没有系统性的培养计划。由于受资金、场地等因素影响，学校在制定和实施教师培训计划时，培训目的不能达到，从而制约了"双师型"教师的在专业知识、操作技能的进一步的提高。二是由于受目前受学校大力扩招的影响，学生的增加，教师数量的不能满足教学的需要，教师在日常教学疲于应付日常的教学和教学管理，导致他们很难有精力和时间投入到自己的继续教育中，使他们在专业技能快速发展的今天，失去了掌握行业前沿技术的机遇。

3."双师型"教师教学实训基地建设不满足

职业学校教学实训基地是学生技能培训的主要场地，是学生掌握操作技能的前提条件。在实验实训基地进行教学实训，加大学生动手能力的培养，是实现职业学校培养目标的体现。在实习、实训基地的建设中同时也锻炼了"双师型"教师队伍，保证了实习、实训教学内容的不断更新。然而由于在一段时期内，学校以经济效益为职业学校发展的根本，学校不管有办学无能力与条件，只要学生需要，就开设其专业。特别是在专业运行过程中所需要实训实习场地、实习器材根本没有或达不到的要求，这使拥有"双师型"教师教学队伍处在"巧妇难为无米之炊"的尴尬禁地，教师只能通过讲授等方式来完成这部分教学，让学生失去了动手的机会，这样不仅造成学生学不到操作技能，同时也使他们在就业中无法获得竞争优势。

从以上问题可见，在国家不断加大对职业教育投入的同时，必须重视职业学校"双师型"教师队伍的建设；否则，职业教育"以就业为导向、以服务为宗旨"的目标就要落空，职业教育的质量很难保证，职业学校学生的就业优势就不能体现。为此，"双师型"师资队伍建设各职业学校应加强"双师型"教师队伍的建设，但"双师型"教师决非朝夕而成。具体来讲，对"双师型"教师队伍建设，可按以下措施进行：

1. 制订"双师型"教师的标准

根据学校特点制订职业学校的"双师型"教师标准，是建立"双师型"师资队伍建设的前提条件。第一，职业学校应高度重视"双师型"师资建设，把"双师型"教师建设纳入学校发展总体规划，制订和完善现行的"双师型"教师认定标准和继续教育的培训制度，结合学校专业设置的特点制订出具体的教师培养计划。第二，职业学校加强对"双师型"教师的有效管理，建立"双师型"教师评价考核体系，创造一切有利于"双师型"教师的工作、教学条件，促使更多教师成为"双师型"教师。

2. 加强教师的理论、技能知识的培养

纵观目前世界职业教育，发展及教师培训方面比较成功的主要以欧美一些国家，特别是德国职业教育的"双元制"是我国职业教育及教师培训、培养都可以借鉴的。德国"双元制"职业教育师资培养模式是指充分利用学校和企业两种不同的教育环境和教育资源，采取课堂教学和实践锻炼有机结合的方式，提倡不同机构和部门的合作实现优势互补，确保师资质量的培养模式。通过这种模式的培养职业学校的教师不仅在个人的能力素质上达到"双师型"素质而且在师资队伍的整体结构上实现互补达到"双师型"结构。由于有了这种师资队伍的培养方法，使教师队伍的水平高、业务素质精，通过他们培养的学生综合素质强，深受企业的欢迎。因此我国的职业学校在选取教师时应提高老师队伍的整体水平，严格控制、保证职教师队伍的教学水平。同时，各职业学校还应结合学校自身情况，制订符合"双师型"教师队伍建设的培养方案，最大限度地保证教师在工作中不断地学习、进修，提高教师的业务能力。

3. 加强与企业之间的校企合作

双元制职业教育的基本特点就是由企业和学校共同完成职业培训，在学校学习文化理论课，在企业进行实践训练，理论和实践密切结合，学校和企业不是简单的挂钩，而是法律规定的合作伙伴，企业有自觉参与和支持职教的理念。企业参与职教，既能使学生受到很好的实践训练，又解决了教育的投入问题。产教结合、企业积极参与是职业教育活动，是我国职业教育发展的必然趋势。同时在职业教育中，由于受资金、场地等问题的困扰，不能按要求建设专业所需要的场地和实习器材的购置，只有引进产学结合的办学机制，充分发挥学校和企业的各自优势，依托校企合作建设的实训室和实训基地，建立以职业岗位需求（知识、技能和态度）为体系的教育模式，以专业技术应用能力和专业素质培养为主线，由生产实际操作需要设置专业教学课程，按生产实际操作过程组织单元教学，加大学生动手能力的培养。

结束语：目前我校正处在创建国家中等职业教育改革发展示范学校的关键时期，以此为核心推进人才培养模式与课程体系改革、师资队伍建设、校企合作与工学结合运行机制在各

专业陆续展开，完善职业学校师资队伍建设。特别是加强"双师型"教师队伍的质量建设，已成为专业建设的重要内容。建设一支能够适应职业教育"以服务社会为宗旨，以就业为导向，以提高学生综合素质、强化学生职业技能为核心"的"双师型"教师队伍是我校实现可持续发展的关键。

参考文献

[1] 教育部《关于制定中等职业学校教学计划的原则意见》.

[2] 杨 柳. 德国"双元制"职教师资培养模式对我国的启示. 江西师范大学, 2008、

[3] 王镇刚. "双师型"教师培养模式之我见江苏省六合职业教育中心校. 中等职业教育资源肉, 2009.

[4] 江门鱼丸. 浅谈"双师型"教师队伍建设. 2006.

浅淡中职学校在线考试系统的数据库设计

四川交通运输职业学校　尹　星

摘　要：本文通过对中职学校传统考试过程的需求分析，重点分析了数据库的逻辑设计和概念模型设计，介绍了 ASP 动态网页技术、与 Access 数据库的连接方式，开发了基于 B/S 模式的在线考试系统，用于计算机基础课程的测试。

关键词：ASP；数据库；Access；在线考试；B/S 模式

随着现代教育改革的快速推进和"校园网"的建设，在线考试已逐渐发展起来，一些高校的某些课程考试采用了在线考试技术，特别是计算机基础课程。中职学校更要随着教育信息化的发展，实现文化基础课程的无纸化考试，这样既满足考生随时进行考试并迅速获得成绩，又大大地减少教师的工作量，提高工作效率。

一、系统的需求分析

在线考试系统还应该具有友好、简洁的界面，安全性要高，稳定性要强，能够满足多人同时进行在线考试。访问系统的用户分为三类：管理员、一般教师、考生。系统管理员对各类用户设置身份信息，并根据身份确定其权限。还要对数据库进行管理和维护，一般教师登录后，可以出题、组卷、评卷、统计分析及查询和修改权限，但并没有添加和删除用户的权力，必须通过管理员管理用户。考生登录后，选择试卷开始考试，计时开始。考试完毕后，系统可以自动评分，迅速准确，无任何人为因素，保证考试的公平公正。

二、数据库设计与分析

数据库是系统的最底层，存储着系统的所有数据，它在一个管理信息系统中占有非常重要的地位。数据库设计是整个系统设计的重要组成部分，是建立在用户及系统的需求分析基础上，要求了解系统各个方面的需求，数据库设计的好坏直接影响着应用系统的效率和实现效果，本系统采用 Access 数据库存储数据。

1. 数据库的逻辑设计

本系统的所有表都保存于数据库 testdata. mdb 中，主要包括学生信息表、管理员/教师信息表、学生考试成绩表、试题信息表、单项题信息表、多选题信息表、判断题信息表、填空信息表、简答题信息表、论述题信息表等。

通常，每一类型的试题都应有一个表结构。但考虑到目前系统存储空间可以很大，也为了更加方便，我们采用把全部试题集中在一起的方案来建立数据表。

试题信息表：主要包括试题的 ID、专业、试题题型、难易程度、试题内容、试题分数、试题答案，以及一些附加的内容，见图1。

字段名称	数据类型	
tmid	自动编号	试题编号
title	备注	试题题目
chapter	数字	出自的章节
category	数字	试题题型
ans	备注	试题答案
a	备注	A选项
b	备注	B选项
c	备注	C选项
d	备注	D选项
e	备注	E选项
f	备注	F选项
kcid	数字	科目的ID
level	数字	试题难易度系数
kao	数字	是否考试状态
photo	文本	存放的图片
isread	数字	是否已选择

图1 试题表

考试科目信息表：主要包括考试科目的 ID、科目名称、分配权限内容，见图2。

字段名称	数据类型	
kcid	自动编号	科目的ID
kcm	文本	科目名称
isopen	数字	权限

图2 考试科目信息表

2．数据库的概念模型设计

概念数据模型与DBMS无关，是面向现实世界的数据模型，是对信息世界建模，其中最常用的方法是实体－联系方法（entity-relationshipapproach），简称 E-R 方法。

由数据库的需求分析得到的数据项和数据结构可以设计出能够满足用户需求的各种实体，为后面的实现打下基础。本系统的主要实体可以分为：管理员/教师实体、学生实体、试卷信息实体、试题信息实体、打印成绩信息实体。

管理员/教师，学生这三个实体的 E－R 图如 3～6 所示。

图3 管理员实体 E-R 图

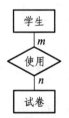

图4 学生实体 E-R 图

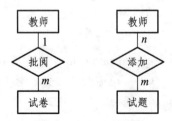

图5 教师实体 E-R 图

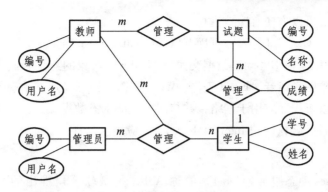

图 6　系统主要的 E-R 图

三、数据库介绍

所谓数据库（DataBase—DB），就是长期存储在计算机内的、有组织的、可供共享的数据集合。数据库中数据按一定的数据模型组织、描述和存储，具有较小的冗余度、较高的数据独立性和易扩张性，并可为各种用户共享。

1. Access 数据库

Access 是微软公司于 1994 年推出的基于 windows 的桌面关系数据库管理系，是 Office 系列应用软件之一。它提供了表、查询、窗体、报表、页、宏、模块 7 种用来建立数据库系统的对象；提供了多种向导、生成器、模板，把数据存储、数据查询、界面设计、报表生成等操作规范化；为建立功能完善的数据库管理系统提供了方便，也使得普通用户不必编写代码，就可以完成大部分数据管理的任务。

Access 是一种关系型数据库管理系统，其主要特点如下：

（1）存储方式单一。

Access 管理的对象有表、查询、窗体、报表、页、宏和模块，以上对象都存放在后缀为（．mdb）的数据库文件中，便于用户的操作和管理。

（2）面向对象。

Access 是一个面向对象的开发工具，利用面向对象的方式将数据库系统中的各种功能对象化，将数据库管理的各种功能封装在各类对象中。它将一个应用系统当做是由一系列对象组成的，对每个对象它都定义一组方法和属性，以定义该对象的行为，用户还可以按需要给对象扩展方法和属性。

（3）界面友好、易操作。

Access 是一个可视化工具，是风格与 Windows 完全一样，用户想要生成对象并应用，只要使用鼠标进行拖放即可，非常直观方便。系统还提供了表生成器、查询生成器、报表设计器以及数据库向导、表向导、查询向导、窗体向导、报表向导等工具，使得操作简便，容易使用和掌握。

（4）集成环境、处理多种数据信息。

Access 基于 Windows 操作系统下的集成开发环境，该环境集成了各种向导和生成器工具，极大地提高了开发人员的工作效率，使得建立数据库、创建表、设计用户界面、设计数据查询、报表打印等可以方便有序地进行。

（5）Access 支持 ODBC（开发数据库互联，OpenDataBase Connectivity）。

利用 Access 强大的 DDE（动态数据交换）和 OLE（对象的连接和嵌入）特性，可以在一个数据表中嵌入位图、声音、Excel 表格、Word 文档，还可以建立动态的数据库报表和窗体等。Access 还可以将程序应用于网络，并与网络上的动态数据相连接。利用数据库访问页对象生成 HTML 文件，轻松构建 Internet/Intranet 的应用。

2. ASP

ActiveServerPages 动态服务器网页，简称 ASP，是微软公司推出的一种用以取代 CGI（CommonGatewayInterface 通用网关接口）的技术。简单地讲，ASP 是一个位于服务器端的脚本运行环境，通过这种环境，用户可以创建和运行动态的交互式 Web 服务器应用程序，如交互式动态网页，包括使用 HTML 表单收集和处理信息、上传与下载等。

ASP 是创建动态网页的一个很好的工具，可以利用它编写动态产生 HTML 的程序代码。因此，只要用户浏览 Web 站点并请求一个 ASP 页，Web 服务器就可以处理相应的 ASP 代码，生成 HTML 代码，然后将它传递到用户浏览器并显示出网页。有了 ASP，就不必担心客户的浏览器是否能运行所编写的代码，因为所有的一切都将在服务器端进行，客户浏览器得到的只是一个程序执行的结果，而你也只需在文件中声明使用不同的脚本语言即可。

3. ASP 与数据库

支持对数据库的访问和操作是 ASP 的一个重要功能，是 ASP 逐渐壮大发展的前提。当 Internet 深入到千家万户时，网站的功能不再局限于静态地显示数据，网站不仅要能动态更新数据，向用户及时提供所需信息，还要能与用户进行在线交互，同时还要能记录交互过程产生的相关信息。

Access 数据库的 DSN-less 连接方法：

```
setadocon = Server. Createobject( "adodb. connection")
connstr = "Driver = { Microsoft Access Driver( * . mdb) } ; DBQ = "&_
    Server. MapPath( "数据库所在路径")
Adoconn. Openconnstr
AccessOLEDB 连接方法
stradocon = Server. Createobject( "adodb. connection")
connstr = "Provider = Microsoft. Jet. OLEDB. 4. 0; "%_
"Data Source = "&Server. MapPath( "数据库所在路径")
adocon. openconnstr
```

四、数据库的安全性

在 ASP 和 Access 应用系统中，如果获得或者猜到 Access 数据库的存储路径和数据库名，则该数据库就很容易被下载到本地。例如：对于本系统的 Access 数据库，常规的命名为 tk. mdb 或者 exam. mdb 等，而存储的路径一般为站点根目录下或者其下的 database 文件夹。这样一来，就可以被用户轻易地下载到本地的机器中。一旦数据库被成功下载，其数据信息就没有任何安全性可言了。

解决这个安全隐患的方法有三种：

1. 非常规命名法

防止数据库被找到的简便方法是为 Access 数据库文件起一个复杂的非常规名字，并把它存放在多层目录下。例如：dYcE（1ULbE#1daJ．mdb，然后再把它放置于较深层目录下。这样，对于通过猜测的方式得到 Access 数据库文件名的非法访问就起到了有效地阻止作用。

2. 使用 ODBC 数据源

在 ASP 程序设计中，如果选择使用 ODBC 方式建立 DSN 数据源，而不使用全路径方式，这样会把数据库名直接写在程序中，黑客一旦获取程序文件，数据库名将随 ASP 源代码的失密，即使数据库名字起得再怪异，隐藏的目录再深，ASP 源代码失密后，数据库也很容易被下载下来。如果使用 ODBC 数据源，就不会存在这样的问题，它的设置数据库连接语句格式为。conn．open"ODBC-DSN 名"，而不会出现数据库文件名，这样就达到了隐藏数据库的目的。

3. 使用 ACCESS 来为数据库文件编码及加密

首先在 Access 中选取"工具—安全—加密/解密数据库"，选取数据库（如：aaa．mdb），确定后会出现"数据库加密后另存为"的窗口，存为：＊．mdb。接着 aaa．mdb 就会被编码，然后存为例如：bbb．mdb 文件，完成对数据库文件的编码，并非对数据库设置密码，目的是为了防止他人使用其他工具来查看数据库文件内容。

然后对数据库的加密。首先以"独占"方式打开经过编码的 bbb．mdb，然后选取功能表的"工具—安全—设置数据库密码"，接着输入密码即可。设置密码之后，如果再使用该 Access 数据库文件时，则系统会要求输入密码，验证正确后才能够启动数据库。需要注意的是，使用 ASP 程序的 connection 对象 open 方法中，要打开已经加密的数据库文件，需要增加 PWD 的参数设置。

参考文献

[1]　萨师煊，王　珊．数据库系统概论．3 版．北京：高等教育出版社，2002．

[2]　吴秉柔，等．精彩 Access 2000 中文版．北京：北京大学出版社，2001．

[3]　黄　明，梁　旭．ASP 信息系统设计与开发实例．北京：机械工业出版社，2004．

[4]　夏邦贵，刘凡馨，等．SQLServer 数据库开发经典实例精解．北京：机械工业出版社，2006．

[5]　杨听红，高　宇．数据库基础——Access．北京：电子工业出版社，2005（6）．

教学管理中计算机信息技术的影响探析

四川交通运输职业学校　薛凌麒　李　莉

摘　要：教学管理是学校管理重要组成部分，文章阐述了教学管理与计算机信息技术的关系。从管理模式的改变、虚拟教室的建设、信息管理系统、学生管理系统、教师管理系统级教务管理系统等方面阐述了计算机信息技术对教学管理的影响。因此，发展计算机信息技术对教学模式、教学目标、信息管理等影响深远。

关键词：教学管理；计算机信息技术；管理模式；信息管理系统

引　言

随着教育事业的进一步改革，各高校纷纷扩大招生规模，专业增多，学生数量大幅上涨，导致教学管理工作量骤增，而传统的管理模式存在很多缺陷，已经不能满足现代化教育的要求，急需转变。计算机信息技术是当前社会发展的主流，为适应时代需要，促进我国现代化教育事业的发展，教学管理必须实现科学化、现代化，这就需要充分利用计算机信息技术。

一、教学管理和计算机信息技术

教学管理，即学校管理者按照学校教育要求和目标，采取合理、可行的管理手段对教学活动加以管理，在维持教学秩序的基础上培养各种人才，促进学校教育事业的发展。教学管理范围较广，包括对教师、学生以及档案信息的管理，也包括教学计划目标的制定、过程和质量的提高等，其本质可以理解为是对各种教学信息进行搜集处理，经分析后，充分利用这些信息资源，以达到既定目的。

在当前信息化时代，信息显得尤为重要，教学管理的关键即信息管理，只有及时掌握全面的教学信息，才能制定相应的制度和改革措施，进而提高教学效率和教学管理水平。随着近些年高校的不断扩招，教学管理更为复杂，陈旧的模式必须得到改进。计算机和网络的普及加速了社会发展，在信息搜集整理方面功不可没，为人们提供了许多方便，成了获取信息最快捷的途径。为适应当前变化，教学管理也应实现现代化管理，将管理活动纳入到网络信息环境中。教学管理是否实现信息现代化，对教学质量、管理水平以及学校的现代教育建设意义重大，因此，必须引进计算机信息技术。

二、计算机信息技术对教学管理的影响

1. 管理模式的改变

以往的教育中，学校常常以自己的标准对外招生，只有达到学校规定标准的学生才被录

取，而入学后，学校又制定许多规章制度对学生进行约束，完全按照自身所需培养人才。这种管理模式比较机械化，学生的主动性被钳制，无法根据自己的爱好兴趣发展，以致教学管理水平比较低下。而计算机信息技术的应用，必将冲破教育藩篱，变学生的被动为主动，学校为适应计算机信息技术的要求，必将从学生的角度考虑，根据学生的特点兴趣开设相应的课程，改变传统的教学管理模式，以促进现代化教育的发展。

2. 虚拟教室的兴起

作为教学的主阵地，教室发挥着重要作用，其不足之处是空间性较强，尤其是学生较多时，要占据大量的空间，为教学过程带来了一定的难度，常会出现教室不够用、教师难以一一进行指导的状况，而且人数过多，教室容易喧哗，对教学质量形成不利影响。计算机信息技术可实现网络教学、虚拟教室等，无需占用空间，而且获得教学资源更加方便，也更加全面，通过建立数据库，实现资源共享，减少了实际中的许多烦琐事务，有利于教学效率的提升，对教学质量也有一定的促进作用。

3. 目标多元化的趋势

计算机信息技术对教学目标也有很大影响。教育多是有目的性的，在经济技术的推动下，学校兴起，教育活动也逐步规范化，在取得成就的同时，也存在着些许不足。例如目标比较单一，许多学校将重点放在了如何提高教学质量上，对学生的实践能力有所忽视，以致不少学生将获得学历学位作为教育目标，却缺乏实际动手能力，无法适应社会用人单位所需。计算机信息技术的引进，使人们获取信息更为方便，各个社会阶层、各个年龄阶段的人都有机会学习，相应的学习目标已不仅仅局限于学历证书的获取，而更加重视如何将所学知识运用到实际中去，使得教育目标呈现多元化的发展趋势，可以满足不同阶层的要求。

4. 信息管理系统的建立

由于教学管理较为复杂，容易出现管理混乱，为提高管理水平，通常会建立起健全的信息管理系统。该系统以计算机技术为基础，可划分为两大部分：一是硬件部分，包括信息网、服务器等；二是软件部分，由系统软件和应用软件组成。系统能够真实反映教学管理水平及学校各项活动所处的状态，凭借强大的数据处理功能，可减少人为的工作量，从而提高工作效率；而且通过模型的建立能够优化各种资源，为用户提供有效信息。该系统大致可分为以下几个部分：

（1）教学管理信息系统。主要涉及学生的学籍管理、分班状况、课程安排以及各种档案管理等内容，分班时依据年龄、性别或入学成绩将学生按顺序进行排列，对其信息分析处理，并遵循一定的标准重新分配；学籍管理属于教务管理范围，主要是对学生在校学习状况及其他信息的记录管理，以此为基础对学生的学习质量进行评价，学生可登录该系统查询各科成绩，且系统提供打印传送功能；课程安排意义重大，是开展教学的前提工作，也是教学工作在时空和人力的调度；档案管理则涉及各个专业、不同年级、具体课程的计划，以及报表统计、教学文件的存储查询。

（2）学生管理信息系统。主要是对学生各方面信息的管理，如招生信息、奖金奖励、学生素质、就业意向等。其中，招生信息是获得学生信息的基础；奖金奖励与学生的平时表现及学习成绩相挂钩，由相关管理部门对学生的综合表现做出一定的评价，根据评定结果予以奖金等，对于犯大过者则应予以一定的处分。系统主要负责这些信息的记录存档工作。

（3）教职工信息系统。学校以学生和教职工为主，该系统主要负责教职工基础信息管理，并提供登陆、分类、数据处理与分析、查询、输出等功能。信息管理系统能够整理记录教师个人信息、工资情况、来源、去向、岗位变动情况。同时学校管理者还可以通过系统查询在职、非在职人员信息。财务部门可以依赖信息管理系统实现职工资金的调配，对工资实现批量修改、备份、恢复、扣税功能等；实现人员调动、职工工资信息浏览、职工调动明细等统计功能；实现对银行账户的报盘等功能。

（4）财务管理系统。财务管理涉及学校的每一项活动，直接关系着学校的各项开支经费，意义十分重大。只有做好财务管理工作，才能对资金进行合理分配，更好地服务于教育工作。校产管理则主要是指对学校固定资产以及各项设备仪器的管理，包括楼房建筑、办公用品、实验室、实验器材、电力设备等。

（5）校园网的建设。通过校园网站中的"校园之窗"来展示学校的各种活动，包括招生就业、学习风气、艺术教育、教师风采等，将学校的办学治学理念传达出去，提升学校声誉，以吸引更多的学子。尤其是网络招生就业咨询处的设立，使得社会各界人士能够更加方便地了解学校情况。

三、如何在教学管理中实现计算机信息技术的应用

随着计算机信息技术的发展，许多学校都在教学管理中引进了该技术，前程十分美好，这既是学校教育发展的要求，也是时代变化的需要。实现该技术在教学管理中的实际应用，具体来说，首先应对学籍管理加以规范，实现微机化管理，充分利用计算机的存储、分析和决策的功能，促进教学管理的科学化；其次，实现课程的信息化、系统化管理，保证课程有秩序的开展。同时运用该技术加强高校教学质量管理，实现管理的科学化。

结束语：在教学管理中引进计算机信息技术，能够改变传统的教学模式，实现教学目标的多元化，进而提高管理效率，使得教学质量有所保证，进一步促进现代化教育的发展。

参考文献

[1] 陈传祥.浅谈计算机信息技术对教学管理的影响.华章，2010，24（14）：173—174.

[2] 张艳芳.论现代教育教学管理的信息化.都市家教，2013，29（4）：213—214.

[3] 牛丽丽，吴昊.论高校教学管理的信息化建设.才智，2011，26（31）：139—140.

[4] 赵菊珊.大学有效教学及教学管理的理念与思考.中国大学教学，2010，24（1）：136—137.

[5] 王吉，郭楠.计算机信息技术与课堂教学的整合机制研究.计算机光盘软件与应用，2013，16（6）：240—241.

内地职业学校发展困境与改革的讨论

四川交通运输职业学校　黄靖淋

摘　要：现在中等教育阶段的职业教育受社会发展形势和周边经济环境等因素的制约、影响，职业教育学校的发展参差不齐，社会急切呼唤高水平的职业教育，企业苦于找不到理想的技术人才，许多有教育需要的人也苦于寻不到理想的学习场所。这种强烈的反差表明有效需求不足和供给不优的问题同时存在，这是制约当前中等职业学校发展的根本问题。怎样改革职业教育，发展职业教育是职业学校考虑的首要问题。

关键词：职业学校；困境；改革

中等教育阶段的职业教育作为教育与职业连接的主要桥梁之一，它既具有教育的一般属性，也有与职业相对应的产业属性。就目前的情况看，一方面许多职业学校在招生难、毕业生就业难的两难中苦苦挣扎；另一方面社会急切呼唤高水平的职业教育，企业苦于找不到理想的技术人才，许多有教育需要的人也苦于寻不到理想的学习场所。这种强烈的反差表明有效需求不足和供给不优的问题同时存在，这是制约当前中等职业学校发展的根本问题。

一、内地职业学校的困境

1．职业学校社会认可度不高

通过对部分教师和九年级学生进行调查只有7％的学生是很想读职业学校，25％有点想，68％选择不想。

2．学生厌学数量居多

职业学校学生大多源于中考失利者，大多在初中学习、纪律双差。由于长期得不到父母的肯定、老师的鼓励，尤其经历中考失败的打击而产生强烈的厌学心理，学习动机、学习习惯和学习方法不同程度存在问题，更缺少学习的主动性和积极性。不少学生抱着混文凭的想法走进职校。厌学情绪不仅制约学生的发展，也困扰着职业学校教师，不少教师由此产生职业倦怠感。

3．职业教育招生制度存在缺陷

职业教育的招生程序被安排在普通教育招生程序后，导致职业教育被普遍视为低于普通教育的"差生教育"，是社会和家庭在教育选择中的无奈之举，并没有体现选择性分流机制的重要性，而是扮演着淘汰性分流机制的角色。

4．职业教育的学生管理困难

职业教育相比普通教育付出的成本更多，除此之外学生管理上也更加困难。原因在于生源问题，职业教育的生源大多数是应试教育的失败者，这些学生在普通教育阶段没有形成良好的学习习惯，对自己要求不够严格，在职业教育阶段更加放任自己。

5. 职业教育经费不足

中等职业学校基础比较薄弱，质量不高，吸引力差。由于经费投入不足，中等职业学校专业设施设备不足，专业师资短缺、薄弱，教师对生产服务第一线的经营管理、技术工艺了解不够，专业技能和实践教学能力不够强，可以说教育教学质量跟不上职业教育新形势、新任务的要求。加上生源质量参差不齐，学生学习动力不足，文化基础知识不牢导致了学习质量不高，职业技术技能不强，适应能力、转岗能力差，毕业后缺乏在人才市场上的竞争优势，也在很大程度上影响了学校的发展。

二、企业面临的困境

目前，整个汽车维修行业都面临着一个新问题招人困难。现在企业招聘的员工主要是1990年前后出生的人。1990年，我国出生人口在2000万左右，而2011年年底中国中小型企业有4300万家，这还不包括大型企业。中小型企业将分得2000万人口中一半左右的人员，这意味着每4个企业才有1个新生劳动力可供选择，所以才会出现现在"无工可招"的现象。这还不是根本原因，更关键的是汽车服务行业在产业链中处于中低层的位置，很多人不愿意从事这种底层工作。尽管我们提倡行业无好坏，但在现实生活中，从事汽车维修行业的人员由于其工作的局限性，每天看到自己脏乱差的形象后，心里难免有些不舒服。所以，这个行业现在出现了严重的人员匮乏问题，即使是学徒工也难以招到。

企业要发展，人才是关键。维修企业作为"智力+脑力"型企业，要在市场竞争中立于不败之地，求得更好的生存和发展环境，必须具备一支高素质的维修队伍。重视企业人员能力开发，培养和造就一批高素质、有活力、有实战技能的人才，增强企业的活力和竞争力。

（1）现在走上工作岗位的员工都是小时候被誉为"小皇帝"的一代，这一代的思想特点是想做什么就做什么，不计后果。所以到了企业真正步入社会后，随着心态的波动，在企业留存的周期比较短，换岗频率比较高，所以招工成本非常大。

（2）现在很多初级员工来源于职业院校，他们在学校已经接受过基本技能和知识的培训，但其对于技能的掌握度和实际操作能力有限。

（3）任何一个企业招收新人都希望其能够长期留下来工作，尽管留得住在行业内还不是一个被量化的管理标准（在国外要考核部门主管下属的平均工作年限），但是仅仅几个月就辞职的现象还是很常见。所以，能不能留得住员工是企业的一块心病，但是能不能在一个企业有长远的发展又何尝不是一个新员工的心病。任何人都希望可以预知自己的未来，可是对于企业的未来更有预见性和决定性的企业家能否给员工设计一个可以预知的未来，这是考验领导智慧和能力的关键。很多行业里的老板只是做一天看一天，这根本无法很好地留住员工，即使留住员工很大程度也是应付了事。

三、中职学校的改革

（1）加强宣传，提高认识，转变观念。国务院强调要把发展职业教育作为经济发展的重要基础和教育工作的战略重点。作为教育管理机构和职业学校来说，要加大宣传力度，利用各种媒体大力宣传职业教育在经济建设发展中的重要地位与作用，改变人们长期以来对职业教育不理解而产生的错误观念和偏见，营造全社会关心支持职业教育发展的良好氛围。

（2）完善制度，创设有利于技术人才培养的良好社会环境。

① 加强政府的统筹与管理。吸纳由行业、企业等社会各界人士参加的咨询委员会，为学校的专业设置、课程设置等决策提供咨询，使学校能够根据社会、企业的需要及时做好教育教学调整，更好地培养技术人才，服务社会。

② 严格执行就业准入制度。把实行职业资格证书和就业准入制度，作为提高从业人员素质的一项强制措施。取得职业资格证书方可上岗，用人单位必须使用有职业资格证书的人员。这个制度的执行对职校扩大生源渠道是十分有利的，也是职业教育发展的途径之一。

③ 努力增加对职业教育的经费投入。

除了政府利用国家财政资助职业教育发展外，发展校企合作，让企业资助职业教育经费。企业投资建立职业培训中心，购置培训设备并负担实训教师的工资和学徒的培训津贴。

（3）深化教育教学改革，不断提高办学质量和水平。

① 提高教学和就业质量。发展职业教育，职业学校责无旁贷，这就需要学校进一步深化教育教学改革，苦练内功，不断提高办学质量和水平。因此，学校要拓宽就业渠道，保证出口畅通；既要加大外联力度，又要狠抓质量管理，真正把学生培养成最受企业、用人单位欢迎的，并具有吃苦耐劳精神、遵纪守法意识并能熟练掌握一门或几门实用技能的人才。

② 拓宽办学思路，实施产教结合。县级职业学校与县域内行业企业实行联合办学，推行"订单"培养。学校根据行业企业提出的岗位培养目标，设置专业和培训项目，按照行业企业的要求组织教学活动，为企业提供职工培训、技术咨询等服务。

③ 着力搞好师资队伍建设。师资水平是衡量职业学校办学实力和水平的重要条件，要以提高实践技能水平和师德素质为重点，建设一支专业理论基础扎实、实践能力强、专兼结合、相对稳定的"双师型"教师队伍，尤其应当加强专业学科带头人的培养。

④ 在提高学生就业质量的同时，还要构建中职、高职连通桥。学校要顺应教育环境的变化和学生家长的需求，满足一部分学生继续接受高等教育的需要，构建由中等职业学校直接通向高等学校的连通桥，从而给学生更大的选择空间、发展空间，这也是学校生长和发展的需要所在。

参考文献

[1] 肖化移. 市场经济条件下职业教育发展的理性思考. 教育与职业, 2002 (6).
[2] 赵苏阳. 德国职业教育模式对我国职业教育发展的启示. 安徽师范学院学报, 2008.
[3] 熊 颖, 郭文富. 中等职业教育的经费收支分析. 江苏技术学院学报, 2009 (10).
[4] 王小丽. 中外职业教育教学模式的比较及启示. 黄河水利职业技术学院学报, 2011 (01).

从"三心"、"二意"谈一名中职教师应具备的素质

四川交通运输职业学校　曾莉萍

四川交通职业技术学院　陈　飚

摘　要：本文结合中职学生的特点，从五个方面论述了作为一名中职教师应具备的基本素质。

关键词：中职；教师；素质

近年来国家大力发展中等职业教育，使得中等职业学校规模不断扩大，学生人数逐年增加，但同时生源质量急剧下降，学习学习欲望不强，学生就业质量不高，给教学和学生管理都带来了一定的困难，同时也给中职教师的教育教学工作提出了挑战。因此，要成为一名合格的中职教师，必须具备"三心""二意"的基本素质，即教书育人，要热心；对待学生，有爱心；教学组织，须精心；学生活动，有创意；终身学习，要乐意。

一、教书育人，要热心

科教兴国教育为先，人才强国教育为本。在实现了九年义务教育普及和高等教育大众化两大历史性跨越后，加快发展中等职业教育已成为我国全面推进素质教育和完善国民教育体系的必然趋势。中职教育是国民教育的一种类型，中职学生同样也是社会需要的建设者和接班人。因此，作为一名中职教师，首先要树立从事教育工作的光荣感和责任感，并热爱教育事业，这是作为一名合格教师的基本道德规范。不能因为中职学生基础差而认为中职教育低人一等，只有热爱中职教育事业，才能对工作极端负责，极端热忱，才能做好教书育人工作。

二、对待学生，有爱心

鲁迅说过"教育是植根于爱的"。父母对孩子的爱，是最真诚无私的。我们大部分教师都已为人父母，当你懈怠学生时，可以设身处地的想一想，你的孩子是否也正受到同样的对待？作为父母，都希望自己孩子受到最好的教育，遇到困难有人帮助，遇到困惑有人开导，遇到困苦有人关怀。如果我们的学生遇到困难没人帮，遇到问题没人问，这些学生还能相信我们，还能喜欢自己的学校吗？"情之所至，爱之所归。"爱他人，就是爱自己；爱学生，就是爱自己的孩子。只有把学生当成自己的孩子来培养、来教育，才能用心把他管好、教好。作为一名中职教师，要经常扪心自问自己是否真心关爱学生，是否用真情去教育学生，是否做到了问心无愧。

大部分中职学生学习兴趣不高，甚至厌学，某些学生还存在很多缺点，有些甚至是我们难以接受的。但作为教师，应该清醒地认识到，正是因为他们身上有缺点，才需要我们去批评、教育，使他们能够成为一个对社会有用的人。因此，要善待每一位学生，用爱心去感化学生，善于发现学生的优点。陶行知说过："谁不爱学生，谁就不能教育好学生。"因此，我们要真心爱护每一位学生，对问题学生决不能另眼相看，决不能当众羞辱，在教师眼中，只有优缺点的学生而没有差生。

三、教学组织，须精心

如何最大限度地调动中职学生的学习积极性，提高学习效果，这对教师是一个巨大的考验，这不仅取决于教师对教学内容的熟悉程度，更重要的是如何精心组织教学。

首先，教学组织要能够吸引学生的注意力，对学生来说，注意是提高学习效率的必要条件。其次，教学组织要创造的良好学习气氛，

"严肃认真""生动活泼"、等良好的教学气氛是教学的基础，也是进行创造性教学的必要条件。再次，教学组织要能激发学生学习兴趣，兴趣是最好的老师，一旦引起了学生的兴趣，学生就会产生强烈的求知欲望，学习的积极性和主动性会明显增强。最后，教学组织要增强学生的参与积极性，教学是"教"与"学"的有机结合，必须师生共同参与，相互配合，这样才能获得成功。

四、学生活动，有创意

学生活动是学生课余生活的重要组成部分，高质量的学生活动对于提高学生综合素质有着非常重要的作用，因此高质量的学生活动必须要有特色、有创意。如果只是为了简单地完成活动本身，而不深挖活动内涵，活动就不会有强大的生命力，学生活动就会走到发展瓶颈，甚至演变成为"鸡肋"。因此，要经常刷新思想，与时俱进，对于已有的特色活动要倍加珍惜，对于新开设的活动要有所创新。

五、终身学习，要乐意

周恩来同志说过，"人要活到老学到老。"作为一名教师，更要真正担负起这样的历史使命，务必树立终身学习的精神。

首先，青年教师要多向中老年教师学习。青年教师必须自己主动多听课，向前辈学习，作好听课记录，反复思考，通过学习和对比，熟悉各个教学环节，对推动教学研究，提高教学水平有很大帮助。其次，要积极探索与总结，积累教学实践经验。教学经验不是一天两天就能取得的，必须在教学实践中，不断探索、总结和向别人学习而获得的。再次，必须把学习放在第一位，永不停歇。在科学技术爆炸的信息时代，作为教师，知识结构必须不断更新，不断充电。

时代在变，教育在变，学生在变，要想真正成为一名合格的中职教师，除了具备"三心"、"二意"外，还应该与时俱进，加强自身修养，提高思想觉悟和道德水平，严格要求自

己，树立良好的师德形象。

参考文献

［1］　夏建玲. 做一名合格的中职教师的再思考. 商品与质量，2012（1）：159—160.

［2］　陈作表. 浅谈中职学校课堂教学组织. 教育管理，2009（3）：71—72.

［3］　柳金虎. 中职学生存在的主要问题及转变对策. 中国西部科技，2012（9）：90—91.

卷四

班主任、职业指导教师管理理论与实践

RENCAI PEIYANG MOSHI
YU JIAOXUE GAIGE

中职学校德育教育方法浅论

四川交通运输职业学校 许铮铮

摘 要：我国的中等职业教育正在经历一个重要的发展时期，而和职业教育对应的中职学校的德育教育却有待得到老师和同学们的重视。中职学校的德育不仅需要传授道德知识，还需要以生活为中心，注重学生的日常生活习惯和行为的养成，同时还要注重道德体验的交流。

关键词：中职学校；德育教育；现状；方法

康德曾说过："有两种东西，我对他们的思考越是深沉和持久，它们在我心中唤起的惊奇和敬畏就会越来越历久弥新，一个是头上浩瀚的星空，另一个是心中的道德律。"德育教育永远是一种脚踩大地，仰望星空的存在。脚踩大地是因为教育必须扎根实践；而仰望星空是因为教育必须执著人类的理想和理想的人类。所有教育工作者，都是传道、授业、解惑者，对德育的道理既懂也能讲，而且对德育都能评判一番；但难的是操作与践行，且有实效。中职德育更是如此。

一、在校学生的复杂性

（1）中职学校学生在义务教育阶段大多数文化课学习成绩不理想。他们不是中考的胜出者，缺乏良好的学习习惯，学习不主动、不积极。

（2）不少学生的家庭并不幸福，多是留守儿童或是父母离异；也有不少学生来自弱势家庭，如农村、城市下岗职工家庭，家长的文化水平不高，收入水平偏低，家境较为贫困。

（3）不少学生心理问题较为严重，内向和离群现象较为突出。他们常常感到缺乏安全感，迷失了方向，有很严重的网瘾，或者生活习惯有问题。

二、中职学校德育教育内容和存在的问题

（1）中等职业学校的德育应该包括以下部分：马克思主义基本理论教育党的基本路线和形势政策教育，中国社会主义建设常识教育，社会主义民主和法制教育，纪律教育和日常行为规范教育，国情、厂（场、店）情教育，专业思想教育，劳动生产教育，职业道德教育，身心健康教育等十个方面。

（2）中职德育的现状突出表现在如下两个方面：

① 参照普通高中的德育经验，认为中职学生与普通高中学生同属一个年龄阶段，两者在身心特点上有许多共同之处，德育工作也自然有共性。因此，在德育工作中很多借鉴普高经验，偏离了职业学校德育应遵循"贴近实际、贴近生活、贴近学生"的原则。我们应该重视：中职学生的培养目标和普通高中有很大的区别，学习内容与方式的差异，学生行为、思想、心理状态的区别。

② 德育课程脱离实际。我国现在正处于社会的转型期，新现象、新事物层出不穷，社会各方面变化巨大。传统的德育教育过分强调教学的社会价值，忽视学生个人发展的价值。客观的，现在的中职学生了解世界的途径更多，接受的信息更加丰富，在对待社会的现实问题，对待书本中的现成的理论，他们有独特的思维和不同的想法。反观我们的教育工作，并未真正关注学生的内在需求和情感，并未真正关注他们的生命成长和展现，大多以书本和教师为中心。

三、中职学校德育教育的新方法

1. 把中职德育融入职业教育全过程

（1）创建职业的教育环境和实施环境。

中职学校由于其特殊性，主要为企业培养所需的员工，所以不仅是要培养学生具有精湛的技能，更需要有过硬的职业道德和奉献精神。因此，学校的德育教育应构建全员参与、全程管理、全方位渗透的管理模式。学校与企业相结合，职业教育必须引进企业文化开展学生德育，要让学生熟悉企业，要把那些职场能手，尤其是本校优秀的毕业生请进来，现场说法，培养学生的职业自豪感，形成良好的职业道德氛围。

对学生在校的行为规范化，为学生的健康成长做好基础。培养方式可分为集中与分散集中训练形式，其内容可分为：激发潜能、挑战自我、学会沟通、熔炼团队、自我保护、吃苦耐劳、抗击挫折、逆境求生、顽强自立等。让学生在任何时候都守住自己的道德底线，同时发挥学生相互之间的同伴影响作用。

（2）突出职业特色和专业特色。

职业教育的定位，是"以就业为导向"。职业教育培养学生，是根据市场需求和岗位需求进行的，只有以高尚的职业道德、强烈的职业意识为表率，才能调动学生学习的积极性和主动性，使学生具有在岗位上发挥才能的思想基础和职业基础。离开职业特色，中职德育往往会失去立足点。

在职业教育中，不同的专业有着不同的职业特征、职业纪律和执业行为。例如，医护专业与道桥专业就有不同的职业要求，一个的服务对象是病人，一个的服务对象是广大的司乘人员。因此，中职德育还要强调专业特色。职业教育强调特色是质量的标志，质量特色除了技能以外，更重要的就是学生的职业道德特色和行为规范特色。

2. 树立学生的自信

中职学生与普通高中生在心态上相差很大，因此，中职德育必须在抓住同龄人的德育共性的基础上，准确地把握其个性，即抓住中职学生德育的特殊性，才能增强德育的针对性、时代感，提高德育的实效。为此，学校应努力引导他们以"成功者"的心态走向未来，如通过拓展训练，让其点燃激情，超越自我在活动中分享快乐、感悟生活。同时，以心理辅导为牵引，重视学生的心理辅导，将"教育、辅导、咨询、服务"有机结合，增强学生的自信。

3. 对学生加强感恩教育

面对现今社会对钱、权的崇拜，我们需要有意识地去对学生做感恩教育。现在，人们容易有意或无意地忽略身边所拥有的一切，在学生群体中，尤为突出。有些学生对父母的关心和教导，并不接受。针对这一现状，应通过一系列的"感恩"教育活动，从教师开始，做好"感恩"榜样，让学生懂得"滴水之恩，当涌泉相报"。感恩，也是我们中华民族的优良传统，也是一个正直的人起码品德。这是因为父母对我们有养育之恩，老师对我们有教育之恩，同学对我们有帮助之恩，社会对我们有关爱之恩，军队对我们有保卫之恩，祖国对我们有呵护之恩，等等。

4. 帮助学生正确利用网络

现在是信息时代，使用电脑是最基本的技能，其中最重要的是学会管理知识和处理信息的能力。如今的网络作为一种新型的文化形态，对青少年的成长有着巨大的影响。对于中职学生，年龄不大、接受新事物非常快速，所以引导他们正确地对待和使用网络显得十分重要。要让学生知道上网要做到"五要五不要"，即要善于网上学习，不浏览不良信息；要诚实、友好交流，不侮辱、欺诈他人；要增强自我保护意识，不随意约会网友；要维护网络安全，不破坏网络程序；要有益身心健康，不沉溺虚拟时空。

5. 在实践中历练学生的品德

在学生班级管理中，许多学校采取了分项扣分评比的方式对班级进行考核，但大多没有达到预计的效果。因为对于集体荣誉感强的班级来说，可能会出现全班"口诛笔伐"的现象，用集体的舆论压力来惩治学生个人的过失；对于集体荣誉感不强的班级来说，扣多少分都无所谓。而德育的目的，绝不是为了让学生学会重视学校的检查与评比，而是让学生接受扎扎实实的、贴近学生实际的、经常化、生活化的公民教育。因此，学校应让各班教师具有组织学生参与社会实践或开展特色班级活动的自主权，为学生提供在丰富多彩的活动中体验高尚的时间和空间。要在实践中培养和历练学生的品德，就要让学生走向社会，在社会实践中提高和接受检验。

6. 教师应注意方式方法

思想道德建设是教育与实践相结合的过程。针对每个学校学生的特点，要精心设计和组织开展内容鲜活、形式新颖、吸引力强的道德实践和主题教育活动。要以体验教育为基本途径，通过灌输教育、模范激励、活动陶冶、情感聚集等方式方法，教育学生树立正确的世界观、人生观和价值观，培养学生良好的行为习惯、学习习惯、文明礼貌习惯和卫生习惯，养成高尚的思想品质和良好的道德情操。

结束语：中职学校的德育需要走出重智育轻德育、重理论轻实践、重言教轻身教的困境，由经验育人转向科学育人，由片面强调学习成绩转向教育学生如何做人，由传统单一的教育模式转向形式多样、生动有效的途径方式。由于学生成长中的种种不确定因素都可能改变学生发展的轨迹，所以不能简单地把德育实效低的责任推到某一方上。因此，我们应该发动全社会参与，只有社会、学校、家庭各方面多管齐下，形成合力，方能实现德育效果最大化。

参考文献

[1] 戚万学，唐汉卫. 道德教育专题研究. 北京：教育科学出版社，2003.

[2] 鲁　洁. 当代德育基本理论探讨. 南京：江苏教育出版社，2003.

中职学生爱国主义教育浅析

四川交通运输职业学校　梁　艳

摘　要：当前形势下，中职学生受社会、家庭的影响较深，加之自身的基础知识薄
　　　　弱，普遍缺乏爱国主义情怀。在中职学校，对学生加强爱国主义教育，培
　　　　养其爱国主义思想感情，提高爱国主义觉悟，不仅对其成长有着重要意
　　　　义，而且对整个社会以及国家都大有裨益。

关键词：中职学生；爱国主义；缺失；建议

"培养什么人？如何培养人？"这是我国中职教育必须首先解决的问题。胡锦涛同志在其发表的关于树立社会主义荣辱观的重要讲话中，明确提出了"八荣八耻"，其中第一条就是"以热爱祖国为荣、以危害祖国为耻。"爱国主义是中华民族的光荣传统，是推动中国社会前进的巨大力量，是各族人民共同的精神支柱，是社会主义精神文明建设主旋律的重要组成部分。我国自古就有爱国主义的思想传统，重视民族独立、民族文化不受侵犯，涌现出了很多民族英雄。尤其近代以来，面对在帝国主义列强的侵略，爱国志士们为保家卫国，抛头颅，洒热血，书写出一篇篇可歌可泣的感人诗篇。然而，随着经济全球化发展速度的加快，我国改革开放进程和经济建设步伐得到进一步深化和推进，人们的价值观念、思维方式和行为方式发生着剧烈的变化。这一系列变化很大程度上影响着当代青少年的思想观念和爱国情怀，使得他们的爱国主义意识、爱国主义情感、爱国主义教育面临着前所未有的挑战和冲击。

一、正确认识和全面把握爱国主义科学内涵

何谓爱国主义？《社会科学大词典》定义"爱国主义"为："调节个人和祖国关系的重要道德规范。既是道德规范，又是政治原则。作为道德规范，其主要功能是调节个人与本国、与民族之间的关系，是对自己祖国的一种最深厚的感情。"《现代汉语词典》注释"爱国主义"为："指对祖国的忠诚和热爱的思想。"《爱国主义教育实施纲要》指出"爱国主义是动员和鼓舞中国人民团结奋斗的一面旗帜，是推动我国社会历史发展的巨大力量，是各族人民共同的精神支柱。"

由此，我们可以把爱国主义看成是调节个人与国家关系的道德要求、政治原则和法律规范，是引领一个国家走向繁荣和强盛的思想灵魂和精神动力，也是维系国家统一和民族团结的精神纽带、鲜明旗帜和有力武器。

二、现行中职学生爱国主义缺失的原因

1. 受社会大环境的影响

随着市场经济的发展，社会转型阶段面临着严重的道德滑坡，成人都不可避免地受到拜

金主义、实用主义、享乐主义、利己主义等一些不良思潮的影响，更何况在校的中职学生。身为90后，他们的成长伴随着肯德基、麦当劳、可口可乐、哈里波特、流行音乐、网络游戏，从小深受外来文化的影响，向往西方的生活方式和文化理念。他们有的炫富、拼比谁的父母权力大；有的男生娘娘腔，女生中型化；有的迷恋网络游戏、网上交友，盲目跟风刺纹身、穿耳洞，打扮非主流。试问，在这种社会文化背景下，民族的凝聚力、战斗力如何体现？

2. 受学校、家庭小环境的影响

身处和平年代，国泰民安，因此家庭教育的国防观念淡薄，热衷于应试教育，一切以分数的高低来评价学生的优劣，爱国主义教育一直被忽略。家长关心的是兴趣班的学习，语数外的成绩，往往对小孩的人生观、世界观、价值观关注很少，这在很大程度上影响了对孩子爱国主义思想的教育。很多中职学校爱国主义讲座几乎没有；每周一的升旗仪式大多流于形式；新生的入学军训开展得不到位；在校中职生的参军行为不积极，很少与国防联系起来，大多都是将当兵作为谋生的手段和就业的捷径。在这样的教育模式下，要求中职生有强烈的爱国主义情感，无疑是天方夜谭。

3. 自身的知识薄弱、素质欠佳

中职生的知识水平相对比较薄弱，给中职学校的爱国主义教育带来了不少困难。一方面，中职学生的基础知识不牢固，就是语文、数学、英语都学得不是很好，更别说历史、地理这些科目了。相当多的学生对历史事件不了解，许多地名没有听过，甚至对于一些国家的地理位置都不知道。另一方面，中职学生的人文素质不是很高。一讲到日本，有的学生就会不理智地说"杀光日本人"、"和他们打一仗，谁怕谁！"一说到感动中国的年度人物的事迹，有的学生会取笑他们是"傻瓜"。英雄遭到亵渎，真的是我们教育的悲哀，因为一个不崇尚英雄的民族是难以英雄辈出的。

三、加强中职学生爱国主义教育的建议

1. 给学生补充必要的历史知识

每一个公民都应该对自己的国家有一定的了解，才能成为合格的公民。欧美国家非常重视历史教育，如美国以法律的形式规定各级各类学校都必须开设美国历史课程，其中小学生主要学习历史故事、历史伟人，中学生侧重学习历史事实、历史过程，大学生学习历史则是着重于历史的理论分析。1999年4月25日，江泽民致信历史学家白寿彝祝贺《中国通史》全部出版，在信中强调"全党全社会都应该重视对中国历史的学习"。江泽民还指出，"历史知识丰富了，能够'寂然凝虑，思接千载'，眼界和心胸就可以大为开阔，精神境界就可以大为提高。"

在中华民族的历史上不乏爱国有识之士，有"路漫漫其修远兮，吾将上下而求索"的屈原；有"先天下之忧而忧，后天下之乐而乐"的范仲淹；有"人生自古谁无死，留取丹心照汗青"的文天祥；有"三十功名尘与土，八千里路云和月"的岳飞；有"王师北定中原日，家祭无忘告乃翁"的陆游，正是这些爱国有识之士构成了我们民族的脊梁，这种一脉相承的爱国主义精神逐步成为我国传统文化的价值中心，赋予了中华民族最顽强的生命力。通过对

历史的学习，可以增强中职生的民族自信心和自豪感，培养他们的爱国主义情感，更好地继承与发扬中华民族的优良传统，提高他们的使命感和责任心。

2. 爱国教育，应该让学生从爱身边的人做起

苏霍姆林斯基曾断言：如果一个孩子连自己的母亲都不爱，他会爱自己的祖国吗？爱出于奉献，奉献中出情感。爱国主义教育是公民教育的重要内容，苏霍姆林斯基认为爱国主义教育不是教条的灌输，而是由近到远、由浅入深进行的工作。他提出，爱国首先要从教育学生爱自己的母亲开始，先让孩子了解母亲的忧伤和难处，并为母亲做力所能及的事情，由此推而广之，为家里的其他成员献出爱心，付出爱行。推而广之，为家乡父老献出爱心；再下一步，为不相识的同胞献出爱心。

正因为此，中西方都以法律的形式规定出一些特定节日，如教师节、重阳节、母亲节、父亲节、感恩节等。学校可以在这些节日到来之际，让学生们给老师写一封信表达感谢，给爷爷奶奶打水洗脚传递孝道，替母亲做一顿饭体会为人父母的不易，……通过这些细小却动人的举动，学生们对老师，父母，长辈的爱会更加的深刻。"老吾老以及人之老，幼吾幼以及人之幼"，中职生对身边人的爱会潜移默化到陌生人，以至整个国家、社会。

3. 丰富校园文化，创新爱国主义教育形式

中职学校可以利用具有重大影响的历史事件，如五四运动、七七事变、一二九运动等，举办各种形式的纪念活动，使人们不忘国耻，珍惜今天的幸福生活。在纪念日期间，学校开展的爱国主义教育活动应注意形式多样化，如邀请专家学者作专题讲座和报告会，组织知识抢答、演讲赛、辩论赛、征文赛、歌咏演出、观看爱国影视片、爱国书画展等。另外，还可以充分利用学校周边的爱国主义教育网点，拓宽爱国主义教育空间。学校可以组织学生们参观各类博物馆、纪念馆、烈士纪念建筑物、革命战争中重要战役遗址、战斗纪念设施、文物保护单位、历史遗迹、风景胜地。把爱国主义教育寓于游览观光之中，能够有效地激起学生们对祖国壮丽河山和悠久历史文化的热爱之情。

2012年，钓鱼岛事件愈演愈烈，从而引发了全国各地的反日大游行。笔者所在学校就以这一重大事件为契机，开展了相应的主题班会、团组织生活、黑板报、演讲比赛等一系列内容丰富、形式活泼的宣传教育活动，引导学生在活动中进行自我教育，培养高尚的道德审美情操和爱国主义情感。

4. 加强对学生社会实践能力的培养

我国目前进行的爱国主义教育以说教形式为主，课堂讲授占了很大比例，这无法使学生产生共鸣，在心底产生真正的爱国主义情怀。所以，培养中职生的爱国主义情感，应该在实践中去强化。不仅要通过一系列丰富多彩、积极向上的课外活动形成高雅、具有爱国特色的校园文化氛围，同时还必须充分挖掘利用一切有利于青少年成长的校外教育因素，使校内教育与校外教育相协调，培养学生浓厚的社会认同感，增强集体意识，共同完成培育一代新人的历史使命。比如敦促学生多参加集体活动，当志愿者服务弱势群体；多参与社会实践调查，深入到各行各业；去到贫困山区，直观又真切地了解当地孩子的生存现状。再如，2008年汶川发生了特大地震，笔者所在学校组织学生们收集国内外媒体的相关报道，号召教职工和学生捐钱捐物，甚至还有学生主动和父母一道去灾区当志愿者献爱心。通过这些活动，学

生增强了集体意识，坚定了责任心，在内心深处激荡着爱国主义热情。

结束语：爱国主义教育非常重要，不是一次演讲、一部电影就可以完成的，应该把爱国主义教育视为一项长期的、系统的工程。在当前的严峻形势下，爱国主义教育更加需要社会、学校、家庭和自我的长期努力，不断累积，才可以达到理想的目标。作为社会主义事业的建设者和接班人，学生应当更多地担负起建设中国特色社会主义的责任和义务，在校期间应当坚持以振兴中华为己任，树立正确的世界观、人生观和价值观，发扬积极进取、拼搏向上、改革创新的精神，为繁荣经济、振兴民族、报效祖国而刻苦学习。

参考文献

[1] 付兵儿. 美国中小学的爱国主义教育及启示. 外国中小学教育, 2004.
[2] 江泽民. 致信白寿彝祝贺《中国通史》全部出版，强调全党全社会都应该重视对中国历史的学习, 人民日报, 1999 年 09 月 06 日第 1 版.
[3] 甘 霖, 丁雪全, 张 莹. 加强外语专业学生爱国主义教育研究. 中外教育研究, 2010.

中职学生自我管理能力

四川交通运输职业学校　张　路

摘　要：近几年来，中央到地方各级政府均重视职业教育，支持职教事业的发展。特别是中职教育的发展，近年来很快，政府的支持力度大，学生数量不断递增。但中职院校生源质量逐年下降，学生素质越来越差，管理难度越来越大。如何将对学生的外部管理渐次转化为内部管理，将中职学生培养成企业需要的职业技能和职业道德兼备的多素质劳动者，是我们在新形势下面临的严峻挑战。笔者认为，只有通过不断的自我认识、自我教育、自我激励、自我监控的动态过程，集管理的主体与管理的对象于一身，中职学生才能逐步趋向自我的完善，从而学会生存，学会适应，学会创造，实现自我的人生价值和社会价值。

关键词：中职学生；自我教育；自我监控；自我管理

职业中学学生与普通高中学生有很大差异：首先，从来源看，职中学生主要来自中考落榜生，少部分来自社会，这些学生大都经历了中考失败的惨痛教训，较之初中成熟了许多，都有重新站起，谋求发展的愿望；绝大多数智力水平正常，只是由于过去学习习惯和日常行为习惯不良造成了文化课基础不扎实和非智力因素较差，学习兴趣不浓。其次，个性差异较大，团队意识、法制观念淡薄，喜欢我行我素，标新立异，而是非观念不清，价值取向较低。另外，职校生生源复杂，他们的思想更具成人化和复杂性，学生价值观念、学习态度、行为习惯、心理素质等方面消极情绪与消极行为严重，学校管理工作难度越来越大。如何将对学生的外部管理过渡转化为内部管理，将中职学生培养成企业需要的职业技能和职业道德兼备的高素质劳动者，这是新时代赋予我们的新的课题。笔者认为只有通过自我管理教育，中职学生才能逐步趋向自我的完善；只有"我的未来我做主，我的未来才不是梦。"

一、培养学生的自信心，克服自卑心理

当前中职学生越来越重视自身和感受，独立和自主意识越来越强，而过去种种原因又使他们充满了自卑心理。根据这种情况，我们逐步提出了帮助学生找回成功的自信和成才的愿望的德育教育思想。要求教师接纳和尊重每位学生的心理现状，认真研究学生感兴趣的事情和愿意去做的事情，即寻找兴奋点，逐步利用表扬的手段去引导学生从普通的行为中获得自信，从优秀的行为中获得荣誉感，从对困难的克服和劳动创造中真正获得成就感和价值。从学生原有的基础出发，安排一些低起点、小步走活动。例如，大、小型体育活动、晚会、趣味活动、特长一显身手活动、技能性活动、各种常规达标评比等促使学生发现自己看到自己的力量和长处，从而感受成功。教师是学生思想政治教育中的重要组成部分，必须因材施

教，针对每个学生的不同，加以正确的引导方式，一分为二地看问题，积极评价，肯定学生的优点，指出学生的不足，教会他们应该怎么去想、怎么去做，而不是责骂。善于发现学生的长处，多鼓励，少批评，首先要尊重学生，帮助学生克服自身的自卑心理，告诉他们可以改变现在的局面并相信他们，给予他们支持，把中职学生的思想引上健康发展的轨道。

二、自我管理能力

德国教育家第斯多惠曾经说过："教师的注意力首先是发展人的主动性。人受教育后，变成自己的主人，变成生活的进修者。"随着哲学界和教育界对主体性问题的提出，人们，特别是教育者，进一步将研究指向"人"，提出"以人为本"、"发展人的主体性"等观点。作为学校德育，要有效地促进道德主体——学生的自我人格完善，就必须努力发展其道德方面的自我教育能力。

要做好学校的德育工作，必须充分发挥学生的自我管理能力，在学习过程中，让学生做自己的主人。对于学生来说，良好的自我管理能力表现为善于确立自己的学习目标，善于选择实现目标的最优学习方法。具体包括以下几个方面：一是对时间的科学分配与管理；二是对自我需要的合理满足与抵制；三是对自我行为的约束，即"自律"；四是对自己生活的管理，即"自立"。

自我管理能力是在适应所处的管理环境并建立起清晰的管理目标的前提下，通过不断的自我认识、自我教育、自我激励、自我控制的动态过程，集管理的主体与管理的对象于一身，逐步趋向自我的完善。

三、自我管理能力的培养过程

1. 提高中职学生对其主体地位的自我认识

自我认识是个体对主体自身状况及主体与客体关系的认识，包括自我观察、自我分析、自我评价三个方面。所谓的自我观察，就是将自己的心理活动作为被观察的对象，自己观察自己，即如古人所说的，人要"吾日三省吾身"；而自我分析是个体把从自身的思想与行为所观察到的情况加以分析、综合，在此基础上概括出自己个性品质中的本质特点，找出有别于他人的重要特点。在自我观察和自我分析的基础上，个体对自己的能力、品德及其他方面的社会价值做出判断，形成自我评价。

德国教育之父洪堡认为："教育必须培养人的自我决定能力，而不是培养人去适应传统的世界，不是首先要去传授知识和技能，而是要去"唤醒"学生的力量，培养他们自我学习的主动性、抽象的归纳力和理解力，以便能使他们在目前无法预料的种种未来局势中自我作出有意义的选择。"

传统教育观认为，"要给学生一杯水，老师要有一桶水。"这是灌输式教育的反映，已落后于时代。现代教育观应为，"教师自己一杯水，要使学生获得一桶水"，它并不是反映教师要有渊博的知识，而是倡导教师要注重培养学生的学习能力，而不是传授"死"的知识。学校教育不仅要教给学生知识，还要培养学生的主动学习精神和独立思考能力，不要被传统和所谓的"权威"、"定论"所左右。

正如一位教育学家所说的："主动是成人的，被动是成器的。成人的能够用器、造器，成器的只被人用，听人造。"我们的教育培养出来的青少年应当是"用器的、造器的"，其"自我"特征要通过独立性、主动性、自尊性表现出来，因此，就要求教师摒弃传统意义上以教师为主的教育观，以对学生的充分尊重、信任与协作代替轻视与独断，以注重发展学生个性来代替强调共性而抹杀个性，形成师生相互平等、自由的关系，"亲其师，信其道"，才有利于学生自我意识和个性的良好发展。给学生以平等自由参与的机会，增强其自信和自尊，使他们学会自己决定做什么、学什么，懂得一个人必须对自己的行为负责，这在自我管理中至关重要。

"欲胜人者必先自胜，欲论人者必先自论，欲知人者必先自知"，只有正确地认识自己，才能正确地教育自己，发挥自己的优势，弥补自己的不足，成为生活的强者。

2. 引导中职学生学会自我肯定

自我肯定教育是指能正确的自知，有一定的自信，尊重现实、悦纳自己。其核心是确信自己存在的价值，确信经过积极的主观努力，终会展示自己的才华，实现自身的价值。它实质上是一个扬弃的过程，是一个有强烈自信心和自尊感的人的才能进行的过程。苏联著名教育家苏霍姆林斯基说："真正的教育是自我管理。"叶圣陶先生也说过，教是为了不教，教育的高最境界应是自我管理。而"肯定教育"正是正我管理的前奏。没有"肯定教育"就很难有"自我管理"，一个从未得到过肯定的人就很难有自我管理的能力。"肯定教育"可以帮助失败者找回自信和自尊，重塑精神世界的大厦，找回自我管理的能力。从人的精神实质上说，人不是为了被打败而来到这个世界上的，而都是为了得到赏识来到人间的。无论孩子还是成人，一个准备接受任何训斥和失败而无动于衷的人是应该感到可怕的，这说明他已完全丧失了哪怕是微弱的自信之光。相反，看到被否定而愤怒时，正是希望之星闪烁之时，也正是"肯定教育"的有利时机。

当然，"自我肯定教育"是建立在对受教育者充分信任的基础之上的，是发自内心的赞美，而不是正话反说。它不能带有丝毫的虚伪和做作。尤其是对自信心不足、学习基础薄弱的中职学生，否则会适得其反，产生更大的负面效应。

3. 激发中职学生自我管理的内动力

高尔基说过："一个人追求的目标越高，他的才能就发展越快，对社会就越有益。我确信这是一个真理。"中学阶段，是为各种能力奠定基础的阶段，在学生一入学开始，就要明确在知识经济时代社会对青少年素质培养的要求，并用各种激励手段和方式，使他们坚定地朝这一方向迈进，在内动力的三要素——动机、价值观、责任感上下工夫，唤起学生内心对未知世界的一种向往，一种想象力，一种探索的热情。正是这种"精神底子"曾影响过无数成功者的一生。

作为教育者，应指导学生建立激励自我成才的内在心理机制，按"德、识、才、学、体"五方面严格要求，积极完善自己，成为具备独立、完美人格的有用之才。"德"即道德，包括基础文明养成，伦理道德、政治品德等修身过程，培养自己既要有现代人的气质品格，也要有中华民族的传统美德。"学"即学习态度，知识水平、结构。现代社会，通才教育思想已取得人们的共识。"人类文明已由原来强调分析的时代，发展到综合的时代"，因此，教师应当注重学生的学思结合、学习方法的掌握以及创造性思维能力的培养。"识"即见识，博览群书，向高尚的行为与思想求识，向历史求识，向有识之师求识，并在社会实践中加以验证，明确是非标准，把握时代潮流、方向。"才"即才能，包括记忆、观察、思维、想象、创造诸因素，特别注意在全面综合前提下，发展其特长、个性。"体"即健康身体，健康是学习和事业之母，正如毛泽东所说"体者，为知识之载而为道德之寓也。"

由于中职学生在其成长过程中会受到各种不可预知的影响因素，加之中职学生心智的不成熟，在情绪或行为上会出现波动、变化，因此，及时有力地进行目标激励显得尤为重要。在方法上可树立榜样，或请优秀的在校生与已有所成的毕业生回校现身说法，从中寻找理想的立足点和行为指南；也可以将社会对未来人才素质的要求以及对其的预测通过讨论等方式，鼓励学生自我寻求答案，并提供一些参加社会实践的机会，使其不断深化认识，通过培养志趣，激发自尊、自责等情绪以促进自我激励。

4. 培养中职学生自我监控能力

自我监控是指对自己的学习与生活的过程和方法进行监督与控制，以减少不必要的时间浪费和能量耗费。它是一种最高级的学习能力和生活能力。

美国心理学家调查了学习尖子生学习活动的特点，发现学习尖子生在智力是并不十分突出，也没有特殊才华，他们最大的特点是有极强的自我监控能力，经常把学习活动置于自我监控之中。

自我监控力强的学生的特点主要有：

（1）知道合理地安排学习时间，并且知道学习的重点。

（2）了解自己在学习上的长处和短处，能把主要精力放在弥补自己的弱点上。

（3）他们一般有自己的解决问题的独特策略，知道如何学习，知道遇到困难应当怎样解决。

（4）他们能够排除干扰，执著于学习过程，有明确的学习目标，为实现这一目标，宁愿牺牲其他方面。

（5）他们重视学习效果，绝不浪费时间，能在较少时间内获取最大的效益。所以他们经常是学习娱乐两不耽误。

自我监控能力差的学生的特点主要是：

（1）缺少时间观念。

（2）学习消极、被动，仿佛是给家长学习，而不是为自己学习。

（3）遇到困难时倾向于逃避，缺少有效的解决方法。

（4）学习全无计划，总是在家长和老师的压力下学习，一有空就想出去玩。其实他们在学习上的时间并不比别人少，但由于心不在焉，学习效果很差。

中职学生相对于重点高中与普通高中的学生，自我监控能力更差，正常的作息难以遵守，起码的学习任务也难以完成，一般的人际冲突也无法处理；更有甚者，一个月的生活费也无法控制。因此，培养中职学生独立的生活能力，独自解决问题以及战胜困难的毅力都有助于它们自我监控能力的形成。

如何训练中职学生的自我监控能力，可以从三方面入手：自我计划、自我管理和自我反馈。

自我计划训练是教给学生设定长期目标、中期目标和近期目标。目标要切实可行。

自我管理训练学生具体安排作息时间，安排学习进度及复习内容，教给学生如何把大计划分成可控制的小计划，如何集中精力做一件事，如何在课堂上约束自己等。

自我反馈训练学生对自己的行为进行评估，对自我计划的目标能否实现、实现效果如何以及自我管理的效果进行评价，并对计划和管理中的有关失误进行调整，建立一个更为合理、可行的计划。

培养学生自我管理能力，不能只靠空洞的说教和简单的命令。笔者结合班级实际和学校教师、学生成长的经历，对学生进行教育，起到了晓之以理、动之以情的教育效果。一是培养、保护学生的自尊心。二是与学生加强交流，做他们的良师和益友。没有交流，就没有教育，就没有感悟，就没有情感。走进学生，走进他们的生活，让他们尊重教师、理解教师、喜欢教师。三是组织有益的活动，让学生生活充实，充满自信。只要我们以科学发展观为指导，坚持以人为本，充分调动中职学生的主观能力性，让中职学生学会自立自理，适应职校生活；注重自我激励，促进主动发展；强化自信进取，积极扬长避短；学会约束控制，抗拒不良诱惑，那么，构建和谐校园，发展职业教育就不会是空中楼阁，我们就会迎来中职教育万紫千红的春天。

参考文献

[1]　　浅谈中职生自我管理能力培养. 职业下旬（8）.

[2]　　肖汉仕. 青少年心理健康教育教程.

人际关系在学生班级管理中的作用

四川交通运输职业学校 王 蕾

摘 要：本文探讨了人际关系在班级管理建设中起到的作用，笔者对目前学生大体分为了三类，即人缘型、中间型和嫌弃型。三种类型对应着发挥着积极作用、中性作用和消极作用，但是在人缘型中也包括一些发挥着积极作用但是人缘却很差的学生。笔者分门别类地探讨如何对这三类学生进行正确引导以及对如何加强班级的管理建设提出了自己的设想。

关键词：人际关系；班级管理；作用

一、人际关系的概念

人际关系，顾名思义，是人与人之间的关系。本文中所探讨的人际关系，是局限在班级管理中的人际关系，与我们平时所谓范围更为广泛的经济社会中的人际关系有所区别。笔者作为一名中职学校的教师，在此结合自己的教学体会，探讨职业学院中的人际关系。学生在职业院校中学习生活，主要的活动空间为教室与宿舍，宿舍是教室空间的延伸。学生在学习知识技能的同时也在努力营造适宜自己的人际关系环境。班级人际关系是指在班级管理过程中师生、生生之间的相互关系总和。我们在探讨班级人际关系时，认为"良好的班级人际关系"才是我们在班级管理中追求的最终目标。主要是因为以下两个原因：

（1）良好的班级人际关系能够促使学生实现自我管理。在中职学校中，学生的自觉性不强，需要老师时刻督促。班级凝聚力不强，学生的"结小团体"的意识很强烈，"拉帮结派"的现象很严重；更有甚者，利用"帮派组织"进行扰乱校园纪律的活动，为学校、教师管理带来很大难度。如果班级实现良好的人际关系，同学自觉有序，无疑为班主任和学校的工作带来便利。

（2）良好的班级人际关系也是学生自身发展的需求。良好的人际关系意味着人与人之间相互信任与相互尊重、互相支持与互相体谅，在同等条件下，拥有良好的人际关系环境对学生的自身发展具有非常积极的作用，有利于学生的全面发展。

二、班级管理的特点

班级管理需遵循"以学生为本"的原则。

在上文中已经提到，班级管理是师生、生生之间相互关系的总和。众所周知，教学有三要素：教师、学生和教育影响。而这三个要素之中，教师是教学的主体，也是班级管理的主导者。教师和学生之间是一种平等互信、协作互助的合作关系，教师和学生都是班级建设和班级管理的参与者，每一位学生都是班级组织的主人翁，要树立学生对班级管理的责任意识。教师是学生与学生、班级与班级、班级与学校关系的调节者。班级管理遵循"以学生为本"的原则时，应特别注意以下几点：

（1）激励学生，激发学生的学习动力，培养学生的目标意识。在中职学校中，学生普遍成绩差，很多学生抱着"混日子"的态度，对于前途、未来缺乏明确具体的规划。教师引导学生制订班级目标，帮助学生树立班级工作的责任感和荣誉感，秉承着公平、公正的原则，本着宽容、严格相结合的态度激励学生争先创优、保持团结和睦。教师还要针对每个学生的实际情况，帮助他们制订出自己的个体目标，和学生一起在班级目标和个体目标之间寻求动态的平衡。当班级目标和个体目标发生冲突时，教师决不能采取简单粗暴的教育方式，损害他们的自尊心。

（2）关爱、尊重学生。中国传统教育注重"尊师"，在处理老师与学生的关系时，出发点也更多的是站在老师是上级、学生是下级的角度上。尊师固然可取，但是造成现在很多老师在对待学生时，产生一种颐指气使的态度。学生作为独立的个体，有自尊、有思想，每一个学生都有从老师处获得关爱的需求。"没有爱就没有教育。"教师除了教学之外，应当抽出一定时间去了解学生，适当的时候还可以通过一些合理的形式，如师生座谈会等来深入了解学生的内心活动。了解的内容包括每一个学生的性格、兴趣、爱好，发现学生思想、学习和生活中的兴奋点与闪光点，鼓励学生自主思考，奖励表现优异的同学，同时为稍微落后的同学给予适当的缓冲和成长空间。凡是学生正当合理的要求，教师要及时给予肯定并尽力满足。只要教师真诚对待学生，爱护、尊重、信任他们，学生就会亲近教师，对教师敞开心扉，乐听教诲；反之，如果教师在教学活动中不积极和学生交往或者态度冷漠，甚至随意伤害学生的自尊心，就会引起学生的厌恶、抵触。逆反心理一旦形成，就成为管理与教育的一大障碍。

（3）发挥学生的主观能动性，让学生学会自主管理。在笔者所任职的中职学校里，大多数学生的年龄在 14～16 岁，处于生长发育关键时期，但是心理却不能与生理的发展程度相匹配。很多学生正经历从"依赖"到"独立"的心理过程，因此其性格变得叛逆，不服从老师和家长的管教。他们渴望独立自主，喜欢自我表现和发表自己的看法。因此，如果班级的一些重大决策，由师生共同商讨，可以充分展示学生的自主性、创造性。无论在生活上、学习上还是工作上，老师放开手脚，让学生独自去做，给予他们更多的自由、信任、理解。班级管理的原则就是每个学生都是决策者、管理者，注重班级师生关系、生生关系的和谐和情感的融合，让每个学生都有归属感，调动学生爱班的情感和培养学生管班的能力。

三、班级学生的分类

大体上来说，班级学生可以分为以下三类：人缘型、中间型和嫌弃型。人缘型学生的特点主要包括：① 有健康的体魄和人格；② 积极向上的生活方式；③ 优异的成绩；④ 较强的组织协调能力；⑤ 良好的个人卫生习惯和生活方式。⑥ 开朗、健康的性格等。这类人缘型学生通常家庭结构完整，家庭内部关系和谐，来自家庭的关怀和教育都较充实和优良。在班级中，人缘型学生通常是班级中的"火车头"，在协助班主任管理整个班级方面起到不可忽视的重要作用。

嫌弃型学生是班级中的"不受欢迎者"，相比较人缘型学生对班级管理的积极作用，嫌弃型学生发挥的更多的是消极作用。嫌弃型学生的特点主要包括：① 具有攻击性行为；

② 品行不良；③ 难以相处（主要是脾气、怪癖引起的）。在笔者所接触的不受同学欢迎的学生中，大多数来自于家庭关爱缺失的家庭，这类学生长期生活在别人的冷眼里，自尊心受到了很大的伤害。他们往往成为班级同学的众矢之的，或者成为忽略的一族，有时他们做了好事也极有可能被老师和同学们误解，他们在班级中很难寻求温暖和关爱。久而久之，这些嫌弃型学生便放弃了继续在班级同学和老师处寻求关爱，转而以一种更加叛逆、不恰当的方式引起同学和老师的注意，并以捉弄同学、老师为乐。如果不加强管理，这类嫌弃型学生会对班级建设带来较大隐患。

中间型的学生是介于人缘型和嫌弃型学生之间，其特点是：① 渴望进步，可是很容易受到外界同学的干扰而放弃；② 满足于现状，自我评价的水平不高，缺乏远大的理想，行动上故步自封，不能正确地认识学习和生活中的成败。研究表明，中间型学生一般家庭条件比较优越，父母对他们关爱有加，他们普遍缺乏竞争意识。

四、如何构建良好的班级人际关系

在分析了三类学生的特点后，我们不难发现，人缘型学生对于整个班级管理的完善起着举足轻重的作用，如果对人缘型学生加以强化管理和利用，就能充分影响到中间型学生，让他们转化为人缘型的学生，而不是堕化为嫌弃型。我们在肯定人缘型学生的优点和长处的同时，又要让他们看到自身的不足和缺点，加强其优良行为，帮助其摒弃缺点。除此之外，发挥积极作用的学生中有的学生并不是所谓的"人缘型"，反而是全班学生"群起而攻之的对象"。在我所任教的班级中，存在同学由于积极管理班级，但最后却被整个班级同学边缘化的情况。分析其原因，笔者发现，这些同学缺乏必要的沟通交流技巧，过于秉公无私，置班级同学颜面于不顾。教师除了鼓励这些同学继续对班级发挥积极作用之外，还要传授给这些学生更多面的交流技巧，让他们有技巧地处理与班级同学的关系，既要做到照顾班级同学的颜面，也要达到管理班级的功效。

在对待中间型学生时，首先，应利用"中间儿"的优势，合理为他们安排工作，让他们在具体工作中体现自身的价值，从而促使他们向好的方向转化；其次，吸收"中间儿"参与班级管理，使他们在实践过程中增强信心、懂得人际协调的作用，从而自觉自愿地与别人搞好关系；再次，开展形式多样的课余活动，鼓励"中间儿"积极参加，让他们在活动中感受到集体的力量、团结的魅力。

对于最难以"对付"的嫌弃型学生，老师应当从两方面加以处理：首先，老师要主动提高自身的综合素养，尊重每一位学生，放下师道尊严的架子，注意教育方法的艺术性，达到师生和谐，才能增强教育实效。对待"后进生"要耐心帮教，通过心理辅导等途径，针对学生的生理、心理特点进行心理疏导，而非采取强制压迫等简单粗暴方式。给学生宽容多一点、赏识多一点、鼓励多一点，使他们成功体验多一点、快乐自信多一点；而教师自身则学习多一点、反思多一点、责任多一点、奉献多一点、胸怀宽一点，这样才能真正建立起和谐、民主、平等的师生关系，促进学生的有效发展。其次，教师要引导学生形成正确的是非观，加强班级友好气氛的建设。

结束语：由此，班级管理应当借鉴人际关系理论，重视学生的情感，深入了解学生的交往和情感需求，满足学生的合理要求和尊重学生的个性，多激励学生的主动性和创造性，允许不同意见的存在，以此达到完善班级管理的目标。

参考文献

[1] 刘 莉. 人际关系理论对中学班级管理的启迪. 教育·科研.

[2] 张雁华. 人际关系视野中班级最优化简论. 江西教育科研，2001 (7).

[3] 张雁华. 改善人际关系，提高管理效益——兼谈班级管理的艺术. 黄山高等专科学校学报，2001，3 (1).

中职生职业生涯规划教育浅析

四川交通运输职业学校 熊 忖

摘 要：中职学校职业生涯规划教育，其目的是引导中职学生合理定位，科学树立职业目标，正确选择职业，做好职业生涯可持续发展的准备。本文浅析了中职生职业生涯的现状、职业生涯规划教育的存在的问题和对策。

关键词：中职生；职业生涯规划；教育

教育部《关于进一步深化中等职业教育教学改革的若干意见》中指出："坚持以人为本，关注学生职业生涯持续发展的实际需要，培养他们具有良好的职业道德，掌握必要的文化知识和熟练的职业技能，德、智、体、美、劳全面发展，成为中国特色社会主义事业的建设者和接班人。"因此，中职生的职业生涯发展在社会经济发展中有着不可忽视的重要作用。但是，近年来中职生的职业生涯发展上，存在着这样令人忧虑的现象：一方面，一些企业招不到合适的人才；另一方面，一些学生找不到理想的工作。这些现象与学生的职业生涯规划教育有很大的关系。目前来看，开展职业生涯规划教育，有利于促进中职学生端正学习态度，激发学习动机；有利于中职学生在自我设计的过程中发现自己的长处和优势；有利于中职学生树立正确的职业理想，实现人生价值。职业生涯规划教育就是为学生走向社会、为职业生涯可持续发展做准备的重要途径。

一、中职生职业生涯现状

中职教育是培养社会需求的中等实用型技能人才的教育，它在教育体系中承担的责任与普高教育不同，决定了中职生生源入口的宽松性。这种宽入口就导致了中职学生普遍存在文化课基础较差，学习主动性不强，甚至行为习惯较差的现象。不少中职学生社会生活理想和职业理想缺失，成才意识匮乏，导致成长周期延长，需要不断重新自我定位；同时也缺乏自我激励能力和自我规划能力。从这几年就业情况来看，不少中职学生的职业生涯发展并不理想，虽是高就业，初次就业后的转岗、落岗较多，极不稳定。根本原因是，中职生虽有较强的动手能力，与本、专科生相比，缺乏持续发展的后劲；与生产一线的普通工人相比，虽有一定技术优势，但缺乏脚踏实地、吃苦耐劳的精神。因此，中职生要在职场中寻找适合自己的岗位，在今后职场中走得更远更高，就需要进行职业生涯规划。

二、中职生职业生涯规划教育存在的问题

近年来，我国的中职职业规划教育发展取得了一定的进展。但是从目前中职职业规划教育工作的开展情况来看，职业生涯规划教育仍存在以下问题：

1. 中职生职业规划教育目标定位出现偏差

目前，不少学校、教师甚至学生都对职业规划教育的目标的定位有一定的偏差，往往确

立的是短期目标，认为职业生涯规划就是职前教育，是帮助学生树立正确的择业观和训练一些择业能力。这种认识是比较片面的，没有真正认识到职业生涯规划教育其实是终生性教育，是让学生走上社会，实现职业生涯可持续发展的需要。其最终的目标是中职学生实现自身价值，获得自身的全面发展，成为能适应市场经济，具有综合职业能力的高素质技能人才。

2. 中职生职业规划教育师资力量薄弱

由于很多学校对职业规划教育不够重视，造成中职学校职业指导师资力量整体水平较低，许多中职学校没有固定的教学队伍，大部分学校甚至没有专门的职业指导教师，一般由就业工作以及其他部门的干事或班主任来兼任。即使有专门的指导教师，大多数老师都未接受过系统的业务培训，人员的素质参差不齐，专业知识储备与更新不足，职业能力不强，专业水平不高，难以达到职业指导应有的效果。虽然不少中职学校也开展了一些职业生涯规划教育工作，但缺乏必要的物质保障，在设施建设、人员配备、实践基地建设以及学生实习活动开展等方面资金投入较少，这些因素都制约了职业规划教育活动的顺利开展，因此收效甚微。

3. 中职生职业规划教育教学方式方法单一

多数中职学校职业生涯规划教育仍然是以教师为主体的"填鸭式"教学，很多都是停留在简单的介绍政策法规、应聘技巧以及收集、发布一些职业信息。甚至有的教师对中职学校专业特点、专业前景以及行业发展、学生个体心理素质等缺乏足够的了解，这样就不能对学生个体的职业生涯规划指导做出很好的建议和指导。多数学校仅仅依靠开几次座谈会、讲座、班会来完成职业生涯规划教育，这些显然无法满足学生的个体的、专门化的职业生涯规划教育的需求。

三、提高中职生职业规划教育实效性的对策

1. 学校要高度重视职业规划指导教师队伍建设

要把职业生涯规划指导工作作为学校的重点工作之一，积极推进职业生涯规划教育，以德育课、专业课、文化课教师和班主任、团组织形成德育合力；以市场为导向，充分利用校内外现有的资源条件，选拔一批综合素质高、责任心强，且涵盖心理学、法学、社会管理学等多学科的专业人员，构建从事职业规划指导工作的科学队伍，逐步实现职业指导教师队伍，由专门化到专业化建设的目标。

中职职业规划教育有其独特的学科特点和教育切入点，不完全等同于政治思想教育或一些基础课程的教育。因此，要加强职业规划指导的针对性专业培训，要从紧密联系教师、社会、职业三方需求入手，加强职业规划指导实践培训，采取以情境学习的案例分析、行动性学习的问题分析等多种形式，提高培训的时效性、实用性和自我指导能力。

加强校企合作，鼓励教师到企业参加生产实践，在社会、单位、学校之间架起沟通学校与社会需求的桥梁。以此使学校能按照社会需求及时调整专业设置，制订切合实际的人才培养方案；以就业和市场为导向，进一步优化专业结构，使职业规划指导与专业教育更加紧密结合。从而帮助学生明确具体的职业发展方向，不仅掌握多种职业技能，而且熟悉岗位规

范、更加深入地了解企业文化与企业发展，树立良好的职业道德等。

加强与同行业之间的交流与了解，采取"走出去、请进来"的方式。可以到外省或国外职业教育水平较高的院校进行交流、培训，也可以有目的地聘请各个学科的专家学者来学校作讲座，传授先进的职业教育理念，拓宽职业规划指导教师的视野。

2. 职业规划指导教师要自觉提高自身综合素质

职业指导教师要努力寻找适合自己实际情况的学习提高途径，使自身的知识不断更新、专业水平不断提高。在教育教学实践中不断加强学习，注重教学研究，自觉开展终身教育。教师除提高学历层次进修外，还要以提高职业指导业务水平的方式进行专门进修。鼓励职业指导教师获取国家认可相应等级的职业指导师职业技能资格证，参加各种职称考证。此外，教师还应该进修有关教学法方面的知识和技能，以便在教学过程中选择适合中职生的教学方法，进一步提高教学效果。

3. 调动学生主体，实施多样化教育教学

教无定法，职业生涯规划教育的方式应多种多样，如课堂教学、系列讲座、技能训练、实习实训、心理健康教育、校园文化建设等。

在课堂教学中，实施调动学生主体的教学方法：案例教学、角色模拟、小组讨论、主题辩论、任务驱动等，通过这些方法让学生成为学习的主人，让学生从活动中得到体验和感悟，充分了解自己的兴趣、爱好和特长，分析自己的优势与劣势，树立明确的职业发展目标与职业理想。让学生在感到亲切、可信、有用、愉快的指导中，感受德育的快乐，潜移默化地受到教育。

同时，学校还要给学生提供创造设计、实施职业生涯的平台，注重职业能力训练，让学生在"做中学，学中做"，从而积累对职业的认识和从业的经验，有助于学生完成由学校人向职业人、社会人的角色转换和就业创业能力的提高，也检验了职业生涯规划教育的实际效果。

4. 以科学发展观为指导，引导学生为职业生涯可持续发展做准备

教师要以科学发展观为指导，从中职学生职业生涯发展的实际出发，认识到从"以就业为导向"上升到"以生涯为导向"，在指导中要充分体现关注学生终身发展的人文关怀。在我国，包括中职毕业生在内的从业者，终身从事一种职业的可能性不大，绝大多数中职毕业生必须面临多次就业。多数人工作不稳定，需要被动或主动地多次转换职业，因此，需要从业者不断地调试适个性与职业的关系。教师就必须引导学生从了解自己所学的专业入手，了解专业优势和发展前景，了解自己兴趣和职业性格，拓展兴趣范围，培养对众多事物的兴趣。引导学生将职业个性和职业的市场需求、学校的专业培养特色结合起来，综合考虑确定职业目标，选择专业，热爱即将从事的职业。

要引导学生在设定职业生涯目标、制订职业生涯规划时，将近期目标、中期目标、远期目标有机结合起来。重点在于近期目标的制订和实施，也就是要做好中职三年的学习目标和措施落实：学好专业知识、增强专业技能，提高综合素质，三年后成为适应社会需求的高素质实用型技能人才。

同时，根据社会经济和行业发展的情况，学校在进行专业教育时不能只针对一个职业或

者一个工种，要面向一个职业群；既要强化学生毕业后立即能上岗顶岗的专业能力，还要注重毕业后在职业群中广泛择业的能力。引导学生在所学专业对应的职业群和相关职业群中寻找适合自己的职业，拓宽就业面，以应对就业后的转岗选择以及今后晋升的需要，处理好"人选职业"和"职业选人"的辩证关系，让中职学生职业生涯的发展走得更长远。

结束语：对中职学生进行职业生涯规划教育是中职学校教育教学的一项重要内容。本文结合当代中职职业生涯规划教育的实际，希望学校能真正重视职业生涯规划教育，把职业生涯规划教育渗透到各教育环节中去，使职业生涯规划教育更能贴近学生的成长成才的需要。这样有利于缓解中职学生的严峻就业形势，也有利于中职学生职业生涯可持续发展，从容应对今后职业生涯发展中出现的各种新情况、新问题，适应未来经济社会的发展需要。

参考文献

[1]　宋晓晨. 中职生职业生涯规划教学心得. 中等职业教育（理论），2011.

[2]　张旭燕. 提高中职学校职业生涯规划教学实效性的研究. 成才之路，2012.

[3]　刘敬玲. 浅谈中职学校职业生涯规划教学. 职业时空，2011.

[4]　罗芳芳. 中职职业生涯规划课之教学方法新探. 中国商界（上半月），2010.

[5]　孙伟霞. 试论中等职业学校学生职业规划教育的问题与对策. 现代企业教育，2013.

浅谈中职学校共青团的德育工作

四川交通运输职业学校 夏 洋

摘 要：共青团作为党的助手和后备军，正成为中职学校德育工作的重要力量。本文结合笔者在共青团工作的实践经验，阐述了中职学校共青团工作如何根据形势的需要，通过改变工作方式方法，进一步服务于中职学校思想道德建设工作的大局，服务于中职生的健康成长。

关键词：中职学校；共青团；德育

共青团是学校人才培养不可缺少的得力助手，是学校党政领导与青年学生之间的桥梁和纽带，是思想政治教育的一支重要力量，在学校德育教育中具有举足轻重的地位。"中国共产主义青年团是中国共产党领导的先进青年的群众组织，是广大青年在实践中学习中国特色社会主义和共产主义的学校，是中国共产党的助手和后备军。"共青团的性质决定了它与中职学校的德育教育有着密切的联系。

一、中职学校共青团工作在德育工作中的重要作用

1. 共青团与德育工作的目标一致

国家教育部、共青团中央在《关于加强中等职业学校共青团工作的意见》中指出：中等职业学校共青团要根据中等职业教育的根本任务，把加强中职学生思想道德教育工作摆在突出位置，为培养中国特色社会主义事业的合格建设者和可靠接班人作贡献。由此看出，素质教育的目标，是中职学校德育工作的目标，也是共青团教育的目标。目标的一致性，就能确保共青团工作紧紧围绕德育工作的主线进行。

2. 共青团在构建德育工作体系中的重要地位

中职学校共青团组织既承担着政治的功能，即开展团员发展、推优入党等工作，又承担着教育功能。共青团工作的具体内容，在中职学校的德育工作中有着特殊的地位和作用。[7]同时，为了收到良好的工作效果，共青团工作会经常联系学校党政的各个部门，因此，共青团是中职学校德育工作的重要职能部门。

二、中职学校共青团在德育工作中的优势

1. 政治上具有先进性

共青团与党同呼吸，共命运。历史经验告诉我们，共青团在中国革命、建设和改革开放时期都发挥着不可替代的作用，胡锦涛同志指出："实现党确定的各项战略任务，需要包括广大青年在内的全国各族人民共同努力。党中央对青年一代充满期待，寄予厚望。"历史充

分证明，共青团不愧为党的忠实助手和后备军，不愧为党联系青年的牢固桥梁和纽带。党需要共青团，重视共青团；共青团拥护党，接受党的领导，这一事实证明，共青团在德育工作中具有明显的政治优势。

2. "寓教于活动"的工作特性

"寓教于活动"是共青团工作的特点。共青团工作正是从青年的生理特点、心理特点及时代特点出发，充分带有青年情感，青年愿望和青年兴趣，从而吸引青年，团结青年。与传统课堂教育相比，共青团工作以学生课余时间为主要阵地，通过开展形式新颖、内容丰富的各项活动来达到教育的目的。由于这些活动符合学生的特性，因此更容易被学生所接受，具有明显的工作优势。

三、加强中职学校共青团德育工作的具体措施

1. 结合学生实际，明确共青团德育工作的思路

学校共青团工作应服务与学校工作的大局，围绕当前的教育重心，结合学生的实际情况，设计一条活动主线，有针对性地开展工作。如我校团委针对现在的独生子女居多，常常以自我为中心，感恩意识淡漠，不懂感恩，不会感恩，讲究个人自由，师生关系不够融洽，同学之间也极易产生矛盾等状况，开展了以"学会感恩，共创和谐"为主题的感恩教育主题活动。团委通过国旗下演讲、广播站向同学们宣传中国传统的感恩文化；开展"为父母写一封信"的活动，让同学们通过文字的方式向自己的父母表达感谢之情；开展"我是老师的好帮手"的活动，让每位学生都来承担一项班级的工作，加强学生的主人翁意识和团队合作意识；开展"我们是一家人"的活动，解决同学之间的矛盾，增强同学之间的友谊。通过在这些活动，鼓励同学们用言语去表达感恩，用实际行动去感恩，让学生体会感恩是什么、为什么要感恩、学会怎么感恩。经过一段时间的教育，校园里师生关系融洽，多名学生家长也向学校反馈了孩子的成长和变化，并对学校的教育表示感谢，教育活动取得了明显的效果。

2. 重视"德育实践"，切实改进德育工作方法

卢梭说过："真正的教育不在于口训，而在于实行。"中职生基本都处于青春叛逆期，要解决学生"先知后会，先信后行"的矛盾，关键在于学生实践，让学生在实践中认识真理，把真理转化为学生的自觉行为，有助于学生形成良好的、稳固的道德品质，形成正确的人生观、世界观和价值观。简单的说教往往会引起学生的反感，因此，各种思想教育必须要以活动为载体，由说教的方式向学生自行参与体验的方式转变，将宏大的主题转化成为学生能够参与的活动，并适时进行引导和总结，让学生通过实践去体验，去感悟，去思考。

比如，我校团委组织的"文明礼貌进校园"活动，为了培养学生的文明礼仪习惯，校团委在开展的活动中，让学生在班会课上谈对文明礼仪的认识，组织各班成立一支"文明礼仪向我看齐"的文明礼仪小分队，让学生参与其中，每天利用早自习的时间让小分队的队员做文明礼仪讲解员；同时让学生主动发现校园里文明与不文明的行为，评选校园的"文明使者"，开展"文明校园"的演讲比赛和礼仪知识竞赛。这些活动的开展，让大部分的学生都

能在各项活动中进行实践体验，校园的文明礼仪氛围浓厚，学生的文明修养明显提高。

3. 转变工作作风，树立为学生服务的意识

共青团担负着教育青年，团结青年，带领青年的重要职责，如果不能为青年提供切实有效的服务，团的组织就会缺乏凝聚力，就谈不上教育青年。学校共青团必须努力把团组织建成团员青年们温暖、和睦、奋进、安全的大家庭。当今社会，随着网络技术的发展和普及，使学生学习知识的渠道不再局限于课堂，对于这样的学生，团组织就不能再以高高在上的姿态来开展工作，必须先全面了解学生、研究学生的思想状态，平等的对待学生，才能更好地改进共青团工作，才能更好地为学生服务。

通过笔者的工作实践和总结，我校共青团在服务学生的工作上主要包括：设立"爱心基金"，为生活困难的学生服务；通过个别谈话、表现跟踪、积极与家长联系等方式，与学生科班主任有效配合，为后进生和心理问题生的思想转变服务；开展"读书明理"的读书学习活动，为中职学生的学习需要服务；联合教学部门开展各种技能大赛，开展各种文体活动，为培养中职学生的技能服务；引进企业员工开讲座，开展一系列的就业指导活动，为学生顺利就业服务。

4. 发挥社团"二次教育"功能，让社团成为德育工作的重要载体

中职学校的学生管理一般会采取封闭式管理，学生在结束完一天的课程之后，有将近3个小时的时间可自由支配；再者，由于中职学生的年龄偏小，加上他们的基本素质普遍不高，往往在这3个小时之内无事可做。因此，根据学生的不同特点，组织各种社团，让学生参与训练，通过社团对学生进行"二次教育"，发挥社团在学生德育工作中的重要作用。笔者所在学校从06年开始开展学生社团工作，现有社团15个，社团成员占学生总数的15%，经过几年时间的探索和坚持，社团逐渐成为学生德育工作的重要载体，特别是对于有一定特长的后进生转变工作收效明显。我们所做的具体工作主要有：

一是充分发挥学生参与的积极性，校团委制定相关制度进行监督和指导，坚持将社团的各项活动和学生的实际情况相结合，和学校的现有资源相结合，和学生的日常管理相结合。二是充分发挥共青团整合资源的能力和优势，积极得到领导的支持，利用学校现有人力、财力和物力资源来丰富学生的社团活动。三是广泛寻找适合自身特点的各种校外的活动和比赛，并组织学生参加，帮助他们获得成绩，让学生在训练的过程中时刻有目标，时刻看到自己的进步和通过努力所得到的结果，以增强他们的积极性和自信心。四是要通过参与者的切身体会，能引导他们向其他同学对学校社团活动进行宣传，让更多的同学参与到社团活动中来，最终形成良性循环，真正做到让学生在第二课堂学到本事，锻炼能力，提高素质。

结束语：随着时代的发展，共青团工作面临着更多的机遇和挑战，共青团工作必须走在改革的前沿。我们这些共青团工作者必须在今后的工作和学习中，继续进行深入的研究，努力探索共青团工作的创新之路。通过共青团的发展促进德育教育发展，使共青团工作更好地配合德育工作，共同促进学生道德品质的发展，使学生成为社会的有用人才。

参考资料

[1] 国家教育部共青团中央等六部委. 关于加强和改进中等职业学校共青团工作的意见. 2010 (2).

[2] 毛泽东文集. 青年团的工作要照顾青年的特点. 北京：人民出版社，1999.

[3] 中国共产主义青年团团章. 2003.

[4] 江泽民. 在纪念中国共产主义青年团成立八十周年大会上的讲话. 人民日报，2002.5.16.

[5] 中等职业学校德育大纲. 2004

[6] 胡锦涛. 同团中央新一届领导班子成员和团十六大部分代表座谈会上的讲话. 求是.

[7] 杨　娟. 充分发挥共青团在中职学校德育工作中的重要作用. 决策探索，2009.8（下）.

[8] 李　娜. 浅析中等职业学校共青团工作与德育. 湖南师范大学，2008.12.

浅谈中职学生心理健康教育

四川交通运输职业学校 杨二杰 李 莉

摘 要：中职学生的心理健康教育应针对学生心理特点，区别对待。学生的心理受家庭教育和学校环境的影响。提高中职学校心理教育可以从开设心理辅导相关课程，教授学生心理卫生知识；培养学生的纪律观念；开展多种社团活动、帮助学生建立良好的人际关系；帮助学生确定一个切实可行的符合实际的努力目标等方面着手。

关键词：中职学生；心理健康；心理教育

中职学校所面对的学生普遍在 15～17 岁这个年龄段。这一年龄段的青少年处于思想的叛逆期，自我意识较强，如果没有合理的引导和正确的心理疏导，极易被社会不良风气所感染而成为问题学生。中职学生很多都是在中考中淘汰下来的，学生本身的学习习惯、行为习惯都不好，这使得培养学生正确的世界观、价值观变得十分重要。加强学生的行为引导、心理教育教育的重要性变得格外突出。

一、中职学生的心理特点

中职学生心理问题主要在于：学习动机不明，对自己的将来没有明确的规划；学习兴趣不浓、学习热情不高、学习习惯不好等方面。中职学生大多在初中阶段出现过家庭教育不当、学校管理滞后、受社会不良影响严重等问题。中职学生的心理特点归纳起来可分为以下三类：

1. 积极进取型

这部分学生在中考中因为个人发挥失常、身体健康等原因导致在中考中没能取得较好的成绩。这样的学生到了职业学校之后，心里带有强烈的不甘，希望通过学习能够改变自己"落后"的现状。这些学生具有明确的学习目的，学习较为认真，并能承担班级管理和学生社团干部，能够在日常学习中自觉自主的学习并不断进步。

2. 得过且过型

这部分同学大多在中学成绩较差，对自己的将来没有明确的方向和思考。这样的学生学习积极性不高，怕苦畏难，学习效率低，对于成绩没有要求，抱着"六十分万岁，六十一分浪费"的心态只求过关。这部分学生占中职学生的绝大多数。

3. 消极应付型

学生对于学习有极强的抵触心理，不愿意看书学习。这部分学生大多有不良的喜好和生活习惯。很多学生都有沉迷网络、上课耍手机、上课睡觉的坏习惯，在学习中表现出很强的惰性，整天无所事事，对什么事情都不感兴趣，表现出很强的逆反心理。

二、家庭和学校对中职学生的心理影响

1．家庭的影响

家庭是孩子的第一所学校，父母是孩子的第一任老师，因此家庭教育的不当，将对学生不良学习心理的产生起着潜移默化的影响。中职学生的家庭教育普遍存在下列问题：

（1）父母教育的缺位。有大多数中职学生的父母常年外出打工，未尽到教育责任。这些学生多随爷爷奶奶居住，随着学生年龄的增长，青春期自我意识的形成，爷爷奶奶对他们的监管力度不足，就很容易受社会不良青年的影响，逐渐形成一些不良的心理及习惯。

（2）问题家庭较多。中职学生中单亲家庭、父母离异、重组家庭的现象十分严重，这部分学生享受不到家庭的温暖，感到自卑压抑，学习精力分散，进而对自己的明天丧失兴趣，自暴自弃。

（3）家庭教育方法不当。一些家长对子女过分溺爱，对于学生的任何不合理的要求都会满足；甚至帮助学生说谎，欺骗班主任给学生请假。有的学生仅仅因为自己或朋友过生日，就要求家长代为请假。有的家长对于学生管理又过于严厉，方法简单粗暴，动辄打骂，致使学生进取意识不强或产生较强的逆反心理，从而对学习产生厌倦。

2．学校和社会的影响

当前，中职学生产生不良学习心理与现行的中职教育也有着直接关联。一是教育教学改革尚未完全到位，不能适应中职学生多元化、多层次的需求；二是部分教学内容脱离实际，缺乏新意，对学生没有吸引力；三是部分教师理念尚未完全转变，忽视学生心理特点，教学方法单调呆板，难以激发学生的学习兴趣，导致学生失去学习动力。

由于社会的复杂性，中职学生长期受社会上一些不良因素的影响：一是社会上一些人对中职学生存在偏见和歧视，使得他们出现自卑心理；二是不良媒体诱惑，尤其是那些"黄色网页"、"暴露文学'、"暴力影视"、"网络游戏"等对中职学生的影响和危害极大，使一些学生沉迷其中不能自拔，无心向学。

三、意见和建议

就我校教学实际而言，要提高和培养学生健康的心理，参照我们现有的办学条件应该从如下方面着手？

1．开设心理辅导相关课程，让学生掌握一定的心理卫生知识

中职学生已经开始走向成熟，自我意识已基本建立，对他们来说，最重要的教育是自我教育。因此，每个中职学生都应增强心理卫生意识，了解心理卫生的知识，而不应使自己在这方面存在盲点。了解了心理卫生知识，就等于拿到了通往健康心理的钥匙，在必要时就可以进行自我调节。

2．培养学生的纪律观念、建立合理的生活秩序

许多中职学生是头一次离家独自生活，一时间似乎得到了许多的"自由"。不过，如果滥用这种"自由"，或随心所欲，或负担过重，不顾自己的身体状况和生理节奏，都会导致精神损伤。

3. 开展多种社团活动、帮助学生建立良好的人际关系

建立良好而真诚的人际关系，是非常重要的心理保健途径。中职学生都是同龄人，共同点较多，人际关系比社会上单纯。和谐的人际关系，可以增加自信和理解，减少心理上的不适感，实现心理平衡。健康的心理是需要丰富的营养的，最重要的营养就是爱。爱不是抽象的，它有着十分丰富的内涵。除了大家通常意义上的男女爱情之外，诸如眷恋、关怀、惦念、安慰、鼓励、帮助、支持、理解等，都可归为爱的范畴，而这些都可以从良好的人际关系中得到，反过来，又可以使人际关系更为和谐。中职学生的友谊往往是深刻而持久的，它可以成为中职学生感情的寄托，可以增加归属感。而且，去关心他人，理解他人，又能促使自己拥有博大的胸怀，从而大大增加生活、学习、工作的信心和力量，最大限度地减少心理应激和心理危机感。这是人们维护和保持心理健康的最基本、最重要的因素之一。一个孤芳自赏、离群索居、生活在群体之外的人，是不可能做到心理健康的。

4. 给学生希望，帮助学生确定一个切实可行的符合实际的努力目标

每个人都有成功的欲望。中职学生们的这种成功欲望更为强烈。但客观地讲，每个人的能力都有一定的限度，都具有优势和劣势两个方面。一个心理健康的人，应该能对自己的能力做出客观的评价，并依此付诸社会实践。做到这一点，对于保护个体少受挫折及充分发挥才能等都是非常重要的。因此，制定符合社会现实和学生自身条件的目标能够让原本自信心不高的学生避免受到伤害和打击。

此外，树立切实的目标，还包括不盲目地处处与人竞争，以避免过度紧张。中职学生处于青年阶段，青年人在一起容易出现争强好胜、相互攀比的现象。有些学生常暗示并鼓励自己盲目地与他人竞争。然而，正如前面所指出的，每个人精力有限、优势各异，如果处处与他人竞争，不可避免地会受一些挫折、失败。而且，处处竞争会使自己终日生活在紧张状态之中，心理上承受过大的压力，这对心理健康极为不利。因此，每位中职学生应根据自己的实际情况，选择竞争的领域。这样，一方面有利于充分发挥自己的优势，获得成功；另一方面，也会有助于身心健康发展。

5. 给学生创造自娱自乐的条件，让其能够发泄自己的压力和不满

学生如果能注意培训和发展自己的业余爱好，进行多方面的自我娱乐活动，就可能在寂寞孤独、烦闷忧郁时，通过自我娱乐来缓解心境压抑，这对心理健康是极有好处的。人不可能总是工作和学习，在业余时间，积极开展愉快的娱乐活动，做到积极的放松和休整，才能使自己得到真正的心身保健，并使自己能更有效地从事工作和学习。每个中职学生在中职阶段，都有必要依据自己的性格特点和条件，注意培养和发展一些兴趣和业余爱好，学会自我娱乐，这对维护自身的心理健康是十分有益的。

参考文献

[1] 常若松. 教育心理学. 沈阳：辽宁出版社，2012.
[2] 白洪海. 心理学基础（中职）. 北京：科学出版社，2003.
[3] 俞国良. 为中职服务的心理学探微. 北京：中国人民大学出版社，2012.
[4] 吴小青. 心理学在中职班主任管理中的运用. 科教文法，2010，4：183—184.
[5] 郭 欣. 中职班级管理渗透心理健康教育之思考. 卫生职业教育，2006，8：49—50.
[6] 靳玲玲. 中职生厌学的原因及对策. 职教新观察，2009，12：217.

浅谈班干部在班级管理中的作用

四川交通运输职业学校　李　莉

摘　要：班级管理工作中班干部的作用体现在榜样带头作用、搭建老师与同学的沟通桥梁、监督及组织管理班级同学等各方面。选拔有一定优秀品质和素养的同学加以培养，不断提升其班级管理能力和责任心进而逐步建立一个好的班干部团队。

关键词：班干部；班级管理；班主任工作

一、班干部的作用

班干部在班级的日常管理中有着十分重要的作用。这些学生每天和本班同学一起学习、一起生活，能够及时掌握班级的动态，在本班同学出现问题的时候能够及时地进行力所能及的干预，防患于未然。同时绝大多数情况下被选为班干部的同学相对优秀一些能够起到良好的带头作用。

1. 骨干和榜样作用

由于学校教学和招生等因素，目前我校一个班的人数为 50～60 人。通常一个班主任要承担两个班的管理工作，如果班主任每天逐一地去管理每一个同学，那么工作量就相当大。而且事实证明这种人盯人的管理往往是事倍功半。班干部在整个班级里起到骨干作用，其中，班长是班主任的"代言人"，在班主任授权范围之内协调各个班委的职责；其他如团支书、劳动委员、纪律委员、学习委员等各司其职。班主任如果能管理好十几个的班干部就能较好地掌握班级的状况。这部分同学是通过班级推荐或竞争通票选拔出来的，他们素质较高、能力较强，在努力学习、遵守校规校级等各个方面能起模范带头作用。他们的一言一行，在同学中都有一定的影响力和号召力。班干部与同学朝夕相处，一言一行均为其他同学所关注，为其他同学的榜样。

2. 桥梁作用

班主任对同学的了解不如同学之间了解得仔细、全面、深入、及时。班干部是班主任与同学之间的桥梁，他们和同学一起学习、一起生活，能够及时了解班级同学的情况。如果班主任情况了解不全面或者问题处理的不及时，很有可能导致工作的被动。班主任也可能做出错误的判断而带来不必要的麻烦，从而给班级管理造成不良影响，甚至有损班级的团结和班主任在同学中的权威性。

班干部是同学的一分子，与其他学生朝夕相处，起点相同，身份一致，同学之间放得开，谈得来，心相通，彼此之间能敞开心扉，倾诉真情。老师了解不到的情况，班干部能够了解到；老师想不到的事情，班干部想得到；班主任解决不了的思想问题，班干部可能就可以圆满解决。通过班干部在帮助人和班级同学之间架起桥梁，这样班主任就能了解到很多同学的想法、意见和问题。尤其性格相对内向的同学，班主任找其谈心的时候往往了解不到其想法，但通过班干部去了解就容易得多。

3. 监督作用

通常情况下，班主任安排某一个同学做一件事情时，不可能时刻监督该同学的进展情况。以学校每月出黑板报为例，版主将出黑板报的工作细分安排给几个具体的同学。如张三负责板报素材的搜集，李四负责板报文字的书写，王五承担板报的画图工作，班主任不能时刻看着这些同学出黑板报。而这些具体做事情的同学可能自我约束能力必不强，这就需要一个监督机制来保障任务能够按照学校要求，保质保量地完成。我们班就专门安排宣传委员负责板报工作，宣传委员负责协调和配合出黑板报的同学完成每月的黑板报工作。班主任要做的只要不定时地询问黑板报的情况和处理宣传委员能力范围之外的事项。这样既使得班干部的能力得到了锻炼，又使得班主任能够将更多的精力用来处理班级其他的问题。

4. 组织管理作用

同样，班干部也是班主任的得力助手，学校的许多工作、班级的许多事务，都需要班干部配合去完成。一支优秀的学生干部队伍，甚至可以在没有班主任管理的情况下完成班级大部分管理工作。

仅以法定放假以前离校为例，班主任要做的事情就有记录哪些学生留校、哪些学生离校，给离校学生的家长打电话，安排学生做周末教师大扫除，安排各寝室做卫生，开班会总结一周情况，参加学生科假期前例会等。这些事情都要在学生中午 12 点放学至 13 点离校之间完成，如果班主任自己逐一监督，肯定忙得焦头烂额，而且容易忙中出错。实际工作中，生活委员向各个寝室长统计本班离校和留校情况，汇总统计并形成离校（留校）单；劳动委员负责安排并监督值日生打扫教室卫生和锁门、关灯断电；班长到宿舍与寝室室长一起逐一检查宿舍的卫生和安全情况，出现问题及时向班主任汇报。团支书使用班主任的手机给离校的学生家长分发学生放假信息。在班干部的组织管理下，班级工作可以有条不紊的进行。班主任只要处理班干部能力范围之外的事情，并听取班干部的汇报和最终检查就行了。

除了班级日常工作外，班干部还能够在班主任的协助下，甚至独立组织开展各项活动，使班级积极参与学校组织的主题班会、运动会、大扫除、征文、演讲、教室常规评比、板报评比、社会调查、少年志愿者活动等各种实践活动。

二、班干部的选拔与培养

1. 如何选拔出有潜质的班干部

班主任在接到新班时，在入学教育军训期间，要注意观察本班同学，深入到学生中去，通过与学生的接触谈话等方式，积极发现主动性高、有责任心、性格外向的同学作为心中班干部的人选。另外，通过学生写班干部申请、班级演讲、民主选举的形式确定班干部集体，然后根据每个同学的性格特点再进行具体分工。

选拔班干部的时候要注意学生学习成绩与能力的兼顾，成绩好的同学，不一定都具备当班干部；学习成绩一般，但对班级工作积极性和组织管理能力较强的同学依然可以成为班干部。这样不仅有利于加强班级管理，而且可以激发这类同学的学习热情。

2．班干部的培养

班干部的人选确定之后，应该重视并做好培养的工作。应该把工作方法教给他们，对他们的培养要体现一个"由扶到放"的过程。针对每个班干部的优点和存在的不足之处，帮助他们扬长避短，不断提高他们在同学中的威信。通过落实责任制、压担子等方式，尽快培养一支具有较强管理能力的班干部队伍。

（1）班干部能力的培养。

班干部选好之后，首要工作是培养班干部的能力，班主任把工作方法教给他们。班干部毕竟是学生还未成年，在实施过程中学生难免会出现这种情况：班干部本身自制力较差，从而会出现班干部在管理班级的过程中出现失职的情况；甚至，有时候还会有一些班干部出现违反校规校纪，给班上的学生带来负面的影响。为了避免这种情况，班主任要经常开展班委会议，精心指导，加以引导，并在平时加强班干部的理论学习和工作方法训练，提高其个人素质及领导水平，培养其在班级中的管理能力。同时，作为班主任应该充分地信任班干部，大胆放手给他们创造独立处理事情的能力。要鼓励他们敢抓敢管，敢干敢想，让班干部充分发挥其个人能力；同时尽可能支持他们，尤其在他们遇到困难、失败的时候，应该鼓励、安慰他们，帮助他们分析事理，明白是非，指导他们正确的处理。总之，对于班干部的管理工作，班主任要做到该出手时才出手；不要事事放心不下，非亲自经手才可。

（2）帮助班干部树立威信。

班干部在班级管理的过程中，一部分学生会有这样的想法："我们都是学生，凭什么你来管我，我就非要听你的？"难免会出现这样的不服从管理的学生。班主任必须要树立好班干部在班集体中的管理权威，从而才能更好地发挥班干部在班级中的管理作用。

首先，班干部的威信是老师赋予的，相对来说比较稳定。班主任应多在班级中、在全班同学面前安排班干部做具体工作；必要时可以给予班干部一定的特殊照顾。以便在很短的时间形成班主任授予的"行政权威"。

其次，要提醒班干部注意以身作则、做好榜样、严于律己，以增强班干部的个人影响。班主任选拔班干部，在发现班干部人选的时候应多多考虑具体学生的自然魅力。而学生的自然魅力也有一个培养和锻炼的过程。班主任还应引导班干部通过在班级活动中表现出来的组织能力去树立起自己的威信；监督班干部好好学习取得优异的成绩以得到班级同学的认同；教育班干部在班级工作中、同学之间的交往中，以助人为乐的精神、豁达的胸怀去获得同学们的支持，在管理班级的过程中以身作则。

结束语：一个优秀的班干部团队是班主任工作的得力助手，能够在班级管理的各个方面帮助班主任较好地实现对班级的掌控和凝聚。选拔有一定优秀品质和素养的同学加以培养，不断提升其班级管理能力和责任心，从而逐步建立一个好的班干部团队。

参考文献

［1］ 韩文科. 如何发挥班干部在班级管理中的主体作用. 教育革新. 2010, 09.

［2］ 宁祥娟. 如何充分发挥班干部在班级管理中的作用. 科教导刊. 2009. 34.

［3］ 曹长德. 当代班级管理引论. 北京：中国科学技术出版社, 2005.

藏区"9＋3"学生日常管理方法探索

四川交通运输职业学校 蒲 聪

摘 要：实施藏区"9＋3"免费职业教育计划，是四川省委、省政府关注藏区发展，关心广大农牧民脱贫致富，为藏区经济社会培养高素质劳动者和技能型人才，维护藏区长治久安的重大战略举措。针对藏区学生的实际情况，有效指导他们日常行为规范，培养他们正确的人生观，让他们更好地融入社会，找到理想的就业岗位，安心工作，为确保藏区长治久安、繁荣进步作出应有的贡献。

关键词：中等职业教育；日常管理；藏区；"9＋3"学生

一、藏区"9＋3"学生特点

藏区"9＋3"学生团结，能歌善舞，耿直、豪爽，不主动与他人沟通，时间观念不强，抽烟、喝酒。探索出以下管理方法：服务管理法、欣赏管理法、自主管理法、全员管理法。藏区"9＋3"学生日常管理是学校最重视也最头疼的问题，要探索藏区"9＋3"学生日常管理方法，必须了解藏区"9＋3"学生特点：

（1）藏区"9＋3"学生特点，很明显的表现是团结。由于宗教信仰和生活习惯相同，又特别是到内地学校后，让他们觉得远离异家乡，远离父母亲人，汉族学生人多，本族人少，所以在他们内部显得十分团结，遇到什么事就会一哄而上。这种行为如果引导得好，就会转化为集体主义精神；如果引导不好，就会成为打群架、集体斗殴的事故根源。

（2）能歌善舞。由于信息相对闭塞，交通不便，藏族群众习惯了每天放牧后全家人围着篝火一边煮奶茶，一边跳锅庄，六弦琴的琴声在寂静的夜空中激荡和飘扬。这既是藏族群众对一天劳作的放松方式，又是他们一种翻身得到解放，生活富足安康的情怀表达。因此，利用好藏区学生的这一特点，让他们充分展示自己的才华，就能很快地搭建起藏汉学生充分融洽的平台。

（3）耿直、豪爽。为人粗犷是藏区群众典型的性格特点，他们认定一件事是对的就会努力去实现；他们认定一个人是对的，就会不计代价地维护这个人的形象。因此，在学校管理方面只要他们信服，他们就会一切都听从；一旦他们不服，再小的事都会不依不饶。

（4）不主动与他人沟通。大多数藏区学生形单影只在旷野放牧惯了，寂寞时高歌一曲、吆喝几声。赶上半天的路看不见一个人影，对自己本族的成员直接接触都不多，对非本族成员的看法、态度以及采用怎样的心态和非本族成员进行交往，对他们来说还是一个陌生的领域。因此要让他们尽快融入学校集体就必须采取策略主动出击。

（5）时间观念不强。由于长期的放牧生活，走累了就停下来休息一会，把牛羊赶到目的地后就不管了，没有工作量的概念，不存在今天必须完成什么、明天必须做好什么的问题。因此，生活习惯上他们没有时间观念，反映在藏区学生身上就是晚上不跳累就不睡觉，早晨不睡醒就不会起床，这就与学校的作息时间发生了明显的冲突。

（6）抽烟、喝酒。在藏区"9＋3"学生中，不抽烟的男生有，但不喝酒的男生却少见，这是他们长期形成的生活习惯——大碗喝酒，大块吃肉才显得豪爽和耿直，一喝就得喝醉，这才显得够仗义。但是一喝醉了就什么都不管，什么人的话都不听，这时一旦受点什么委屈，则会借着酒劲蛮干一通；如果身上再带有藏刀，则会不顾后果地使上。因此，在学校管理中这是一个相当棘手的问题。

二、藏区"9＋3"学生日常管理方法

了解藏区"9＋3"学生的特点以后，在对学生的日常管理上，要采用柔胜管理，处处维护他们的自尊，激起他们的求知欲，提高他们的综合素质。具体做法如下：

1. 服务管理法

服务管理法就是树立服务育人的管理理念，以学生为本，多与学生谈心，增进师生感情；多替学生着想，为学生办实事，让学生感受"家"的温暖。

藏区"9＋3"学生大多来自农村，有的父母长期在外打工，他们很少能够享受到父爱或母爱，班主任要多与学生谈心，了解学生的家庭情况，真心关心、爱护班上的每一个学生。笔者刚接手藏区"9＋3"班主任时，学生很排斥，故就经常与学生谈心，让学生明白：班主任是他们半个家长，对他们来说是多了一个关心、爱护他们的长辈，并且是热心为他们服务的。为他们创造各种学习条件，以提高他们的素质。例如：笔者经常将自己的《现代家庭报》、《文萃报》、《法制周报》等报纸，《华声》、《时代邮刊》、《瞭望》、《半月谈》等杂志，《智慧背囊》、《读者文摘》、《笑话与幽默》、《十万个为什么》等书给他们看。不嫌麻烦地为他们解决生活中存在的各类问题，如因梅雨天气，学生洗的衣服很难干，就把学生洗了的湿衣服带回家用洗衣机脱水；学生的鞋子湿了，没鞋换，就把自己的鞋子给学生穿等。引导学生学会化解彼此间的误会，解释和消除他们对专业学习的疑虑等；当学生遇到挫折和困难时，带领班干部和其他同学一起去关心帮助他。总之，用实际行动去感化学生，培养学生的情商。

2. 欣赏管理法

欣赏管理法就是在学生的日常管理中，用欣赏的眼光看待每一位学生，相信"人人都是独一无二的，都是出色的，都是能成功的"。加德纳的多元智力理论认为：智力就其本质来说，是"在一定的社会背景下，个体用以解决自己面临的真正难题和生产及创造出社会所需要的有效产品的能力"。就其结构来说，是由8种智力组成，即语言智力、音乐节奏智力、数理逻辑智力、视觉空间智力、身体运动智力、自我认识智力、人际交往智力和自然观察智力，它们是相对独立、相互平等的。这就要求在学生的日常管理中，班主任要以欣赏的眼光，去寻找、发现学生的每一个闪光点。例如，对语言能力强的，鼓励他们多写宣传稿；对身体运动能力方面表现突出的，鼓励他们多参加学校的各种体育比赛；对音乐能力不错的，就鼓励他们竞选文娱委员等。为了充分发挥学生的各种能力，我把每个学生的操行分定为

1000 分，每做一件份外的事，如向学校广播室投稿、做好人好事、参加各种比赛等，视情况给予相应的加分，并在班上高度表扬；班上在学校每星期的综合测评（包括卫生、纪律、宿管、宣传、体育等）中取得前 5 名，每个学生相应的加操行分 5，4，3，2，1 分；学生违反校规校纪，如不出操、迟到或旷课，不按时搞卫生等，第一次记下来，不扣分，但如果有第二次，即加倍扣分。利用周会时间，把上一周学生日常管理情况在班上宣读，只宣读好的方面，不好的方面用学生好的方面去反衬；如有个别学生不到课的话，只念到课学生名单。这样，既保护了学生的自尊，不会使学生产生逆反心理，又间接培养了学生辨别是非的能力，使不守纪律的学生慢慢地变得守纪律，促使学生养成良好的学习、生活习惯。

3. 自主管理法

自主管理法就是利用学生干部，让学生自己管理自己，以提高学生的自我管理能力。这就要求班主任要细心观察，用心选拔和培养好班干部。

优秀的学生干部是班主任进行学生日常管理的得力助手，因此，班主任要细心观察，广泛听取同学们的意见，在民主选举的基础上，确定那些品质优秀、为人正直、有魄力、敢说敢管、能说能干的学生为班干部，对他们进行严格要求和悉心培养，使他们牢固树立全心全意为班级和同学服务的意识，树立他们在同学中的威信，使其他同学能够自觉自发地团结在他们周围；及时传授他们正确分析、妥善解决问题的方法和管理同学、控制局面、控制事态发展的能力，使他们能够独立处理问题，做班主任进行班级日常管理的得力助手，实现学生的自我管理，建立"民主、平等、和谐"的师生关系。

4. 全员管理法

全员管理法就是与专业课、藏区"9 + 3"教师沟通，利用全校教师的力量进行管理，以提高学生的综合动手能力。

中职学生的学习地点除文化基础课在教室外，其他学习地点依专业的不同而有不同的实训场地。班主任要经常去学生的实训场地看看：一是看是否所有学生都参加了实训；二是与专业课老师沟通，了解学生在专业学习上的情况，并及时与专业课老师交流情况，全面掌握学生的专业学习动态。职业学校学生大多数是学校教师招进来的，与学校教师多少有点亲戚或朋友关系，因此，要想对学生进行全面的了解，还必须与招生教师沟通，了解学生的家庭情况、生活环境，以便更有针对性地管理好学生；有时碰到脾气倔的学生的时候，让招生老师做做工作，也许比班主任更管用。与专业课老师、招生老师沟通，多方面、多视角的了解、教育、督促学生，以提高他们的综合素质。

参考文献

［1］　闵光太. 以提高综合素质教育为目标. 西安：西安电子科技大学出版社，1999.
［2］　赵志友. 新时期中职学生思想特点. 机械职业教育，2007（8）.

培养学生积极的自我概念

四川交通运输职业学校　尹福兰

摘　要：积极自我概念是建立在对现实自我全面、客观认识基础上的一种积极态度，是一个人对自我的认同、积极接纳和一个人对自我的不断完善与发展。培养积极的自我概念对提高学生的学业成绩、促进健康心理的形成和长远发展等都有十分重要的意义。树立正确的学业观、建立和优化评价系统、加强人际交往及社会参与，是形成积极自我概念的有效路径。

关键词：学生；积极自我概念；培养措施

一、中学生积极自我概念的涵义及其作用

自我概念是一个人在社会化过程中逐渐形成的关于自身及其所处环境的多维度、多层次的认知和评价，也是个体对自己的情感、态度、能力水平等的总和，是个体自我意识的重要组成部分。自我概念主要包括一个人对自己身份特征的界定和对自己能力水平的认识。它主要是对以下三个问题的回答：我是谁？我能做什么？我应该是怎样的和应该达到什么水平？对这些问题的回答，将直接依赖于一个人在与外界环境相互作用的同时所形成的体验和建立起来的认知与评价方式。由于每个个体在自身与社会环境作用的过程中存在着很大的差异，所以，每个人所建立起来的自我概念也会存在很大的差异。有的人能建立起一种积极的自我概念，有的人则建立起了消极的自我概念，"积极的自我概念是建立在对现实自我全面客观认识基础上的一种积极态度，是一个人对自我的认同、积极接纳和一个人对自我的不断完善、发展。"积极的自我概念有以下特征：能恰当他评价自己；对自己有一个全面的认识；具有协调统一的自我概念，如现实自我和理想自我的协调统一；自我概念清晰且确定。具有积极自我概念的人，他们对自身及其所处的环境都能客观地认识并能以一种积极的态度来面对。他们能看到自己的优点和缺点，始终相信：自己虽然有这样那样的缺点，但也有很多的优点和优势，是一个有用的人。他们始终能以一种积极的态度与体验来面对生活。由此可以看出，积极的自我概念对人的发展具有相当大的作用。

二、中学生积极自我概念的作用

（1）培养中学生积极的自我概念，可以提高学生的成就动机。

具有积极自我概念的学生能以一种正确的、全面的观点来看待自己的各个方面，能做出正确的归因，这将直接地提高学生的成就动机。而随着成就动机的提高，学生往往能培养起来浓厚的学习兴趣，从而充分发挥出学生所具有的潜力。无疑，不管是为了升学考试还是提高学生的综合素质，这都将会为学生的学业成绩的提高起到重大的作用。"美国心理学家通

过多次的实验研究也表明，自我概念和学业成绩具有极大的正相关。自我概念积极往往能够促进学生学业成绩的提高。"

（2）培养中学生的积极自我概念，促进中学生的健康心理。

积极自我概念本身就是心理健康的一个非常重要的指标。学生具有积极的自我概念，是心理健康的体现。另外，"积极自我概念让人能有一种积极、正确的态度和认识方式，不会苛刻地要求自己做一个十全十美的人，也能够正确、全面地看待自己的优点和缺点"，这样就对健康心理的形成起到了促进作用。

（3）培养中学生积极的自我概念，可以为中学生的长远发展打下坚实的基础。

一个人的自我概念一定程度上决定着他的行为方式与抱负水平。"积极的自我概念能使中学生形成良好的行为方式，树立起崇高的理想与远大的目标，并为之而努力奋斗"，[4]这将为他们一生的发展所受用。

（4）培养中学生积极的自我概念，有利于彰显以学生为主体的教育理念。

关注和研究学生自己本身，研究他们的自我概念，并加之以一定的影响，这是对学生一生的发展负责，是从更深层次来关心学生、爱护学生，这也是以学生为主体的客观要求和具体体现。

三、中学生积极自我概念的培养措施

培养中学生积极的自我概念具有十分重要的意义。培养中学生的积极自我概念，其形成的路径有以下方面：

1. 树立正确的学业观是中学生形成积极自我概念的基础

（1）正确的看待学业成绩。

中学生往往把学业成绩看得过重，常常以偏概全，片面地认为学业成绩就是自己能力水平的体现，学习成绩不佳就什么都不行，往往因此而对自己失去信心甚至做出一些极端的行为。这样的例子很多，如有的中学生由于考试成绩不理想就在很长一段时间内处于情绪低落状态，认为自己什么都完了；更甚的是有的便因此而离家出走，采取一些自残行为等。这样来看待学业成绩，又怎么能对自己的成长与发展产生积极的影响呢？又怎么能形成积极的自我概念？所以，中学生自身正确地看待学业成绩是形成积极自我概念的重中之重。一方面，中学生应该认识到，学业成绩作为一个方面，它并不能代表自己的全部，更不是自我能力水平的全部体现，自己也不会因为一两次学业成绩不理想就"完蛋"。另一方面，中学生应该知道，学业成绩不理想并不一定是自己能力水平不行，可能是多方面的原因所造成的。比如试题的难易程度，自己的所学和考试题目的相符程度等都可能是影响考试成绩的因素。只要自己努力、勤奋，就可能提高自己的学业成绩。

（2）不能把学业成绩作为看待一个学生的唯一标准。

在学校，教师应该正确地对待学生的考试成绩，不把它看作一个学生能力水平的集中体现，不把它作为评判一个学生的唯一依据，不给学生做具有负性影响的排名，更不能因之而产生对学生个体的喜好厌恶。要正确地看待学生的各个方面，发现他们的优点和长处，多给予学生积极的评价和关注，要始终相信：每个学生都是好学生，每个学生都是可造之才。周围的同学也不应该把学业成绩作为看待自己同学的标准，更不应该把它作为自己选择交往圈子的标准。在家里，父母不应该因为孩子在学校的学习成绩不好就横加指责，不能认为孩子学习成绩不好以后就没有前途，而应该客观地找出导致他们学业成绩不佳的原因，给予更多的帮助与指导，应该认识到孩子现在学业成绩不佳不代表他以后就不行，不代表他的能力水平就低，更不代表他以后的发展水平甚至他的全部。

2. 建立良好的评价系统是中学生形成积极自我概念的关键

良好的评价系统应该是一个能进行全面、客观、积极肯定的评价的组合。在中学生积极自我概念形成过程中，这种评价的组合主要有来自教师、父母、周围同学以及学生自我的良好评价方式。

（1）教师、父母和周围同学应共同建立一个良好的外在评价系统。

教师、父母和周围同学在进行评价时，除了要正确地看待学生的学业成绩外，还应该全面地看待学生的各个方面。"教师应该以多种方式肯定和充分鼓励学生的成绩和进步"[5]，对暂时后进的学生要看到他们的长处，只要他们有一分的优点，就应热情地给予三分的肯定和赞扬，并经常地给学生"你有能力做好这件事"、"你一定会取得好成绩"的积极心理暗示，发现问题时应以一种极其巧妙的方式指出，应该以一种"每个学生都是好学生"的眼光来看待和评价学生；父母则应该不放过日常生活中的每个细节，在孩子做得好的时候给予实时肯定，在孩子因为某方面的不佳而对自己丧失信心时实时的指出孩子其他方面的优点，给孩子展示一个立体的自我；周围同学应该以一种积极的观点来看待自己同学的优点与缺点，随时相互间进行鼓励。

（2）学生自身应建立一个良好的自我评价系统。

学生自身作为自我概念的主体，自我概念又直接来源于自我的体验、评价。所以，培养良好的自我评价方式显得尤为重要。建立良好的自我评价系统主要包括以下方面：一是全面客观地进行自我评价。在进行自我评价时应该全面地看待自己，综合自己的优点、缺点，做出全面、客观的评价。应该养成一种先进行自我综合然后再评价的习惯。即在进行自我评判性的评价之前，先想想自己其他的方方面面，包括优点和缺点，然后进行一个综合，这样所得评价就会更加全面、更显客观。应该认识到自己虽然有缺点，但也不乏优点和优势，自己始终是一个有用的人。另外还要正确对待来自周围人的评价。学生在自我评价中，对于老师、父母和周围同学对自己的看法，应该客观的看待，不能因为这些评价来自于心目中的权威就盲目地全部接受。应该知道，自己才永远是最了解自己的人。对于周围人的评价，应该只将其作为自我评价的参考与自己日常生活中的行为的评价和自我检验。

3. 加强人际交往及社会参与是中学生形成积极自我概念的途径

人际交往与社会参与是一个人社会化的主要途径，也是一个人自我概念形成的重要来源。中学生应该加强人际交往与社会参与，接触更多的人和事，这将会对一个人形成积极的概念产生重要影响。中学生加强人际交往与社会参与的主要方式如下：

（1）多与同学进行交往、沟通。

中学生由于学习负担比较重，大多数时间都用于学习，和同学交往的时间就显得十分贫乏。然而，要想形成积极的自我概念，多进行同学间的交往是十分有益和必要的。中学生应该在学习之余多和同学交往，和各种类型的同学交往，进行相互间的交流，这样可以更多地了解自己的同龄人是个什么样子、他们是怎样生活与怎样看待自己的。

（2）积极参加各种课外活动。

中学生积极参加课外活动，可以让他们有更多的社会性经历与体验，能让他们在活动中体验到快乐情绪与培养起广泛的兴趣，形成积极乐观的生活态度。在一些活动中也能让他们体验到更多的成就感，提高对自己的积极评价与认知。

（3）积极参加社会实践活动。

积极参加社会实践活动，是学生形成自我概念的最基本途径。丰富的社会实践活动可以让学生更加全面、更加深刻地认识自己，同时也更加深刻的认识他人和认识社会，对学生形成积极的自我概念具有很大的积极作用。

4. 培养正确的家庭环境观是中学生形成积极自我概念的保障

培养正确的家庭环境观，中学生应该正确地认识以下两个问题：

（1）家庭经济条件并不能代表自己的某种身份与地位。

中学生应该认识到，家庭的经济条件并不能代表自己的身份和地位。家庭经济条件好的同学，并不说明自己比别人优秀和高别人一等，更不能在其他同学面前炫耀与展示或者形成自高自大的性格；家庭经济条件不是很好的同学也没必要觉得自己不如人，在其他同学面前抬不起头，更没必要自卑，应该以一种积极向上的姿态，充满信心与激情地投入到生活学习中去。

（2）家庭交往方式并不代表所有的交往方式。

家庭的交往方式只是少数家庭成员的交往过程及交往状态，它不代表其他所有的交往方式都是如此，也不代表它适合学生自己所有的交往。家庭交往方式只应该作为学生某些最初的模仿与参考，而生活中更多的交往方式则需要学生自己在社会生活中学习与完善。当然也就不能将家庭日常生活中的交往迁移到学生自己和周围同学等人的交往之中，更不能以它来要求自己周围的人及谋求这样的交往方式。

结束语：自我概念在人的一生中具有重要作用，处于人生重要阶段的中学生，形成积极的自我概念具有非常重要的作用。影响中学生自我概念形成的因素是多种多样的，要培养中学生积极的自我概念，必须从这些方面入手，全方位、多层次的施以影响，让学生更好地发展自己、完善自己，在自己的人生路上终身享用。

参考文献

[1] 范 凯. 大学生积极自我概念的培养. 辽宁教育研究, 2006 (7).

[2] 唐晖华, 刘志军. 浅析学困生自我概念的成因及对策. 湖北教育学院学报, 2006, 23 (4).

[3] 郭 成, 郭 峰. 自我概念与心理健康的关系及其教育建议. 四川文理学院学报（自然科学）, 2007, 17 (2).

[4] 张松鹤. 培养积极的自我概念，维护与促进心理健康. 河南教育学院学报（哲学社会科学版）, 2002 (3).

[5] 黎凤环. 培养学生积极的自我概念. 中国职业技术教育, 2005 (2).

中职学校班级建设与管理

四川交通运输职业学校　杨利君

摘　要： 教师职业本身就是一种特殊的职业，而中职学校教师则是特殊中的特殊，与普通中学的班主任相比，职业学校的班主任工作更加繁琐、琐碎，更具挑战性。诚然，我们没有升学的压力，但是我们要面对各种各样桀骜不驯、个性张扬的学生，他们会为我们制造各种预料不到的难题。于是，中职学校班主任对于班级的建设与管理则要更加重视。

关键词： 中职；班主任；班级建设与管理

研究背景：目前全国屡次爆出中职学校校园暴力事件，中职学生的形象大不如前。中职学生是一个特殊的群体，入校前他们接受的教育层次不同，他们的家庭教育和家庭背景也不同。虽然他们的知识基础比较差，但智力素质并不差。他们思维敏捷，动手能力强，对新事物、新观念容易接受，适应性强；追求时尚，追求财富，出人头地的梦想非常强烈。所以我们必须注重发掘他们的潜力。因此怎么教育好管理好这一特殊群体，如何组建一个健康向上积极发展的班集体是目前所有中职教师和领导现今必要重视的工作。

一、中职学生特殊性现状与心理分析

1. 中职学生特殊性现状

中职学生是我国未成年人的重要组成部分，是我国未来产业大军的重要来源。目前，我国在校中职学生已达到 2 000 多万人，他们中的绝大多数毕业后将直接跨进社会，步入职业生涯。与普通中学的学生相比，职业学校学生的特殊性主要表现在以下几个方面：

（1）谋职性。

选择来职业学校学习的学生大都希望在学校习得可以帮助其谋生的技能，以便在毕业后找到满意的工作。他们有别于普通高中学生的一大特点就是，三年后他们中的大多数人要踏入现实社会，走上工作岗位。

（2）成分相对复杂性。

一般职业学校的学生有从初中升上来直接就读的，也有一部分学生有打工的经历。相较于其他职业学校不同的是，四川交通运输职业学校为了响应国家政府"9＋3"的教育政策，即对部分少数民族地区适龄学生实行的 9 年义务教育和 3 年免费的中职技能培训。在我校，有部分学生是来自甘孜州、凉山州和阿坝州的藏族彝族，成长环境有所不同，接受教育的程度不一致、文化背景也有所差异等一系列学生管理问题也伴随着出现。因此我们必须考虑到学生的差异性，才能做到因材施教、对症下药。对于有工作经历的学生，班主任更多的时候是他们的引导者、同行者，部分学生在某些方面甚至比老师还成熟，这些学生的经历也可以成为帮助其他同学的教育资源。

（3）转型性。

来职业学校的学生都是在经历一场转型，他们正处在身心发展的转折时期，直接面对社会和职业的选择，因而他们在自我意识、人际交往、职业生涯发展和就业压力等方面难免会产生各种各样的困惑和问题。

2. 中职学生心理特点

职业中专学校的学生是一个特殊的群体，他们在初中时期。大部分的成绩不是很理想，甚至有的同学是被个别老师"遗忘"的。因此，在很大程度上，这一批学生心理上都存在一定的缺陷，这对于职校的班主任和任课老师来说，在工作上存在很大的难度；又由于当前的升学和就业形势，导致多数人认为上职校没有发展前途，基础好的学生都上了高中，中职学校的生源都是被挑选后剩余的学生，其基础知识掌握较为薄弱是不争的事实。大部分学生理论学习热情不高，缺乏钻研精神，缺乏积极的学习动机，学习目标不明确，学习上得过且过、效率低下。并且，他们的信息来源非常广泛，外界诱惑非常大，因此课程学习远远不能满足他们的心理需求，他们热衷网络、游戏、追星、享乐等，根本无心学习。另外，现在的学生多半都是独生子女，生活条件优越，从小缺乏艰苦的锻炼，因此表现在心理品质上即为严重的意志薄弱、怕吃苦、怕困难、心理脆弱、学习惰性强，无法正确地对自己做出评价。

（1）自卑感严重，但反抗性强烈。

中职学校生源的构成比较特殊，大多数学生是在基础教育中经常被忽视的弱势群体，他们中的大多数由于学习成绩不好，从小学到初中长期承受老师、家长的过多指责和同学们的歧视；有些学生来自单亲家庭或生活贫困家庭，缺乏真诚的关爱，久而久之形成了抑郁自卑心理，对学校、对社会充满冷漠、恐惧和仇视。同时，社会对职业教育还存在着一定偏见，一些中职生认为自己与同龄人比较，未来似乎比较渺茫，因此也具有一定的自卑心理。在这种心理作用下，当自主性被忽略或个性伸展受到阻碍时，他们表现在行为上就是无所适从、怪异和反抗，有时用过激的行为方式去掩饰自己可能受到的伤害，比如通过逃课、顶撞教师、打架斗殴等违纪违规现象，显示自己的勇敢。如果引导不好，个别学生就会渐渐形成反社会的人格倾向。

（2）思想意识活跃，但学习动机缺失。

职业教育注重学生实践技能的培养，他们没有升学的压力，因此，思想意识活跃，有广泛的兴趣爱好。但是，一部分中职生由于学习基础较差并且缺乏刻苦学习的精神，在学习上没有养成良好的习惯，也没有找到适合自己的学习方法，学习没有动力，有的学生因为不会学而学不好、因为学不好而不想学，从而产生厌学的心理和行为，并渐渐形成学习上的恶性循环形象，越不努力成绩越差，成绩越差越想放弃。

（3）渴望得到认可，但人际关系障碍。

青年学生在心理发展阶段存在着坦率与封闭的矛盾：一方面，期盼得到人们的理解，与知心人愿意敞开心扉，说话坦诚直率；另一方面，把注意力集中在自己的内心世界上，暴露出心理闭锁性，甚至产生固执、多疑与对抗，有时会因为看别人不顺眼而发生打架事件。中职学生特别渴望展示自己的才能，体现自己的价值，得到他人的认可，但他们不善于与人交往，为人处世能力较差，存在着社交障碍。分析原因主要有：第一，不良的心理品质，性格内向，以自我为中心，妒忌猜疑、偏激、报复性强等；第二，个人能力方面的原因，如言语表达力差、知识水平低、不会交往等；第三，曾有过交往失败的经历；第四，语言不通，没有共同语言等。

（4）自我意识增强，但自控能力不足。

从心理学的角度看，他们意识到自己已经长大，追求自己内心世界中存在的"本我"，并将注意力集中到发现自我、关心自我的存在上；开始把自己看做是"成年人"，渴望与成人一样具有平等的社会地位与权利，反对从属地位，更反对权威式的干涉。在心理上要摆脱对父母的依赖，要以独立人格出现。由于生理、心理迅速发展，使他们在缺乏准备的条件下，会面对许多矛盾和困惑，常让他们处于焦虑之中，如遇到不满或不平之事，就容易出现突发式的情绪失控，这些情绪上的波动，使他们难以自觉控制。

二、中职学校班级建设与管理

班集体对学生的影响是巨大的，一个人的言谈举止，往往带有当年班集体的某些特殊的印记：严谨的、朴实的、活泼的、宽容的、谦恭的，或者是放任的、散漫的、敷衍的、浮躁的、保守的。建设良好的班集体是班主任的重要工作。说到建设与管理，笔者觉得大多数人都想的是：严：严格管理；教：教学生学会做人；爱：对学生施以爱心；责：以责任感引导学生；动：以活动增强班级凝聚力。这些大都是些空话套话，是我们这个时代的人最虚伪的外交辞令罢了。我认为，管理班级应该在正确的路上以学生为中心，站在学生的角度来管理班级，这样的班级才会团结，才会有凝聚力。

通过从事为期近两年的中职班主任工作，我切身体会到中职学校班主任工作琐碎而繁杂。中职学校的学生由于来源的构成比较特殊，学习基础薄弱，在以往的学习生活中又养成了许多不好的学习及行为习惯，他们在校的行为往往会背离学校的规章制度。那么，针对如此现状，如何有效地做好中职学生的班主任工作，实现良好的教育效果，解决中职学生"学习无动力，就业无准备，人生无规划"的一些现状，是新形势下中职学校学生管理的难点和重点。近两年以来，笔者见效比较卓见的管理方法如下：

1. 让学生在"付出"中热爱班级

一次偶然的机会，晚自习开班会休息期间，我笑着问我的学生："你们爱自己的班级吗？"大多数同学表现得很茫然，有的只是不好意思地一笑而已，只有极少数的几个班干点头表示爱自己的班级。于是，我就在问自己："我们的孩子为什么对我们班级的热爱情绪竟会如此低落呢？我们作为班主任应该怎样教育学生热爱自己的班级呢？"

班级是一个大家庭，是学生求知的殿堂，学生学习生活的理想场所。和谐融洽的氛围，会让每位成员身心愉悦，健康成长。良好的班级来自成员对它的呵护，对它的爱。

首先要树立人人为班级主动服务的意识，从而增强主人翁的责任感，同时增进对班集体的荣誉感。让他们认识到自己是这个班级中的一员。认识到班级就是他们的家，从而使每一个同学都愿意参加班级活动，每个人都愿意为班级做点贡献，把班级建设得更加优秀，这样既增强了学生的班级认同感，又使学生正确认识了自我，感受到了自身存在的价值，认识到自己是班级中不可缺少的一部分。

2．用爱去感化学生，以尊重去赢得学生

爱是一把万能的钥匙。班主任应该用爱去感化学生和爱学生，就需要教师尊重学生的人格、兴趣和爱好。在班级管理上，协调好师生间的人际关系，做学生心目中的"知心朋友"和信得过的"人生向导"，充分地调动学生参与班级管理的积极性，建立平等的师生关系，倾听学生的心声，处理好"严与爱"的度，不能一味的宽容与迁就，必须"严慈相济"以此来达到教育学生的目的。

四川交通运输职业学校红牌楼校区，由5年高职、3年大中专道桥、机械、工民建等专业组成，学生的年龄悬殊也很大，大中专的组合也给学生的管理工作带来了一定的难度。那么对于大中专学生的管理方法也得适当地调整，正如我所带的13级大专1班、12级大专2班和12级高职班，这些学生大多都成年了，有了自己的思想意识，班主任应该做到在班级事务上的事情要征求集体的意见，尊重他们的个人意识。教育是一种平等的帮助，学生才是班级管理的主人。学生受到老师的赏识和重视，自信心也会渐渐地重新树立，对于个人的学习和班集体的管理都会起到极大的催化作用和良好的效果。

3．组建一支得力的班干部队伍，协助班主任做好班级管理工作

正如每周的学生科科室会议上，吴传明科长经常对我们班主任强调"班风、校风的建设问题"，吴科长让我记忆犹新的一句话是"你们班主任工作干得好，是你们的功劳，而班主任工作干得不好，就是我这个科长的责任，是我没有把你们带领好。"听着吴科长的这句话，对于我这个刚刚踏出校门初出茅庐的应届毕业生心里备受鼓舞，干劲十足，有了领导的大力支持，还有什么困难是不能解决的呢！

我认识到，一个班集体的面貌如何，很大程度上是由班干部决定的。班干部对班集体有着"以点带面"和"以面带面"的作用。选拔和培养好得力的班干部能使班主任工作从繁重走向简单与轻松。选择班级干部要讲究工作方法，充分发挥学生的人性特长。班干部的组成可以采取竞争班级干部和任命制相结合的办法进行。让学生参与竞争干部，目的是培养学生的竞争意识、挑战意识、领袖意识和参与意识。中职学校的学生毕竟年龄不大，不可能听老师的几句说教就能胜任，需要一段时间的实践锻炼。再者，班主任要及时开好班干部会议。召开班干部会是很重要的，这样做不但再一次强化了班干部的责任意识，而且出现的问题能及时解决。老师也可以借此把自己的一些想法，把学院报上好干部的事迹告诉班干部们，加深老师班干部之间的情感交流，产生情感动力，影响他们不断追求更高的目标。另外，我们要及时举例指导，对班干部的指导可以说是无时不在，无事不在。能及时指导的一定及时指导，指导时最好结合具体的例子。班主任如果建设好了一支思想素质好、工作能力强、群众威信高、有冲天干劲的班干部队伍，那他们在政治、工作、学习、生活等方面都会给其他同学起到很好的示范作用，他们良好的道德风貌和规范的行为会对班级全体同学产生一种强大的辐射功能，有利于促进良好班风、学风的形成，从而为班主任管理好班级提供保障。因此选拔和培养一支好的学生干部队伍，仍是新时期班主任工作不可或缺的重要内容。

4．用榜样去示范、用特长去引领学生积极向上的心态

榜样的力量是无穷的。最具有教育力量的是学生身边的先进模范。榜样扎根在学生的身

边，具有较强的说服力、影响力。

例如：12 高职班有一名学生叫梅志豪，虽然他只有 16 岁，是一个早产儿，身体健康状况不是很好。可是这个学生学习成绩非常优异也很懂事，尊重老师，与班级同学相处愉快，富有责任心。他在电脑的软件操作方面也很有天赋，目前他自己就能开发一些软件出来，挣点小外快，国家级的 IT 证书等级考试也顺利通过了。他积极参与学校的各类活动，竞选学生会干部，凭着他的工作能力和敬业态度，在学生会中赢得老师和同事的一致好评。在班级上，很多同学都认可他，愿意与他相处，形成了良好的榜样模范作用。

当然，一个有特长的班主任最容易赢得学生的尊重，最容易赢得学生的崇拜，最容易赢得学生的兴趣和效仿，具有较强的亲和力。因此，班主任应该成为一本流动的德育教科书，一个流动的榜样示范者。教师要以身作则，是无声的命令，也是带好学生的基本功，以自己良好的行为去影响学生追求真善美，做一个爱学习的人。我建立了班级 QQ 群和飞信群，常常在 QQ 和飞信平台上和孩子们谈心，聊兴趣爱好，教他们如何处理发生在自己身边琐事的解决方法。如果愿意去倾听他们的心声，他们也就把班主任当做了最贴心的好朋友，在做不了决定的事情上都想着和班主任商量，让班主任帮他们出谋划策。同时，班主任要善于发现班级中的先进典范，给学生树立各类榜样，让学生看得见、摸得着，在榜样的示范引领下，使他们养成追求向上的良好习惯。

5. 用反思去提升、用改进促班级管理

每一学期结束后，我都会给学生们布置一项必备的假期作业，那就是一篇 800 字左右的作文，主题是"第一，一学期结束后，对于班集体的管理有没有一些好的建议和改进。良好的班级建设与管理，仅仅依靠班主任的力量是不够的，班级这个大家庭是大家所共有的，必须集思广益，采纳好的建议。第二，一学期过去了，同学们有必要去反思在学习、生活上有哪些成长与收获，不足的地方必须及时认识和加以改进，在来年才会有好的计划去实现新的成就与梦想。"新学期开学时，学生要交了作业检查合格之后，才能顺利报名。通过这种自我反思的方法，能有效地提升学生们的班集体主人感和班集体荣誉感。反思是进步成长的有效武器。在班主任管理工作中，要自觉养成反思得与失的思维管理方式。每一项工作告一段落后，要养成反思的习惯，总结出成功的套路及做法，以及失败的地方在哪里或者还有哪些地方做得不够完善，可以采取哪些改进的措施。这样在反思中不断提升工作效率和质量，减少无效劳动。通过这项作业，一些经常强调的事情，为什么总是没有得到落实，一些问题学生为什么转化的效果甚微，究竟问题的症结和关键在哪里，在工作中已经尝试了哪些招法，哪些收到了成效，哪些无效，这些都应该总结记录下来，作为反思的主要依据进行分析，从而提升出有效的管理经验，为下一阶段教育管理提供借鉴作用。

所以，作为一名中职学校的班主任，只有爱学生，包容学生，走进学生的心灵，得到学生在感情上的接纳，才能更好地教育学生。正如我们所知："你把学生当作魔鬼，你就生活在地狱，你把学生当作天使，你就生活在天堂。"热爱自己的学生，你就会有意外的收获。哪个师长不希望孩子能快快长大，自己去飞翔。关键是，你得给他们一对翅膀，让他们自己去磨炼。该放手时就得放手，要相信他们。

6. 融合各族学生的关系纽带

众所周知，为了响应国家"9＋3"的教育政策，我校 30％的学生为藏族学生，到内地

中职学校进行职业教育培训的藏区学生由于文化背景迁移，产生环境适应、学习生活适应和人际适应困难，由此产生如自卑、焦虑、抑郁、恐惧、敌对、孤独等心理问题，严重者出现心理障碍。针对文化迁移后的心理问题，通过多途径了解学生的文化背景、风俗习惯等，以及学生的性格特征和心理状态，我们可以举办一些活动来促进这些学生和汉族学生的文化融合，如学校团委9月举办的"个人才艺大赛"、10月的"校园篮球比赛"、11月"中职学校三禁两不"黑板报比赛、12月开展的"12.9合唱比赛"等，通过开展一系列的活动，带动各族学生的积极性，参与比赛，增加彼此的交流机会，增进同学间的情谊，避免一些不必要的争端。

7. 与学生共同修订班规

（1）制订班规。

一个新的班级组建后，教师要引导学生达成这样一个共识：珍惜友谊、互敬互爱，共建班集体这个大家共有的家园，形成一种人人参与的小主人意识。

班规的制订不应班主任一人说了算，应由学生集思广益，共同参与制订，共同研究为什么要这样制订，进而在全班学生中达成共识。试想象学生对某项要求如果不理解其重要性，或对某项要求不能内化为自己的需要时，又如何去遵照执行呢？

（2）班规落实要持之以恒。

班规的制订并不难，难就难在持之以恒。持之以恒的关键是建立健全班级内部的以学生为主体的管理机制，使常规训练落到实处，增强学生的主体意识、创新精神和实践能力。

要充分调动学生的参与意识，让他们通过竞选争取班内的职务，赋予他们不同的职责权限，鼓励他们协助老师工作。此外，还可以在班内开展轮流班长负责制，使每一项制度都能得到落实。评比结果由专人及时通知家长，并与评选挂钩，提高学生遵守纪律的自觉性和主动性。

（3）充分发挥集体的舆论功能。

当班内出现一些不好的现象时，可以随时召开班队会，引导全班学生共同讨论分析不良行为的后果，使班内形成良好的舆论导向，使犯错误的同学认识危害，自觉改正，把不良行为的苗头即使扼制住。在班内设置意见建议箱，及时了解学生的呼声。

（4）开展丰富多彩的活动。

丰富多彩的活动可以锻炼学生的参与精神，增强班级的凝聚力。班主任要充分利用学校和班级开展的活动，发挥学生的自主能力，扎扎实实地开展好每一个活动。如主题班队会，班主任可以提前告诉学生主题，让学生利用星期天搜集资料；对高年级的还可以让学生自己主持，自行组织，这样既锻炼了学生，又解放了教师，何乐而不为呢？

三、结 论

著名教育家陶行知先生说过："千教万教教人求真，千学万学学做真人"，"先生不应该专教书，他的责任是教人做人；学生也不应当专读书，其责任是学习人生之道。"以人为本，尊重人的需要，注重人的全面发展，是人类社会发展进步的必然结果，也是现代教育的核心理念。十六七岁年龄阶段的学生，他们的思想正处于向成人发展的阶段，已经能够观察身边的事物，有着一定的感性认识。但是他们的观察又常常是片面的、孤立的，思想还不成熟，情感体验比较单一，思维方法不稳定。正因为如此，对于老师一般的、刻板的教育方式不屑于接受。他们做事往往不考虑后果，且不一定认同成人对问题的看法，遇事有他们自己的理解，有他们自己处理问题的方式、方法。特别是刚步入中职的新生，其中的许多人的心情相当失落，总觉得到职业学校上学不理想，整天处于消极观望状态，不思进取，得过且过，学习不专心。此时，班主任既要及时开导，耐心教育，使他们逐渐认识到"上职中，不丢人，升学就业两不误，只要好好学，一样可以成为社会的有用之才"，还要了解每个学生的情况，具体情况具体对待。对于那些有上进心，但基础较差的学生，用母亲般的爱心和耐心给予帮助和鼓励，逐渐增强他们的自信心，激发他们的求知欲望；对于那些单亲或离异家庭，缺乏家庭的温暖和正确有效的引导，心理认识偏激、心理不成熟的学生，班主任要给予他们母亲般的温存，用爱心去温暖他们的心，循序渐进地矫正他们的思想；对于偶尔犯错的学生，班主任应该讲明道理，指出危害，启发他们认识到自己的不足，逐步提高他们的思想认识，使其自觉改正错误；对于那些经常犯错，屡教不改的学生，在耐心教育的同时，还要予以父亲般的威严。

结束语：班主任责任重大，工作纷繁琐碎。做好职业学校的班主任：既要勤，还要用心，更要有适当的方式方法。让我们在坚持勤奋和用心的基础上，不断探索更好的方式方法，努力把中职的孩子们培养成社会栋梁。这是我们的职责，更是我们的荣耀。

参考文献

[1] 李　迪. 做一个优秀的中职班主任. 北京：教育科学出版社，2011.
[2] 孙　彦. 新时期高校学生班级建设和管理探析. 郑州航空工业管理学院学报，2012.

论中职学校班主任的管理艺术

四川交通运输职业学校　　陈　姣

摘　要：随着国际竞争的日趋激烈，中国从人口大国转变为人力资源大国，职业教育也越来越受到国家和社会的关注。班主任是中职学校班级工作的领导者和组织者，也是素质教育的主要实施者，因而其工作方法十分重要。可以说班主任的管理工作不仅是一门学问，更是一门艺术。

关键词：中职学校；班主任；管理艺术

一、中职学校学生特点

　　首先，中职学校的学生是一个特殊的群体，他们在初中大部分成绩不好，甚至直接被个别教师给"遗忘"，因此，这就有可能造成学生心理的创伤，也就给中职学校的班主任在工作上带来额外的难度。其次，中职学校的学生基础知识的掌握比较的薄弱，大部分学生理论学习的热情不高，缺乏钻研精神和学习动机，学习目标也似乎不是很明确，学习效率较低，所以，传统的教学方法很有可能不适合他们。但是，大部分人的智力水平应该是差不多的，中职生知识水平基础可能比较差，但智力素质不一定就差。他们动手能力强、想法多、思维敏捷，容易接受新观念新事物，所以在教学教育方面要"因材施教"，注重挖掘他们所具有的潜力，让学生在实践中学习，在实践中进步。

二、班主任工作的重心

　　中职学校的学生管理，关键是班级的管理，班级管理的中心环节在于班主任工作。班级作为学校教育、教学工作最基层的组织单位，其管理的成功与否，直接影响到校风、校纪、校貌和学生的成长。因为班主任是班级的领导者、组织者和管理者，班主任对创建良好的班集体，全面提高学生素质，陶冶学生情操，培养全面发展的人才，具有举足轻重的地位和作用。特别是中职学校的学生，由于学生的行为习惯差，学习兴趣不高，勤奋努力自觉性不强，这对我们班主任的管理工作提出了更高的要求。因此，班主任的工作方法与管理艺术是班主任工作成功与否的关键，也深刻地影响着每个学生德、智、体、美、劳等方面的发展。所以在日常工作中，班主任应该注意以下几个方面：

　　（1）帮助学生明确学习目标，树立信心。

　　中职学生因为之前在学习方面比较落后，容易产生自我否定和不认可自己的思想。班主任首先需要让学生树立起信心。每一个学期可以制订一个或几个大的目标，这样，学生有了一个目标以后，无论他能否完成，至少有了这个目标的伴随，他能够多多少少有些收获。

　　（2）了解中职学生的共性，了解自己学生的个性。

中职学生都是十五六岁处在青春期的孩子，他们敏感、迷惘，矛盾着探索世界。他们身上可能有着很多的缺点和不好的习惯，但他们却同样单纯可塑，渴望被家长、老师和社会所接纳。当然，每个学生都有自己的个性。不同的学生来自不同情况的家庭，地域环境、成长因素的不同造就了他们不同的性格和思维。这就要求班主任主动去关心学生，了解学生，这样班主任在以后处理问题时就有了一定的针对性而不至于工作处于被动。例如，有些学生是属于"吃软不吃硬"的典型，而有些学生又是"吃硬不吃软"，这都需要班主任有一个清楚的把握，否则工作就比较难顺利开展。除在看到学生性格特点外，还应该看到学生的长处和优点，这个年龄阶段的学生是希望把最好的一面展示在老师的面前的。班主任应该尽量创造机会，让他们能展示出优秀的一面，在增加个人信心的同时，还能够转移班级注意力，有利于班级建设，带动其他同学向好的一方面发展。

（3）班主任应该做到情理结合，以理服人，并且尊重学生的人格。

中职学生通常自控能力较差，自我为中心的意识强但自我意识不完善。所以班主任在做学生工作时更应该注意方式方法。任何事物都有两面性，二分这个年龄阶段的学生甚至有多面性。中职学生刚从小学、初中时代的"以分数来划分好学生坏学生"的标准中跨出来，也许曾经的老师在语言或行为上伤害过这些学生，产生了一些负面的影响。因此，班主任在面对这些学生的时候，一定要尊重学生，投入真实的情感，使用善意的语言，用客观事实说道理，这样才能处理好师生关系，达到教育的最终目的。

（4）及时肯定学生。

俗话说，"尺有所短，寸有所长"，任何人都有其优点和长处，同时也都希望得到他人的尊重和肯定。而班主任的肯定莫过于是对这个年龄阶段学生的最好肯定。班主任对班级的每个学生都应该在心理上存在一个清晰的分析谱，对于学生的闪光点应该在班上及时地表扬，这种表扬会在学生心理产生一种正能量，这种正能量也许不仅能持续很长一段时间，而且在他经后的人生道路上起着重要的作用。除此之外，表扬除了对本人产生很好的作用外，这种"榜样的力量"还可以为班级创造一种你追我赶的氛围，这样也能使班主任管理工作达到事半功倍的效果。

（5）密切联系家长，并驾齐驱，使教育达到更好的效果。

对于每一个学生来说，最了解他们的莫过于他们的父母了。学生在学校或者说在老师面前，通常会把自己能意识到的缺点隐藏起来，这样班主任就不容易客观全面地对学生形成印象。加强和家长的联系，是学校教育和家庭教育紧密的联系起来，全方位的把握学生，这样，才能达到较好的教育效果。

（6）班主任要勇于向学生道歉的诚心，处理好自己在学生中的"角色"。

班主任在学生心目中是很有能力的，班主任的形象、思想对学生的影响很大，但在日常工作中难免会出现一些失误，这就要求班主任在工作中纠正自己的错误的同事，勇于给学生道歉。同时，在日常生活中，班主任要经常审视自己的言行，树立起优良的教师形象，以高尚的人格去影响学生。

三、严慈相济，充分尊重学生的民主管理是班主任工作艺术的核心

中职学生一般都处于十六七岁的年纪，他们具有强烈的好奇心和逆反心理，意志薄弱、

自控能力差，行为极易反复无常，但在学校他们又往往很在乎老师尤其是班主任的评价。严格管理班级是每个班主任都能做到的，但我认为班主任工作的艺术，首先是爱的艺术，班主任在工作中必须充满感情。教育过程离不开师生情感交流，教育家苏霍姆林斯基说："教育是人和人心灵中最微妙的相互接触"。班主任工作首先是心灵的塑造，通过与学生心灵的接触与交往，让爱先暖学生的纯洁之心，再升学生的健康之情，使师生之间缩短心理空间的距离，产生友好、亲近、共鸣、信赖的效应。其次，教育心理学认为教育者的个人威信与教育效果呈现出较为明显的一致性。因此，班主任在学生中享有较高的威信是搞好班级工作和教育好学生的前提和保证。班主任是塑造学生心灵的建筑师班主任工作是对学生的身心施行的一种有目的、有计划的引导、感化作用。班主任应该注重自己的行为给学生带来的影响。在班级建设中，首先要从自身做起，要求学生做到的，自己首先必须做到。同时，班主任还应该充分尊重学生的主体性，民主管理班集体。班主任在管理上是否民主、公平、公正，直接影响到班主任的管理成效。如果班主任在管理中只重说教、独断专行，就会激起他们的厌烦心理，增加工作的难度。班主任在工作中要充分重视学生的主体地位，凡事不要越俎代庖，而是给学生自己动手尝试的机会。给学生鼓励，给学生机会，说不定他会就给你一个惊喜。

参考文献

[1] 马良存. 浅谈班主任管理艺术. 新西部（下旬. 理论版），2011（01）.

[2] 文锦贵. 职业中学班主任管理中的情感教育. 时代教育，2012（4）.

[3] 王冬丽. 中职班主任与学生沟通艺术探析. 天津职业学校联合学报，2011（12）.

[4] 农晓春. 论当前中职班主任管理工作存在的问题及对策. 现代阅读（教育版）. 2011（15）.

[5] 张 敏. 中职学校班级管理工作浅析. 黑龙江科技信息. 2009（25）.

[6] 袭祥龙，姜绍霞，顾文娟. 浅谈如何做好职业院校的班主任工作. 科技信息（科学教研）. 2007（14）.

[7] 曲小改. 浅谈班主任工作. 科技资讯. 2009（27）.

关于中职学校学生党员发展的几点思考

四川交通运输职业学校　曾莉萍

摘　要：中职学校党员发展是学生党支部工作的重要组成部分，学生党支部在入党积极分子培养过程要充分认识到中职学生的个性差异、性格特点，有针对性地加强中职学生对党的理论知识学习，帮助他们树立正确的世界观、人生观和价值观，提高党性认识。在党员发展过程中应严格按照组织发展程序进行，加强学生党员的制度化管理，保持党员队伍的先进性，充分发挥党员的先锋模范带头作用。

关键词：中职；党员；党员发展

认真做好中职学校学生党员的发展工作，是贯彻党的教育方针，培养建设中国特色社会主义建设者和接班人的大事。但是由于中职学生家庭出身、学历层次、社会关系等普遍性因素的存在，中职学生往往扮演着社会弱势群体的角色；且由于年纪小、知识面窄、阅历浅、易冲动等原因，他们更容易受不良风气和思维的影响。这是我们在面对中职学生时不容忽视的"内因"。同时，由于工资待遇低、工作时间长、劳动条件差、高温高危任务重等原因，使绝大多数的中职学生对自己未来的工作抱着"低期望"的情绪，影响了他们在学校内的学习积极性和主动性。他们通常认为"入党的意义不大"，这些"外因"给中职学生党员发展工作增加了不少难度。此外，中职学生由于在校时间短，学生基层党支部建设通常不够完善，大多数工作仍由团委代为开展；学生入党后的教育、管理工作相对薄弱，不能有效地开展党员组织活动。另外，随着现代社会发展，学生党员在思想、行为等方面难免发生深刻的变化，主要表现为欠缺思想政治意识。近年来，我校学生党支部在学生党员发展上做了大量的工作，下面针对如何进一步做好中职学校学生党员的培养发展工作做一些探讨。

1. 加强党的理论学习，提高学生党性认识

中职学生正处于世界观、价值观、人生观不断成熟的阶段，要想成为一名合格的党员，必须努力提高自身的党性认识与理论水平。一方面，要加强学习毛泽东思想、邓小平理论以及"三个代表"重要思想，以科学发展观理论自觉增强武装头脑；另一方面，要自觉接受党内生活的锻炼，提高党性修养，不断增强实践理想信念的坚定性。

我校学生支部对入党积极分子的培养分四个阶段，分别是自主学习、集体学习、专题讲座和党校培训。自主学习是提高党性认识的基础阶段，所有提交入党申请书的同学都必须经过自主学习。在此期间，党小组每季度组织召开一次思想交流大会，同学们将自学心得以及对党的认识拿出来与大家一起分享和讨论，找出自身不足和改进的方法，通过自学让同学们对党的认识更丰富、更具体和更具有意义。集体学习由校团委组织部定期举行，每月一次，通过学习使得同学们对党有更全面、深刻的认识，自身修养也有一定的提高。每月一次的专

题讲座以及每年一期的业余党校由学校领导、优秀教师党员为同学们做专题辅导，重点学习马列主义、毛泽东思想、邓小平理论、"三个代表"、科学发展观等理论知识，帮助他们树立正确的世界观、人生观和价值观，真正了解党，明确党的性质、宗旨、任务、奋斗目标以及党员的权利、义务和党的纪律等，从而加深对党的情感，坚定对党的信念，使他们能在入党之前较好地解决思想问题。

2. 严格党员发展程序，确保发展党员质量

严格履行入党手续接收新党员是党章要求发展党员工作的关键，它既是一项严肃的政治工作，也是对新党员的一次政治教育和全面审查。审查中应重点考虑学生的入党动机、学习成绩、党的基础知识、入党手续和个人优点等情况，把党员质量放在首位，坚持党员标准，决不容忍把那些不具备党员条件的人吸收到党内来。在发展工作中不允许随意降低党员标准，处理好数量与质量的关系，切不可为追求数量而降低党员标准，也不能只强调质量而延缓发展，禁止突击发展，克服发展时间过于集中的现象，分批分期做好党员发展工作，坚持成熟一个发展一个。

在发展过程中必须严格履行发展党员的各项程序，健全和完善党员公示制度，创新发展工作机制，坚持做到没有经过党校培训和培训考试不合格的不发展，培养考察期限不足一年的不发展，多数党员和群众不同意的不发展。要将学生党员发展工作公开化、规范化、制度化，让广大学生感到党组织时刻在身边在关心、教育、培养自己，只要努力学习和切实锻炼，严格按照共产党的标准去做，就能实现自己的政治理想。

2012年我校学生以书面形式提出入党申请共238份，通过各阶段筛选后进入业余党校学习的学生107人，通过业余党校培训与考核，最终确定为入党积极分子的学生21人。经过1年的考察，已有11名学生发展成为中共预备党员。

3. 提升支部业务水平，加强学生党员管理

学生支部委员应该自觉学习支部组织工作的各项规章制度，熟悉党员发展程序，努力提高自身业务水平，在学生党员的管理上严格按制度执行，以制度强化学生党员的教育管理。

预备党员要严格遵守党的组织生活制度，提高他们参加党的组织生活，在组织生活中接受党组织的教育和党员同志帮助的自觉性。只有通过严格的高质量组织生活，加强党员对理论知识的深入学习，才能不断克服和纠正学生党员思想中存在的各种模糊认识，坚定共产主义的理想信念，牢固树立全心全意为人民服务的宗旨，自觉遵守党的纪律和国家的各项法律法规。同时，组织生活的开展方式宜多样化且富有教育意义，使支部工作既符合党的要求、体现党的性质，又贴近学生党员的思想、学习和生活实际，为广大党员所乐于接受。

预备党员作为新加入党组织的成员，除了要严格遵守党的组织生活制度外，还必须坚持每季度向组织汇报自己的思想、工作、学习和生活情况。联系人要定期和预备党员取得联系，了解预备党员的学习、思想、工作、生活等情况，还应向班主任、任课教师了解情况，并每隔一个月向所在党支部汇报考察情况。党章明确规定预备党员有一个预备期，就是为了让党组织能更好地考察每一位党员。考察在这一年预备期中能否真正履行党员义务，真正执行党的决议，能否真正遵守党的纪律，在群众中发挥党员的先锋模范作用。

4．强化学生党员意识，发挥党员模范作用

学生党员发展工作要想取得积极的长效的发展，需要学生党支部拓宽思路、创新形式，不断增强支部活动的效果，促进学生党员队伍充分发挥先锋模范作用，才能巩固党员发展工作的成效，保证党员发展工作在学生教育、管理、成长和成才过程中的重要作用。

一个党员就是一面旗帜，一个支部是一个堡垒。要充分发挥学生党员尤其是学生党员干部在基层组织中的作用，多给他们分任务、压担子，要求他们紧密联系学生，准确把握学生思想动脉，遇事能以全局出发挺身而出，让学生党员不仅成为学生支部工作的对象，更要成为学生支部开展工作的骨干力量，使得发展一个党员就可带动其周围一片学生，充分以先锋模范作用对其他学生产生广泛的、直接的影响，树立党的光辉形象。学生党支部应根据国内外形势的发展变化，结合学校教育教学改革、校园精神文明建设、学生就业、办学质量等工作的实际，组织学生党员开展系列活动，服务广大师生，充分体现学生党员的先进性，以实际行动和现实效果充分展现学生党员的先锋模范带头作用。

参考文献

[1]　程庭亭，梁德才．基于中高职院校3＋2分段学生党员发展探索．湘潮，2012，381（5）：93—95．

[2]　崔丽利，陈一成．做好新时期中职校学生党员发展工作．中国职业技术教育，2004，20：46—47．

关于中职汽车运用与维修专业
学生人际沟通能力培养的探讨

四川交通运输职业学校团委　陈　睿

摘　要：人际关系的好坏是衡量一个人心理是否健康的重要标志之一，学会沟通才能节约人力、物力、财力，才能进一步整合资源成大事，所以帮助学生建立良好的人际关系是学校德育工作中一项任重道远的重要内容。笔者近年来从事职教德育工作，发现中职学生处理人际关系的能力不尽如人意。人际沟通能力较差将直接阻碍学生职业生涯的可持续发展，但大部分老师对于学生人际沟通能力的培养不够重视。为了帮助学生正确认知自我，理解他人，建立和谐的人际关系，笔者在四川交通运输职业学校（以下简称我校）进行了研究，通过对在校生、毕业生、家长、老师的问卷调查和个别访谈深入了解汽车运用与维修专业（以下简称汽运专业）中职生在人际沟通中所遇到的障碍。研究发现，中职生在亲子、同学、师生三种常见的人际关系方面都存在一系列问题。老师应在教学的各个环节加强对学生人际沟通能力的培养，同时通过主题班会、课外活动、社会实践等加强对学生的心理健康指导从而提高他们的人际沟通能力。

关键词：四川交通运输职业学校；中职学生；汽车运用与维修专业；沟通能力；沟通障碍；沟通技巧；人际关系

一、人际沟通的内涵及其在汽运专业中职生职业生涯中的重要性

人际沟通是指个人之间在共同活动中彼此交流思想、感情和知识等信息的过程。说简单点就是信息的双向流动，其重点在于它是一种有意义的沟通历程，沟通双方在沟通历程中表现出的是一种互动。

中职生毕业之初所从事的多是与服务相关的工作，即直接为客人提供各种服务工作。纵观各种人事招聘信息，服务业在招聘员工时都有一个共同的条件，那就是"人际沟通能力强"。有报道称通过对成都汽车行业人才需求的调查，4S店中有71%的岗位在招聘员工时最看重的是"良好的沟通能力"。可见，人际沟通能力在汽车行业中非常重要。首先，服务人员必须在最短的时间内准确把握客人的真实需求，而客人的需求具有多样性和随机性，这就需要服务人员与客人进行及时有效的沟通交流；其次，汽修行业提供的服务是一个系统服务，需要公司各部门间和相关岗位工作人员间的及时沟通与配合来共同完成工作目标。可以说，较强的沟通能力是员工出色完成服务工作的基本能力，沟通能力的高低也往往影响到一个人其他能力的发挥与否。

二、我校汽运专业学生的特点及人际沟通能力现状调查

笔者因工作关系与汽运专业学生的交流较多，在与他们的沟通中发现大部分学生都热情、开放、充满活力，善于言谈。但是他们的能言善辩是在熟悉的人或者朋友面前，在陌生人面前他们则表现得比较沉默，不善言辞，让人感觉不好沟通难以靠近。很多学生的日常交往范围仅限于同宿舍同学，有的学生甚至在宿舍也很少说话，时间长了，别的同学会觉得他们不合群，不好交往，渐渐地大家会习惯于他们的沉默，遇到事情也很少与其交流。这样，他们自己亦会觉得孤独、被忽视；有困难也不知道该向谁诉说，往往人为地将小困难复杂化。我校目前的在校生多是 90 后，90 年代出生的学生存在强烈的独立意识，不希望别人打扰，讨厌父母、老师、同学、朋友过多的管自己的事情。与此同时，由于独生子女比较多，从小到大很多事情都是父母包办，很少自己洗衣服、做家务，因此在日常事务和经济上对父母的依赖又非常大。在家被宠惯了，与人分享的能力、合作的能力相对较差；又爱把什么都放心里，不主动积极去与人沟通，这就导致他们在学校里和室友、同学或多或少存在这样那样的矛盾。

对在校学生沟通能力方面的问卷调查显示：80％以上的学生在沟通方面存在心理上的困扰，某些学生在沟通方面的心理压力甚至超过了学习方面的心理压力。笔者就我校汽运专业学生人际沟通能力进行了调查。一是向学生实习单位了解情况。走访了 10 家实习公司，与相关人员进行了交流，他们对我校学生的实际操作能力和吃苦耐劳的品质评价较高，但普遍反映学生在人际沟通方面存在较大不足。二是向毕业生进行了调查。有 90％的被调查学生认为在工作中的人际沟通能力有待加强。三是向在校学生、部分学生家长和老师进行了问卷调查。从调查结果来看，我校汽运专业学生的人际沟通能力还需要大幅提高。

三、造成我校汽运专业学生沟通不良的原因和障碍

通过调查研究发现，造成我校汽运专业学生沟通不良的原因有二：一是内因，现在的学生自我意识普遍偏强，说话、做事总是以自我为中心，不愿意分享，不愿意承担，人际沟通技巧也较缺乏；二是外因，家长、老师及社会不良价值观对学生造成负面影响。俗话说，孩子是花朵、是果实，家长是种子，孩子身上所反映出来的问题大多是父母内在问题的投射与扩大。所以家长的自身素养、教育观念及家庭环境都对孩子的人际交往能力起着决定性的影响。老师消极的工作态度、负面的情绪、不当的教育方式、个人能力素养不够都将导致学生人际沟通能力的缺失。而社会上所谓的防人心理、浅交心理及交易心理都有意无意地给孩子们灌输了消极的人际交往理念。

在揭示问题、分析原因的基础上，笔者借用访谈、统计研究的方法归纳出以下几点学生在实际交流中所遇到的沟通障碍：

1. 个人障碍

在对学生的访谈结果中显示，大部分学生与父母长辈、领导老师沟通时存在心理障碍。这就是所谓的上对下好沟通，下对上不好沟通。造成这种障碍的首要原因是年长者、地位高者在与人交流时往往喜欢摆架子，喜欢用固有的观点来看人。比如，一个老师如果天天只是

坐在办公室里，等着学生来向你汇报工作，等着学生主动来和你亲近、与你沟通，那等来的只能是学生与你的隔阂越来越深，你们彼此间的信任感越来越低，最后导致师生关系不融洽，更谈不上通畅交流了。在访谈中，有学生提到他和父亲之间简直没法沟通。因为每一次他刚想开口说话，或是还没把话说完，他父亲就嚷嚷："行了，行了，知道了，我知道你想说什么。"然后就是不断地翻孩子的旧账，数落孩子这不是，那不是。试想一下，一个父亲连把孩子的话听完的耐心都没有，他又怎么可能用一颗宽容的心去理解孩子？你都不理解孩子，你一来就站在孩子的对立面上，你们还怎么沟通呢？领导干部也是如此。很多刚毕业的学生不敢跟自己的经理说话，甚至在外面碰到经理也尽量绕道走。在职场新人眼里，领导本来就高高在上，沟通原本就不是平行的。再加上每次见到领导，跟领导打招呼，领导都一副"我是领导"爱理不理的样子，领导就很难听到员工的真心话，听到的只能是场面话、奉承话、假话，那又怎么可能带好团队，怎么可能领导好公司？

有的学生意识到由于从小没有经历过太大的风浪，致使他们的心理普遍比较脆弱，容易受到伤害，进而产生自卑、焦虑等心理问题。由于处理问题、对抗挫折的经验太少，导致一步错步步错的现象频频发生，使得有的学生在与人交往时如同惊弓之鸟，这也不敢说、那也不敢做，进而产生自卑心理，更谈不上自在交流了。

在对老师的访谈结果中显示，我们的学生在台下很爱讲话，也很会讲话，一旦上台了，就结结巴巴、扭扭捏捏，开不了腔。结合国外的情况来考察，发现产生这一现象的重要原因是中国的父母师长经常压制自己的孩子，不给他们大量的机会去发表自己的看法、意见，即使孩子说出了自己的观点、看法也不难以引起长辈的重视；同时在对孩子的沟通技巧的培训力度上也大大弱于国外。这就导致孩子长大后，该发表意见的时候不太会说话，不该发表意见的时候又说一堆废话。由此可见，父母师长在沟通这个问题上应该加强对孩子的引导训练。

在对家长的访谈结果中显示，现在的孩子大多是独生子女，一出生就集"万千宠爱于一身"，没有兄弟姊妹，不懂得分享，使得很多孩子养成了"唯我独尊"的思想。加之父母工作忙，没有足够的时间和精力与孩子进行心灵和情感上的沟通，进而产生代沟。

综上所述，有的学生是因为对交往缺乏兴趣，有的学生是因为不善交往，有的学生则是唯恐在交往时遭到别人的拒绝和耻笑而不敢交往。这都是我们需要面对和解决的问题。

2. 集体障碍

一个集体的风气会直接影响这个集体成员的处事风格。在学校里，集体就是指一个个班级，而班风正代表了这个集体的风气。好的班风会带动每一个成员朝着积极正面的方向发展，不好的班风则会带着每一个成员走向迷茫，甚至成为阻碍这些成员间良好沟通的最大障碍。良好的班风是对学生行为的一种控制，是激励学生行为的内驱力，是增进学生心理健康主动沟通的秘密武器。

四、培养学生人际沟通能力的途径

汽运专业毕业生往往会有这样的感受：很多时候人际沟通技巧等非智力因素比单纯的业务知识和业务技能更重要。那么我们应该在日常的教学活动中如何培养学生的人际沟通能力呢？

1. 在教学环节中注重培养学生人际沟通能力

（1）培养学生良好的语言表达能力。语言是人类社会中的第一交际手段。能正确表达自己的意见、观点是与他人沟通交往的基本前提。中职汽运专业可以通过以下途径来培养学生的语言表达能力：一是开设"普通话"、"演讲与口才"、"礼仪规范"等课程，通过系统的学习培养学生的语言组织能力、口头表达能力、基本形象礼仪；二是组织朗诵比赛、演讲活动、读书心得交流会、辩论赛等活动，培养学生倾听的能力和组织能力，促进其语言能力的系统提高。

（2）激发学生人际沟通的主动性。东方文化以含蓄内敛为美，与国外同年龄段的学生相比，我们的学生主动表达自己观点的积极性并不高，他们习惯当鸵鸟，总是把真实的想法隐藏起来。笔者曾经是我校汽运专业2007级8班、2009级20班的班主任，在给新生开第一堂班会课的时候，我都会让学生们做自我介绍。我发现，有的学生在新的环境、新的老师同学面前很爱展现自己，说起话来很自信，滔滔不绝。这样的学生在与人沟通时是积极正面的。有的学生总是以保护意识极强的姿态出现在教室的角落里，他会选择坐在比较熟悉的同学周围，不主动说话，同学们的热情会让他觉得不自在、不习惯。这样的学生人际沟通能力较弱，严重的甚至会影响他日后的学习、生活和工作。在目前的学校教育中，基本上都是老师讲、学生听的灌输式的教育；同样的问题也存在在家庭教育中，很多家长工作很忙，应酬很多，没时间与孩子沟通交流。而且多数师长不太鼓励学生有自己独立的思想，造成了学生缺乏沟通的主动性。建议在汽运专业课程的教学中多设计学生参与的教学环节，让学生多动口、多动手、多分享、多合作。一是采用"任务驱动式"教学法，将学生分成若干个小组，每个学生都有机会当组长，负责与老师、组员和其他项目组进行沟通、协调，以此培养学生主动沟通的能力。二是采用角色扮演和情景模拟教学法。如在"市场营销"课程教学中，让学生分组模拟前台、销售、售后等服务项目，学生轮流扮演工作人员与客人的角色。在模拟服务中，扮演工作人员的学生必须主动与客人沟通去了解客人有什么服务需求。通过角色模拟可以培养学生主动与他人沟通的能力。

（3）培养学生善于倾听的良好习惯。在人际沟通过程中，很多人认为只有多说才能表达自己的思想，才能让对方认同自己的想法，才能给对方留下深刻的印象。而事实恰恰相反，只有善于倾听的人，才能最终取得较好的沟通效果。高品质的沟通一定是以倾听为前提的，用心听才能听懂对方的意思，才能疏导对方的情绪；只有情绪对了才有继续沟通的可能，才能达到有效沟通的目的。我们可以利用多种教学资源，多样的教学手段，如故事情景、游戏展开、场景演示、多媒体展示等，精心设计教学活动，引发倾听兴趣，让学生在不知不觉中学会倾听，从而形成善于倾听的良好习惯。

（4）培养学生学会换位思考。换位思考，就是设身处地为他人着想，想他人所想，理解他人。在人际交往中，只有站在对方的立场上体验和思考问题，才能真正达到情感上的沟通和交流。特别是在4S店的服务过程中，营销人员必须站在客人的立场，才能真正理解客人，才能耐心对待客人的服务要求，诚心地为客人提供服务，虚心地接受客人的批评。因此，在专业教学中，我们应培养学生学会换位思考。比如在学习"处理客人投诉"时，采用角色扮演法，学生分别换位扮演"客人"和"客服"的角色，"客人"投诉时万般刁难"客服"，"客服"必须耐心服务，直到客人满意。通过角色互换，学生分别体验了"客服"与"客人"投诉时的心理，真正体会到客人是因为客服的服务不完善而投诉、客服也确实不容易等角色情绪。教师再进一步引导学生分别换位思考"如果我是当事客服，我会怎么想？""如果我是当事客人，我会怎么样？"这样有利于让学生学会遇事换位思考，从而提高在工作中的人际沟通能力。同时，教师在课堂、课外要多从学生的角度去看问题，通过教师的言传身教来培养学生学会换位思考。

（5）培养学生自身的人格魅力。人格魅力是个人综合素质在社交活动中的体现，是人际沟通的助推器。一个人的人格魅力大，在社交中就受欢迎，越受欢迎就越自信，越自信就越能促进他的人际交往能力再的提升。中职生要提升个人的人格魅力，就要丰富自己的内心世界，从仪表到谈吐，从形象到学识，多方位提高自己。我们可以在教学中，加强对学生人格魅力的培养。如通过"形体训练"课程训练学生的形体素质；通过"礼仪"课程培养学生基本的礼仪知识，让学生养成良好的礼仪习惯；通过"职业规划"培养学生恰当的职场定位；通过第二课堂和专业课程的学习，丰富学生的学识；通过社会实践，增长学生的阅历。最终提升学生的综合素质，这样将有助于和不同的人打交道，游刃有余地谈论各种话题。

2．开设"沟通艺术"类课程，培养学生人际沟通的技巧

建议中职汽运专业开设"沟通艺术"类课程，通过系统学习和练习，让学生充分理解和掌握正确的人际沟通方式和途径，让学生学会有效沟通，为学生将来走向社会解决人与人之间可能存在的冲突矛盾提供正确的解决方案。

3．开展丰富多彩的课外活动和主题班会活动，培养学生人际沟通的意识

近年来，我国的研究表明，中职生的心理问题越来越多，而其中近五成是由于人际关系紧张造成的。那些在学校表现活跃、喜欢与人沟通、人际关系好的同学，毕业后在工作岗位上与他人的沟通能力较强；相反，那些在学校孤芳自赏、人际关系不好的同学，在工作中人际沟通能力较差。因此，在学校教育中，我们应注重对学生人际交往能力的培养，通过组织丰富多彩的课外活动，来为学生营造一些相互沟通交流的环境，在实践中锻炼与别人友好相处的品格与技巧，促进学生之间加强人际沟通，从而提高其人际沟通能力。班主任可以指导学生开展一些有针对性的主题班会活动，如"学会有效沟通"、"当一天家长"、"认识自我"等；学校多开展一些跨班级、跨年级、跨专业的联谊活动，为学生们创造与不同的同学朋友进行沟通的机会，以此降低他们在日常交流中的恐惧心态、猜忌心态、戒备心态，让他们在活动中、游戏中学会如何自在轻松地与人沟通交流。

4．加强对学生的心理健康指导

大部分学生人际沟通能力较差是由其心理原因引起的。这些心理原因主要有：自卑、猜疑、孤僻、嫉妒等。如果不及时对其进行疏导，可能会导致心理健康产生问题。因此，学校应完善心理咨询体系，加强对学生的心理健康指导。如建立心理咨询室、开设专门的心理健康课程、设立"知心老师"信箱、班主任加强与学生间面对面的沟通交流等，及时解决学生的心理困惑，以保持心理健康，促进心理素质全面发展。

5. 改革传统的考核方式，加入面试考核方式

面试是对思维和表达能力的一种很好的锻炼，在面试过程中，学生必须用语言将答案表达出来，必须与教师进行正面的沟通、交流，这在一定程度上可以训练学生的沟通能力。改革传统的闭卷笔试的考核方式，多用面试方法考核，是培养学生人际沟通能力的一条有效途径。

6. 组织学生参加社会实践

利用寒暑假组织学生去相关企业实习、进行社会实践，是培养学生沟通能力的有效方式。实习能使学生熟悉汽车行业的企业文化，了解企业里的生存方式，知道如何和上级、同事相处，学会为客人服务，学会化解矛盾，学会处理突发事件，学会将学校所学习的理论应用于实际当中，且有利于培养和提高学生的人际沟通能力。

结束语：学习中缺了沟通就少了真理，生活中缺了沟通就少了快乐，工作中缺了沟通就少了成功；一个人不懂沟通，那么他的人际关系就好比患了"血管栓塞"。沟通是一项和我们的学习、生活、工作都密不可分的基本技能。如果我们在日常教学中重视对学生人际沟通能力的培养，就为学生扫清了人际交往中最大的绊脚石，就帮助他们离成功进了一大步，何乐而不为呢？

参考文献

[1]　余世维. 有效沟通. 北京：机械工业出版社，2006：54—73.

关于四川阿坝藏族羌族自治州 "9+3" 学生 行为习惯的特点及培养

四川交通运输职业学校 郝伟林 兰永霞

摘 要：在党和国家的关心下，四川阿坝州藏族羌族自治州的初中毕业学生可以享受到 "9+3" 免费中等职业教育。但是长期生活在藏区高原地带的孩子们或多或少存在行为习惯方面的问题，因此有必要通过对地理环境和自身成长背景等多种原因来分析学生的行为习惯的特点，从而提出改变和正确引导学生的行为习惯。

关键词：习惯；行为；高原；小组；学校

阿坝州位于四川省西北部，紧邻成都平原，北部与青海、甘肃省相邻，其海拔较高，在 2 000 ~ 4 000 m（其中阿坝县、红原县、若尔盖县、壤塘县四县位于高海拔草原）。2010 年末，户籍总人口 898 846 人，其中：农业人口 697 255 人、非农业人口 201 591 人。阿坝州地处青藏高原东南缘，横断山脉北端与川西北高山峡谷的结合部地貌以高原和高山峡谷为主。高山峡谷地带，随着海拔高度变化，气候从亚热带到温带、寒温带、寒带，呈明显的垂直性差异；海拔 2 500m 以下的河谷地带降水集中，蒸发快，成为干旱、半干旱地带；海拔 2 500 ~ 4 100m 的坡谷地带是寒温带，年平均气温 1℃ ~ 5℃；海拔 4 100m 以上为寒带，终年积雪，长冬无夏。这里的学生因历史、民族、教育发展和方式的不同和地理环境等原因有很多的民族个性和习惯。

一、学生特点导致不良行为习惯

1. 身上异味重

高海拔的地理环境、广袤的大地让居住那里的人们基本生活设施不能俱全，以及大多数地域属于高寒冷、常年无夏的情况导致学生的穿衣比较厚实比较多。这就导致了他们对于个人卫生不够重视，来到内地学校后由于环境的改变，特别是温度的变化导致学生的身上会有一些味道。再加上这些学生的观念中就觉得阿坝州的人们都是如此，这理所当然，这是不应该受到批评的。

2. 不分场合不分地点的大声说话

这一特点的形成与学生在高山、草原上长期生活有关。他们的家不像我们内地的一样，有的学生属于牧民，没有定居在某一点，而是跟着水草，跟着太阳走。每家每户的距离也比较远。而且人们的放牧生活也致使当地人们习惯于大声说话，使得这类学生有时会影响学校和教学。

3. 自由散漫的性格导致上课下课不准时，时间观念差

州内的人们，特别是少数民族一直以来都是崇尚自由的，崇尚随性的。这是他们的地域、历史、民族性决定了的。

4. 少数民族的喝酒风俗、习惯性的喝酒，酒后会导致学生之间打架

阿坝州的海拔较高，气候寒冷，一年的平均气温比较低。人们御寒的方式比较简单，生火、喝酒就是他们最常见的御寒方式。所以人们也就习惯性的会喝酒，并且能喝酒，也有很多喝酒的风俗和习惯。

5. 由于中学时代的学习情况差以及家庭等因素导致学生失落和自卑感强

由于州内的教育教学水平比内地要差一些，所以导致了一些学生的学习情况比较差。州内的交通不是很便利，经济比较差，很多家庭与家庭之间相距很远，有的甚至生活在大山中，人们的出行交通不便利。人们的思想和意识比较简单，比较落后。总总因素，致使人们家庭的收入比较低，来到内地后看见许多新鲜的实物，自己不能满足；再加上学生的学习比其他同学要差，所以一定程度上会导致学生有些许失落和自卑感。

6. 老乡情、异乡感

阿坝州的学生来到内地求学必然要离开他们的家园，离开他们熟悉的地方。一些人来到学校后就开始找老乡、找朋友。这样在一定程度上使他们的小团体意识强烈，虽然在一定在感情和思想上有一定的安慰作用，但是当这些学生与其他同学之间的产生矛盾时不能采取正确的方式处理的话，他们就会抱团结伙，导致不计后果地采取极端的处理方式，就会发生小团体与小团体进行打架的事件。

7. 睡觉晚，起床晚的惰性

阿坝州内的自然条件和人们的生活习惯使学生在一定程度上养成了起床晚、很晚才睡觉的一些坏习惯。

二、应对策略

要完成学校的教育任务，除了家庭和社会应尽的责任外，最为主要的还需从学生的实际情况出发，针对心理取向的消极因素，展开经常性的"五个加强"教育和"三个分组"。

1. 加强对学生的思想品德教育，引导树立学生的远大理想，每周开班会

引导学生树立远大的理想、正确的人生观、道德观和价值观。学校教育方面尤其要进一步建立健全完善的德育教育体系。应该把行为规范教育、爱国主义教育、集体主义教育、劳动教育、法制教育、职业道德教育、心理健康教育、人生观与世界观教育等主要教育内容，分解成一个个具体的主题。

2. 加强对学生的心理健康教育，完善学生的人格，通过学校不定期的组织讲座

在校学生有相同的学习生活条件，有年轻人共同的心理特征，有相似的思想观念和行为方式，但也面对着共同的发展课题，如成长的困扰，主要是他们在学习、交友、人际关系、就业和恋爱中遇到的问题。这些问题的解决需要在良好气氛下展开交互作用，使他们认识自我，不断调整。团体心理辅导正是为了培养人的信任感、归属感和责任感，形成有利于学生健康发展的助人过程，在这个过程中通过相互交流、共同探讨、鼓励分享最终实现改善人际

关系、增强社会适应性、促进人格成长和全面发展。

3. 加强对学生的正面自信教育，激励学生的发展

针对职业学校学生的心理特点，必须利用各种手段、各种途径树立起他们的信心，增加其动力，让他们始终对成功保持强烈的期待。行为心理学认为：学生的优点是被强化出来的，缺点也是被强化出来的。要使他们发扬优点，克服缺点。利用各种活动，比如运动会和歌唱比赛等来强化和发扬他们的优点。

4. 加强对学生的自我管理教育，引导学生的成长

在班级上设立《班级纪律公约》、《班级卫生公约》等制度。学生自我管理的模式变教育管理的对象为管理的主体，使每一个同学在正人与正己的碰撞中强化自主、自立、自强意识，提高自尊心与自信心，提高自我教育和自我管理的能力。

5. 加强教师综合素质的自我提升，强化良好的师生关系

当前青年学生的重要特征是思想活跃、不保守，容易接受新思想、新信息。教育者只有自己知之甚多，才能避免把自己局限在某一范围内；必须不断提高自身素质，关注教育发展动态和学生的思想动态，了解学生在想什么、需要什么，从学生的情感、兴趣和需要出发，给学生指明方向，充分调动学生的学习积极性，激发其学习兴趣，突出培养学生的学习能力与创造精神。同时还需要与学生建立良好的师生关系，以身作则，言传身教，达到优化师生之间的合作的目的。

（1）第一个分组。

学习分组，由于学生初中时代的学习情况不是很好，如果让他们单独的学习而不采用分组的方式学习，那么学习的效果就会事倍功半；而采用分组的方式学习，同学之间不懂的就会有讨论，就会有帮助，这既达到了学习的目的，又会增进同学之间的感情，起到事半功倍的效果。

（2）第二个分组。

管理分组，由于每个人自身的素质有差距，从州内来的学生也不是每个人都是习惯差的学生。有很好的学生，也有很差的学生。所以采用把好的、优秀的学生和差生分组，采用一帮一或者一帮二等形式分组来引导学生的行为习惯。

（3）第三个分组。

设立管理组合普通学生组。在班级内设立健全的管理人员，如班长、副班长、团支书等。也就是让州内的学生自己管理自己。定期的组织班级管理人员开会，加强他们的思想教育。

结束语： 每个人都希望自己能有良好的行为习惯，但是很多人由于这样那样的原因导致自己有一些不好的习惯，更有甚者对良好行为习惯不以为然。而在素质教育的今天，良好的行为习惯越来越被家庭、学校、教育者所重视，在很多时候对人生会起到很重要的作用。培养是一个长期且必须坚持的过程，需要老师、学校、家长、学生多方面的很好的配合。

参考文献

[1] 李 辉. 西南财经大学. 西南财经大学出版社, 2011.
[2] 张 迈, 姚永萍, 等. 四川省卫生学校. 现代医药卫生, 2012 (19).

当代中职生消费观教育探析

四川省交通职业技术学校　何俐沙

摘　要：随着社会经济的快速发展，人们的生活水平和生活质量得到了显著的提高。中职生作为一个年轻的消费群体，其消费观相比以前有了非常大的转变。现今社会，网络信息技术十分先进，带动了电子商务的迅速发展，这也对中职生的消费观产生了非常大的影响。中职生之间的相互攀比心理比较严重，更偏向于名牌消费、高端消费、网络消费等，这就增加了父母的经济负担。因此，教师必须通过有效的教育方法来改变和引导学生的消费观，让学生能够理智消费、合理消费，全面提高综合素质，做 21 世纪的合格接班人。本文简要分析了目前中职生的消费心理以及消费现状，并提出了几种有关正确引导中职生价值观的有效措施，希望能给读者一些帮助。

关键词：中职生；消费观；消费心理；教育方法

一、引言

在如今的社会消费群体中，中职生受到了越来越多的关注。一方面是因为他们的心理正处于转型阶段，对消费有着旺盛的需求；另一方面是他们的经济来源基本都是由父母给予，尚未实现经济独立，在消费的过程中会受到经济的强烈制约。而网络技术的快速发展也刺激了电子商务迅速发展起来，中职生的消费渠道和消费内容更加多元化了，这无疑会使中职生的消费观受到巨大的影响。而此时，教师就应该重视中职生价值观的转变，及时采取正确的方法加以引导，让学生养成理智消费的习惯，为今后的生活奠定良好的基础。

二、当代中职生消费现状分析

1. 趋向于名牌消费

现在的学生不管家长的承受能力，穿戴都要讲究名牌。他们普遍认为衣着寒酸，在同学面前抬不起头来。在对学生进行这方面教育时，他们的回答更是让人诧异："修养学识是要有的，但是如今的社会交往中就是'先敬衣冠后敬人'，再有修养，如果穿得不体面，出门吃饭、买东西服务员对你不热情。"

2. 消费无节制

有些学生把父母给的零花钱花个精光，就连回家的车费也不剩。等学校放假时，再四处筹钱，有的向同学借，有的起邪念敲诈低年级学生。筹不到钱可能还会迁怒于他人，从而引发打架斗殴等违纪事件。

3. 生日送礼、聚会

每逢生日，同学、朋友之间都要互赠礼物。随着生活水平的提高，礼物的档次也随之变化；再加上攀比心理，自己送的礼物不能比别人差，否则显得寒酸。接受了别人的礼物，不摆两桌也觉得不好意思。所有这些"买单"的都是父母。

4. 不吃食堂的饭菜

每次收伙食费都有学生拒绝交钱，这让班主任伤透脑筋。他们不是嫌食堂饭菜不合品味，就是说伙食太差或不卫生，要到外面小店去吃。寄宿生还能控制，但是走读生呢？据了解，许多走读生中午不回家吃饭，三个一群五个一伙聚在校外的餐馆内。学生的这种额外消费无形中增加了家长的负担，且对学生身心健康成长有负面影响。

5. 沉迷网络

有的学生省吃俭用，就连学习用品也舍不得买，经常看到学生连一支笔都没有。他们把节余的钱全花在上网上。沉迷于网络游戏，使得这些学生白天黑夜倒置，寄宿生白天睡觉、晚上翻围墙出去，有学生因此而摔胳膊断腿。

三、当代中职生消费行为形成的原因

任何心理状况的产生都有其具体的原因。造成中职生这些独特消费方式的原因是很多，有外界环境因素也有学生的自身因素。

1. 外界环境因素

在经济社会建设为中心的主体方针指导下，现在我国的经济环境较为理想，物价处于相对稳定的状态。在这样的一个安定、发展的社会经济大环境下，作为普通的学生直接或间接地受益于大环境，因而有意识地扩大消费范围也是不无道理的，加上社会上各种品牌和商品的因素从而促成了学生消费观念。

中职学生大多来自农村，由于没有升学的压力，他们精力比较充足，单纯、朴实的父母认为自己省吃俭用下的钱多给孩子，一是怕孩子在同学中丢面子而产生自卑感；二是没钱花了，不至于去惹事。所以在中职，学生花钱如水而父母舍不得买块豆腐的例子时有出现。

2. 学生自身因素

任何心理的产生总是离不开自身因素的影响，而且往往是根本原因：

从心智发育的时间上看，中职生处于未完全成熟的懵懂时期，世界观、人生观、价值观的框架只是基本形成或形成不完全，对社会上各种事物、观点的是非判别能力不强，较难把握自己。

由于缺乏一定的社会实践经验，或者说中职生并未参与社会化生产，不能切身体会消费的环节及作用，对消费的社会含义不很清楚，有的只是单纯地将消费与花钱画上等号。

中职生没有升学的压力，有的目标不明确，有些甚至讨厌学习，不爱阅读，把大量的零花钱用在上网、零食、服饰，甚至烟酒上，造成畸形的消费习惯。另外，校园的围墙阻挡不了社会上一些无所事事年轻人的行为习惯，中职生本身"免疫力"较差，深受影响就不足为奇了。

四、当代中职生消费观教育的有效措施

作为成年人的师长，正确引导，使中职生们树立正确的消费观是当务之急。我们可以从以下几方面做起：

1. 加强教育，让学生走出消费误区

学校要加强教育，加强引导，创设良好消费风气。比如：① 通过专题讲座、板报、学校广播、主题班会等形式向学生宣传适度消费、理智消费，根据家庭经济情况量入为出，做到消费有计划、有目的，不浪费，不盲目攀比等。② 通过德育课，把消费观教育作为一个重点。通过讨论、演讲、社会调查等互动教学方式，通过亲身实践，引导学生确立健康、文明的消费方式，倡导健康、文明、积极、向上的生活方式，反对落后、愚昧、庸俗、腐朽的消费方式。改变不文明、不卫生的消费习惯，提高消费的科学性。③ 加强时事政治教育，让学生了解社会、认识社会，懂得人们创造财富的不易，明白"艰苦奋斗，勤俭节约"的价值所在。

2. 利用实习工厂，让学生树立正确的金钱观

（1）金钱是靠劳动换来的。

现在的学生不能体会家长挣钱的辛苦，往往出手大方，毫无节制。职业学校学生大多有一定的专业技能，生产实习也是重要的教学内容。笔者所在的学校有校企联办的实习工厂，每学期都安排相关专业的学生进行生产实习，并由企业付给一定的劳动报酬。由于自己真正体味到挣钱的辛苦，这些学生每次领到"工资"后总是分外珍惜，自然就不愿浪费、挥霍了。

（2）做个小小理财员。

笔者认为，学生手中有没有钱不是主要问题，关键是怎样花。教会学生节制、教会学生理财才是我们面对的问题。笔者让所任教的高一财会专业的学生坚持做到一点：每月从家中带来生活费后要做三件事：一是做个预算，二是记好流水账，三是学会审计。这样既树立了学生专业思想，又培养了他们的理财能力。当然如果是家长，我还会接着做一件事：花得合理，下月奖励；花得不合理，下月减少。

（3）教育学生金钱不是万能的。

学生也会听到一句错误的话："有钱能使鬼推磨"，可能也曾经历过一些没有钱的难堪，甚至受到社会丑陋现象的影响。但是，我们要告诉学生：金钱固然重要，但世间有许多比金钱更重要的东西，如对祖国的忠心、对父母的孝心、对弱者的爱心……

3. 指导学生消费

（1）注重精神性消费。

虽然大多中职生不太喜欢读书，但是书籍是人类文明进步的阶梯，需要引导学生订一份好的杂志或报纸，从中汲取精神食粮。

（2）注重发展性消费。

指导学生省下一些零花钱，去买一些相关专业的参考书，或者去报名考一考技术等级证书，用自己的钱武装自己，学生会更珍惜机会，认真对待。

（3）注重交际性消费。

孩子送礼，家长掏钱已成习惯。教会学生用自己的零花钱为长辈、同学买礼物，意义重大又能使他们懂得平时的积攒。

结束语：中职生正值价值观开始形成的阶段，因此，教师就要重视学生的思想教育，结合学生的心理特点，找到合适的方法加以正确的心理引导。尤其在消费观的建立过程中，教师要多费苦心，让学生能够理智消费、合理消费，帮助学习消除盲目追崇、相互攀比的心理状况，进而让学生健康快乐地成长，能够在今后漫长的人生道路中走得更加稳重、踏实。

参考文献

［1］ 宋晶晶. 当代中职生消费伦理教育的探索. 中国城市经济，2012，09：223.
［2］ 黄文燕. 培养中职生正确的消费观建设资源节约型社会. 成才之路，2012，16：8—9.
［3］ 王 晔. 当代青年消费观教育研究. 天津商业大学，2013.
［4］ 杜玲芳. 中职生消费行为的现状与引导. 考试周刊，2013，51：174.
［5］ 邹洪升. 中职生心理健康问题分析及对策. 山东师范大学，2010.
［6］ 谢惠娜. 消费主义文化影响下的中学生消费观念和行为研究. 广州大学，2012.

班主任管理理论与实践

——师生沟通及立规矩

四川交通运输职业学校　田　敏

摘　要：对学生要张弛有度地进行管理，用自身的人格魅力来引导学生，作为一名班主任，用他们的思维方式进行引导，既然担任班主任，就该努力和学生们打好关系，能融入他们的生活，同时又能树立作为老师的威信。

关键字：学生管理；学生教育；师生沟通；立规矩

中职学生是一个独特的群体，他们正处在价值观的形成时期。有很多中职老师说："现在的中职学生为什么这么难管？我们到底该如何做老师？有哪些好的教育方法？"老师总认为把最好的教育之词都给了学生，而学生却毫不领情："那不是我想听的!"这是现在许多老师面临的尴尬情况。为什么老师那么关爱学生，学生却感受不到呢？很明显，师生间的沟通出现了障碍。如何跨越这道障碍呢？

对学生要张弛有度地进行管理，用自身的人格魅力来引导学生。现在的孩子都讨厌说教，但喜欢老师跟他说一些和他们生活相贴近的事情，所以要时刻掌握学生的心态变化，对于学生喜欢的进行最大限度的支持。如果孩子们的想法过于偏激，作为一名班主任，应该用他们的思维方式进行引导。我觉得既然担任班主任，就该努力和学生们打好关系，能融入他们的生活，同时又能树立作为老师的威信，学生虽有时会叛逆，但也还是会喜欢那些真心对他们好的老师。所以，既为人师，就该尽自己的一份力，让学生健康成长。

一、跨越师生间的沟通障碍

"知己知彼，百战不殆。"师生之间也是一种变向的战争，所以新生入学做好新生的背景调查是非常必要的。

学生性格的类型如下：

（1）不自信的学生：这类型学生不大愿意与人沟通，有时看起来很忧虑，把面子看得很重，害怕他人的嘲笑。与这类学生沟通的前提是保护好他的自尊心，观察并发现其优点，适当给予赞美。

（2）敏感、多疑、心怀敌意的学生：这类型学生对于问他的问题，多半拒绝回答或习惯说"不知道"。面对事物总是向负面的方向去想。对这类学生，沟通的关键是建立信赖感。对于敏感的学生，说话不能太直接，并且要注意说话的分寸。

（3）自私自利的学生：这类学生很少关心周围的人。沟通的关键是引导他们换位思考，鼓励他们主动关心帮助别人，培养他们感恩的心。

（4）直率的学生：这类学生说话做事冲动，不顾他人感受，对他人情绪的变化觉察较少。与这类学生沟通时，同样的内容需要多次重复，也就是反复敲打，只要有沟通的机会可以再次加强。也就是说需要老师有耐心。

学习了针对不同性格学生进行沟通的方法后，有的老师还会说："我也差不多是这样做的呀，为什么效果不尽人意？"我发现，有很多老师在与学生沟通或进行教育时都抱着想和学生拉进关系的心态，这种心态不一定是错的，但往往中职学生与普通高校学生相比，他们中大多数人都有过与很多老师被沟通或被教育的经历，所以，我个人认为他们具有很强的'反侦察能力'，也许他心中早就知道你想说什么。"下面，我就来浅谈一下，配合以上沟通方法的一个最重要的先行步骤——立规矩。

二、立规矩

规矩的最终目的不是让学生害怕老师，而是让他们敬畏规矩。为此，老师自己先要敬畏规矩，立规矩时一定要认真。

1. 培养学生对规矩的敬畏之心

在中国传统教育中，非常强调对教育者的敬畏。而中职学生喜欢自由，因为喜欢所以不受约束，所以在立规矩之前，要明确告知学生真正的自由不是想做什么就做什么，而是当自己想做什么时，因着敬畏而有能力不去做什么。我跟学生有着八小时师生制、八小时外朋友制的约定，也就是说在白天从早上 8:00 开始至中午 12:10、下午 2:10 至 4:00、晚上 7:00 至 9:00，我们之间是严肃的师生关系，其他休息时间是朋友关系，所以在这师生关系时间内，与学生相关的任何事情都必须公事公办，以规矩说话。

2. 立规矩需要树立权威

树立权威是立规矩的关键，如何让学生遵守立好的规矩，我认为老师首先应该保持理性，保持原则，我们自己对规矩都心存敬畏。比如说，我们让学生不迟到早退，那么我们首先要以身作则。

3. 立规矩不能随便

班规往往是我们老师与学生之间立的第一个规矩，中职学生正处在青春期，思想叛逆，大多不服从管教。所以，我认为立规矩不应该是老师一个人的事，应该让学生们一起参与进来，特别是学生中的问题学生，更要得到他们的认可和支持，大家所立的规矩要对这部分学生好好说明。在老师方面，立规矩时要和学生保持很近的距离，很多立规矩失败就是因为随便，既没有平时的敬畏气氛，也没有铺垫，说立规矩就立规矩。这样喜怒无常，不仅很难让学生产生敬畏，还很容易让学生在心理上产生对抗。

4. 立规矩需要有惩罚

如果说敬畏是立规矩的目标，惩罚就是规矩的底线。规矩和法律有相似之处：都是以条文的形式明确告知学生，什么是可以做的，什么是不可以做的。只有惩罚，才能让人懂得敬畏；只有懂得敬畏才有伦理道德。就像孔子在《论语》中所说的那样：如果能做一个敬畏规矩的孩子，长大后犯上作乱的可能性就很小。

三、我在学习和生活中与学生相处的小细节

学生不可能不犯错，也有可能连续犯同样的错，也就是屡教不改。我正在试行一些处理学生犯错的方法，目前看来效果不错。我来分享一下：

（1）学生第一次犯小错，用班规来处理。

（2）学生连续犯小错，我让学生到办公室认种一盆植物，并且要求他们必须把这盆植物种好。他就必须去学习这种植物的种植方法，并且经常到我办公室来照看这盆植物。在这个过程中，我就能抓住机会和他聊天，让师生之间有很多话题，从而拉近距离。其实，再调皮的学生，当他对老师从信赖变为喜欢的时候，就算再不自觉，也会因怕给老师带来麻烦而有所收敛。

（3）学生犯大错，必须严格依照《学生手册》进行处理，绝不姑息。

（4）这学期，我们班有两个学生周末离家出走，通过我与家长的沟通得知，家长在遇到学生犯错的时候，语言行为都有伤害学生自尊心的地方。但为了说服学生尽快回家，通过我的力量是不行的，必须"解铃还须系铃人"——通过家长才能实现。所以，有时候，学校教育和家庭教育也要结合起来，老师不仅要教育学生，还要用适当的方法来教育家长如何配合学校管理小孩。

（5）我们学校的学生结构有点特殊，本地走读生很多，是很不好管理的。这就显示出了家庭教育配合学校教育的重要性。我接到12级新生之初，我就挨个联系走读生的家长参加了一次新生家长会。在会上，我就把我对家长必须配合学校的规矩公开告知，并以书面形式让家长签字。在一年中，我组织了几个经常犯同样错误的走读生家长，集中到学校开家长会，并在会上要求几位家长互留电话，共同监督小孩的表现。目前看来，几个学生的行为都有所收敛，并与我建立了比较亲近的关系。

结束语：管理学生也要分层次的，首先，要确定一个好的班长和班委成员。这里不是指学习好，而是要聪明，大胆，敢说敢为，加上你的指导和帮助，可以基本保证班级大体平稳。其次，永远不要让学生知道你下一步要干什么。不要去做让学生都满意的班主任，有这一想法就错了，而是要做自己心里无愧的。再次，对问题学生没必要要求太严格，要给他们一个缓冲的时间，商定一个底线，让他们去坚持。不要太斤斤计较。适当宽容。最后，要让有前途的学生明确自己的目标，严格要求自己，而不去计较他人。

"问渠那得清如许，惟有源头活水来。"在这个充满变革的时代，学校思想教育工作必须与时俱进，准确把握时代的脉搏，找准工作的着力点，才能行之有效地开展学生思考教育工作。

论职业指导在推动实现中职学校学生
更高质量就业中的作用和重要性

四川交通运输职业学校 李 丹

摘 要： 从中等职业学校的实情出发，分析职业指导在推动中职学生就业中的重要性和作用。同时分析了中职学校就业指导存在的问题，提出了如何培养学生良好的择业观，如何提高学生在就业中的竞争力。职业指导是中职学校教育教学的一个重要内容。

关键词： 中职学校；职业指导；择业观；竞争力；自主创业

罗丹说："工作就是人生的价值、人生的快乐，也是幸福之所在。"所以说，职业是一个人生存和发展的基础，人一定要有明确发展目标，并有步骤地向目标迈进。对于中职学校的学生来说，让他们认识自己的能力，了解自己的职业兴趣，帮助他们做好职业规划，在他们对未来就业迷惑时提供适当的咨询和帮助，这是中职学校职业指导的意义所在。《中国教育百科全书》中对"职业指导"是这样解释的："职业指导，亦称职业咨询或就业指导，指根据社会职业需要针对人们的个人特点以及社会与家庭环境等条件，引导他们较为恰当地确定职业定向、选择劳动岗位或者转到新的职业领域的社会活动，是沟通求职者和用人单位、教育部门和社会的有效途径。"

一、中职学校职业指导的特点

职业生涯是指一个人一生的职业历程，即一个人一生职业、职位的变迁及职业理想的实现过程。而职业指导就是要帮助学生了解社会就业形势与当前就业状况，了解社会人才需求和有关人事与劳动政策法规，运用职业评价分析、调查访谈、心理测量方法和手段，帮助学生进行合理有效的职业生涯规划，对在从业的各个阶段所遇到的问题提供咨询、指导和帮助，从而实现人职合理匹配的过程。

1. 学情决定了职业个性

中职学校的学生综合素质整体较低，文化基础相对薄弱，社会活动能力也比较差，个性比较突出。这些学生普遍对自己没有什么信心，属于盲目跟从的类型，对于自己为什么来中职学校学习、为什么选择现在的专业、学完了要达到什么样的成果全然不知。他们大多没有什么创业的意识，缺乏吃苦耐劳的精神和社会活动的经验。因此，针对中职学生的职业指导要有合适的指导方法、手段和内容，不能急于求成，应帮助他们实行合理的职业规划并最终实现。

2. 学生的期望值较高

中职学生虽然综合素质偏低，文化基础薄弱，自信心不足，但是他们具有及其突出的个性，而且逆反心理比较严重。他们不服输，对自己的期望较高，这样容易眼高手低，对自己了解不够，不能立足于实际，从小事做起，一点一滴的积累自己的经验。因此，职业指导要帮助学生认清自己的能力，了解自己的水平和目前行业水平的差距，寻找解决的办法，确立合理的职业规划并坚持完成。

3. 职业指向明确

就中职学校本身的特点而言，其实能较容易做好职业指导。因为中职学校对人才的培养定位明确，开设的专业都是和行业接轨，注重学生的动手能力，致力于向社会输出刚毕业就可以上岗的人才。因此，中职学校的就业指导除了让学生认清自身能力、了解就业差距以外，更重要的是帮助他们明确所学专业的就业前景，需要怎样的人才，让他们树立就业信心。

二、中职学校职业指导的重要性

职业指导是对学生或求职者一生职业发展道路的设想和谋划，对个人职业前途的提供有效的帮助，是个人实现职业理想的指明灯。

1. 帮助学生明确地发展自己

目标明确可以少走弯路，更快地实现目标。职业指导在让学生认清自己的同时指导他们围绕"促进个人发展"来制定目标。目标当然是确立得越早越好，所以学生最好在入学后，从所学专业的实际出发，确定自己的发展目标。要让学生真正的了解自己、了解专业，认清行业形式，确定实事求是阶梯式的发展目标。

2. 帮助学生扬长避短地发展自己

在学生认识自身能力确立发展目标后，职业指导能帮助学生扬长避短的发展自己。让学生尽量发挥自己的长处，认识并发现自己的短处，且有意识的在择业上避开；或者是了解自己的短处后，根据行业标准有意识地不断弥补自己的缺点，逐渐缩短差距。学生了解自己的长处后，可以提高他们的自信心，帮助他们日后勇敢地投身到社会残酷的竞争中去，不断挑战自己，实现自己的职业理想。了解自己的短处，能够让他们看到自己的差距，想方设法寻求缩短差距的办法，有针对性地提高自身的能力。

3. 为学生提供充分的就业援助

我国社会是一个法制社会，要求每个人做任何事情首先都要守法。职业指导可以让学生了解就业的政策法规，与行业相关的法律法规，帮助他们依法就业。职业指导还可以帮助学生了解行业特点，认清国内、国外的行业现状，提供就业咨询和就业信息，帮助学生掌握就业技巧和方法。

三、中职学校就业指导存在的问题

1. 就业指导的意识不强

职业指导是一个专业、长效的工作。目前，大多数职业学校不具有这样的意识，或者是有这样的意识但是行动比较缓慢，没有专门用于就业指导的场所，进行就业指导的教师没有经过专业的培训或没有考取就业指导师相关的证书，学校没有足够重视，资金不到位等，各方面都达不到要求，跟不上实际需要。

2. 专业设置和就业跟不上社会发展

职业学校应该以就业和社会需求为导向来进行专业设置，致力于培养专业的技术人才，使学生离开学校就可以马上就业，胜任工作岗位。所以，在专业设置上应该始终以就业为前提设置教学计划，根据社会发展需要不断修改教学计划，并且在教学中也应该始终灌输本专业的先进技术，让学生了解目前的就业政策和就业形势。

3. 不注重师资队伍建设

目前很多的就业指导教师没有经过专门的就业指导培训，没有考取就业指导师从业资格证，也没有过多的就业指导经验，他们大多数都是从别的专业转过来的，没有经过系统的学习。因此，要做好中职学校就业指导的工作就要不断提高就业指导教师的自身素质和服务意识，加强他们的理论知识和实践经验，尽可能地多提供一些外出学习交流的机会，适应不断发展的就业形势。

4. 不切实际，急于求成

有的中职学校为了提高就业率，急于求成，不从本校学生的实际情况出发，盲目开展职业指导，结果使学生对所学专业产生厌恶的情绪。其实职业指导应该有计划，分步骤的进行，对于学生在校的不同阶段根据开设的不同课程，合理地制订出职业指导计划，使职业指导贯穿于学生的整个学习生涯，让学生慢慢地认识在校确立好就业目标的重要性。

四、鼓励学生自主创业

创业是就业的重要形式，中职学生创办自己的企业，是他们职业生涯迈向新高峰的标志。萧伯纳曾说过："征服世界的将是这样一些人：开始的时候，他们试图找到梦想中的乐园，最终，当他们无法找到的时候，就亲自创造了它。"中职学校的职业指导要鼓励学生自主创业，但是也要提醒他们要想创业成功就必须具有创业者的基本素质，要脚踏实地的付出和拼搏，要不甘寂寞，勇攀高峰。

1. 培养创业素质

创业者要有独立自主的个性品质，要善于沟通交流，要勇于拼搏勇于承担风险，要克服冲动情绪，要坚持不懈，面对复杂多变的市场要适应变化，善于进行自我调节。只有具有良好的创业者素质，才能为成功创业打好基石。因此，职业指导中对学生培养的最高层次应该是在学生已经基本具备创业者素质的时候，鼓励学生自主创业。

2. 中职学生创业的优势

职业指导要让学生明确中职学生创业有着独特的优势。因为中职学生接受职业教育时，专业确定了其具体的目标也就确定了，学习的课程，专业的指向性都是很明确的，他们有一定的实践性，操作性强。这一点胜过只接受过基础教育的人，甚至胜过了侧重于理论教学的大学生。另外，职业教育强调学生的能力，使学生掌握一技之长，熟悉相应行业的职业道德和能力要求，而学校在平日的教学活动中也让他们参加校内外实践，让他们熟悉行业，为将来的创业打下基础。中职学校要经常开展形式多样的创业教育，从心理引导学生，训练他们的能力，可以适当地开设创业教育或是经营管理方面的课程，帮助学生为创业做好准备。

  结束语： 在中职学校开展就业指导工作任重而道远。要立足于学生的实际，有计划、分阶段的进行。并且职业指导要贯穿整个学生的学生生涯，在学生选择好专业后，根据专业对人才的行业标准制定就业目标，然后通过各种方式培养学生的职业兴趣，指导学生培养自己的职业能力，正确引导学生对自己做客观的评价，发扬长处、补足缺点，向自己确立的目标前进。另外，职业指导在学生毕业后也要定时回访，学生有就业的困惑也可以随时咨询，这样既可保证了学生就业的稳定性又提高了就业率。

参考文献

[1] （美）萨克尼克，（美）班达特，（美）若夫门. 职业指导——职业生涯规划教程. 7版. 李洋，张奕，小卉，译. 北京：中国劳动社会保障出版社，2005.

[2] 李维利，刘文江. 当代中国职业研究丛书：职业指导. 北京：北京师范大学出版社，2013.

[3] 张 帆. 职业指导案例. 北京：化学工业出版社，2008.

[4] 陈桂芳. 中职生就业指导. 北京：机械工业出版社，2010.

[5] 蒋乃平. 职业生涯规划. 北京：高等教育出版社，2009.